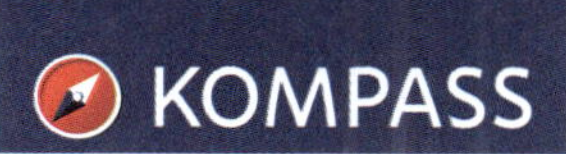

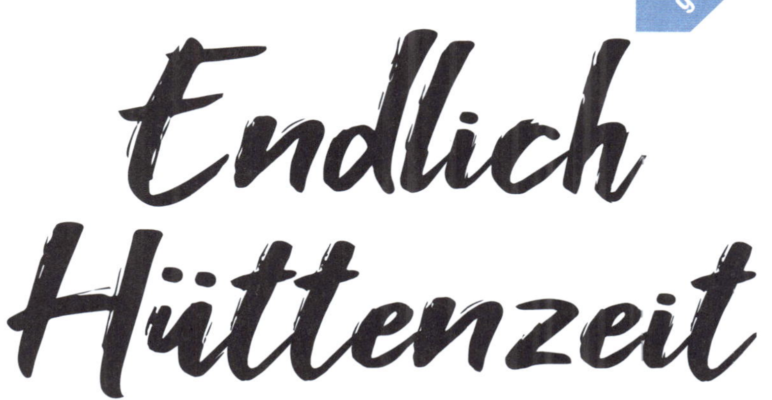

BAYERISCHE ALPEN

44 HÜTTENTOUREN

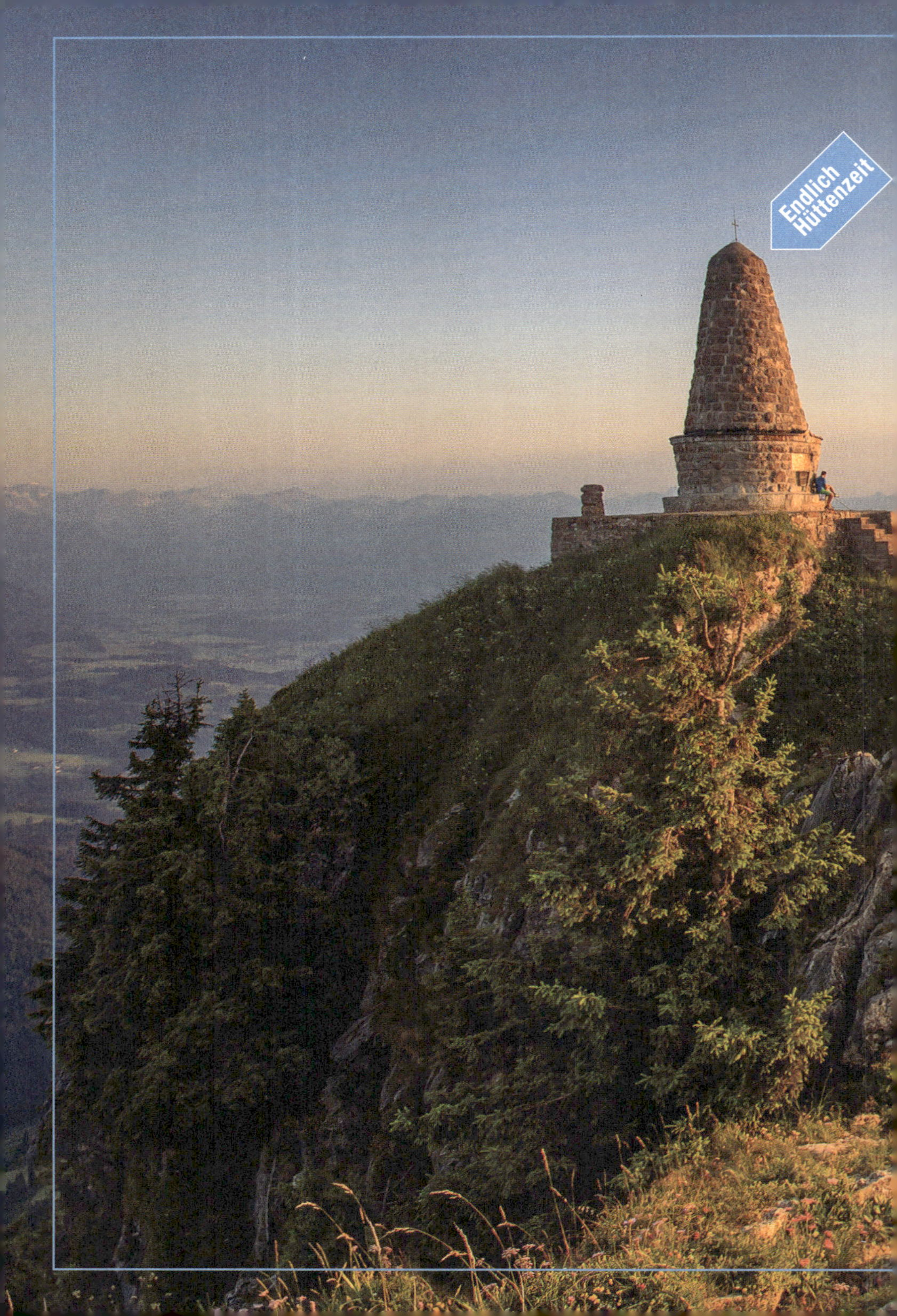
Endlich Hüttenzeit

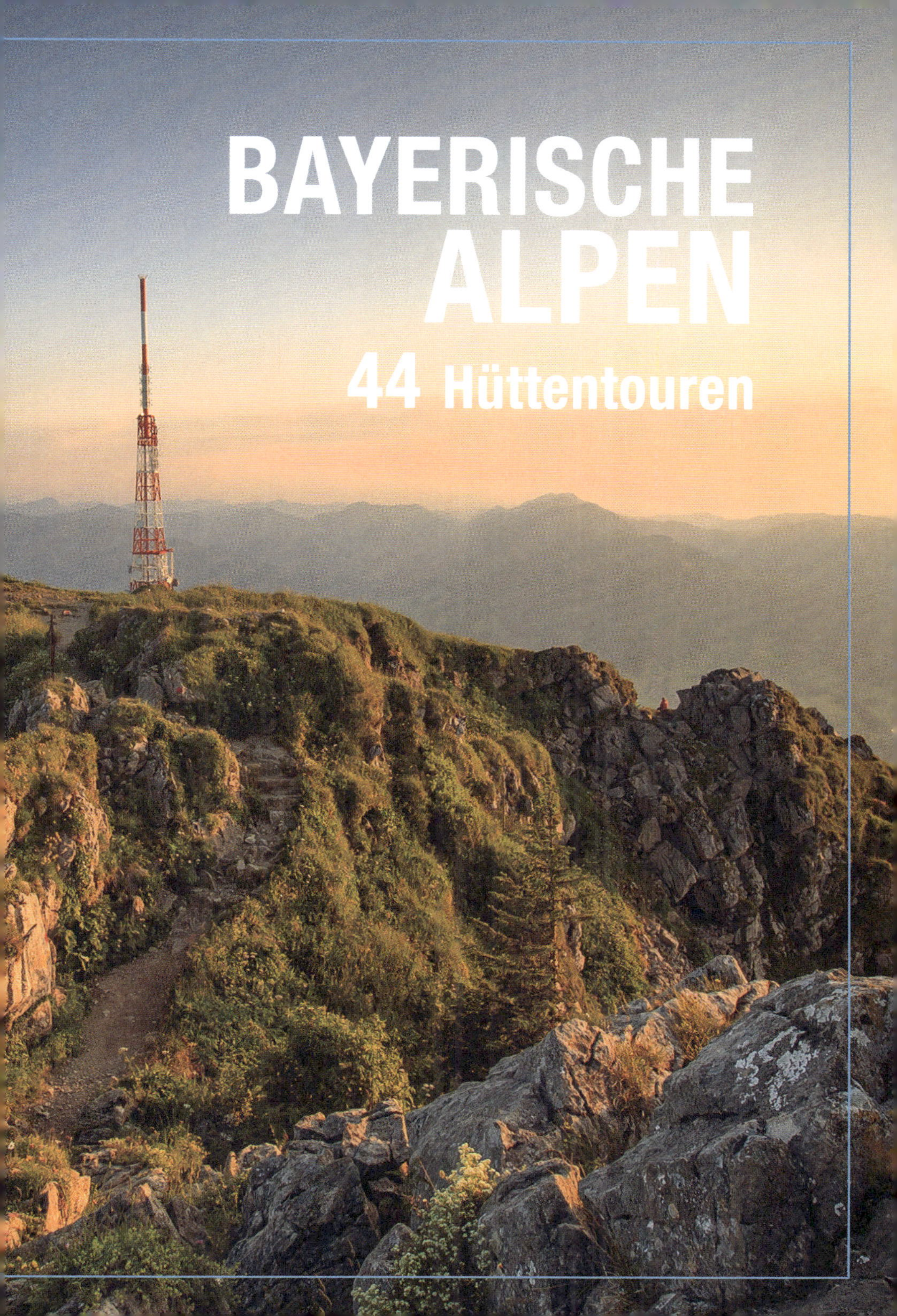

BAYERISCHE ALPEN

44 Hüttentouren

Inhalt

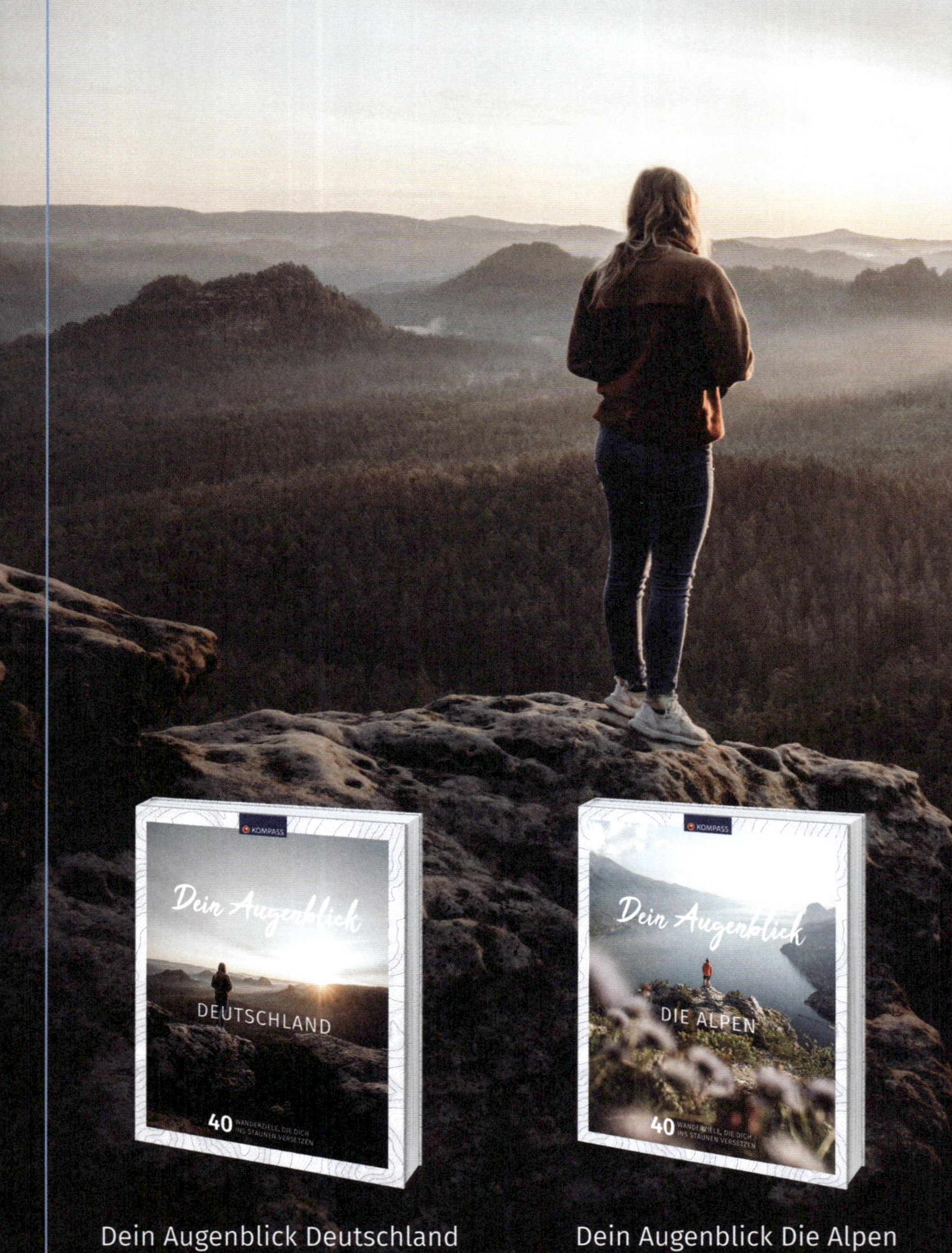
KOMPASS
Dein Augenblick
DEUTSCHLAND
40 WANDERZIELE, DIE DICH INS STAUNEN VERSETZEN
KOMPASS
Dein Augenblick
DIE ALPEN
40 WANDERZIELE, DIE DICH INS STAUNEN VERSETZEN
Dein Augenblick Deutschland
Dein Augenblick Die Alpen

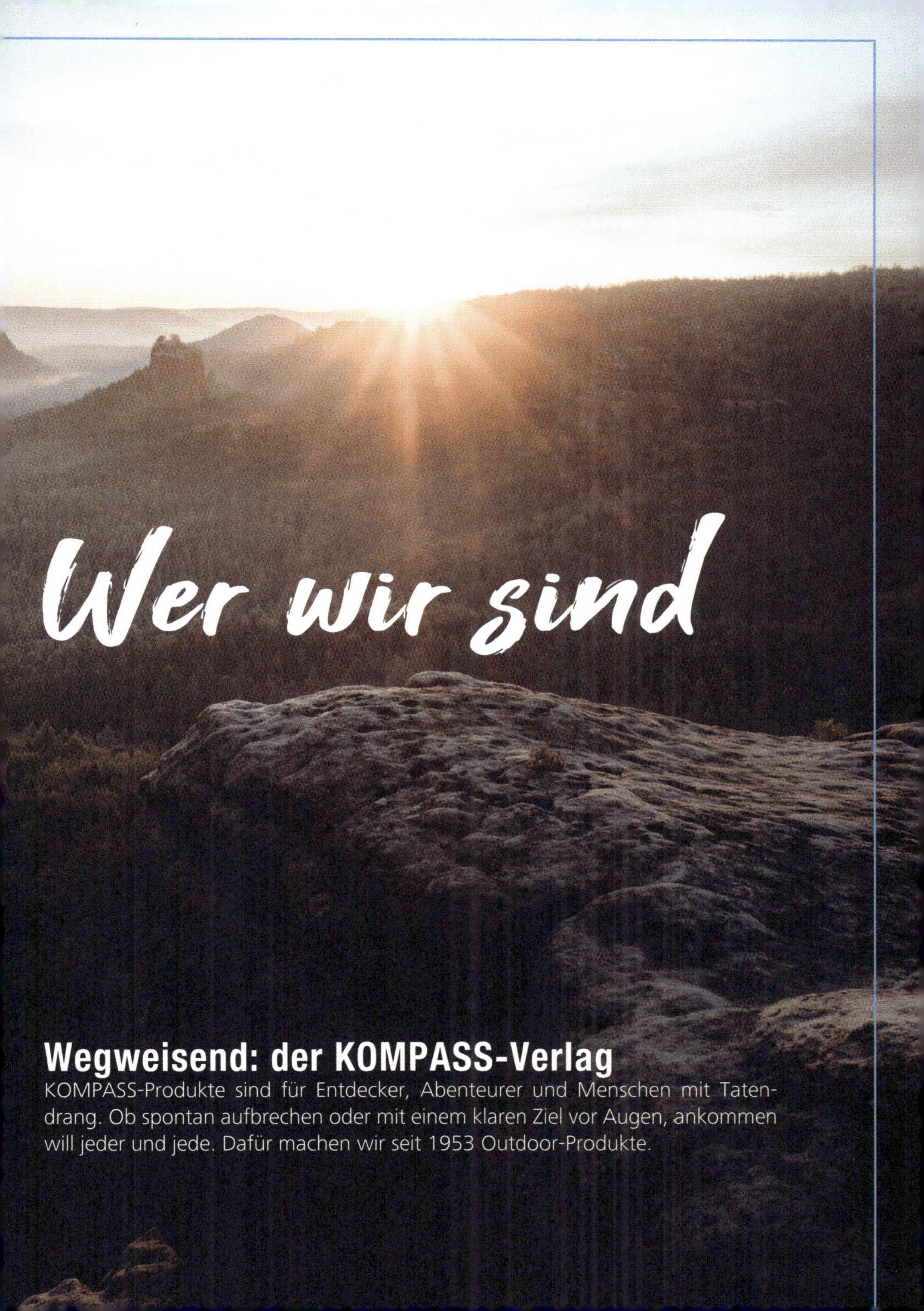

Wer wir sind

Wegweisend: der KOMPASS-Verlag

KOMPASS-Produkte sind für Entdecker, Abenteurer und Menschen mit Tatendrang. Ob spontan aufbrechen oder mit einem klaren Ziel vor Augen, ankommen will jeder und jede. Dafür machen wir seit 1953 Outdoor-Produkte.

Tourenübersicht

TOUREN 1–11

TOUREN 12–22

Tourenübersicht

TOUREN 23–33

Unser Highlight

TOUREN 34–44

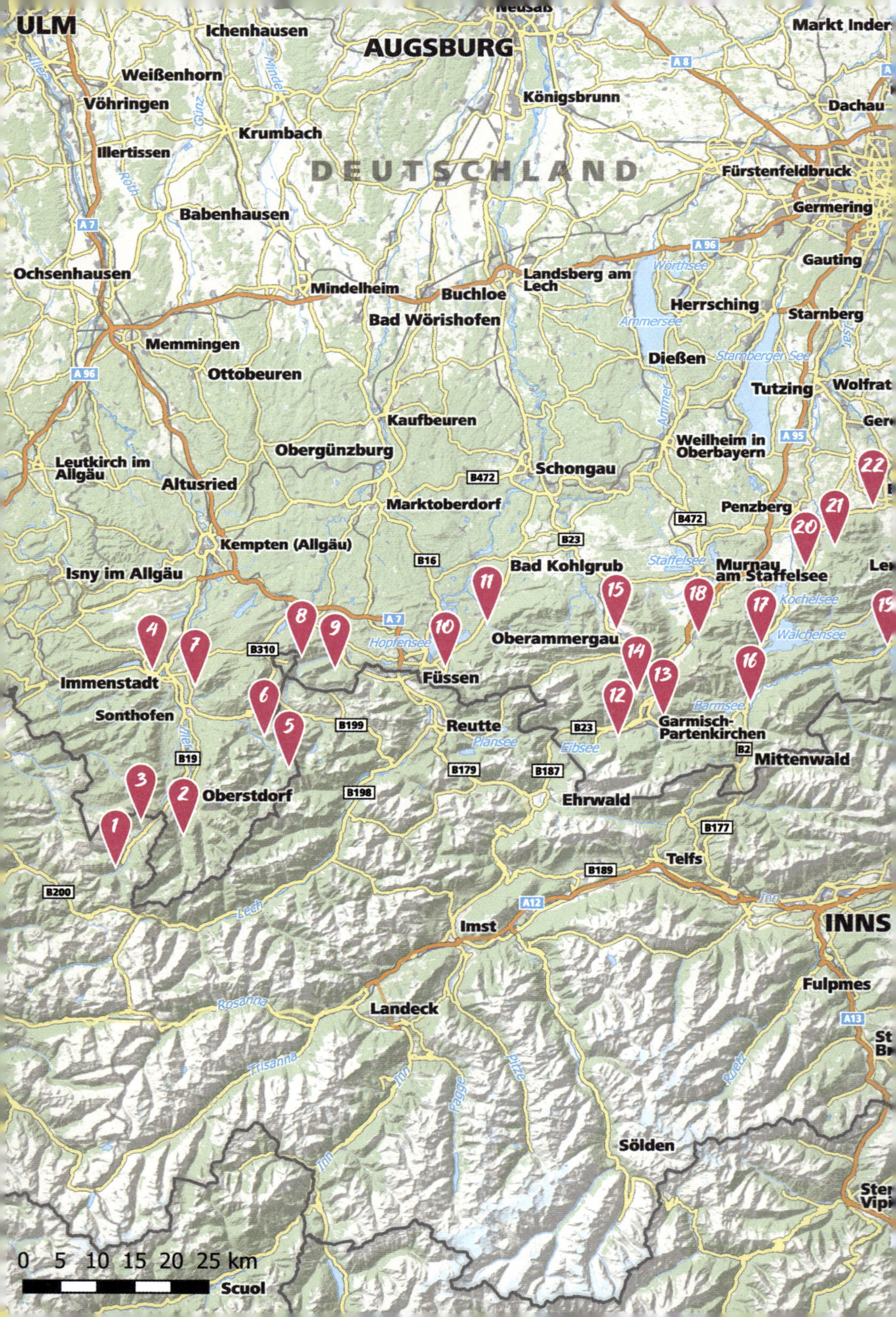

ULM
Ichenhausen
AUGSBURG
Markt Inder
Weißenhorn
Vöhringen
Königsbrunn
Dachau
Krumbach
Illertissen
DEUTSCHLAND
Fürstenfeldbruck
Babenhausen
Germering
Ochsenhausen
Gauting
Mindelheim
Buchloe
Landsberg am Lech
Herrsching
Starnberg
Bad Wörishofen
Ammersee
Memmingen
Ottobeuren
Dießen
Starnberger See
Tutzing
Wolfrat
Kaufbeuren
Obergünzburg
Weilheim in Oberbayern
Leutkirch im Allgäu
Altusried
Schongau
Marktoberdorf
Penzberg
Kempten (Allgäu)
Isny im Allgäu
Bad Kohlgrub
Murnau am Staffelsee
Staffelsee
Kochelsee
Walchensee
Oberammergau
Hopfensee
Immenstadt
Füssen
Sonthofen
Reutte
Plansee
Eibsee
Garmisch-Partenkirchen
Barmsee
Mittenwald
Oberstdorf
Ehrwald
Telfs
Imst
INNS
Landeck
Fulpmes
Sölden
Scuol
0 5 10 15 20 25 km
1
2
3
4
5
6
7
8
9
10
11
12
13
14
15
16
17
18
19
20
21
22

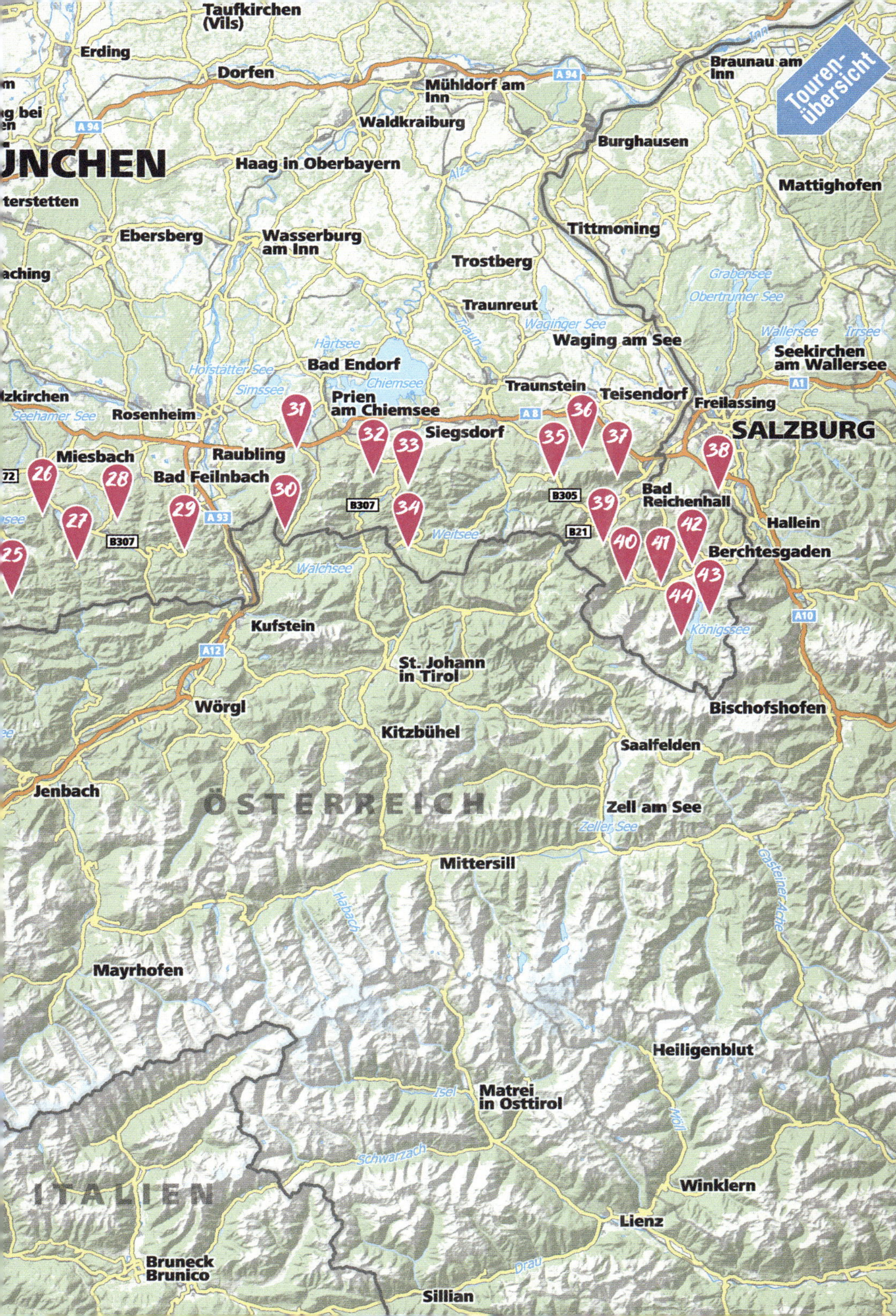

Touren-übersicht
Taufkirchen (Vils)
Erding
Dorfen
Mühldorf am Inn
Waldkraiburg
Braunau am Inn
Burghausen
Haag in Oberbayern
Mattighofen
Ebersberg
Wasserburg am Inn
Tittmoning
Trostberg
Traunreut
Grabensee
Obertrumer See
Waginger See
Waging am See
Wallersee
Irrsee
Seekirchen am Wallersee
Hartsee
Bad Endorf
Chiemsee
Simssee
Hofstätter See
Prien am Chiemsee
Traunstein
Teisendorf
Freilassing
Rosenheim
Seehamer See
Siegsdorf
SALZBURG
Miesbach
Raubling
Bad Feilnbach
Bad Reichenhall
Hallein
Berchtesgaden
Weitsee
Walchsee
Königssee
Kufstein
St. Johann in Tirol
Wörgl
Kitzbühel
Bischofshofen
Saalfelden
Jenbach
ÖSTERREICH
Zell am See
Zeller See
Mittersill
Gasteiner Ache
Habach
Mayrhofen
Heiligenblut
Isel
Matrei in Osttirol
Möll
Schwarzach
ITALIEN
Winklern
Lienz
Drau
Bruneck Brunico
Sillian
A 94
A 8
A 93
A 12
A 1
A 10
B307
B305
B21
25
26
27
28
29
30
31
32
33
34
35
36
37
38
39
40
41
42
43
44

Endlich ...

geht es los!

44 HÜTTENTOUREN FÜR DICH

Was könnte schöner sein, als endlich Hüttenzeit? Jetzt heißt es raus aus dem Alltag und rein in die Wanderklamotten! Wir haben die schönsten Touren zusammengestellt und zeigen dir die faszinierensten Hütten in den Bayerischen Alpen. Wir nehmen dich mit auf die Hütte, zu Kaiserschmarrn und Heißer Schokolade, Kaminfeuer und spannenden Berggeschichten. Denn Hüttenzeit heißt Wohlfühlzeit am Berg, ohne Stress und Hektik.

Die Bayerischen Alpen gliedern sich in mehrere Gebirgsgruppen und umfassen je nach Definition unterschiedliche Teilgebiete. Nach der Definition der internationalen vereinheitlichten orographischen Einteilung der Alpen (SOUISA) zählen das Bregenzerwaldgebirge, die Allgäuer Alpen, Ammergauer Alpen, Wallgauer Alpen, das Mangfallgebirge und die Chiemgauer Alpen dazu. Wir haben noch Touren im Wettersteingebirge und Berchtesgadener Land dabei, damit du auch diese schönen Ecken erkunden kannst. Die Bayerischen Alpen sind Teil der nördlichen Ostalpen und bestehen zumeist aus Sedimentgesteinen, wie Kalk und Dolomit.

Endlich Hüttenzeit Bayerisch Alpen wartet mit einer beeindruckenden Reihe an Hütten auf, die sich wunderbar im Rahmen von idyllischen Tageswanderungen, aber auch reizvollen Mehrtagestouren, erkunden lassen. Ob eine kurze Familienwanderung zur Osterbergalpe, eine aussichtsreiche aber fordernde Tour zum Pürschlinghaus oder eine anspruchsvolle Zweitagestour zum Luitpoldhaus – wir haben die schönsten Hüttentouren in den Bayerischen Alpen zusammengetragen und wünschen dir viele unvergessliche Wandererlebnisse!

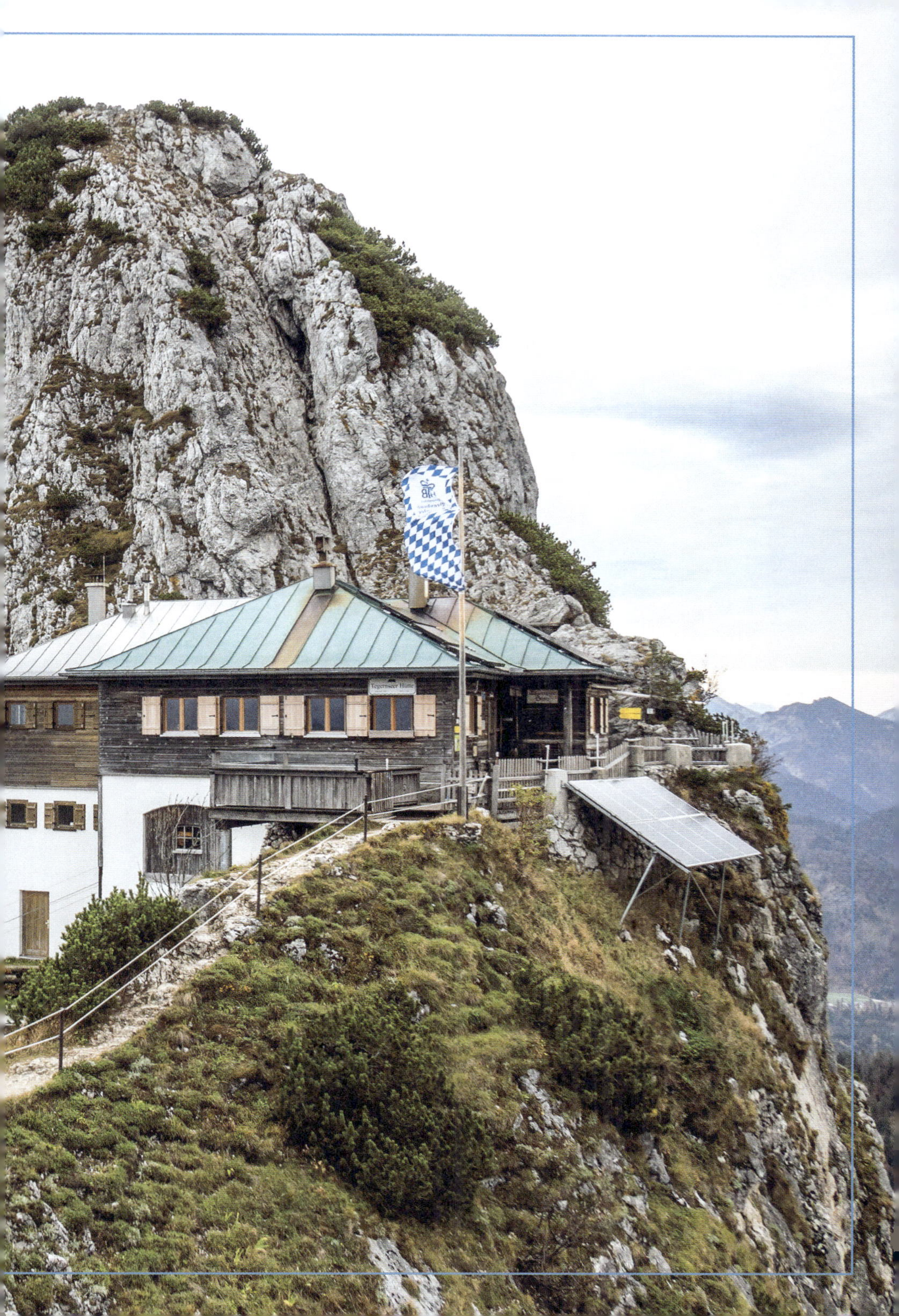
Tegernseer Hütte

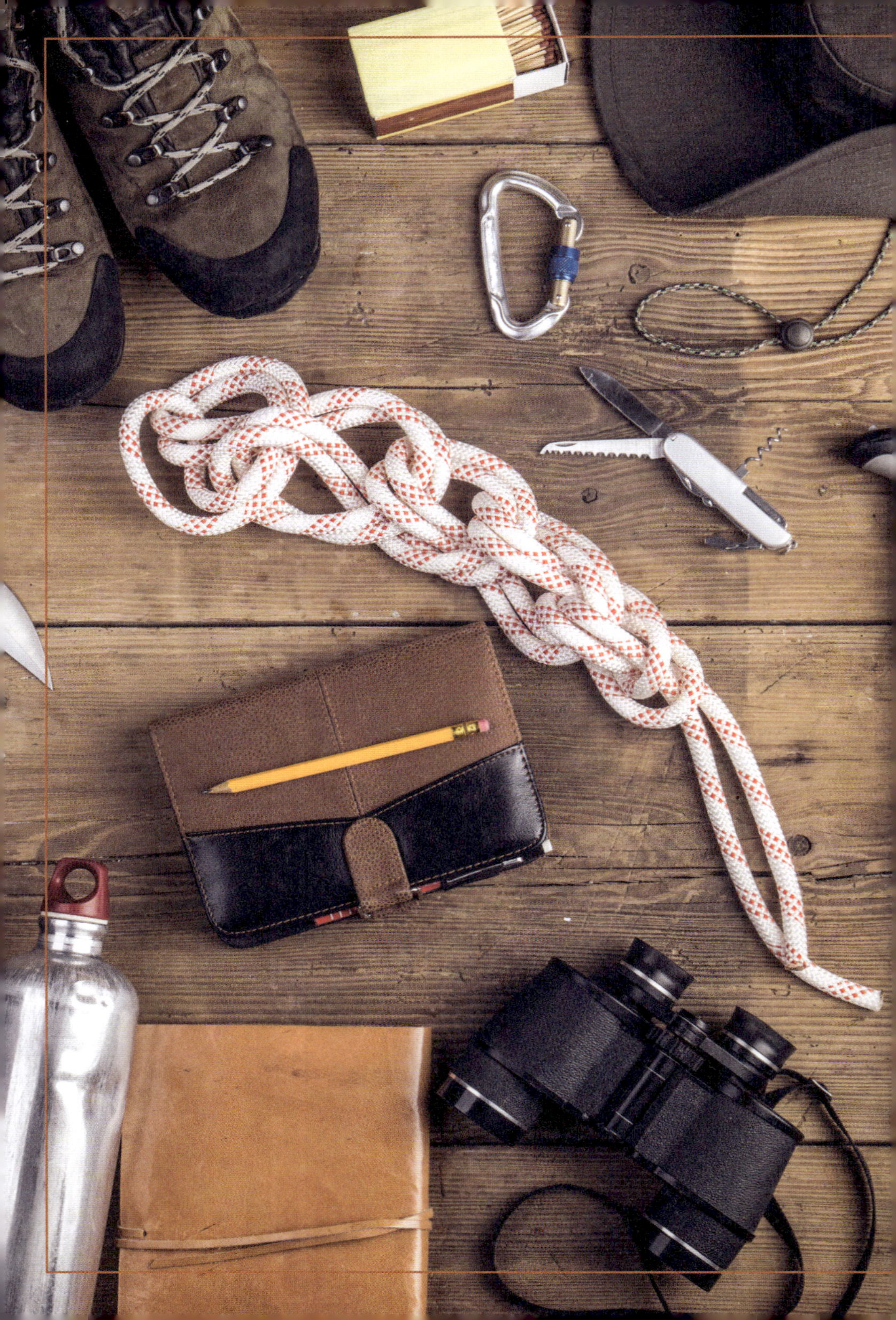

Endlich alle 7 Sachen zusammen

Pack-tipps

Deine Packliste

MATERIALCHECK

Die Hüttentouren sind zum Teil sehr fordernde Bergtouren. Daher sollte der Rucksack gefüllt sein mit dem richtigen Material. Damit ihr nichts Wichtiges vergesst, haben wir eine Packliste für euch zusammengestellt, die euch wohlbehalten zu eurem Ziel bringt:

- ◯ Wanderstiefel
- ◯ Wetterfeste Bekleidung
- ◯ Wasser (mind. 1,5 Liter!)
- ◯ Erste-Hilfe-Set
- ◯ Handy (für den Notruf)
- ◯ Wechselkleidung
- ◯ Proviant
- ◯ Kompass und Wanderkarte

Neben der Standardausrüstung zum Wandern sind für die Hüttentouren und die damit verbundene Übernachtung noch folgende Dinge sehr wichtig:

- ◯ Hüttenschlafsack
- ◯ Ohrstöpsel
- ◯ AV-Ausweis und Bargeld
- ◯ Hüttenschuhe und trockene Socken

Endlich gern gesehen

Verhaltenskodex

WANDERN

Wandern liegt voll im Trend! Immer mehr Menschen lassen sich von der Faszination des Bergsports in den Bann ziehen, kehren dem Städtealltag den Rücken zu und suchen fernab von Stress und Hektik mehr Ruhe, Ausgleich und Bewegung in den Bergen. Doch je mehr wir in der Natur unterwegs sind, desto mehr Schaden trägt sie davon – außer, wir gehen sanft mit der sensiblen Umgebung um und versuchen, möglichst viele Aspekte rund um eine Wandertour nachhaltig zu gestalten. Zum Glück ist umweltfreundliches Wandern mit Respekt vor der Natur und vor der Tier- und Pflanzenwelt nicht allzu schwer. Um im Einklang mit der Umgebung unterwegs zu sein, haben wir wichtige Tipps und einfache Grundregeln zusammengefasst. „Take nothing but pictures, leave nothing but footprints" – beherzige dieses Motto, dann steht deinem umweltschonenden Naturerlebnis nichts mehr im Weg!

Und das kannst du machen...

Dos & Don'ts

01 Befolge Bestimmungen: Informiere dich über Regelungen in Nationalparks und Schutzgebieten und halte dich an die Hinweise auf Informationstafeln.

02 Bewege dich auf sichtbaren Wegspuren: Durchquere keine Gebiete auf eigene Faust, sondern bleibe auf den festgelegten Routen. Respektiere Privatgrund und schließe Weidegatter.

03 Respektvoller Umgang untereinander: Begegne anderen Wanderern, Forst- und Almpersonal sowie Jägern und Landwirten stets freundlich und respektvoll, schließlich bist du Gast in dieser schönen Gegend.

04 Vermeide unnötigen Lärm: Achte auf Ruhezonen und bewege dich möglichst leise in der freien Natur.

05 Respektiere den Lebensraum der Tiere: Weiche Tieren unaufgeregt aus und halte Distanz bei Begegnungen.

06 Halte die Umwelt sauber: Hinterlasse keinen Abfall. Versuche dich bei Notdurft von Gewässern fernzuhalten und nimm Klopapier wieder mit ins Tal.

07 Pflücke und sammle keine Pflanzen: Achte darauf, Pflanzen möglichst unberührt zu lassen.

08 Mache kein offenes Feuer und campiere richtig: Nutze nur ausgewiesene Feuerstellen und beachte die aktuelle Waldbrandgefahr. Wenn du im Freien übernachtest, tu das nur an Plätzen, wo dies erlaubt ist.

Grundwissen

Wandern & Hütten

SICHERHEIT UND BASICS

Wandern ist ein ideales Mittel, um einfach mal auszuspannen und den Alltag hinter sich zu lassen. Nur der eigenen Bewegung folgen, sich auf seine Schritte und den eigenen Rhythmus konzentrieren. Die Natur und ihre Schönheit genießen. Gerade bei Mehrtagestouren kannst du richtig abschalten und das Hüttenleben genießen. Trotzdem gilt es einiges zu beachten, damit durch unvorhergesehene Ereignisse der Spaß nicht auf der Strecke bleibt.

Wettercheck: Gerade im Gebirge ist stabiles Wetter sehr wichtig. Sich bereits zwei bis drei Tage vorher zu informieren und am Abend vor der Tour oder bei Unsicherheit sogar morgens nochmal das Wetter abzuklären, kann oft böse Überraschungen vermeiden. Am besten informierst du dich beim Deutschen Wetterdienst oder über das Bergwetter des Deutschen Alpenvereins. Bei unsicheren Verhältnissen lieber die Tour absagen und auf einen anderen Tag verschieben.

Hüttenübernachtung: Plane deine Hüttenübernachtung schon im voraus und reserviere dir einen Schlafplatz über die Hüttenwebseite, per Mail oder direkt am Telefon beim Hüttenwirt. Denke auch daran, Bargeld für die Verpflegung und die Übernachtung mitzunehmen. Die anderen Gäste und der Hüttenwirt danken es dir, wenn du dich an die geltenden Regelungen hältst und auch die Essenszeiten sowie die Nachtruhe beachtest.

Notruf bei Unfällen: Bei einem Unfall haben Ruhe bewahren und überlegtes Handeln oberste Priorität. Erst einen Überblick über die Situation verschaffen, dann wird mit der europaweit gültigen Notrufnummer 112 ein Notruf abgesetzt. Funklöcher oder kein Handy erfordern das alpine Notsignal mittels Rufen, Pfiffen oder Licht: Alle zehn Sekunden eine Minute lang ein Signal, dann eine Minute Pause, dann wieder alle zehn Sekunden eine Minute lang ein Signal geben. Auch Erste-Hilfe-Maßnahmen sollten durchgeführt werden.

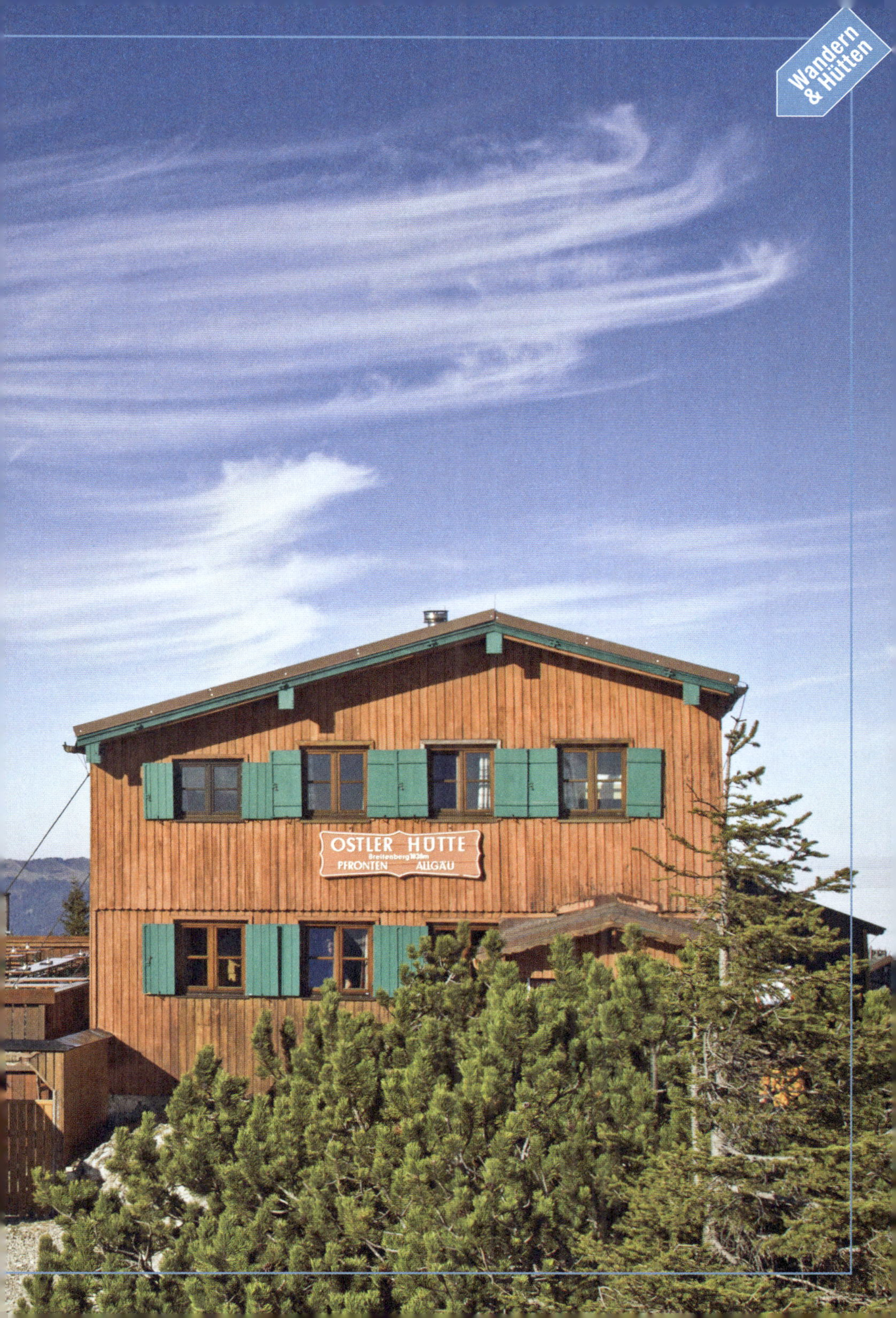
OSTLER HÜTTE
Breitenberg
PFRONTEN ALLGÄU

Grundwissen

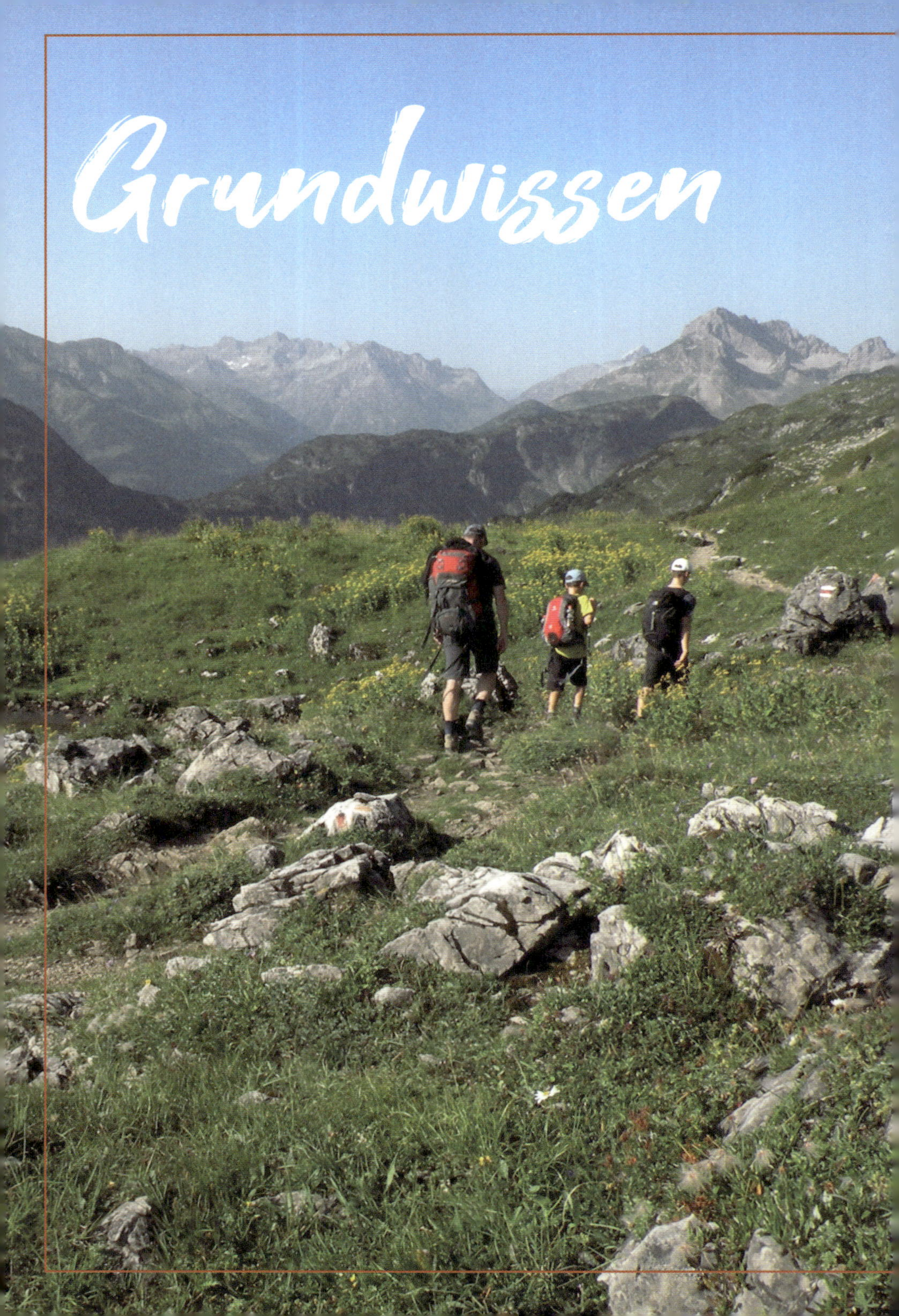

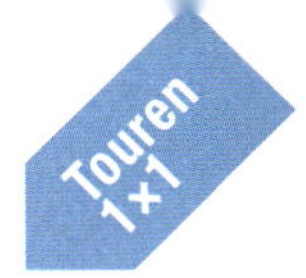

Wandern

TOUREN-1×1 & LEXIKON

Die Klassifizierung der Touren ist als Richtwert zu verstehen. Schätze dein Können und deine Kräfte realistisch ein und richte deine Tourenauswahl danach aus.

LEICHT: Meist gut markierte, breite Wanderwege ohne Gefahrenstellen, die stellenweise auch etwas steilere, wurzelige und felsige Passagen aufweisen können. Die Routen sind für AnfängerInnen, Kinder sowie fitte, ältere Personen geeignet und setzen keine großartige Bergerfahrung voraus.

MITTEL: Anspruchsvollere Wege und Pfade mit teils unwegsamem Untergrund (steinig, wurzelig, verwachsen, rutschig), die meist gut markiert sind und phasenweise leicht ausgesetzte Abschnitte beinhalten können. Die Routen sind überwiegend länger und setzen Bergerfahrung und eine gute Grundkondition voraus.

SCHWER: Herausfordernde Touren, meist auf schmalen und steilen Steigen in alpinem Gelände. Stellenweise können kurze (durch Drahtseile versicherte) Kletter- und Kraxelpassagen vorkommen, bei denen die Hände zu Hilfe genommen werden müssen. Es ist mit längeren An- und Abstiegen zu rechnen. Langjährige Bergerfahrung, Trittsicherheit und Schwindelfreiheit sowie ausgezeichnete Kondition sind Grundvoraussetzung!

Gehzeiten: Die angeführten Zeitangaben verstehen sich als Richtwerte für die reine Gehzeit ohne Pausen und basieren auf folgenden Erfahrungswerten pro Stunde: Aufstieg 400 Höhenmeter, Abstieg 600 Höhenmeter, 4 km auf flacher Strecke.

Wandersaison: Grundsätzlich lässt es sich im Voralpenland und dem Flachland ganzjährig wandern, trotzdem solltest du mit Schnee in den höheren Lagen rechnen. Besonders bei Minustemperaturen und Nässe ist auf die Wegverhältnisse zu achten. Deswegen empfehlen wir Wanderungen ab April bis Oktober. In alpinen Lagen lässt es sich von Juni bis Oktober gut wandern, wobei jede Jahreszeit ihren ganz besonderen Reiz hat. Während man in niedereren Regionen schon im Mai schöne Touren unternehmen kann, hält sich der Schnee in höher gelegenen Gegenden oft bis in den Hochsommer hinein. Der Herbst schafft eine einmalige Wanderkulisse und oft besteht sehr gute Fernsicht. Informiere dich am besten in der Region über die aktuelle Begehbarkeit der Wege und die Öffnungszeiten der Zufahrtsstraßen und Schutzhütten.

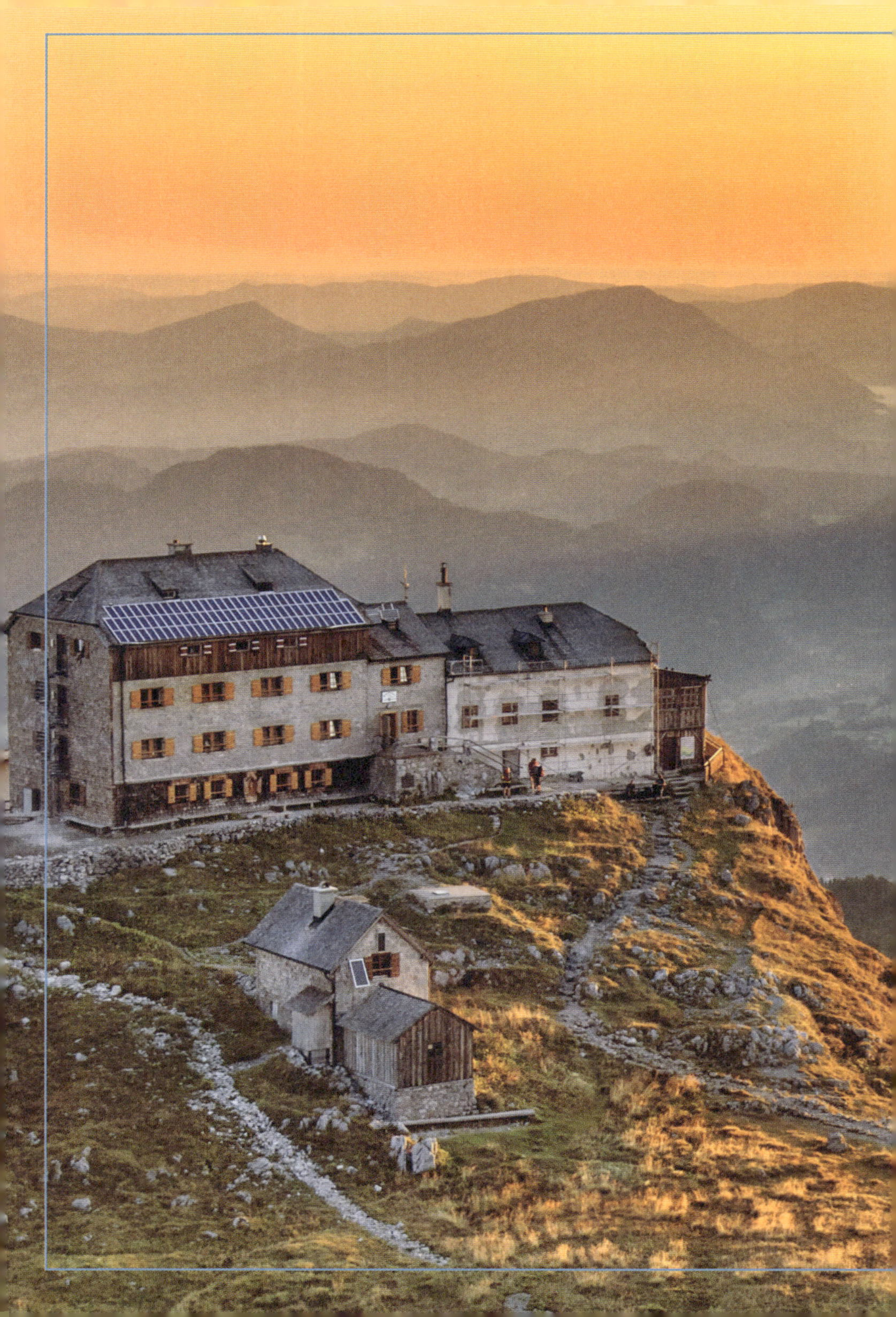

TOUREN 01 – 44
BESCHREIBUNGEN

01

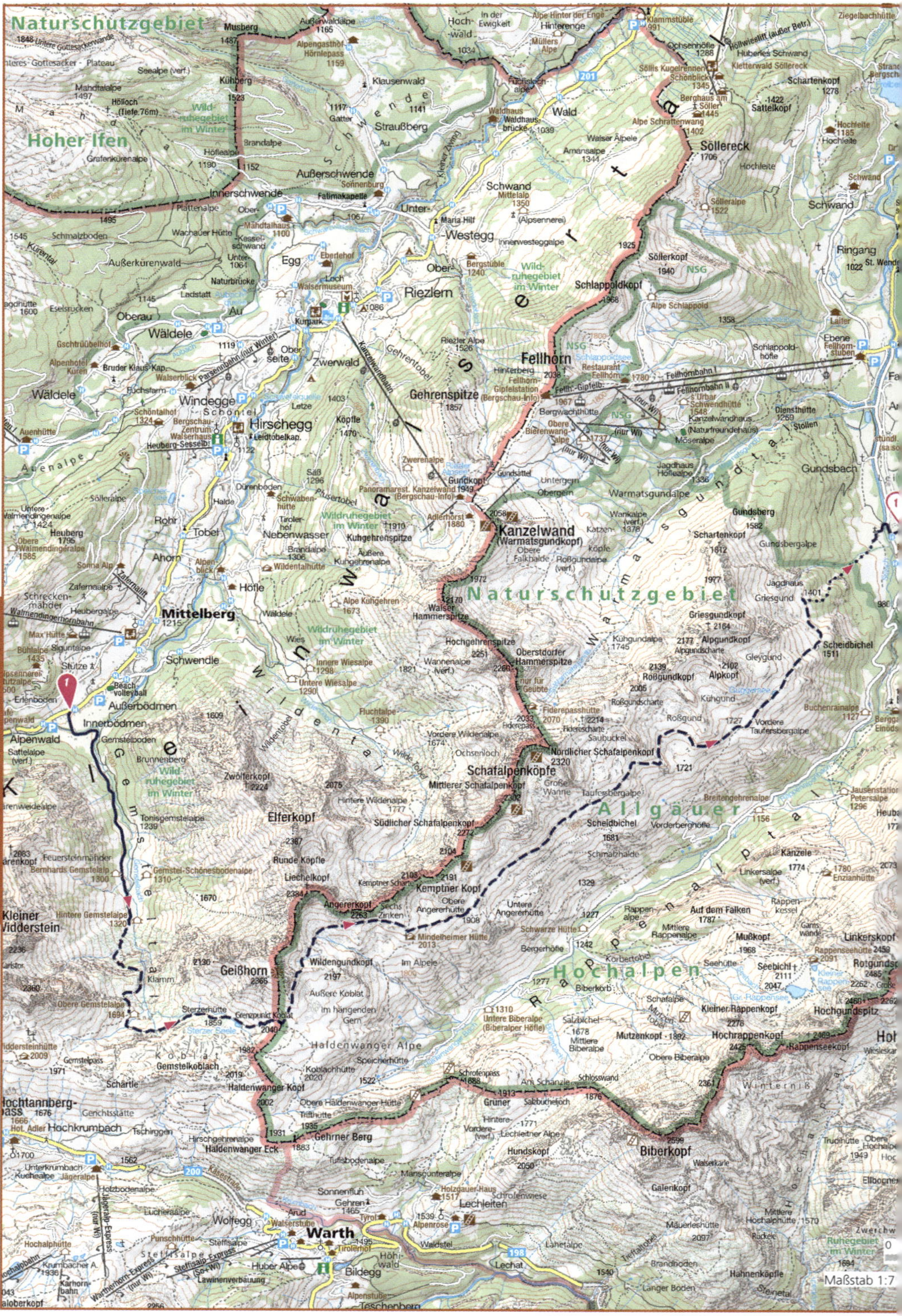

Naturschutzgebiet

Hoher Ifen

Kleinwalsertal

Riezlern

Hirschegg

Mittelberg

Fellhorn

Söllereck

Kanzelwand

Gehrenspitze

Schafalpenköpfe

Elferkopf

Geißhorn

Biberkopf

Allgäuer

Hochalpen

Warth

Maßstab 1:7

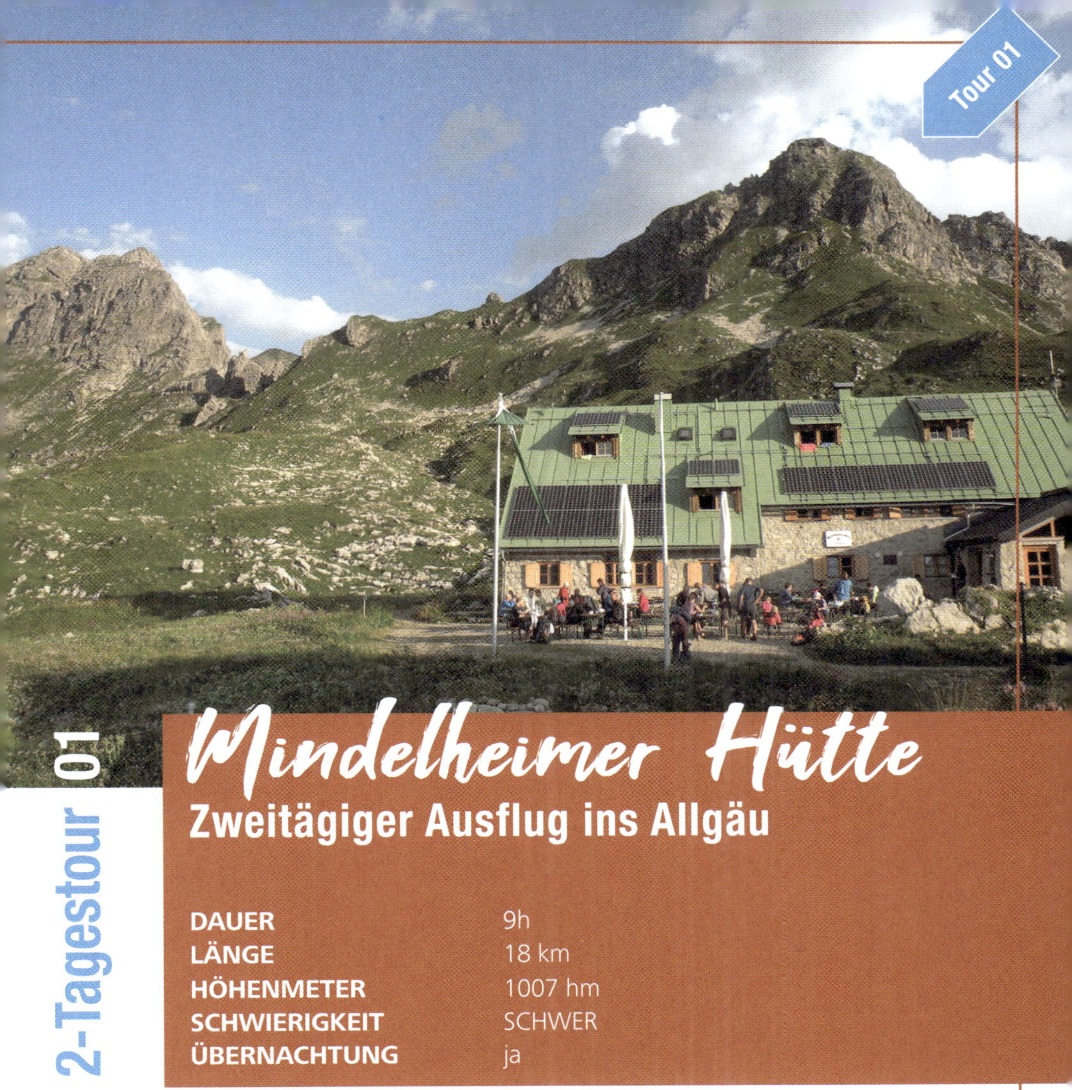

Tour 01

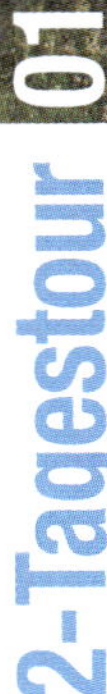

Mindelheimer Hütte

Zweitägiger Ausflug ins Allgäu

DAUER	9h
LÄNGE	18 km
HÖHENMETER	1007 hm
SCHWIERIGKEIT	SCHWER
ÜBERNACHTUNG	ja

Das erwartet dich ...

Eine anspruchsvolle Zwei-Tages-Tour mit Hüttenübernachtung. Entsprechende Ausrüstung und stabiles Schuhwerk sind hier obligatorisch. Wir sind auf durchgängig guten, ausreichend markierten Bergwegen unterwegs, die für trittsichere Wanderer mit Kondition unproblematisch sind. Teilweise erwarten uns steile Auf- und Abstiege auf steinigem Untergrund.

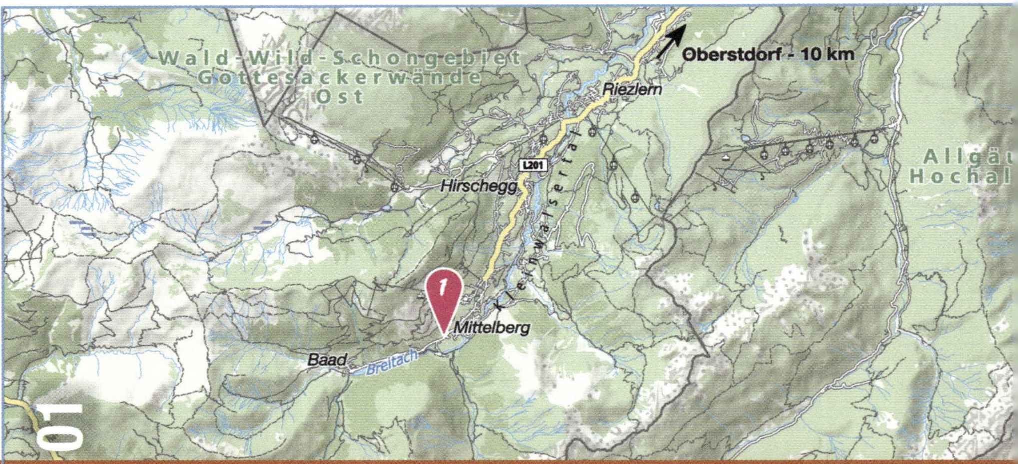

2-Tagestour 01

Start & Ziel & Anreise

Ausgangspunkt und Ziel sind die Bushaltestelle und der Parkplatz in Bödmen. Anreise mit PKW von Oberstdorf über die B 19/B 201 in etwa 30 Min. Von Bödmen besteht eine ÖV-Anbindung an Oberstdorf durch die Buslinie 1. Von Birgsau aus besteht von Juni bis Oktober bis zum frühen Abend eine Busverbindung nach Oberstdorf.

Tourenbeschreibung

Zwischen dem österreichischen Kleinwalsertal und der Umgebung von Oberstdorf im Allgäu sind die Grenzen für Wanderer fließend. Ein besonderes Erlebnis ist der Ausflug vom Gemsteltal ins Stillachtal mit Übernachtung oberhalb der 2.000-Meter Grenze.

1. Tag

Der Start liegt im Kleinwalsertal. Von der Bushaltestelle „Gemse" im Mittelberger Ortsteil Bödmen oder dem nahen Parkplatz geht es auf einer Brücke über die Breitach am Gemstelboden. Hier ein kurzes Stück nach links der Breitach flussabwärts entlang bis zur Mündung des Gemstelbaches. Ab hier wandern wir rechts des klaren Gebirgswassers leicht ansteigend ins Gemsteltal, vorbei an Bernhard's Gemstelalpe zur Hinteren Gemstelalpe. Der breite Alpweg bis hierher ist gerade recht zum Einlaufen.

Bald beginnt jedoch der steile Anstieg durch die Gemstelklamm, in der der Gemstelbach einen romantischen Wasserfall bildet. Oberhalb des senkrecht abfallenden Tobels sollte man sich nahe an der Felswand bewegen. Ein Stahlseilgeländer gibt die nötige Sicherheit. Bei der Oberen Gemstelalpe angekommen teilt sich der Weg. Für uns ist die Richtung zur Mindelheimer Hütte nach links angezeigt. Bald schlägt der Weg eine südöstliche Richtung ein, überquert den jungen Gemstelbach und gelangt an der kleinen Sterzerhütte vorbei auf eine kleine Hochmoorfläche. Hier erreichen über einen zackigen Steilanstieg den Grenzpunkt Koblat mit Grenzstein zwischen Vorarlberg (V) und Bayern (B). Die ausladende Hochfläche mit blühenden Bergwiesen bietet sich zur Rast an. Faszinierend die Aussicht auf die felsige Pyramide des Biberkopfs, weiter südlich zum Arlberg und zum Lechquellengebirge, während sich Richtung Westen der unverwechselbar massige Widderstein zeigt.

Am Grenzpunkt Koblat ist unsere Richtung zur Mindelheimer Hütte klar angezeigt. Wer glaubt, der Anstieg ist beendet, irrt. In Serpentinen, steile Hänge querend, werden weitere knapp 200 Höhenmeter gefordert. Erst nach dem Geißhornsattel wird der höchste Punkt der Tagesetappe erreicht. Jetzt senkt sich der Pfad abwärts, wobei noch einige felsige Steilpassagen zu überwinden sind. Im Wildengundkar lassen sich mit etwas Glück Steinböcke beobachten. Die Mindelheimer Hütte, ein herausragender Wanderknotenpunkt zwischen Walsertaler und Allgäuer Alpen, ist dann bald erreicht.

Auf dem Krumbacher Höhenweg

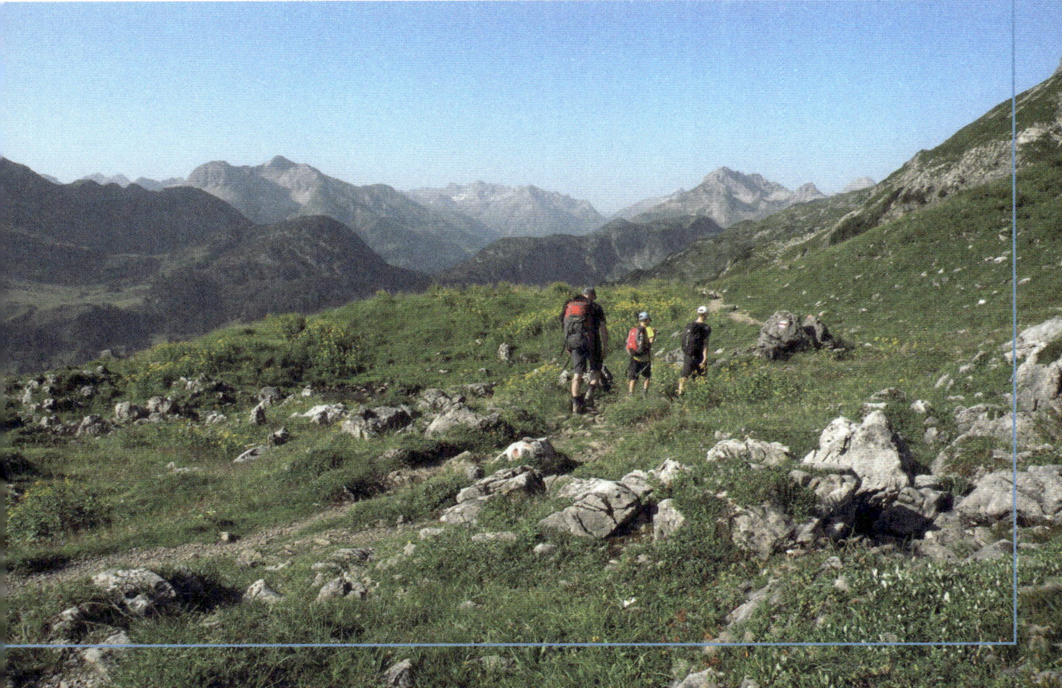

Fortsetzung Tour 01

2. Tag
Bei gutem Wetter kann man beim Frühstück auf der Terrasse die Bergwelt ringsum bestaunen. Nur wenige Schritte entfernt steht ein Kreuz mit sehenswertem Christus in erhabener Lage.

Die erste Etappe des zweiten Tages verläuft auf dem Krumbacher Höhenweg am Kemptner Kopf mit auffallend schönem Gipfelkreuz vorbei zunächst zur Oberen Angererhütte. Am Fuße der Schafalpenköpfe, über die der bekannte Mindelheimer Klettersteig führt, folgen wir weiter dem Krumbacher Höhenweg bis zur Taufersbergalpe. Kurz vor der Alphütte biegen wir nach rechts ab Richtung Guggersee und Birgsau. Jetzt als Panoramaweg (Nr. 442) bezeichnet bleibt das Teilstück des Europäischen Fernwanderweges Via Alpina noch eine Weile in aussichtsreicher Höhe. An einigen kurzen ausgesetzten Stellen ist erhöhte Vorsicht geboten. Ansonsten lässt sich entspannt das Panorama der Allgäuer Hochalpen über dem Rappenalptal genießen. Vor allem das markante Horn der Trettachspitze ragt jenseits des Tales steil in den Himmel.

Kurz vor der Vorderen Taufersbergalpe gibt eine Wegtafel erneut die Richtung Guggersee-Birgsau vor. An der Alphütte vorbei zieht der Pfad auf fast gleich bleibender Höhe zum idyllisch gelegenen Guggersee. Nach einer Ministufe aufwärts wird auf einer Kuppe der Blick auf Oberstdorf frei. Danach beginnt der steiler werdende Steig bergab. Nach Bewältigung eines Felsriegels wendet sich der Pfad nahe eines Jagdhauses in östliche Richtung und senkt sich weiterhin steil ins Stillachtal hinunter. Durch ein lichtes Wäldchen und kurz nach den Wiesen eines Hofes überqueren wir die Stillach und erreichen nach zwei erlebnisreichen Tagen Birgsau mit Gasthof, Wirtshaus und Bushaltestelle.

Der Blick von der Mindelheimer Hütte auf den Biberkopf

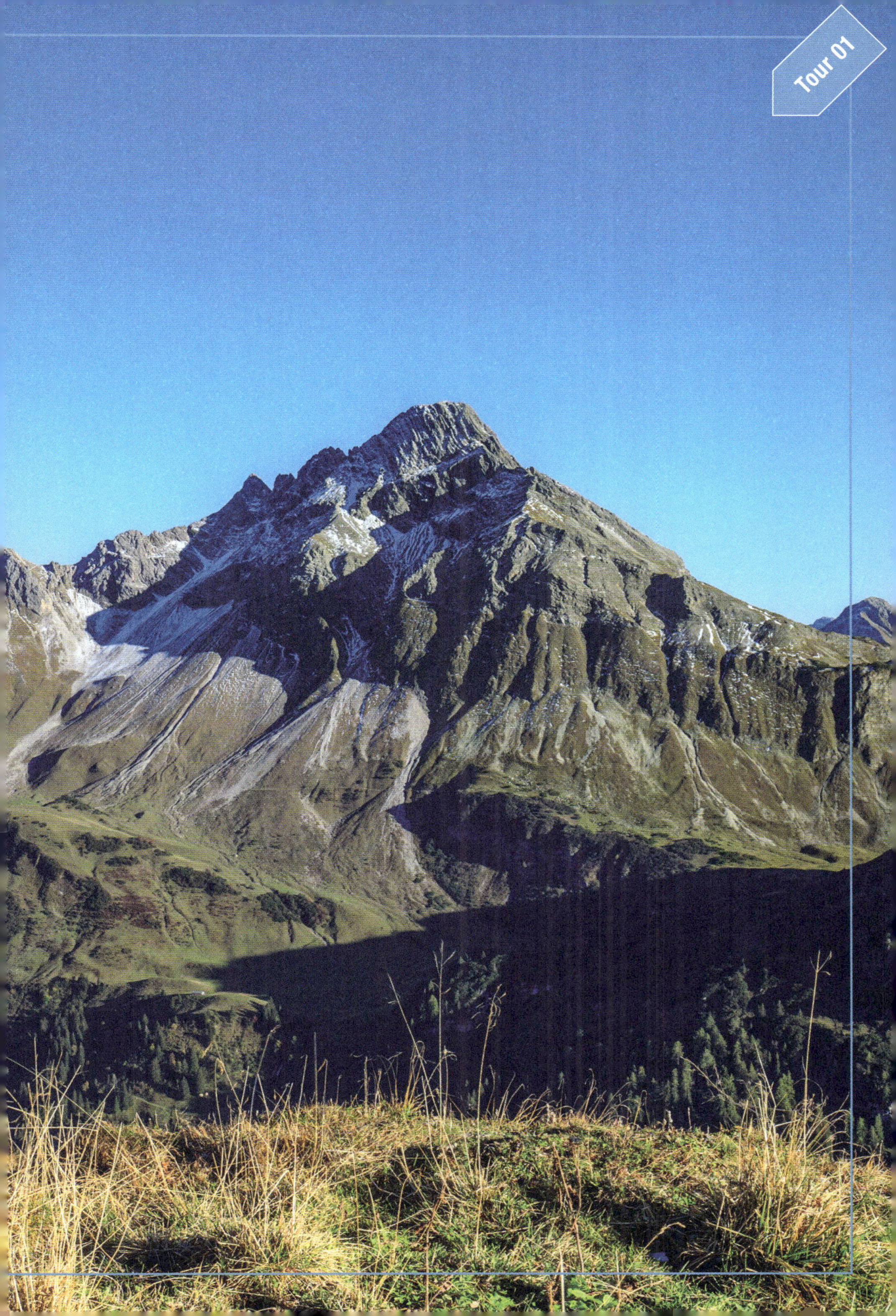

Tour 01

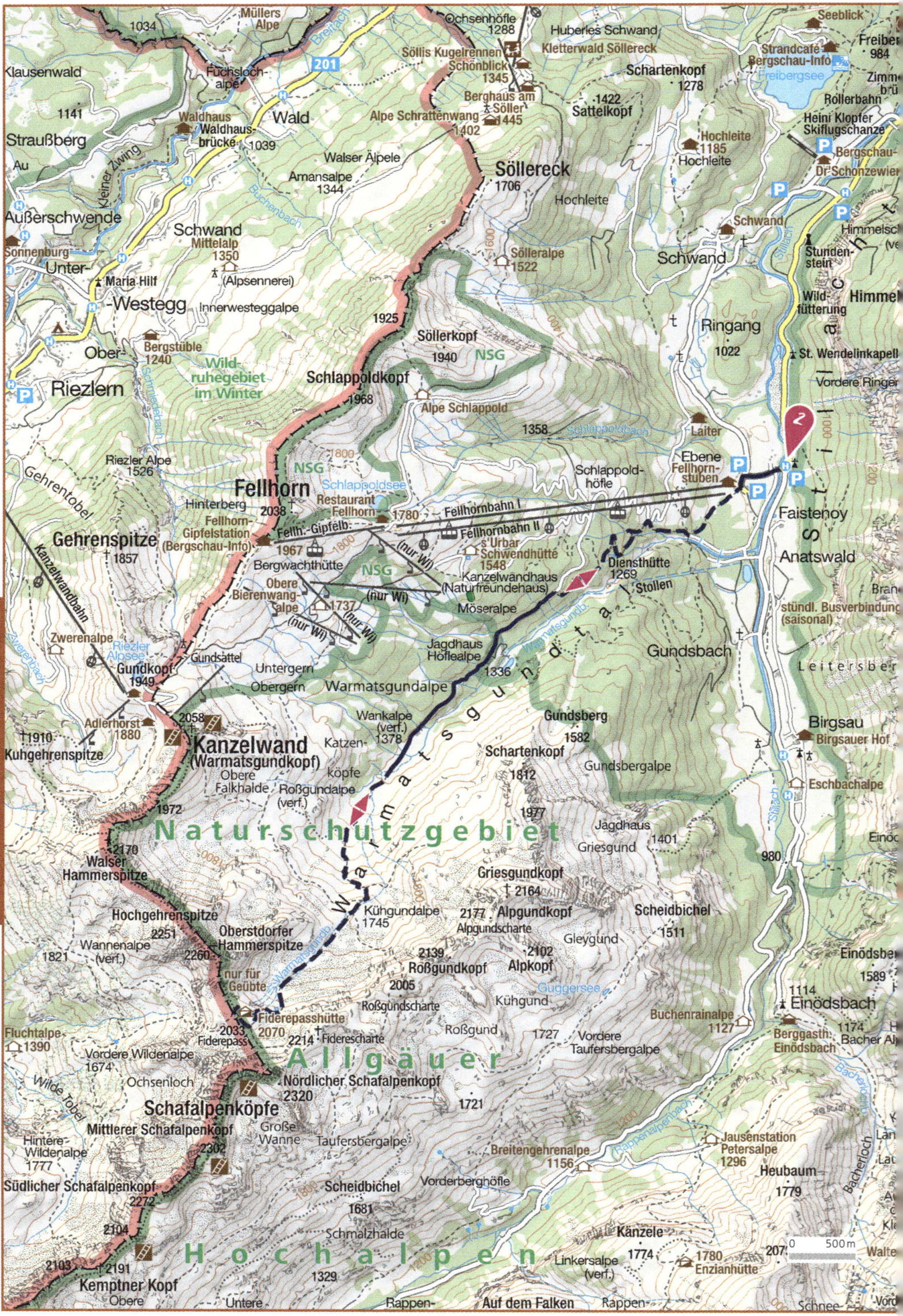

02

Müllers Alpe
1034
Breitach
201
Ochsenhöfle 1288
Huberles Schwand
Seeblick
Freiberg 984
Klausenwald
Fuchsloch-alpe
Söllis Kugelrennen
Schönblick 1345
Kletterwald Söllereck
Schartenkopf 1278
Strandcafé Bergschau-Info
Freibergsee
Berghaus am Söller 1445
1422 Sattelkopf
Rollerbahn
Heini Klopfer Skiflugschanze
1141
Waldhaus
Waldhaus-brücke 1039
Wald
Alpe Schrattenwang 1402
Hochleite 1185
Hochleite
Bergschau-
Dr. Schonzewier
Straußberg
Au
Kleiner Zwing
Walser Älpele
Amansalpe 1344
Söllereck 1706
Hochleite
Außerschwende
Buchenbach
Schwand
Sonnenburg
Unter-
Schwand
Mittelalp 1350
(Alpsennerei)
Sölleralpe 1522
Schwand
Stillach
Himmelschrofen
Stunden-stein
Maria Hilf
-Westegg
Innerwesteggalpe
Wild-fütterung
Himmel
1925
Ringang 1022
Ober-
Bergstüble 1240
Söllerkopf 1940
NSG
St. Wendelinkapelle
Riezlern
Wild-ruhegebiet im Winter
Schlappoldkopf 1968
Vordere Ringer
Alpe Schlappold
1358
Schlappoldbach
Laiter
Stillachtal
Gehrentobel
Riezler Alpe 1526
1800
NSG
Schlappoldsee
Ebene Fellhorn-stuben
Schlappold-höfle
Fellhorn 2038
Hinterberg
Restaurant Fellhorn 1780
Fellhornbahn I
Faistenoy
Gehrenspitze 1857
Fellhorn-Gipfelstation (Bergschau-Info)
Fellh.-Gipfelb.
1967
Fellhornbahn II
s'Urbar Schwendhütte 1548
(nur Wi)
Anatswald
Kanzelwandbahn
Bergwachthütte
NSG
Diensthütte 1269
Stollen
Obere Bierenwang-alpe
Kanzelwandhaus (Naturfreundehaus)
1737
(nur Wi)
(nur Wi)
(nur Wi)
Möseralpe
ständl. Busverbindung (saisonal)
Zwerenalpe
Riezler Alpsee
Zwerenbach
Gundkopf 1949
Gundsättel
Jagdhaus Höflealpe
Untergern
Obergern
1336
Warmatsgundalpe
Gundsbach
Leitersberg
Warmatsgundbach
Adlerhorst 1880
2058
Wankalpe (verf.) 1378
Gundsberg 1582
Birgsau
Birgsauer Hof
1910
Kuhgehrenspitze
Kanzelwand (Warmatsgundkopf)
Katzen-köpfe
Schartenkopf 1812
Gundsbergalpe
Obere Falkhalde
Roßgundalpe (verf.)
Eschbachalpe
1972
Warmatsgundtal
1977
Jagdhaus
1401
Naturschutzgebiet
2170
Walser Hammerspitze
1800
Griesgund
980
Griesgundkopf 2164
Hochgehrenspitze 2251
Kühgundalpe 1745
2177
Alpgundkopf
Alpgundscharte
Scheidbichel 1511
Wannenalpe (verf.)
Oberstdorfer Hammerspitze
Gleygund
1821
2260
2139
Roßgundkopf
2102
Alpkopf
Einödsberg 1589
nur für Geübte
2005
Guggersee
Roßgundscharte
Kühgund
1114
Einödsbach
Fiderepasshütte
2033
2070
2214
Fiderescharte
Roßgund
1727
Vordere Taufersbergalpe
Buchenrainalpe 1127
Fluchtalpe 1390
Fiderepass
Allgäuer
Berggasth. Einödsbach
1174 Bacher Alpe
Vordere Wildenalpe 1674
Nördlicher Schafalpenkopf 2320
Bacherloch
Ochsenloch
Wilde Tobel
1721
Schafalpenköpfe
Mittlerer Schafalpenkopf
Große Wanne
Taufersbergalpe
Jausenstation Petersalpe 1296
Hintere Wildenalpe 1777
2302
Breitengehrenalpe 1156
Rappenalpenbach
Heubaum 1779
Südlicher Schafalpenkopf 2272
Vorderberghöfle
Scheidbichel 1681
2104
Schmalzhalde
Känzele
Hochalpen
Linkersalpe (verf.)
1774
1780 Enzianhütte
2103
2191
1329
Kemptner Kopf
Obere
Untere
Rappen-
Auf dem Falken
Rappen-
Schnee-
0 500 m

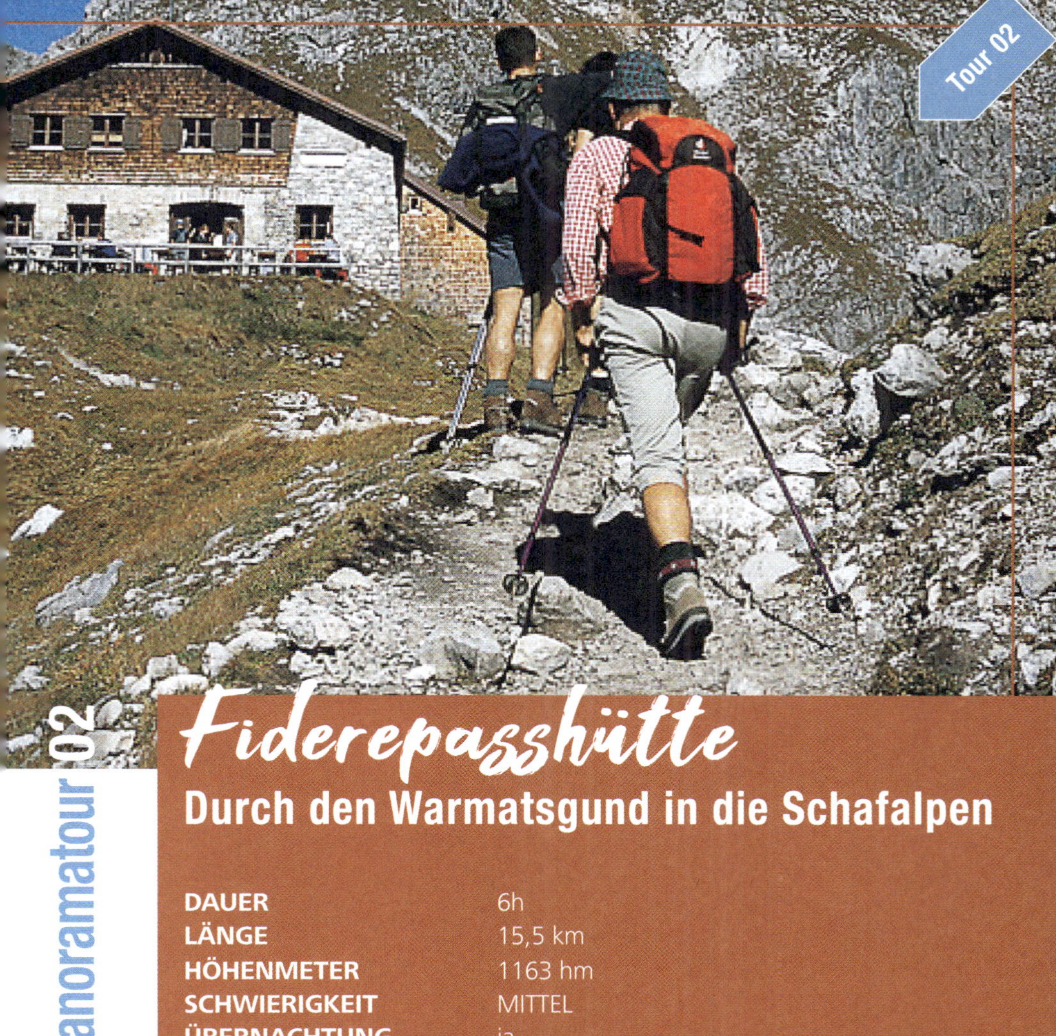

Panoramatour 02

Fiderepasshütte

Durch den Warmatsgund in die Schafalpen

DAUER	6h
LÄNGE	15,5 km
HÖHENMETER	1163 hm
SCHWIERIGKEIT	MITTEL
ÜBERNACHTUNG	ja

Das erwartet dich ...

Sowohl die Umgebung als auch die Wegführung sind bei dieser alpinen Wanderung abwechslungsreich, sodass die Tour an keiner Stelle monoton ist. Die Höhenmeter verteilen sich hauptsächlich auf kurze, steile Aufstiege. Meist geht es über bezeichnete Steige und Alpwege, anfangs über einen Pfad.

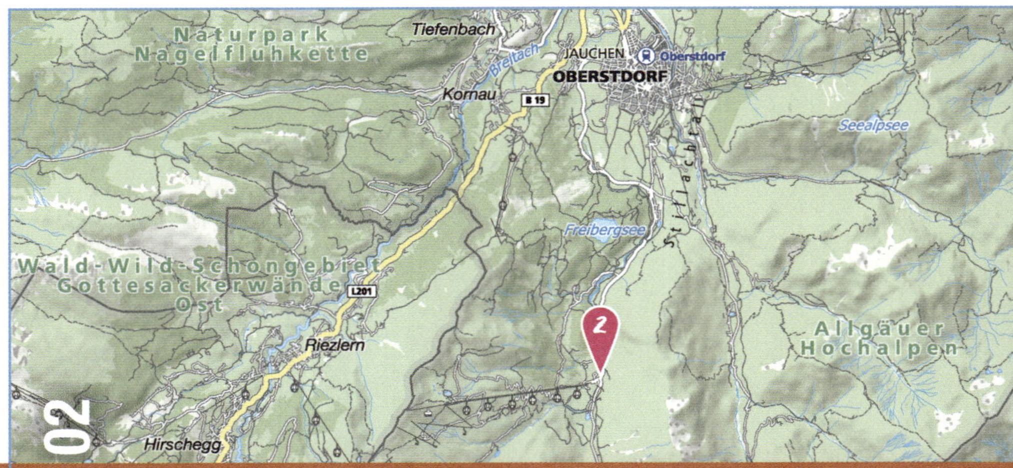

Panoramatour 02

Start & Ziel & Anreise

Ausgangspunkt und Ziel sind die Bushaltestelle und der große, gebührenpflichtige Parkplatz bei der Fellhornbahn in Oberstdorf/Faistenoy. Die Anfahrt mit PKW erfolgt von Oberstdorf in knapp 20 Min. über die Birgsauer Straße. Busse von und nach Oberstdorf verkehren im Sommer bis zum frühen Abend, im Winter bis spät nachmittags.

Tourenbeschreibung

In atemberaubender Nähe begeistert auf der Fiderepasshütte die Formenvielfalt der Walsertaler Berge und Schafalpen. Mit ein wenig Glück kann man Begeher des Mindelheimer Klettersteigs beim Überschreiten der Leiter beobachten. Fesselndes Schaustück direkt über dem Alpenvereins-Stützpunkt ist der rassige Zackengrat der Oberstdorfer Hammerspitze.

Hinter der Fellhornbahn in Faistenoy lenkt der Wegweiser „Fiderepasshütte" auf einen gemütlichen Mischwaldpfad. Dieser wird bald für eine Weile von einem gelegentlich mit Holzstufen befestigten, schweißtreibenden Zickzacksteig abgelöst.

Ab und an spitzeln Trettachspitze, Mädelegabel und Hochfrottspitze durchs Astwerk. Nach einem Bachsteg kreuzen wir, wieder in angenehmerer Manier, ein paar kleinere Wasserläufe und kommen zu einer Forsthütte, wo der Aufstieg zur Bierenwangalpe abzweigt.

Hier folgen wir links dem unmarkierten Pfad, der in einen geteerten, sanft steigenden Alpweg mündet. Auf die Felszinnen der Schafalpenköpfe zuhaltend wandern wir hinein in den verschwiegenen Warmatsgund

Nach einer weiteren Forsthütte, wo die alte, heute im Allgäuer Bergbauernmuseum Diepolz befindliche Höflealp stand, lichtet sich der Wald. Zur Linken bauen sich die kaum jemals besuchten Gundköpfe auf. Hinter einer Bachbrücke endet der Alpweg. Ein Feldweg zieht sich nun durch den hochromantischen Alpkessel am Fuße der Oberstdorfer Hammerspitze und der Hochgehrenspitze. Dann schwingt sich ein Steig über einen Krummholzhang empor mit den zahlreich vorhandenen, im Herbst goldgefärbten Birken.

Von der winzigen auf einer Karschwelle stehenden Kühgundalpe ist die Fiderepasshütte bereits sichtbar. Unter den schroffen Schafalpenköpfen entschwinden wir über die mit Zwergsträuchern bewachsenen Buckelböden in den hintersten Kargrund. Am Rand eines Geröllstroms weichen wir in ein paar Serpentinen einem Schrofenriegel aus und treffen wenig später bei der Fiderepasshütte etwas oberhalb des gleichnamigen Passes ein.

Luftig – der Nordostgrat der Oberstdorfer Hammerspitze

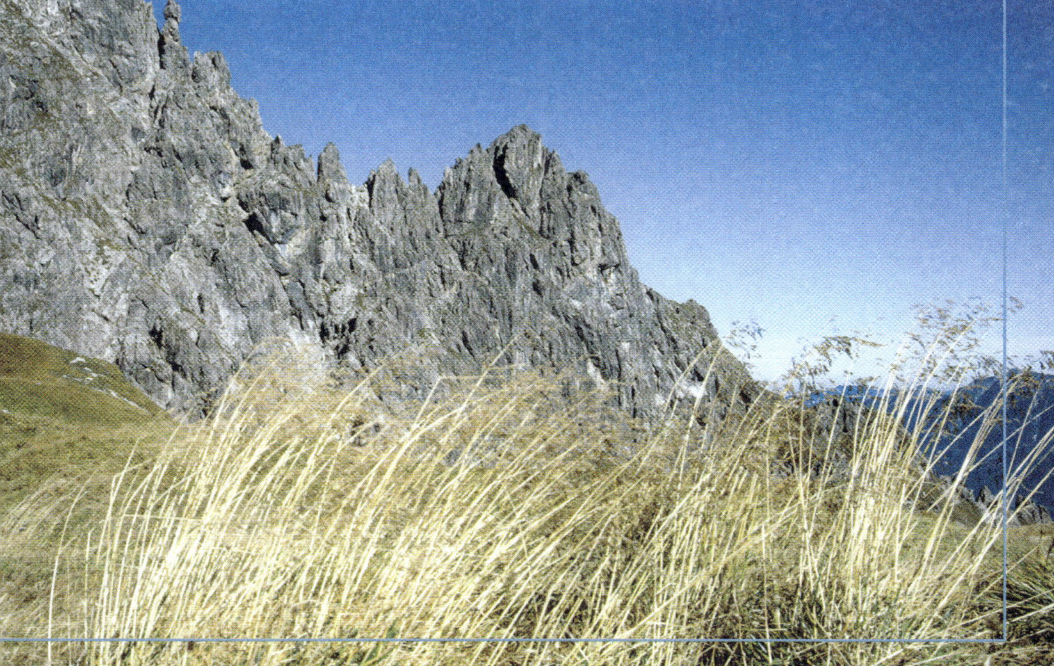

03

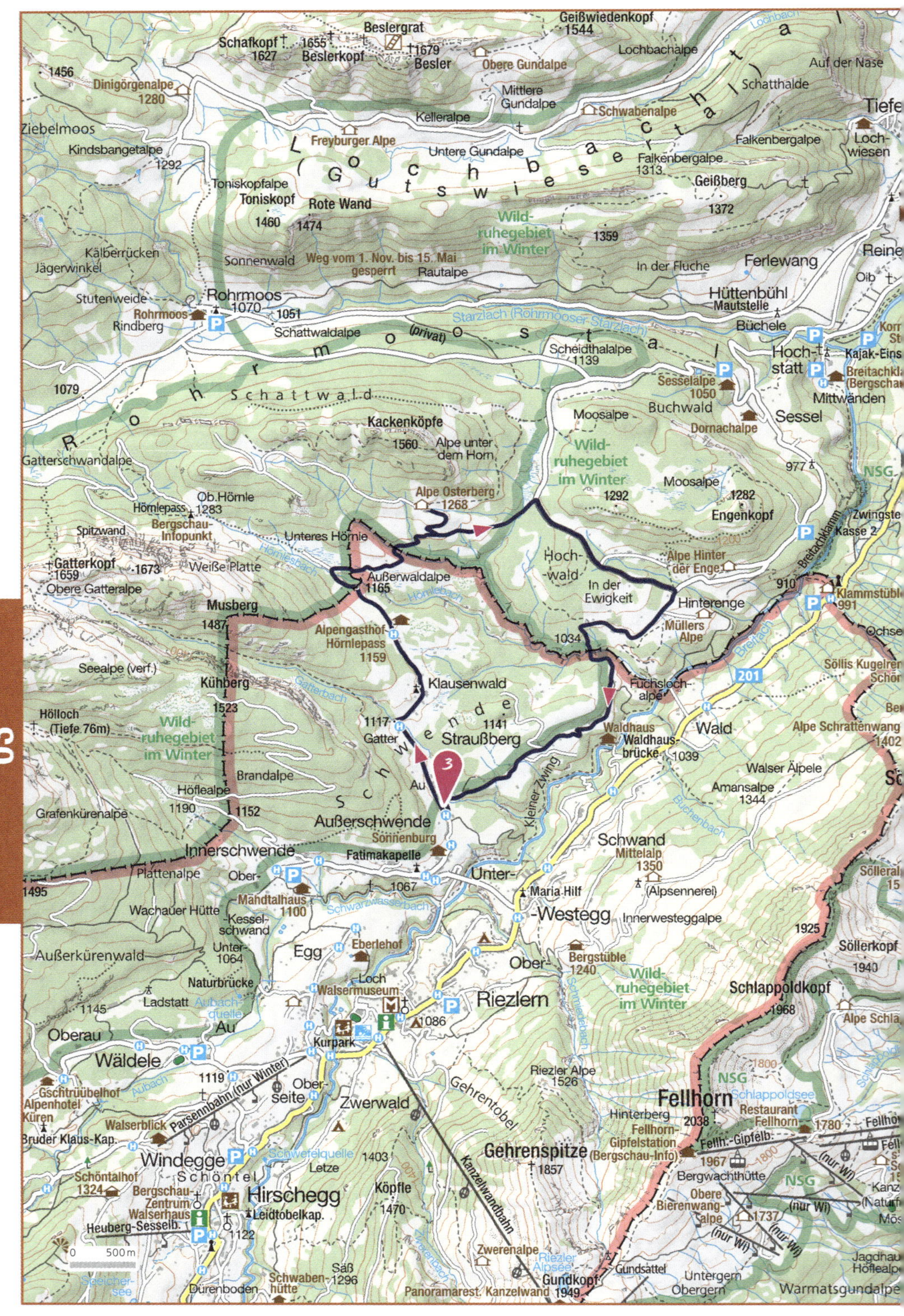

Beslergrat
Schafkopf 1627
1655 Beslerkopf
1679 Besler
Geißwiedenkopf 1544
Lochbachalpe
Obere Gundalpe
Mittlere Gundalpe
Auf der Nase
Schatthalde
Tiefe
Dinigörgenalpe 1280
1456
Ziebelmoos
Kindsbangetalpe 1292
Kelleralpe
Schwabenalpe
Freyburger Alpe
Untere Gundalpe
Falkenbergalpe
Falkenbergalpe 1313
Loch-wiesen
Geißberg
1372
(Gottesackerwände)
(Gutswiesertal)
Toniskopfalpe
Toniskopf 1460
Rote Wand 1474
Wild-ruhegebiet im Winter
1359
Kälberrücken
Jägerwinkel
Sonnenwald
Weg vom 1. Nov. bis 15. Mai gesperrt
Rautalpe
In der Fluche
Ferlewang
Reine
Oib
Stutenweide
Rohrmoos 1070
Rohrmoos
Rindberg
1051
Schattwaldalpe
(privat)
Starzlach (Rohrmooser Starzlach)
Hüttenbühl
Mautstelle
Büchele
Hoch-statt
Kajak-Eins
Scheidthalpe 1139
Sesselalpe 1050
Buchwald
Mittwänden
Sessel
Dornachalpe
1079
Rohrmoostal
Schattwald
Kackenköpfe 1560
Alpe unter dem Horn
Moosalpe
Wild-ruhegebiet im Winter
Moosalpe
977
Gatterschwandalpe
Alpe Osterberg 1268
1292
1282
Engenkopf
Zwingsteg
Kasse 2
Hörnlepass 1283
Ob. Hörnle
Spitzwand
Bergschau-Infopunkt
Unteres Hörnle
Hoch-wald
Alpe Hinter der Enge
Breitachklamm
Gatterkopf 1659
1673
Weiße Platte
Obere Gatteralpe
Außerwaldalpe 1165
Hörnlebach
In der Ewigkeit
910
Klammstüble 991
Hinterenge
Musberg 1487
Alpengasthof Hörnlepass 1159
Müllers Alpe
1034
Breitach
Söllis Kugelrenn
Seealpe (verf.)
Kühberg 1523
Gatterbach
Klausenwald
Fuchsloch-alpe
201
Hölloch (Tiefe 76m)
Wild-ruhegebiet im Winter
1117
Gatter
1141
Straußberg
Schwende
Waldhaus
Waldhaus-brücke
1039
Wald
Alpe Schrattenwang 1402
Brandalpe
3
Kleiner Zwing
Walser Älpele
Höflealpe 1190
1152
Au
Amansalpe 1344
Grafenkürenalpe
Außerschwende
Sonnenburg
Buchenbach
Schwand
Mittelalp 1350
Innerschwende
Fatimakapelle
(Alpsennerei)
Söllerälpe
1495
Plattenalpe
Ober-
1067
Unter-
Maria Hilf
-Westegg
Innerwesteggalpe
1925
Wachauer Hütte
Mahdtalhaus 1100
Schwarzwasserbach
Kessel-schwand
Egg
Eberlehof
Ober-
Bergstüble 1240
Söllerkopf 1940
Außerkürenwald
Unter-1064
Wild-ruhegebiet im Winter
Schlappoldkopf 1968
Naturbrücke
Loch
Walsermuseum
Riezlern
Schmiedebach
Ladstatt
Aubachquelle
1145
Au
1086
Kurpark
Alpe Schlappold
Oberau
Wäldele
Riezler Alpe 1526
1800
NSG
Schlappoldsee
1119
Ober-seite
Gehrentobel
Fellhorn
Restaurant Fellhorn
1780
Gschtrüübelhof
Alpenhotel Küren
Parsennbahn (nur Winter)
Zwerwald
Hinterberg
2038
Walserblick
Fellhorn-Gipfelstation (Bergschau-Info)
Fellh.-Gipfelb.
Bruder Klaus-Kap.
Gehrenspitze 1857
1967
(nur Wi)
Windegge
Schwefelquelle
1403
Kanzelwandbahn
Bergwachthütte
NSG
Schöntel
Letze
Schöntalhof 1324
Bergschau-Zentrum
Hirschegg
Köpfle 1470
Obere Bierenwang-alpe
1737
(nur Wi)
Walserhaus
Leidtobelkap.
Heuberg-Sesselb.
1122
(nur Wi)
0 500 m
Zwerenalpe
Riezler Alpsee
Gundsattel
Jagdhaus Höfleal
Säß 1296
Schwaben-hütte
Dürenboden
Panoramarest. Kanzelwand
Gundkopf 1949
Untergern
Obergern
Warmatsgundalpe

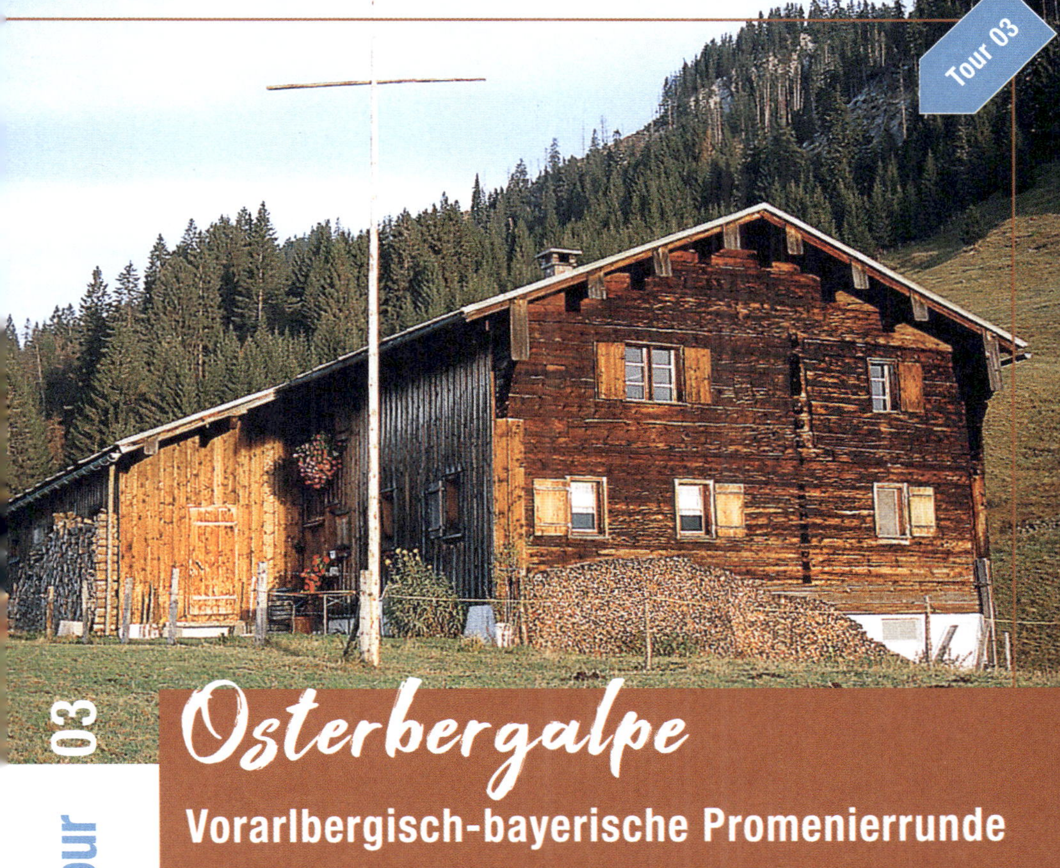

Tour 03

03 Alm-Tour

Osterbergalpe

Vorarlbergisch-bayerische Promenierrunde

DAUER	3h 15min
LÄNGE	9,7 km
HÖHENMETER	308 hm
SCHWIERIGKEIT	LEICHT
ÜBERNACHTUNG	nein

Das erwartet dich ...

Eine vielseitige Wald-, Wiesen- und Almwanderung mit leichten Steigungen und Verlängerungsoption. Wir sind auf gut beschilderten Güter- und Forstwegen, verkehrsfreien Sträßchen und einem kurzen Pfad unterwegs. Wir überschreiten zweimal die Grenze und befinden uns für etwa die Hälfte der Strecke in Österreich.

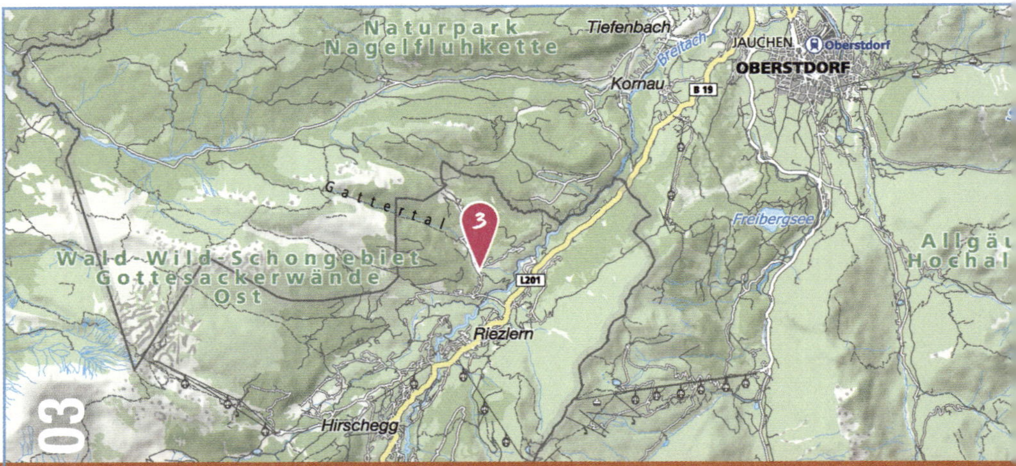

Alm-Tour 03

Start & Ziel & Anreise

Wir starten in Riezlern/Außerschwende (Gemeinde Mittelberg, Vorarlberg), an der Bushaltestelle am Gasthof Bergblick (Parkplatz). Mit dem Auto reisen wir über die B 19 an und biegen beim Jägerwinkel rechts ab Richtung Außerschwende bis wir den Parkplatz am Bergblick erreichen. Die Buslinie 2 fährt ansonsten vom Tal direkt zur Bushaltestelle Schwende Bergblick.

Tourenbeschreibung

Die würzig duftenden Bergwiesen und erfrischenden Waldinseln zwischen dem Kleinwalsertal und dem Rohrmoostal warten mit einem komfortablen, länderverbindenden Rundwanderweg auf.

Nach dem Gasthof Bergblick im Ortsteil Außerschwende zeigt der Wegweiser „Hörnlepass“ auf ein verkehrsfreies Sträßchen. Über meist flache Wiesen schlendern wir vorbei an den Häusern von Au und Gatter und erreichen den Weiler Klausenwald. Dabei schweift das Auge vom Fellhornkamm jenseits der Breitachfurche hinaus zum stattlichen Nebelhorn. Weiter geht es, die nahen Kackenköpfe vor der Nase, zum Alpengasthof Hörnlepass.

Nun führt ein Güterweg an einer Wildfütterung vorbei in ein Waldtal. Bei den Feuchtwiesen gegenüber des Hörnlesbachs, unter der jäh abstürzenden Weißen Platte, bleiben wir dem mit „Osterberg" beschilderten Fahrweg treu.

Nach einem kleinen Besuch in Bayern erwartet uns an der Außerwaldalpe ein eindrucksvoller Ausblick: Schneck, Hochvogel, Großer Wilder und ganz rechts die Höfats. Wieder talauswärts bummelnd queren wir den Bächteletobel. Endgültig auf bayerischer Seite folgt nun der einzige nennenswerte Anstieg der Runde. In einer Serpentine steigen wir über einen Weidehang hinauf zur hübsch gelegenen Osterbergalpe. Im Talschluss grüßen die hohen Walsertaler Berge.

Auf dem Rückweg halten wir uns nach kurzem Abstieg an der bekannten Gabelung Richtung Tiefenbach.

An der nächsten Einmündung können wir dann entscheiden, ob wir es bei einer Tagestour belassen, indem wir rechts in den geteerten Forstweg Richtung Hinterenge einbiegen oder ob wir geradeaus gehen, bis wir den romantisch gelegenen Oberstdorfer Ortsteil Gsessel erreichen und die Tour mit einer Übernachtung dort verlängern. Zur Auswahl stehen mit dem Berggasthof Sesselalpe, den Ferienwohnungen von Haus Engenkopf und der gehobenen Alpe Dornach drei Möglichkeiten. Der Folgetag lässt sich mit einem Besuch der unmittelbar nebenan gelegenen Breitachklamm verlängern. Alternativ können wir es auch ganz entspannt angehen lassen und folgen dem Sesselweg zurück bis zur Hinterenge, wo wir wieder auf die weiter beschriebene Tagesvariante treffen.

Nach dem Abbiegen Richtung Hinterenge führt der Weg durch aufgelockerte Waldbestände und beginnt später zu fallen. An einer Gabelung wandern wir geradeaus zur Wegtafel des Oberstdorfer Ortsteils Hinterenge, wo wir den Kurs Richtung Riezlern einschlagen. Über Wiesenböden, genannt „In der Ewigkeit", geht es taleinwärts auf den massigen Widderstein zu.

Am Teerende weist das Schild „Schwende" auf einen Pfad. Wir wandern durch ein Waldstück bergab, queren auf einem Steg den Tobel des Hörnlebachs und treffen wieder in Vorarlberg ein. Auf einem Fahrweg passieren wir (kurzer Abstecher zur Breitach möglich) mit zwei kleinen Gegenanstiegen die Einzelanwesen von Schmalzloch und gelangen, ab Straußberg auf einem Anliegersträßchen, nach Außerschwende.

Siedelalpe
Hirsch
St. Leonhard
Auf der Hölle
OBEREINHARZ
779
ZAUMBERG
834
846
Alpseeblick
970
Langholzer Alpe (verf.)
Alpe Schönesreuth
Hochreute
Alpseewies
NSG
Kiosk
Hauserbad
UNTEREINHARZ
835
Trieblinger Tobel
In der Au
Trieblings
Gaiskopf
Sange
Großer Alpsee
(702)
See
HUB
Ruine Hugofels
Alpe Rothenfels
Rothenfels
Ruine Rothenfels
Dachseck 757
Steinmühl
Säge
738
Maria Loreto
Alpsee Skytrail
NSG
Kiosk
Rieder
Unterzollbrücke
Teufelssee
Hintersee
Gschwend
Kl. Alpsee
LSG
Hornstuben
Theurer
BÜHL a. Alpsee
308
Ölbergkapelle
Schanzhäusl
Kunert-werke
Hofmühle
Stadtschloss
St. Nikolaus
Hörmannsh.
Wasserfall
Hochbergalpe
1023
Alte Brände
Pionierhütte
Alpsee-Coaster
Stadtwald
Hüttenbichel
Gschwenderberg Alpe
1075
Rabennestalpe
IMMENSTADT i. Allgäu
728
Ganzjahresrodelbahn (längste Rodelbahn Dtl.)
Starketsgund-alpe
Hornklause
Bierleinhütte
Immenstädter Horn
Kanzel
Kletterwald Bärenfalle
Roßhütte
Bergwachthütte
Kleine Starketsgundalpe
1489
Ingolstädter Hütte
Abenteuer Alpe
1450
Am Hörnl
Gschwender Horn
Kesselalpe
Wildengundalpe (verf.)
Neumummen
Obere Kalle
Wildschutz-gebiet
Hölzerne Kapelle
Hochried
Rasthaus am Mittag
Untere Wildengundalpe
Teufelsloch
Eckhalde
Kemptener Naturfreundehaus
1415
Auf der Alpe
Wintergatter
1095
Schattenberg
Mittagbahn
Obere Gündelalpe
Jagdh.
Alpe Alp
1331
Dreiköpfl
Mittagalpe
Schwandalpe Jhtt.
Alpe Schwanden
1491
1400
1481
Am roten Kopf
Bergwacht-stützpunkt
Steigbach
969
Omach
Jagdhütte
Gündelalpe (verf.)
Weißach
Dreherberg
1430
Roßhütte
Seifenmoosalpe
1451
Mittagberg
Alpe Mittelberg
1368
Almagmach
Alpe Oberberg
Schleif
Klause
Steigbachtal
Schupperköpfl
1293
Bärenkopf
1476
Käser
Jagdhaus Ehrenschwang
1275
Hintere Krumbachalpe
1660
Steineberg
1683
Vordere Krumbachalpe
Grathöflealpe
1502
1502
Alpe Gund
Dürrehornalpe
Gunzesried
889
Goldenes Kreuz
Krätzenstein
1669
1570
Kirche
Unterkirchealpe
1491
Stuiben
Im Gund
Wildschutz-gebiet
Winkelwiesenalpe
1749
Im Winkel
Im Loch
Sedererstuben
1739
Rauhenbergalpe
Sommerhaus-A.
1124
Kuckucks
Vorderer
Sedererstuiben
1737
Buchenberg
Wiesach
Rauhenberg
Rauhenbergalpe
Röttachalpe (verf.)
Falkenalpe
Vorderschöne-buch
Berghaus Blässe
Hellmann-Hütte
Otto-
Hüttenberg
Gatteralpe
Ornachalpe
Nagelfluhhaus Hirsch
Rehmahd-moos
Birkenbichl
Klettenberg
Gunzesrieder Säge
Kamin-Eck
Allgäuer Berghof
Disc Golf Allgäu
Eggalpe
Jugendheim Vorsäß 2
Schönebuch
Alpe Gerstenbrändle
Altes Höfle Alpenvereinshütte
Geißbrückenalpe
Gunzesrieder Tal
Vordere-Wieslesalpe
Vorsäß 1
Ski-Bergheim
Obereggalpe
Straße im Winter gesperrt
Vorsäß 3
Knie-Alpe
Hochbichlhütte
Sonnec
0 500m
1003
Buhl's Alpe
Bergrestaurant Weltcuphütte
Wurzelhütte
Ofterschwanger Haus
Weltcup-Express (So/Wi)
Aubachtal
Aubach
Schwarzenbergalpe (Skihütte)
Downhill Roller
Meinrads
Schwarzenberg
1139
Stubenbachalpe
Otto-Schwegler-Hütte
Mittelbergalpe
Kempter Wald
Anger-Hütte
Ofterschwanger Horn
Brotzeith

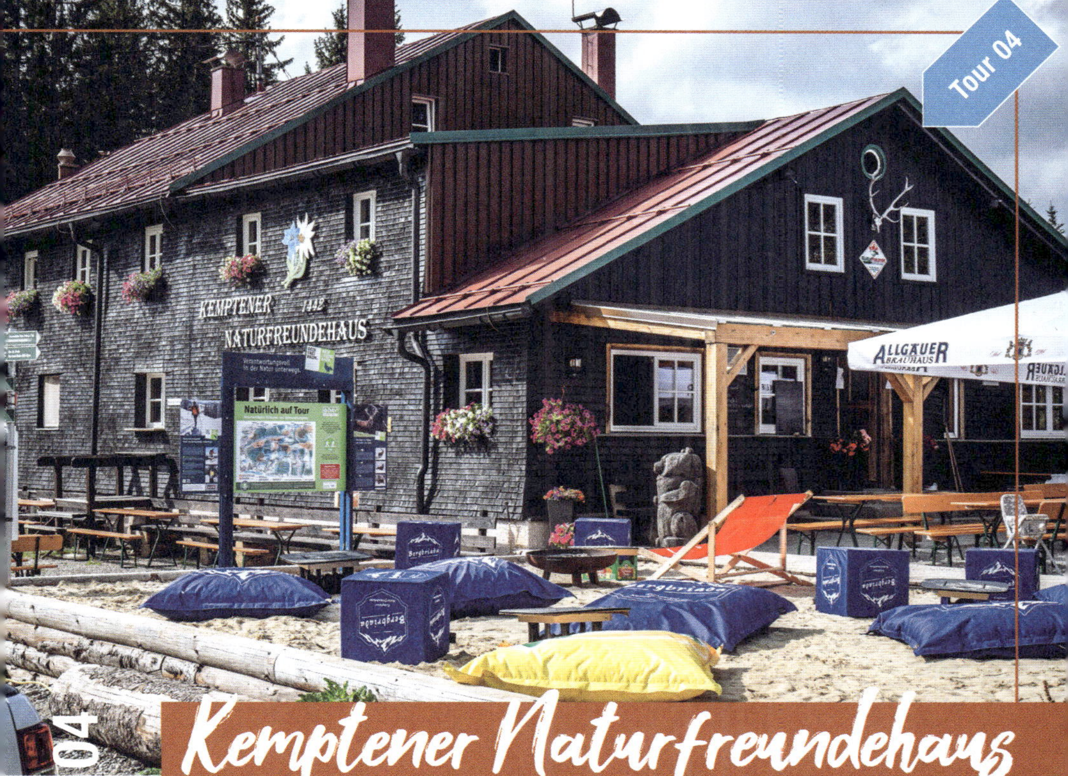

04

Tal-Tour

Kemptener Naturfreundehaus

Durch den Steigbachtobel zur Wasserscheide

DAUER	4h
LÄNGE	13,5 km
HÖHENMETER	700 hm
SCHWIERIGKEIT	LEICHT
ÜBERNACHTUNG	ja

Das erwartet dich ...

Eine idyllische Tal- und Voralpenwanderung mit einem zunächst mäßig steilen, dann zur Mittelbergalp hin deutlichen Anstieg. Die Pfade und Alpwege sind bestens beschildert. Bei Nässe im Steigbachtobel empfiehlt es sich, den parallelen Forstweg zu benutzen.

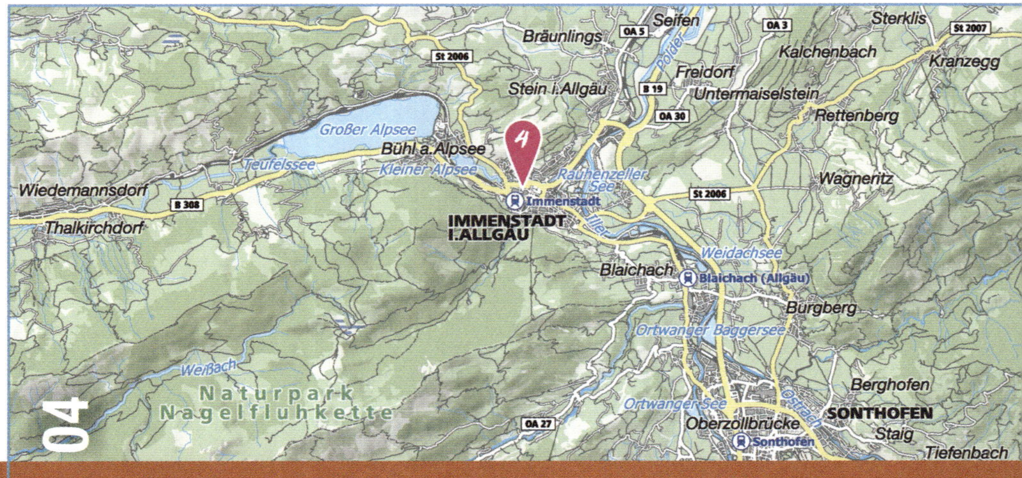

Tal-Tour 04

Start & Ziel & Anreise

Ausgangspunkt und Ziel ist der Parkplatz am Bahnhof in Immenstadt. Die Anfahrt mit PKW erfolgt aus dem Raum Kempten über die B 19 und, etwas zeitaufwändiger, über die B 308 aus dem Raum Bodensee. Vom Bahnhof besteht direkte Anbindung mit der Regionalbahn nach Kempten/München und nach Lindau.

Tourenbeschreibung

Auf dem Weg durch den Steigbachtobel zum Naturfreundehaus kommen wir an der freundlichen Alpe Mittelberg vorbei, einer Sennalp mit dem feinsten Bergkäse. Die Hütte steht genau auf der Wasserscheide. Während der Steigbach über die Iller das Flusssystem der Donau unterstützt, nährt die Weißach die Bregenzer Ach und somit über den Bodensee den Rhein.

Wir gehen vom Bahnhof in Immenstadt Richtung Stadtmitte. Die Fußgänger-Bahnüberführung bringt uns in die Adolph-Probst-Straße. Geradeaus weiter am Friedhof vorbei spazierend weist das Schild „Alpe Gund" in den mit lichtem Mischwald gekleideten Steigbachtobel. Bei der Sepp-Gammel-Brücke verlassen wir den Forstweg auf dem Steigbachtobelweg. Der streckenweise mit Eisenstegen angelegte Pfad entführt in einen der fesselndsten Allgäuer Wildbachtobel. Die mitunter felsigen Bergflanken lassen kaum Platz für den in früheren Zeiten zu

Recht gefürchteten Tosbach, seine kraftstrotzenden Wasserfälle und tiefgründigen Gumpen.

Die Hölzerne Kapelle taucht auf. Auf dem nun bequemen Alpweg halten wir uns Richtung Naturfreundehaus und an einer Gabelung zum privaten Berghotel Almagmach, wobei zweimal das Bachufer gewechselt wird. Durch Fichtenwald empor zur urgemütlichen Alpe Mittelberg auf der Passhöhe haben wir ein paar einheizende Kehren zu überwinden. Zufrieden schaut man von der Einkehr hinüber zu den westlichen Nagelfluhbergen über dem Weißachtal. Ein Pfad führt nach einer schmackhaften Käsbrotzeit durch eine leicht moorige Senke zum Bergwachtstützpunkt Seifenmoosalpe.

Wieder auf einem Alpweg erreicht man in gemächlicher Steigung am Roten Kopf das Kemptener Naturfreundehaus, einen beliebten Stützpunkt für Bergwanderer. Als Abstieg wählen wir den Steig durch einen Waldfleck zu der auf einem Weidesattel stehenden Alpe. Die nach Immenstadt beschilderten Ziehweg-Kehren entschwinden bald im Wald. Die Route mündet später in den Alpweg vom Naturfreundehaus. Wir erreichen wieder die Hölzerne Kapelle und nehmen ab hier die bekannte Route nach Immenstadt auf.

Steigbachtobel bei Immenstadt

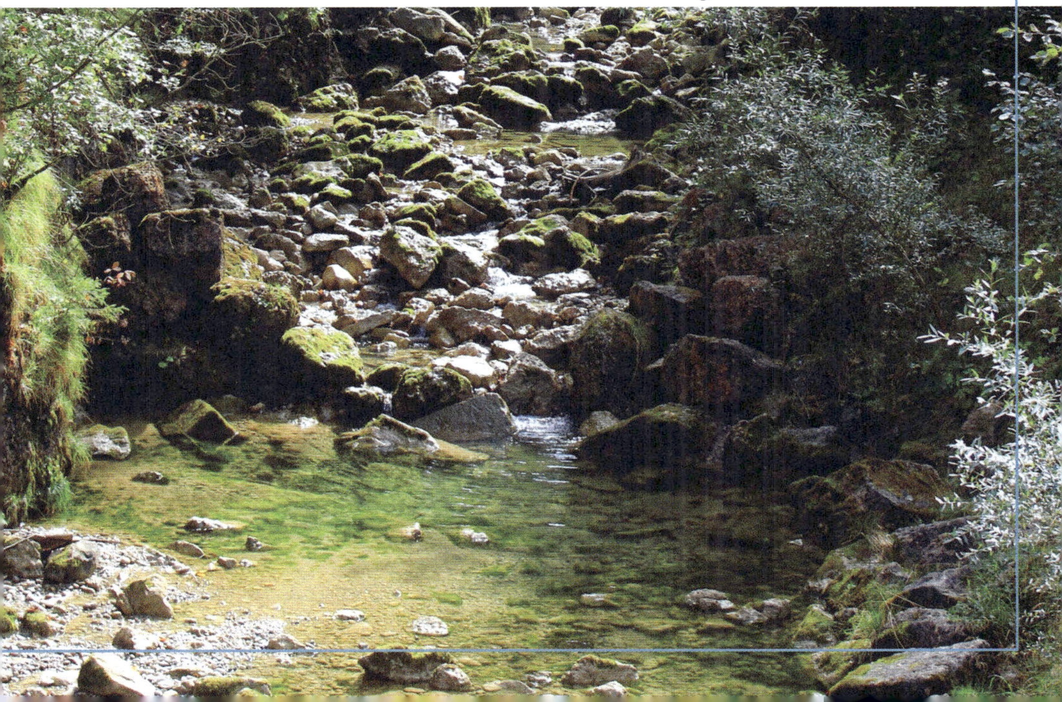

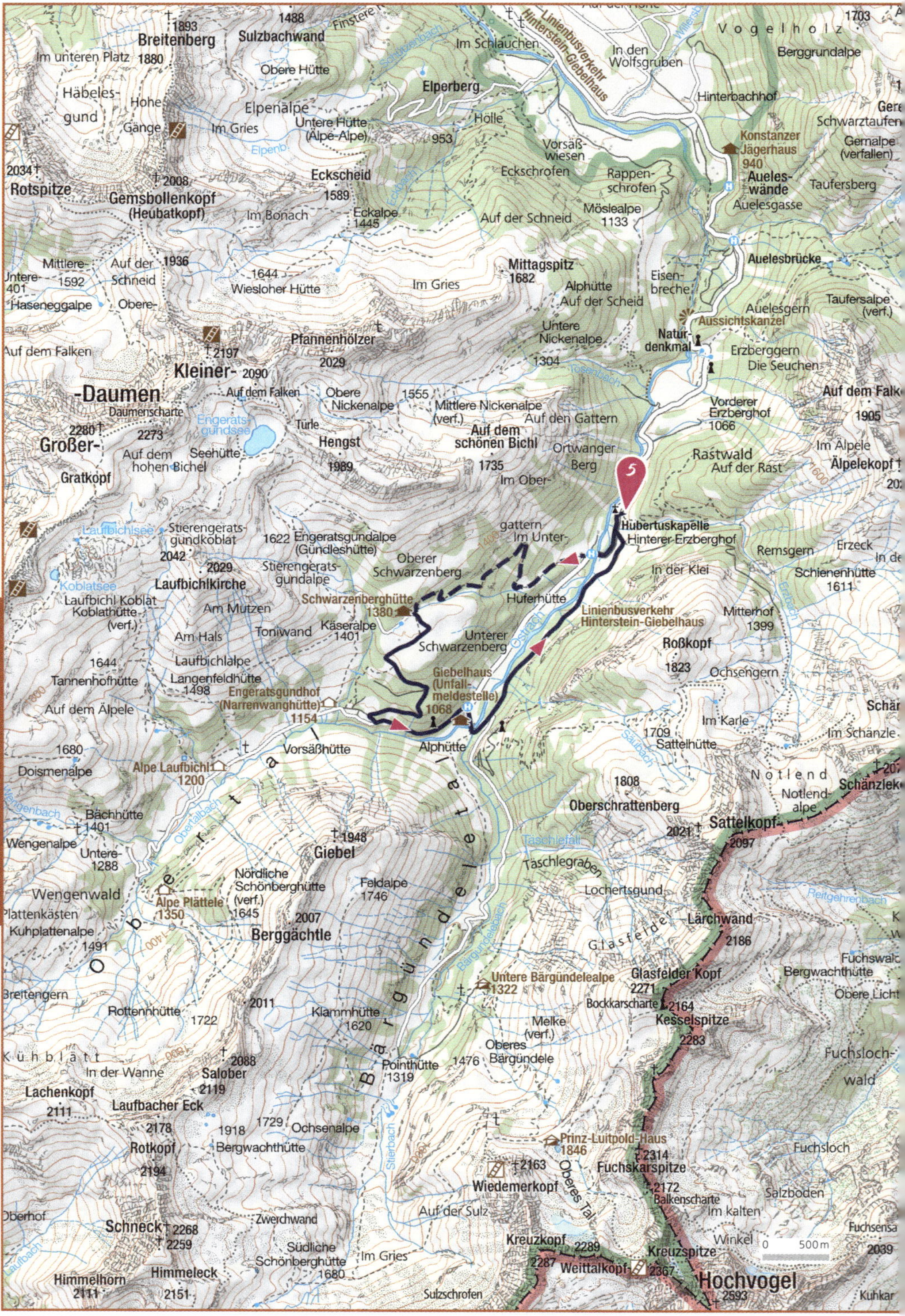

05

1893
Breitenberg
1880
Im unteren Platz
1488
Sulzbachwand
Finstere
Obere Hütte
Im Schläuchen
Linienbusverkehr Hinterstein-Giebelhaus
In den Wolfsgruben
Vogelholz
1703
Berggrundalpe
Häbeles-gund
Hohe Gänge
Im Gries
Elpenalpe
Untere Hütte (Alpe-Alpe)
Elperberg
Hölle
953
Hinterbachhof
Konstanzer Jägerhaus
940
Gere
Schwarztaufen
Gernalpe (verfallen)
2034
Rotspitze
2008
Gemsbollenkopf (Heubatkopf)
Im Bonach
Eckscheid
1589
Eckalpe
1445
Eckschrofen
Vorsäß-wiesen
Rappen-schrofen
Möslealpe
1133
Auf der Schneid
Aueles-wände
Auelesgasse
Taufersberg
Auelesbrücke
Untere-
401
Haseneggalpe
Mittlere-
1592
Auf der Schneid
Obere-
1936
1644
Wiesloher Hütte
Im Gries
Mittagspitz
1682
Alphütte Auf der Scheid
Eisen-breche
Auelesgern
Taufersalpe (verf.)
Aussichtskanzel
Auf dem Falken
2197
Pfannenhölzer
2029
Untere Nickenalpe
1304
Natur-denkmal
Erzberggern
Die Seuchen
-Daumen
Kleiner-
2090
Auf dem Falken
Obere Nickenalpe
1555
Mittlere Nickenalpe (verf.)
Daumenscharte
Engeratsgundsee
Türle
2280
2273
Großer-
Gratkopf
Auf dem hohen Bichel
Seehütte
Hengst
1989
Auf dem schönen Bichl
1735
Auf den Gattern
Ortwanger Berg
Im Ober-
Vorderer Erzberghof
1066
Auf dem Falk
1905
Rastwald
Auf der Rast
Im Älpele
Älpelekopf
Laufbichlsee
Stierengerats-gundkoblat
2042
1622
Engeratsgundalpe (Gündleshütte)
gattern
Im Unter-
5
Hubertuskapelle
Hinterer Erzberghof
Remsgern
Erzeck
2029
Laufbichlkirche
Stierengerats-gundalpe
Oberer Schwarzenberg
In der Klei
Schienenhütte
1611
Koblatsee
Laufbichl Koblat
Koblathütte (verf.)
Am Mutzen
Schwarzenberghütte
1380
Huferhütte
Linienbusverkehr Hinterstein-Giebelhaus
Mitterhof
1399
Am Hals
Toniwand
Käseralpe
1401
Unterer Schwarzenberg
Roßkopf
1823
1644
Tannenhofhütte
Laufbichlalpe
Langenfeldhütte
1498
Giebelhaus (Unfall-meldestelle)
1068
Ochsengern
Auf dem Älpele
Engeratsgundhof (Narrenwanghütte)
1154
Im Karle
Schär
1709
Sattelhütte
Im Schänzle
1680
Vorsäßhütte
Alphütte
Doismenalpe
Alpe Laufbichl
1200
Notlend
Notlend-alpe
Schänzlek
1808
Oberschrattenberg
Bächhütte
1401
Wengenbach
Obertalbach
Wengenalpe
Untere-
1288
1948
Giebel
Taschlefall
2021
Sattelkopf
2097
Taschlegraben
Wengenwald
Alpe Plättele
1350
Nördliche Schönberghütte (verf.)
1645
Feldalpe
1746
Lochertsgund
Plattenkästen
Kuhplattenalpe
1491
2007
Berggächtle
Glasfelder
Lärchwand
2186
Obertal
Bärgündeletal
Bärgündelbach
Untere Bärgündelealpe
1322
Glasfelder Kopf
2271
Fuchswald
Bergwachthütte
Obere Licht
Breitengern
Rottennhütte
1722
2011
Klammhütte
1620
Bockkarscharte
2164
Kesselspitze
2283
Melke (verf.)
Oberes Bärgündele
Kühblätt
In der Wanne
2088
Salober
2119
Pointhütte
1319
1476
Fuchsloch-wald
Lachenkopf
2111
Laufbacher Eck
2178
1918
1729
Ochsenalpe
Rotkopf
2194
Bergwachthütte
Stierbach
Prinz-Luitpold-Haus
1846
2314
Fuchskarspitze
Fuchsloch
2163
Wiedemerkopf
Oberes Tal
2172
Balkenscharte
Salzboden
Oberhof
Im kalten
Schneck
2268
2259
Zwerchwand
Auf der Sulz
Kreuzkopf
2289
Winkel
0 500 m
Fuchsensa
2039
Südliche Schönberghütte
1680
Im Gries
2287
Weittalkopf
2367
Kreuzspitze
Hochvogel
2593
Himmelhorn
2111
Himmeleck
2151
Sulzschrofen
Laufbach
Kuhkar

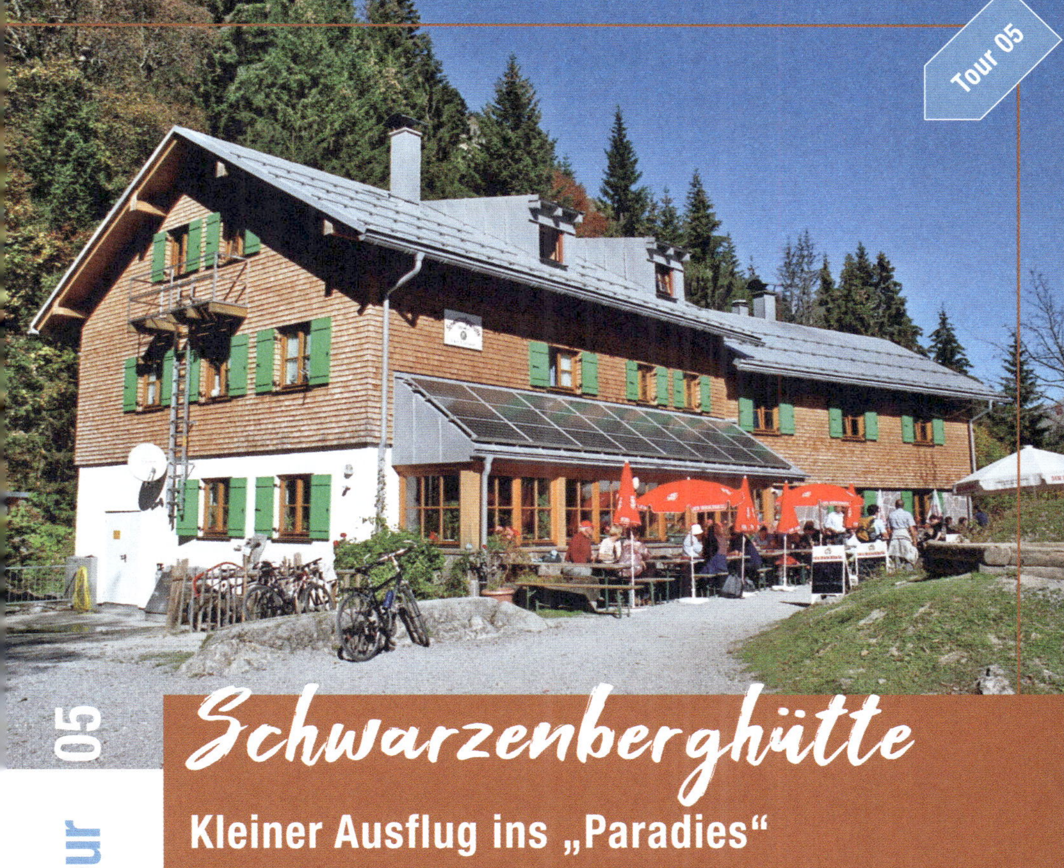

05

Alm-Tour

Schwarzenberghütte

Kleiner Ausflug ins „Paradies“

DAUER	2h 15min
LÄNGE	7,5 km
HÖHENMETER	350 hm
SCHWIERIGKEIT	LEICHT
ÜBERNACHTUNG	ja

Das erwartet dich ...

Eine entspannte Wald- und Almwanderung in einem urtümlichen Winkel der Allgäuer Berge. Es warten spannende und vielseitige Ein- und Ausblicke in die umgebende Bergwelt. Der Aufstieg ist nicht sehr lang und mäßig steil, die Alpwege und der Steig sind überwiegend beschildert.

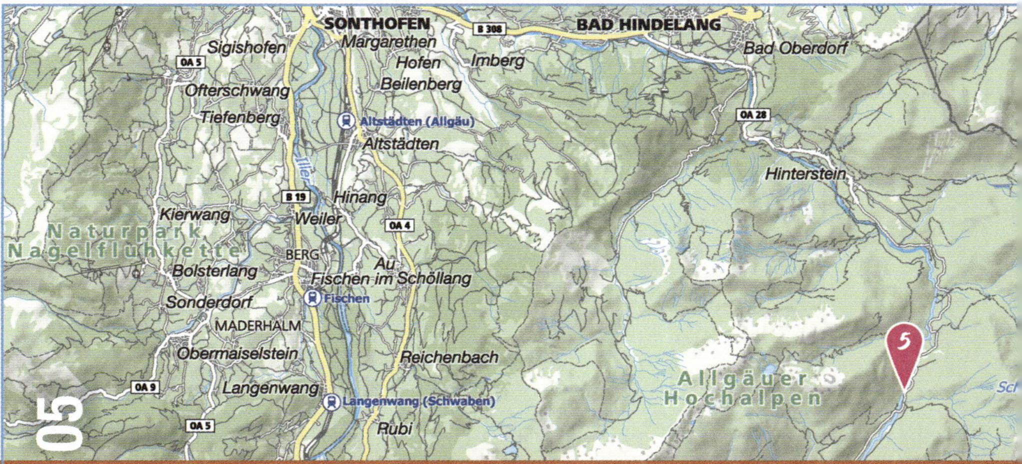

Start & Ziel & Anreise

Start- und Zielpunkt ist die Abzweigung zum Sommerweg der Schwarzenberghütte im Hintersteiner Tal. Hier befindet sich die Haltestelle, die aus Hinterstein (Gemeinde Bad Hindelang) von der Buslinie 50 während des Sommerhalbjahres angefahren wird. Bei Anreise mit dem Auto kann alternativ auch bei der etwas weiter talauswärts gelegenen Hubertuskapelle geparkt werden.

Tourenbeschreibung

Diese entspannende Rundwanderung im romantischen Talschluss des Hintersteiner Tals, dem einstigen Jagdrevier des Prinzregenten Luitpold, kann je nach Belieben verlängert werden – entweder über die Käseralp zum hoch gelegenen Engeratsgundsee oder aber sogar auf den Großen und Kleinen Daumen.

Gleich hinter der Hubertuskapelle tragen uns – über dem Giebelhaus den eleganten Grasspitz des Giebels im Visier – zwei Brücken über den Erzbach und die junge Ostrach. Danach weist uns die Beschilderung zur Schwarzenberghütte auf einen wenig anstrengenden Steig. Unter dem schrofigen, kaum bestiegenen Hengst wandern wir in zwei weiten Schleifen durch lockeren Bergwald, Im Untergattern genannt. Auf einer beweideten Bergschulter, dem Unteren Schwarzenberg, begrüßt uns die bewirtschaftete Schwarzenberghütte der AV-Sektion Illertissen. Man heißt es dort oben zu Recht auch „im Paradies“. Während einer behaglichen

Hüttenbrotzeit vor dem niedrigen Holzdoppelbau kann man in aller Seelenruhe die recht alpine Gipfelkulisse des Prinz-Luitpold-Hauses hoch über dem romantischen Bärgündele mit den beiden Unikaten Fuchskarspitze und Hochvogel bestaunen. Jenseits des Gündlesbacheinschnitts züngelt im Osten die Laufbichelkirche wie eine Grasflamme empor zum doppelgipfligen Großen Daumen.

Den anfangs gemächlichen Alpwegabstieg über bunte Weideböden säumen viele alte, knorrige Ahornbäume. Bald tauchen die wenigen, teilweise ausgewaschenen und nur von Allradfahrzeugen zu meisternden Kehren wieder in den Wald ein. Kurz vor dem Engeratsgundhof mündet unsere Route im Obertal in den weiter talwärts führenden, geteerten Alpweg zum Giebelhaus mit benachbarter Diensthütte. Kurz hinter dem stattlichen Berggasthaus überschreiten wir erst den Obertalbach, dann den Bärgündelesbach. Beide Quellbäche verbinden sich hier zur Ostrach. Eine flache Naturfahrbahn leitet uns zum Schluss unter dem Roßkopf, den über einen Wasserfall niederstürzenden Säubach querend, durchs hinterste Hintersteiner Tal auswärts zur Hubertuskapelle.

Sonniger Ausblick von der Schwarzenberghütte

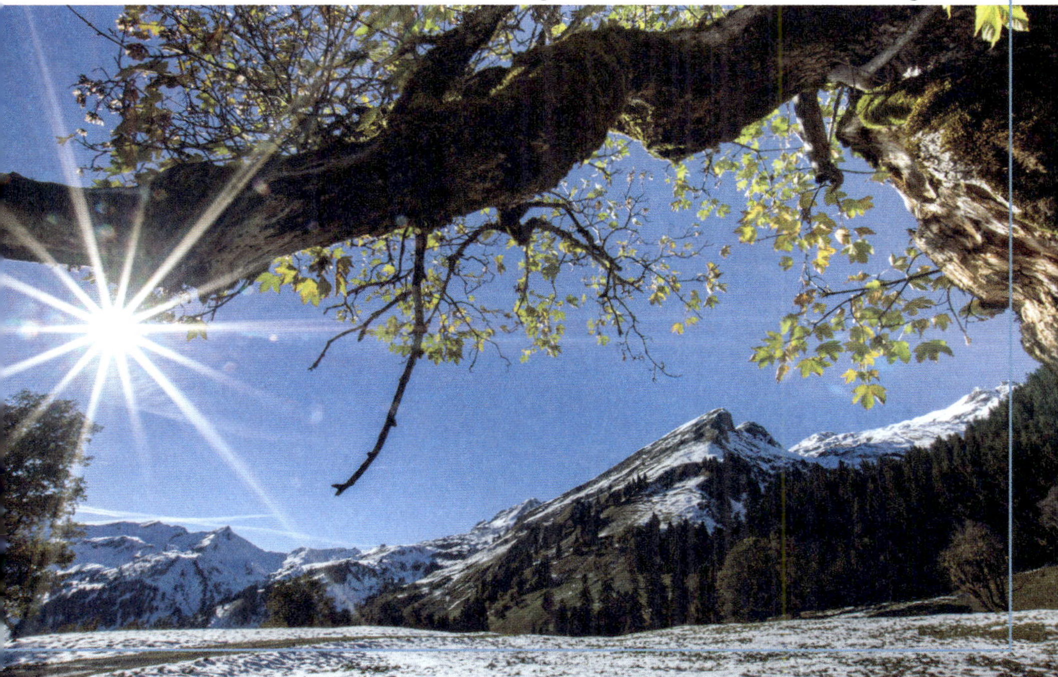

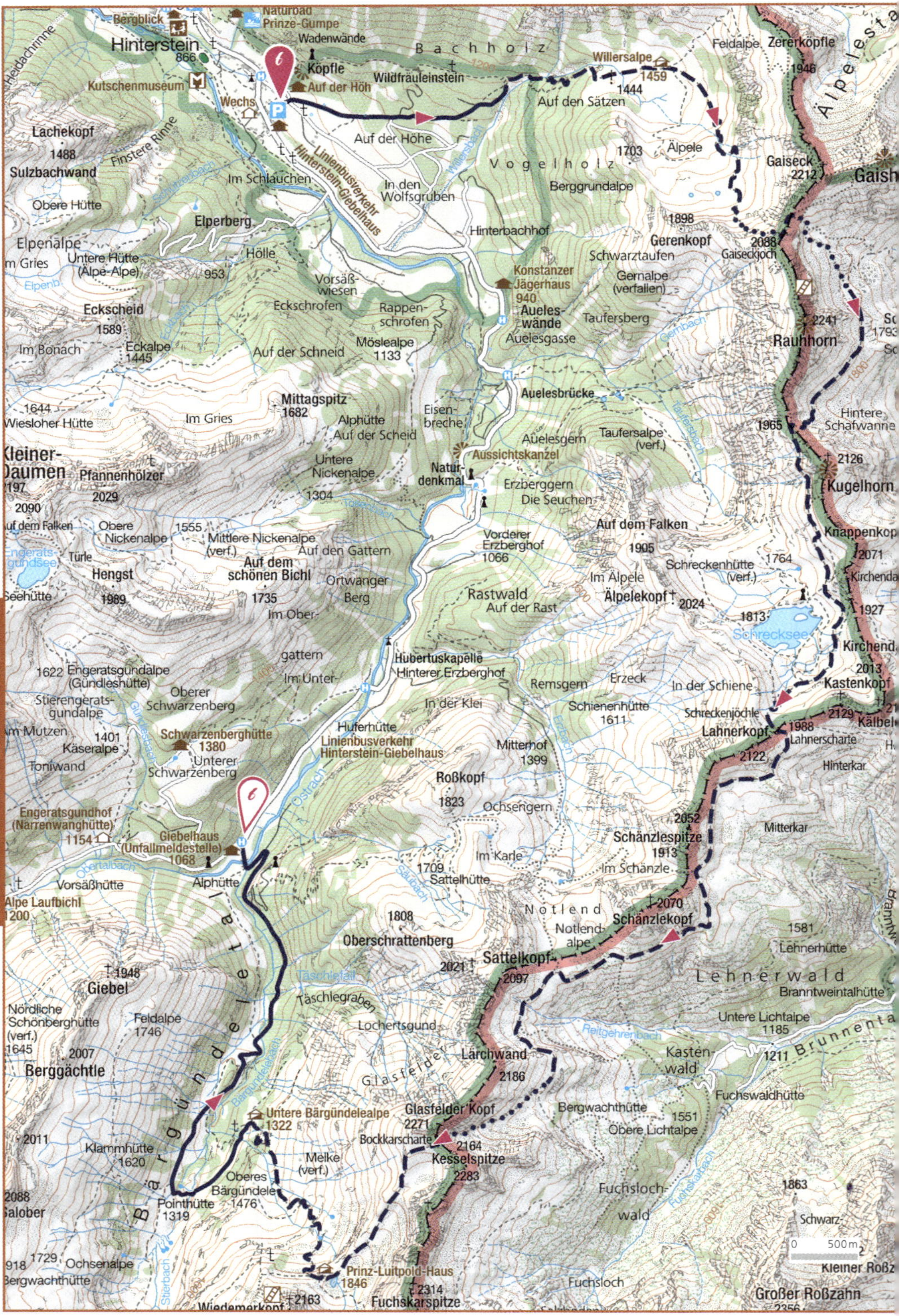
Hinterstein
866
Bergblick
Naturbad Prinze-Gumpe
Wadenwände
Köpfle
Auf der Höh
Wildfräuleinstein
Bachholz
Willersalpe
1459
1444
Feldalpe
Zererköpfle
1946
Älpelesta
Kutschenmuseum
Wechs
Heidachrinne
Lachekopf
1488
Sulzbachwand
Finstere Rinne
Linienbusverkehr Hinterstein-Giebelhaus
Auf der Höhe
Auf den Sätzen
Vogelholz
1703
Älpele
Gaiseck
2212
Im Schlauchen
In den Wolfsgruben
Berggrundalpe
Obere Hütte
Elperberg
Elpenalpe
Untere Hütte (Alpe-Alpe)
Im Gries
953
Hölle
Hinterbachhof
1898
Gerenkopf
2088
Gaiseckjoch
Schwarztaufen
Vorsäß-wiesen
Konstanzer Jägerhaus
940
Gernalpe (verfallen)
Eckscheid
1589
Eckschrofen
Rappen-schrofen
Aueleswände
Auelesgasse
Taufersberg
2241
Rauhhorn
Im Bonach
Eckalpe
1445
Auf der Schneid
Möslealpe
1133
Auelesbrücke
1644
Wiesloher Hütte
Im Gries
Mittagspitz
1682
Alphütte Auf der Scheid
Eisen-breche
Auelesgern
Taufersalpe (verf.)
1965
Hintere Schafwanne
Kleiner-Daumen
Pfannenhölzer
2029
Untere Nickenalpe
Aussichtskanzel
Naturdenkmal
2126
Kugelhorn
2090
1304
Erzberggern
Die Seuchen
Auf dem Falken
Obere Nickenalpe
1555
Mittlere Nickenalpe (verf.)
Auf den Gattern
Vorderer Erzberghof
1066
Auf dem Falken
1905
Knappenkopf
2071
Türle
Hengst
1989
Auf dem schönen Bichl
1735
Ortwanger Berg
Im Älpele
Schreckenhütte (verf.)
1764
Seehütte
Im Ober-gattern
Rastwald
Auf der Rast
Älpelekopf
2024
1813
Schrecksee
1927
Hubertuskapelle
Hinterer Erzberghof
1622
Engeratsgundalpe (Gündleshütte)
Im Unter-
Remsgern
Erzeck
In der Schiene
2013
Kastenkopf
Stierengerats-gundalpe
Oberer Schwarzenberg
In der Klei
Schienenhütte
1611
Schreckenjöchle
2129
Im Mutzen
1401
Käseralpe
Schwarzenberghütte
1380
Unterer Schwarzenberg
Huferhütte
Linienbusverkehr Hinterstein-Giebelhaus
Mitterhof
1399
1988
Lahnerkopf
Lahnerscharte
2122
Hinterkar
Toniwand
Roßkopf
1823
Ochsengern
Engeratsgundhof (Narrenwanghütte)
1154
Giebelhaus (Unfallmeldestelle)
1068
Ostrach
2052
Schänzlespitze
1913
Mitterkar
Vorsäßhütte
Alphütte
Im Karle
1709
Sattelhütte
Im Schänzle
Alpe Laufbichl
1200
1808
Oberschrattenberg
Notlend
Notlendalpe
2070
Schänzlekopf
1581
Lehnerhütte
1948
Giebel
2021
Sattelkopf
2097
Lehnerwald
Branntweintalhütte
Täschlegraben
Nördliche Schönberghütte (verf.)
1645
Feldalpe
1746
Lochertsgund
Untere Lichtalpe
1185
2007
Berggächtle
Lärchwand
2186
Kastenwald
1211
Brunnental
Bärgündeletal
Glasfelder
Fuchswaldhütte
Untere Bärgündelealpe
1322
Glasfelder Kopf
2271
Bergwachthütte
1551
Obere Lichtalpe
2011
Klammhütte
1620
Bockkarscharte
2164
Kesselspitze
2283
Melke (verf.)
Oberes Bärgündele
1476
Fuchslochwald
1863
2088
Salober
Pointhütte
1319
Schwarz
0
500 m
1729
Ochsenalpe
Bergwachthütte
Prinz-Luitpold-Haus
1846
Fuchsloch
Kleiner Roßzahn
Großer Roßzahn
2314
Fuchskarspitze
2163
Wiedemerkopf

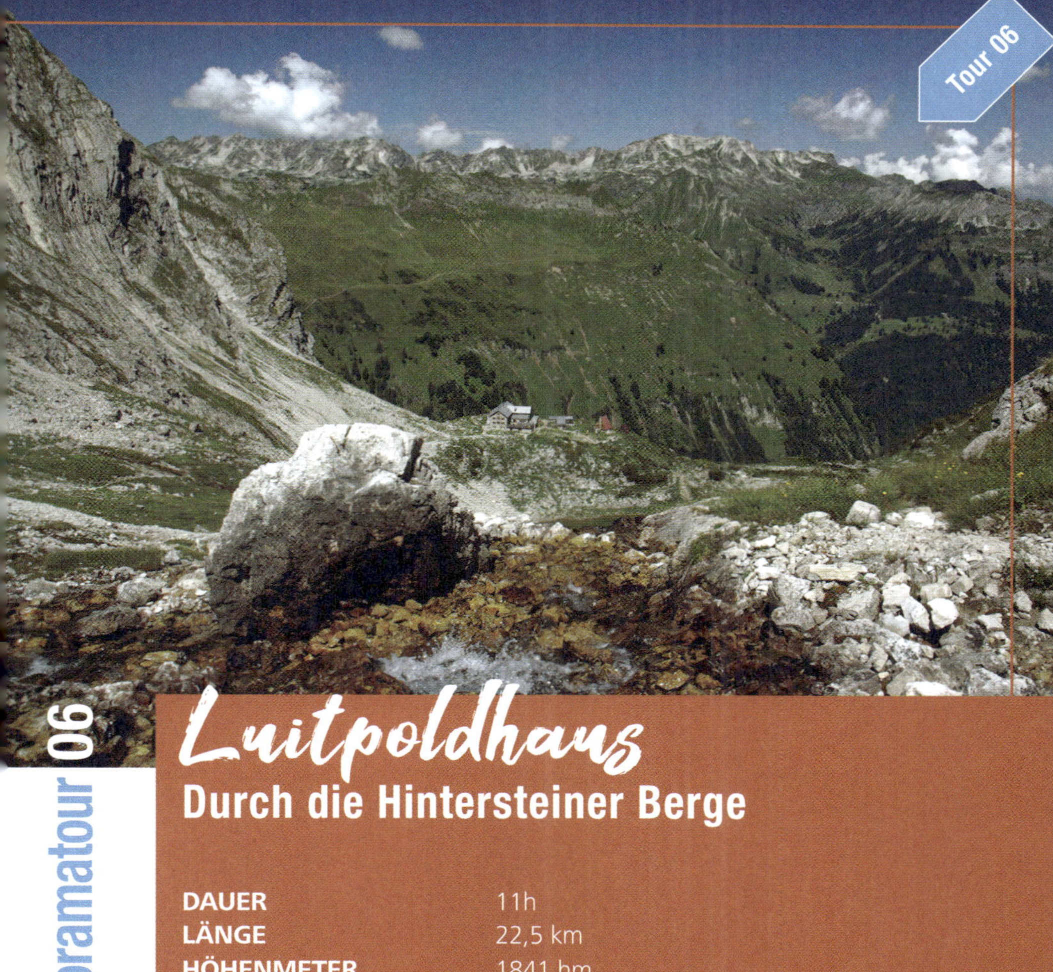

Tour 06

Panoramatour 06

Luitpoldhaus

Durch die Hintersteiner Berge

DAUER	11h
LÄNGE	22,5 km
HÖHENMETER	1841 hm
SCHWIERIGKEIT	MITTEL
ÜBERNACHTUNG	ja

Das erwartet dich ...

Eine lange und aussichtsreiche Höhenwanderung mit längeren und steilen Aufstiegen. Wir wandern auf gut bezeichneten, zum Teil ausgesetzten Steigen mit gesicherten Passagen sowie auf Forst- und Alpwegen. Ausdauer und Trittsicherheit sind erforderlich. Vorsicht bei Nässe! Eine Übernachtung im Prinz-Luitpold-Haus ist empfehlenswert. Wir überschreiten mehrfach die Grenze nach Österreich.

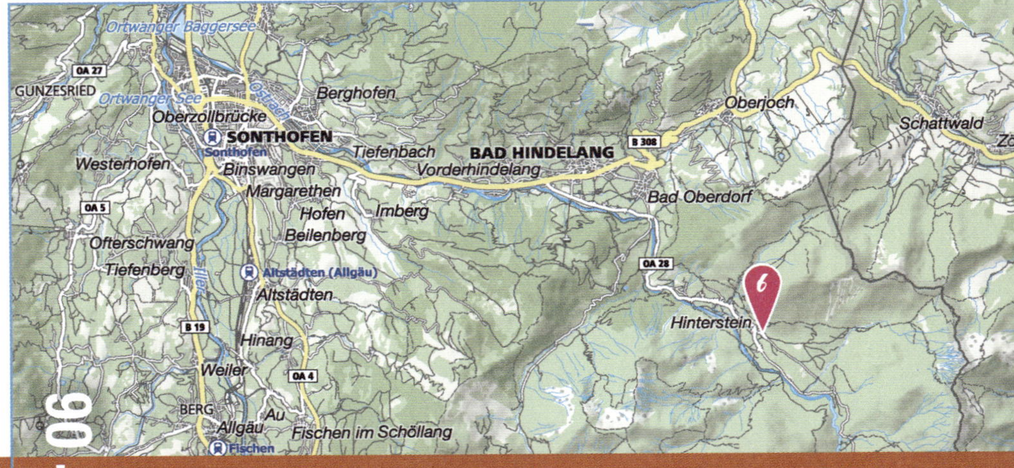

Panoramatour 06

Start & Ziel & Anreise

Ausgangspunkt ist der Parkplatz am Ortsende von Hinterstein (Gem. Bad Hindelang). Hier im Hinterdorf befindet sich auch die Bushaltestelle „Grüner Hut" beim gleichnamigen Wirtshaus. Sie wird von der Buslinie 49 ab Busbahnhof Hindelang bedient. Die Anreise mit dem Auto von Deutschland erfolgt über die B 308 nach Bad Hindelang, wo wir rechts auf die Ostrachstraße nach Hinterstein abbiegen. Ziel ist das Giebelhaus, wo die Buslinie 50 bis zum frühen Abend nach Hinterstein und Bad Hindelang verkehrt.

Tourenbeschreibung

Wir starten zu der ausgiebigen Höhenwanderung an der Kapelle im Hinterdorf von Hinterstein. Die Tafel „Giebelhaus – Fußweg" lenkt zur Abzweigung des Wanderwegs zur Willersalpe. Im Wald folgt ein Forstweg, später ein Steig. Nach einer Verzweigung queren wir den wilden Willersbach. Enge Kehren winden sich zu den Weiden der Willersalpe empor. Latschen und Fichten säumen nun hier und dort den Jubiläumsweg Richtung Schrecksee.

Nach einer Karschwelle klettert der Steig über einen knackigen Grashang und eine mitunter ausgesetzte Schuttflanke in einen Sattel namens Vordere Schafwanne. Am Gaiseckjoch wechselt der Kurs auf die Tiroler Seite, umrundet nach kleinem Steilabstieg über Geröllströme die zerborstenen Rauhhornabstürze und setzt zum Gegenanstieg an. Wieder in Bayern queren wir knapp oberhalb des Hintere Schafwanne genannten Sattels an Kugelhorn und Knappenkopf leicht bergab schrofendurchsetzte, steile Grasflanken. Bald nach der prächtigen Schreckseewanne erreichen wir Richtung Prinz-Luitpold-Haus die Lahnerscharte.

Erneut die Grenze wechselnd genießt man auf teils fallender, teils flacher Route zwischen Latschen, über Gras und Geröll den sehr aussichtsreichen Gang über dem Schwarzwassertal. Unter Schänzlespitze und Schänzlekopf geht's mit einer ausgesetzten, drahtseilgesicherten Passage zum Notlendsattel. Am Sattelkopf eine Rinne querend beginnt unter der abschüssigen Lärchwand (Drahtseilsicherung) der stressige Schlussaufstieg im Zickzack durch den blockigen sogenannten Kessel zur Bockkarscharte.

Endgültig auf bayerischer Seite wandert man durch die Gras- und Schuttmulde Im Täle hinunter zum Prinz-Luitpold-Haus. Über die Weiden der Oberen Bärgündelealpe und durch die Krummholzzone erreicht man auf dem Hüttenabstieg die Untere Bärgündelealpe.

Ab dort leitet ein Ziehweg zur Pointhütte und ein geteerter Alpweg durchs Bärgündele zum Giebelhaus, wo der Bus nach Hinterstein wartet.

Bei der Willersalpe beginnt der Höhenweg zum Prinz-Luitpold-Haus

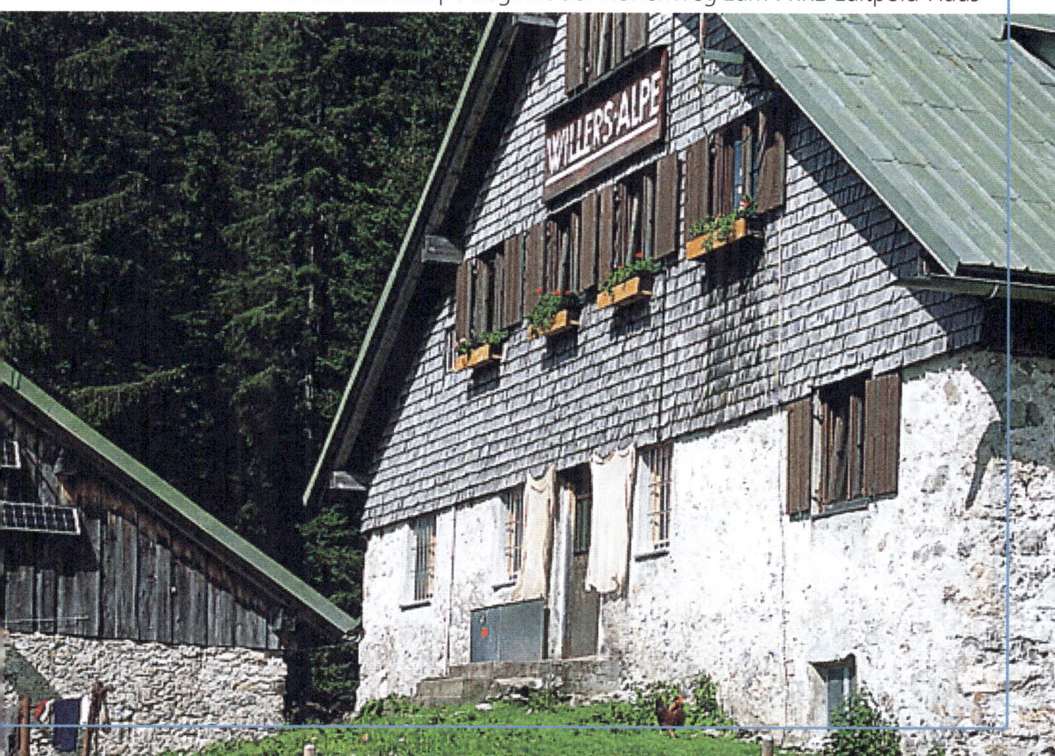

07

Fledermaus-
warte
Humbach
Dreifaltigkeit
Vorderberg
Kranzegg
862
Maria Opferung
Adelharz
Breitenstein
Freidorf
Bio Alpe
Stockach
Kalchenbach
Berghof-Riesen
Göhlapbe
Gehring
Untermaiselstein
720
beleuchtete
Rodelbahn
Zeller Hütte
Martinshütte
Rettenberg
806
Pavillon
St. Stephan
Winterbetrieb
Neumayrhütte
Breitensteiner
Gletscher-
schliff
Brauerei
Zötler
Bergghf.
Kranzegg
Schwarzalpe
Höfle Alp
Burgerschw
(Vorderb
Weiher
Familienbad
Zellerhütte
Zeller Alpe
1200
Jörgalpe
Kölber Höfle
1318
Greggenhofen
Mosbacher Alpe
Vordere Köl
Bergwachthütte
Bichel
Abenteuer
Galetschbach
Jhtt.
Maulalpe
Kleine
Mosbacher Alpe
Altach
Gsol
Kammereggalpe
1130
Hintere
Felmermoos
Obere Kammereggalpe
Herzlesstein
Grüntenseilbahn Bayer. Rundfunk
(nicht öffentlich)
Grüntenhütte
Gigglsteinhütt
Goimoosmühle
Wagneritz
972
1477
1497
Gigglstein
Gallimoos
Alpe Kalkhöf
1210
Übelhorn
Jägerdenkmal
1738
Roßberg
vermutl. Verlauf des Knüppeldammes (Bronzezeit)
Agathazeller Bach
Grünten
St. Agatha
Agathazell
Siechenkopf
Grünten-
haus
1400
Hühnermoos
Dreiange
1572
1535
1372
1314
Roßbergalpe
Schnecken-
schwand
Häuser
Agathazeller
Moos
Burgberger Hörnle
1496
Untere
Schwand-
alpe
Theresien-
Erzgrube
Pauli
Bekehrung
Grünten-
klause
Stuhlwand
Königsstraße
Burgberger
Tierparadies
Weinberg
Obere
Schwandalpe
Stollenführungen
1432
Kehralpe
Dorfwirt
Schießstätte
Pizzeria
Brunnen-
anger
Wolfsbichel
Erzgruben-
Erlebniswelt
1058
Kegelhaus
Natur-
erlebnisbad
Berggasthof
Alpen-
blick
Tiefenbach
St. Ulrich
Ortwang
Burgberg
im Allgäu
Topfenalpe
Ofen-
wald
Auf dem Ried
901
Berghofer Waldalpe
(Ofenalpe)
Ortwanger
See
Mein Landhaus
752
997
Maria Trost
Ruine
Burgberg
Reithalle
Brotzeithütte
Starzlach
Starzlachklamm
Winkel
ICO-adventures
Outdoorzentrum Allgäu
1165
Moosrauft
Jhtt. Bildstöckle
Tannach
Umspannwerk
SONTHOFEN
743
Bauer
774
Im Ferchle
Rieden
St. Leonhard
Berghofen
Lenihütte
Jhtt.
Schwandeckhütte
Oberried
Wickkapelle
308
Gebirgs-
jägermuseum
775
Burgstall-
töbel
Gschwend
R. Fluhen-
stein
Entschenburg
Walten
Unterried
Leonhardskap.
Breiten-
Hof
Berghofener Bach
Staig
Stauffenbichl
Iller-
siedlung
Kriegsgräber-
stätte
Burg-
siedlung
942
Gaile
Alte Schule
Heimathaus
Öko-
Kur-
park
St. Nepomuk
Hotel
Allgäu-Stern
Tiefenbach
bei Sonthofen
Sebastianskapelle
Riedle
Tennis u.
Squash
mini-mobil
Reckenberg
832
Iller
Camping
Freizeitbad
Wonnemar
Generaloberst-
Beck-Kaserne
(ehem. Ordensburg)
Binswangen
Burg Sonthofen
Ostrach
Vorderhindelang
Sigis-
hofen
Illerstadion
Deutsche Alpenstraße
Burgstall
0
500 m
DAV-Kletter-
zentrum
Kapelle
Margarethen
Großer Bichl
741
820
Hofen
Margarethakapelle
Imberg
Groß
Liebenstein
St. Katharina
Schliermoos

Tour 07

07 Gipfeltour

Grüntenhaus

Übers Burgberger Hörnle auf den Grünten

DAUER	5h
LÄNGE	10,5 km
HÖHENMETER	860 hm
SCHWIERIGKEIT	MITTEL
ÜBERNACHTUNG	ja

Das erwartet dich ...

Eine satte Bergtour mit maximaler Vielfalt an schönen Eindrücken. Gekrönt wird das Ganze von sehr viel toller Aussicht. Einige steile und etwas ausgesetzte Passagen am Burgberger Hörnle erfordern Trittsicherheit und Schwindelfreiheit (andernfalls sollte man das Hörnle links liegen lassen und den Winterwanderweg nutzen). Als Tagestour erfordert diese Runde gute Kondition, bei Übernachtung im Grüntenhaus ist sie auch für durchschnittlich fitte Bergwanderer gut genießbar.

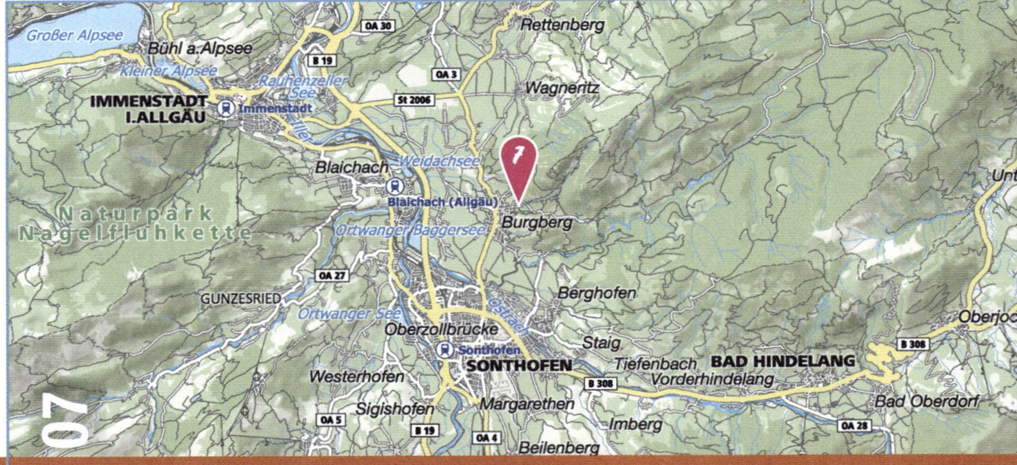

Start & Ziel & Anreise

Start und Ziel ist der Wanderparkplatz an der Grüntenstraße in Burgberg, einem Ortsteil von Sonthofen. Die Anfahrt mit PKW erfolgt über die B 19, Ausfahrt Sonthofen Nord und B 308 in Richtung Burgberg, wo es an der Dorfkirche vorbei in die Grüntenstraße geht. Die Anreise mit Öffis ist mit der Buslinie 11 zwischen den Bahnhöfen Immenstadt und Sonthofen bis Burgberg Ortsmitte möglich. Von dort sind es zu Fuß gute 10 Minuten zum Startpunkt.

Tourenbeschreibung

Der Grünten ist der nördliche Vorposten der Allgäuer Berge und weit hinaus ins Land sichtbar. Entsprechend gut ist auch die Aussicht von oben. Was natürlich bedeutet, dass man hier so gut wie nie allein ist. Wir weichen dem Massenbetrieb jedoch aus, indem wir die anspruchsvollere Aufstiegsvariante über das Burgberger Hörnle wählen. Die Mühe lohnt sich, denn hier wartet eine perfekte Abwechslung aus Ruhe, Aussicht, Kraxelstellen und gemütlichen Abschnitten.

Wir starten von einer der Parkmöglichkeiten in der Grüntenstraße oder der Straße An der Halde und folgen der Teerstraße ein paar Meter, bis wir links auf mehrere abzweigende Wege in den Wald treffen. Wir nehmen den Winterweg Richtung Grüntenhaus, der uns am Wustbach entlang aufwärts führt. Bald treffen wir auf eine Forststraße, die wir in einer Kehre wieder verlassen, um den Wanderweg am Wustbach wieder aufzunehmen. Wir treffen erneut auf einen breiter ausgebauten Weg, den wir wiederum in einer Linkskehre nach links zum ausgeschilderten Burgberger Hörnle verlassen.

Nun beginnt der anspruchsvolle Wegabschnitt. Zunächst queren wir über Geröll und Schotter den Hang, dann geht es rechts zunehmend steil hoch in den Wald. Wir folgen dem Pfad, der „außen herum" in einem Linksbogen Richtung Gipfel führt. Wir steigen über gut griffiges, bei Nässe aber schlammiges und heikles Gelände mit viel freiliegendem Wurzelwerk. Die Wurzeln werden weiter oben von Steinen und Felsen abgelöst, die aber ebenfalls gut griffig und nicht besonders ausgesetzt sind. Die Kraxelei erfordert hier und da die Hände, ist aber von ambitionierten Wanderern auch ohne spezielle Kletterfähigkeiten zu meistern.

Am Gipfel des Burgberger Hörnles wartet direkt das Stahlseil, welches über den Verbindungsgrat zum Grünten leitet. Wer bis jetzt keine Probleme mit dem Gelände hatte, wird auch hier kein Klettersteigset benötigen. Das Drahtseil bietet als Geländer gute Unterstützung und leitet über eine kurze Gratpassage. Dann wandern wir wieder auf normalem Bergpfad ein kurzes Stück den von Wald umstandenen Bergrücken entlang, bevor rechts der Abzweig zum Grüntenhaus kommt und wir den Hang des Siechenbergs in die kleine Talsenke hinein queren. Nach kurzer Zeit stoßen wir auf den Winterweg und erreichen das Grüntenhaus.

Von der Hütte aus folgen wir dem Wanderweg über eine Linkskehre auf den Vorgipfel des Grünten mit dem großen Sendemast. Nochmals etwa fünf Minuten später haben wir das Jägerdenkmal und den Hauptgipfel erreicht.

Für den Abstieg wählen wir die schönere Variante „hintenrum", um die Ostseite des Grünten. Wir biegen unterhalb des Gipfels zweimal rechts ab in Richtung Alpe Obere Schwande. Der Weg führt durch idyllisches Alpingelände und bietet tolle Ausblicke Richtung Allgäuer Hauptkamm. Kurz hinter einem Skilift nehmen wir den linken Abzweig hinunter zur Alpe Obere Schwande. Ab der Alpe führt unser Weg den Hang gerade hinunter, kreuzt erneut den Skilift, wird zu einer Forststraße und schließlich zur Asphaltstraße, der wir rechts in Richtung Tal folgen. Die Straße ist die Verlängerung der Straße An der Halde in Burgberg. Sie führt vorbei an zunehmend mehr Einkehrmöglichkeiten und Parkplätzen zurück zum Ausgangspunkt.

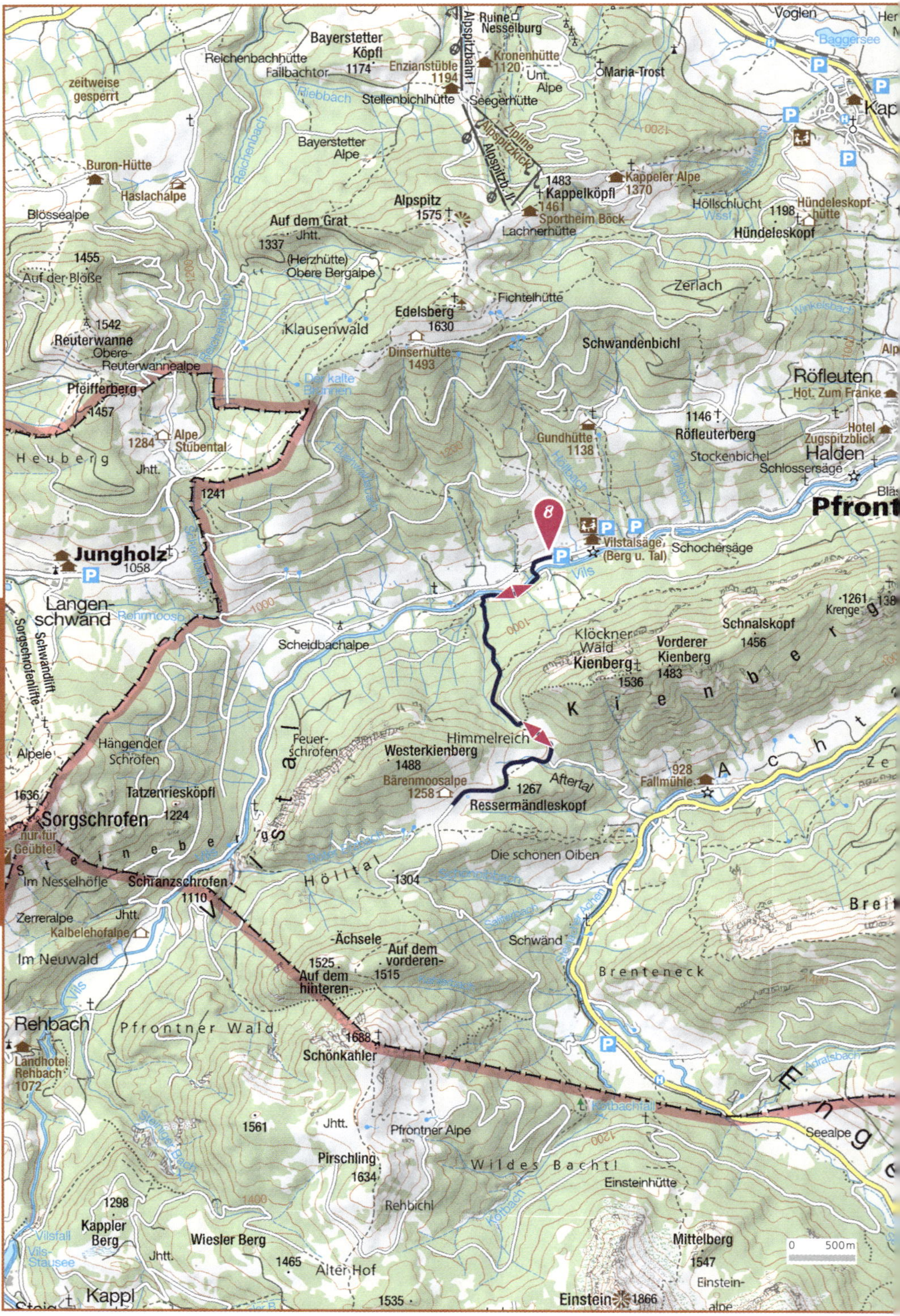

08

Voglen
Baggersee
Ruine Nesselburg
Alpspitzbahn I
Bayerstetter Köpfl
Kronenhütte 1120
Reichenbachhütte
Fallbachtor 1174
Enzianstüble 1194
Unt. Alpe
Maria-Trost
zeitweise gesperrt
Riebbach
Stellenbichlhütte
Seegerhütte
Kap
Zipline
Alpspitzkick
Bayerstetter Alpe
Reichenbach
Alpspitzb. II
Buron-Hütte
Haslachalpe
1483
Kappelköpfl 1461
Kappeler Alpe 1370
Alpspitz 1575
Sportheim Böck
Lachnerhütte
Höllschlucht
1198
Hündeleskopf-hütte
Hündeleskopf
Blössealpe
Auf dem Grat
Jhtt.
1337
(Herzhütte) Obere Bergalpe
1455
Auf der Bloße
Zerlach
Fichtelhütte
Edelsberg 1630
1542
Klausenwald
Reuterwanne
Obere-Reuterwannealpe
Dinserhütte 1493
Schwandenbichl
Pfeifferberg
Der kalte Brunnen
Röfleuten
Hot. Zum Franke
1457
1146
Röfleuterberg
Hotel Zugspitzblick
Alpe Stubental
1284
Gundhütte 1138
Halden
Heuberg
Jhtt.
Stockenbichel
Schlossersäge
1241
Pfront
Jungholz 1058
Vilstalsäge (Berg u. Tal)
Schochersäge
Vils
Langen-schwand
Rehrmoosb.
1000
1261
Krenge
Scheidbachalpe
Klöckner Wald
Schnalskopf 1456
Sorgschrofenlifte
Schwandlift
Kienberg 1536
Vorderer Kienberg 1483
Kienberg
Alpele
Hängender Schrofen
Feuer-schrofen
Himmelreich
Westerkienberg 1488
Achtal
1636
Tatzenrieskopfl 1224
Bärenmoosalpe 1258
1267
Ressermändleskopf
Aftertal
928
Fallmühle
Sorgschrofen
nur für Geübte!
Steineberg
Vilstal
Die schonen Oiben
Hölltal
1304
Im Nesselhöfle
Schranzschrofen 1110
Zerreralpe
Jhtt.
Kalbelehofalpe
Äachsele
Schwänd
Breit
Auf dem vorderen- 1515
1525
Auf dem hinteren-
Im Neuwald
Brenteneck
Rehbach
Pfrontner Wald
1688
Landhotel Rehbach 1072
Schönkahler
Adratsbach
Engge
Kotbachfall
1561
Jhtt.
Pfrontner Alpe
Seealpe
Pirschling 1634
Wildes Bachtl
1298
Einsteinhütte
Rehbichl
Kappler Berg
Vilstal
Vils-Stausee
Wiesler Berg
Mittelberg 1547
1465
Alter Hof
Jhtt.
Einstein-alpe
Kappl
1535
Einstein 1866
0 500 m

Tour 08

08 Waldtour

Bärenmoosalpe

In den sanften Allgäuer Vorbergen

DAUER	2h 45min
LÄNGE	7 km
HÖHENMETER	360 hm
SCHWIERIGKEIT	LEICHT
ÜBERNACHTUNG	nein

Das erwartet dich ...

Eine entspannte Wald- und Wiesenwanderung zu einer schön gelegenen Alm mit Einkehrmöglichkeit in den Sommermonaten. Es warten keine schwierigen Hindernisse oder konditionelle Herausforderungen. Im höher gelegenen Abschnitt der Tour eröffnen sich schöne Aussichten. Auf dem Waldpfad zwischen Vilsbrücke und Himmelreich ist etwas Vorsicht geboten, denn diesen Weg teilen sich Wanderer und Mountainbiker.

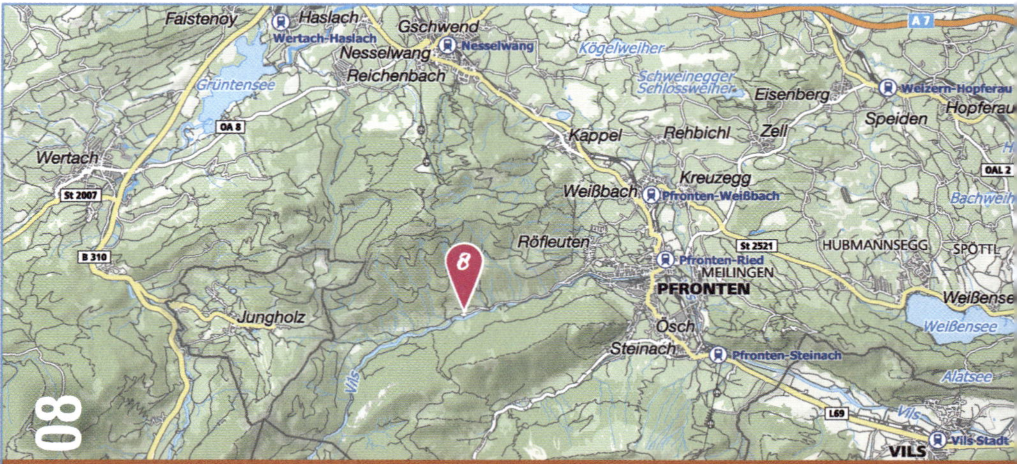

Waldtour 08

Start & Ziel & Anreise

Ausgangspunkt und Ziel ist der Parkplatz Vilstal beim Gasthof Vilstalsäge, 3 km westlich von Pfronten. Die Anfahrt mit dem Auto erfolgt über die A 7, Ausfahrt Oy-Mittelberg oder über Füssen und die B 17. In der Ortsmitte Pfronten biegt man bei der Touristinformation in die Vilstalstraße ein. Die Anreise mit Öffis ist nur bis zum Bahnhof Pfronten-Ried möglich.

Tourenbeschreibung

Diese gemütliche Tour spricht alle Sinne an und ist auch für Kinder nicht zu anstrengend oder langweilig. Oben bietet sie schöne Aussichten in die nähere Umgebung. Die Route verläuft über ein kurzes Asphaltstück zu Beginn und am Ende der Tour, ansonsten nur über Wander- und Schotterwege.

Beginn der Tour ist am Parkplatz beim Indianerspielplatz Vilstal. Von dort folgen wir noch ein kurzes Stück der Asphaltstraße Richtung Vilstal. Nach etwa 200 Metern kommt linksseitig die Abzweigung auf einen Forstweg. Nach dem Überqueren der Vilsbrücke biegen wir rechts ab auf den Forstweg. Nach nochmal 400 Metern im Talgrund folgt dann die Abzweigung auf den Waldpfad links hinauf. Die Beschilderung weist nach „Himmelreich". Da dieser Weg als „Kienbergtrail" auch bei Mountainbikern beliebt ist, müssen wir hier etwas Vorsicht walten lassen. Wir machen knapp 300 Höhenmeter auf diesem kurvigen Trail, bevor wir wieder auf eine Forststraße treffen. Wir folgen ihr rechts in die weitläufige Lichtung, die nicht ganz umsonst den Namen Himmelreich bekam. Wir wandern nun durchs offene Gelände über den Kienbergsattel. Die gemütliche Ruhebank hier werden wir kaum brauchen, denn rechts haltend ist es nun nicht mehr weit zur Bärenmoosalpe.

Nach ein paar sanften Kurven durch die weitläufige Lichtung haben wir diesen wirklich idyllischen Platz erreicht. Die schöne Aussicht umfasst die umgebenden Wälder und die benachbarten Allgäuer Vorberge. Die Bärenmoosalpe ist eine private Alphütte, die gemütliche Rast und Einkehr bietet, allerdings nur in der Zeit von Juni bis Anfang September bewirtschaftet ist.

Für den Abstieg nehmen wir die bekannte Strecke des Aufstiegs.

Die Jungtiere bei der Bärenmoosalpe werden Schumpen genannt

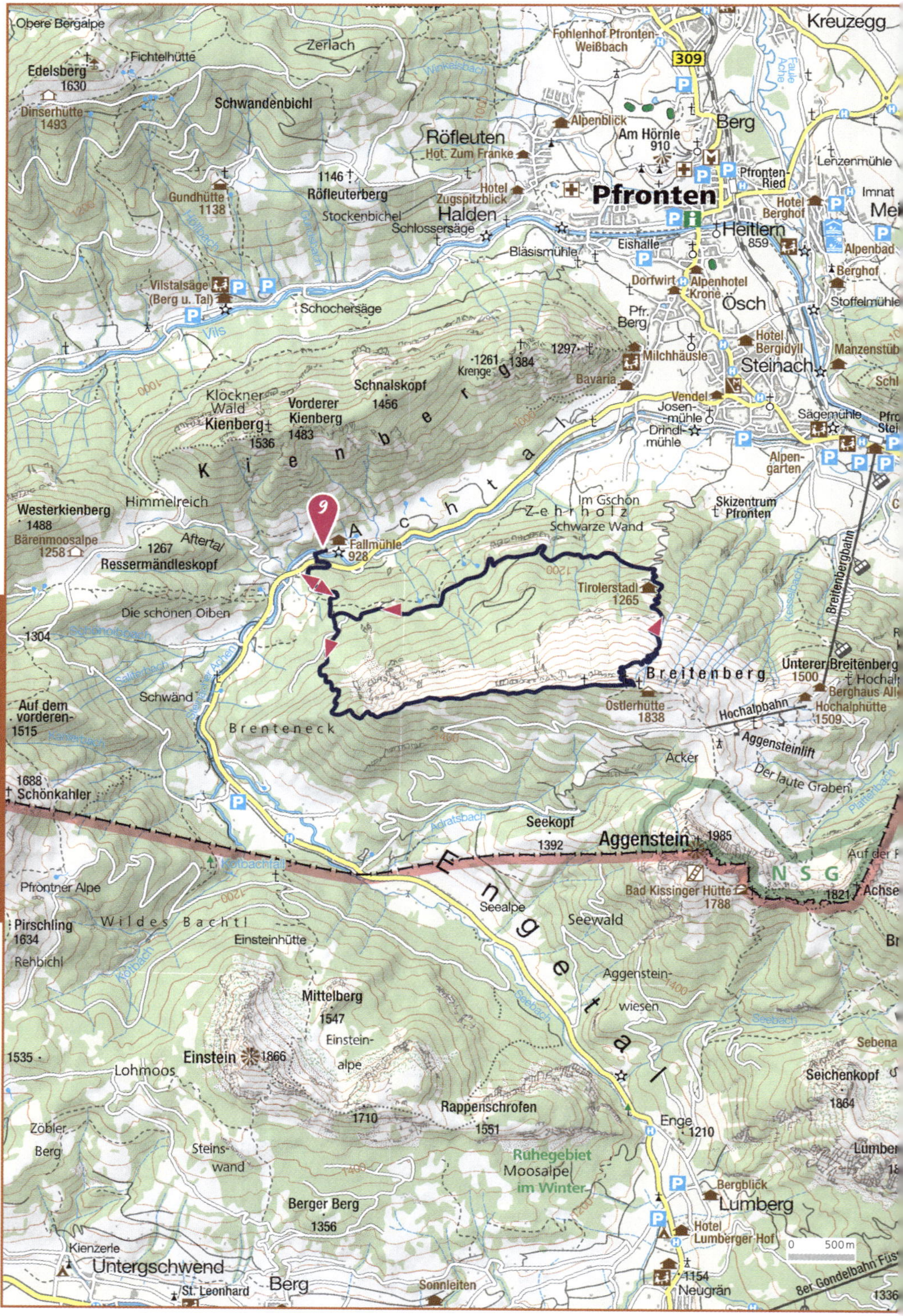

Obere Bergalpe
Fichtelhütte
Zerlach
Edelsberg 1630
Dinserhütte 1493
Schwandenbichl
Fohlenhof Pfronten-Weißbach
309
Kreuzegg
Faule Ache
Alpenblick
Berg
Röfleuten
Am Hörnle 910
Hot. Zum Franke
Lenzenmühle
1146
Gundhütte 1138
Röfleuterberg
Hotel Zugspitzblick
Pfronten
Pfronten-Ried
Imnat
Stockenbichel
Halden
Hotel Berghof
Schlossersäge
Heitlern 859
Bläsismühle
Eishalle
Alpenbad
Vilstalsäge (Berg u. Tal)
Berghof
Dorfwirt
Alpenhotel Krone
Ösch
Stoffelmühle
Schochersäge
Vils
Pfr. Berg
Hotel Bergidyll
Manzenstüb
1297
Milchhäusle
Steinach
1261 Krenge 1384
Bavaria
Schnalskopf 1456
Klöckner Wald
Vorderer Kienberg 1483
Vendel
Josenmühle
Sägemühle
Kienberg 1536
Drindlmühle
Alpengarten
Kienberg
Westerkienberg 1488
Himmelreich
Achtal
Im Gschön
Skizentrum Pfronten
Zehrholz
Schwarze Wand
Bärenmoosalpe 1258
1267
Aftertal
9
Fallmühle 928
Ressermändleskopf
Tirolerstadl 1265
Breitenbergbahn
Die schönen Oiben
1304
Breitenberg
Unterer Breitenberg 1500
Hochalp
Berghaus Allg
Schwänd
Östlerhütte 1838
Hochalphütte 1509
Auf dem vorderen 1515
Hochalpbahn
Brenteneck
Aggensteinlift
Acker
1688 Schönkahler
Der laute Graben
Seekopf 1392
Aggenstein 1985
Auf der
Bad Kissinger Hütte 1788
NSG
1821
Achse
Pfrontner Alpe
Engetal
Seealpe
Seewald
Pirschling 1634
Wildes Bachtl
Einsteinhütte
Rehbichl
Aggensteinwiesen
Mittelberg 1547
Seebach
Sebena
Einsteinalpe
1535
Einstein 1866
Lohmoos
Seichenkopf 1864
Rappenschrofen 1551
1710
Zöbler Berg
Enge 1210
Lumberg
Steinswand
Ruhegebiet Moosalpe im Winter
Bergblick
Berger Berg 1356
Lumberg
Hotel Lumberger Hof
0 500 m
Kienzerle
Untergschwend
1154
St. Leonhard
Berg
Sonnleiten
Neugrän
Gondelbahn Füssen
1336

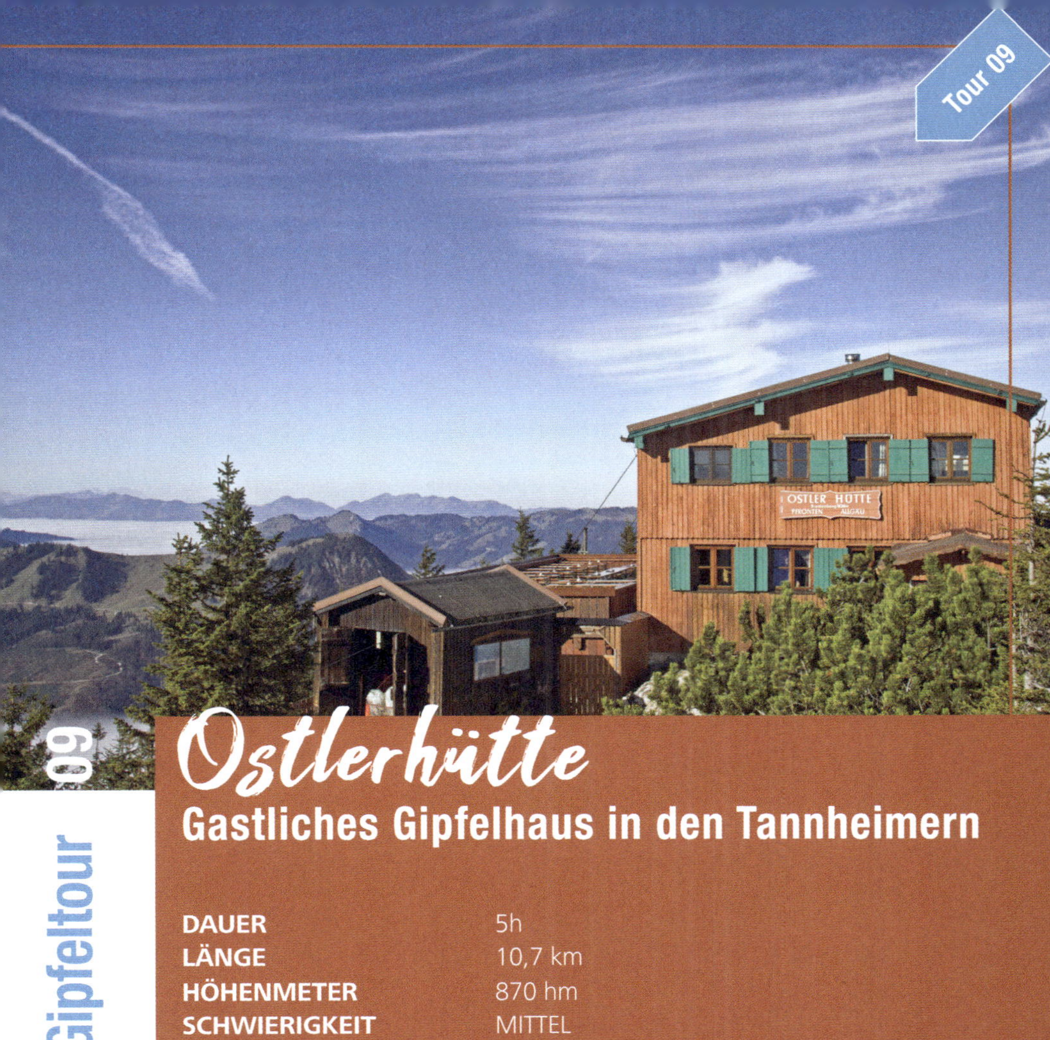

Ostlerhütte

Gastliches Gipfelhaus in den Tannheimern

DAUER	5h
LÄNGE	10,7 km
HÖHENMETER	870 hm
SCHWIERIGKEIT	MITTEL
ÜBERNACHTUNG	ja

Das erwartet dich ...

Eine abwechslungsreiche Bergtour zu einer gastfreundlichen Hütte auf einem markanten Voralpengipfel. Es geht überwiegend über gute Bergpfade, die konditionell etwas fordern, ansonsten aber unschwierig sind. Achtung: Der reizvolle, etwas steilere Abstieg über die Breitenberg-Nordflanke ist zeitweise aus Naturschutzgründen gesperrt. In dem Falle steigen wir über den Aufstiegsweg wieder ab.

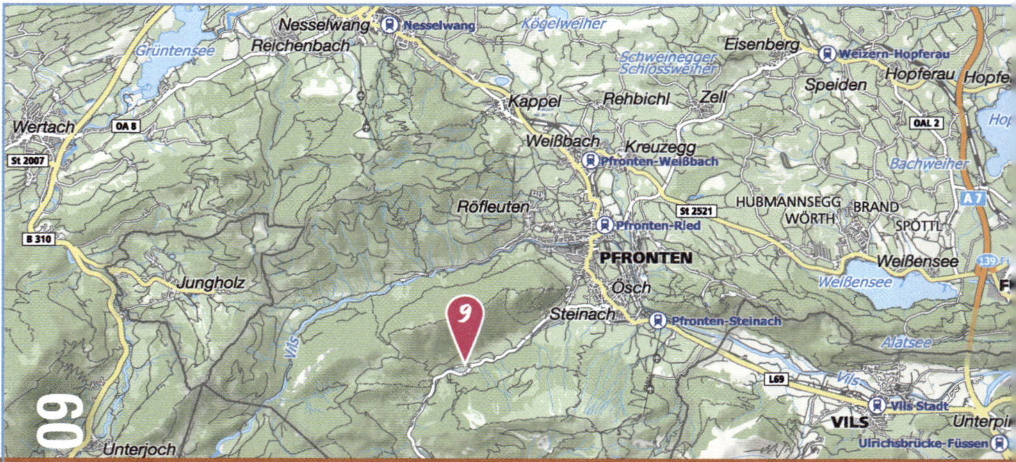

Gipfeltour 09

Start & Ziel & Anreise

Ausgangspunkt und Ziel ist der Parkplatz beim Gasthof Fallmühle, drei Kilometer südwestlich von Pfronten. Die Anfahrt mit dem PKW erfolgt von Kempten aus über die A7, Ausfahrt Oy-Mittelberg und auf der B310 und B309 nach Pfronten-Steinach, von wo es rechts ab in die Achtalstraße zum Parkplatz geht. Beim Gasthof befindet sich die Bushaltestelle Pfronten-Fallmühle, die morgens und nachmittags vom Tälerbus Füssen – Tannheim bedient wird.

Tourenbeschreibung

Die Ostlerhütte und der Breitenberg sind beliebte Ausflugsziele, sodass man hier eher selten allein ist. Wir vermeiden dennoch den Trubel und die Liftschneisen, indem wir uns für diese Tour die ruhigere, ursprünglich gebliebene Westseite des Breitenbergs aussuchen.

Von der Parkbucht bei Fallmühle folgen wir der Straße in Richtung Grän, bis auf der linken Straßenseite der ausgeschilderte Anstiegsweg zur Ostlerhütte seitwärts abzweigt. Zu Beginn ist der Weg breit und geteert, bis wir nach gut fünf Minuten den Fahrweg links über einen Wiesenweg abkürzen können. Nach nochmals gut fünf Minuten treffen wir auf eine Verzweigung, an der rechts der mit günem Schild ausgewiesene Pfad Richtung Ostlerhütte/Breitenberg abzweigt. Über diesen an einigen Stellen mit Stufen ausgebauten Pfad gewinnen wir im schattigen Bergwald an Höhe. Der schöne Weg ist größtenteils naturbelassen, mit Wurzeln, die sich ihren Weg an die Oberfläche bahnen.

Nach etwa der Hälfte der Tour beginnt sich der Wald zu lichten und man kann die wunderschöne Aussichten auf das Pfrontner Tal und die direkten Bergnachbarn wie Edelsberg und Einstein genießen. Der nun steilere Pfad führt uns über einen von Sturmschäden gekennzeichneten Hang aufwärts und schließlich auf den Kamm des Breitenbergs. An einer Geländekante können wir einen Tiefblick zur Fallmühle und nach Pfronten genießen, bevor sich der nun steinige Weg weiter den Bergrücken hinaufschlängelt. Bald erreichen wir einen Weidezaun mit Durchlass und gelangen auf einen flacheren Abschnitt der Tour. Der Weg verläuft nun meistens rechts des Rückens und gibt schöne Ausblicke auf umliegende Tannheimer Berge wie den Aggenstein frei. Wir kommen an einem schönen Rastplatz mit Sitzgelegenheit vorbei und folgen weiter dem nun abwechselnd aufsteilenden und abflachenden Weg. Der lichte Wald bleibt hinter uns zurück und wird von Latschen abgelöst. Hinter einem letztmaligen Aufschwung haben wir nach etwa zweieinhalb Stunden und 900 Höhenmetern die als „Hütte mit Herz" bekannte Ostlerhütte erreicht. Wir lassen sie vorerst noch rechts liegen und wandern etwas weiter über den jetzt schmaleren Rücken auf einem schrofigen Pfad, um das Holzkreuz des Breitenberg-Gipfels zu erreichen. Bei klarem Wetter genießen wir hier eine schier endlose Aussicht.

Zurück bei der Hütte finden wir alles vor, was das Herz begehrt, inklusive immer noch toller Rundumsicht, guter Allgäuer Küche und bequemer Übernachtungsmöglichkeiten.

Sofern der Weg über den Breitenberg-Nordhang nicht gesperrt ist, können wir den Abstieg zu einer zünftigen Rundtour übers Tirolerstadl, einer weiteren Einkehrmöglichkeit, ausbauen. Wenn freie Bahn ist, folgen wir dem steilen, direkt bei der Ostlerhütte beginnenden Zickzackpfad ins Tal. Nach knackigen 600 Höhenmetern im Abstieg biegen wir dann beim Tirolerstadl links ab und queren, auf gleicher Höhe bleibend, nach Westen hinüber, bis wir im Wald an einer beschilderten Kreuzung wieder auf den bekannten Aufstiegsweg treffen. Auf diesem gelangen wir zurück zum Parkplatz.

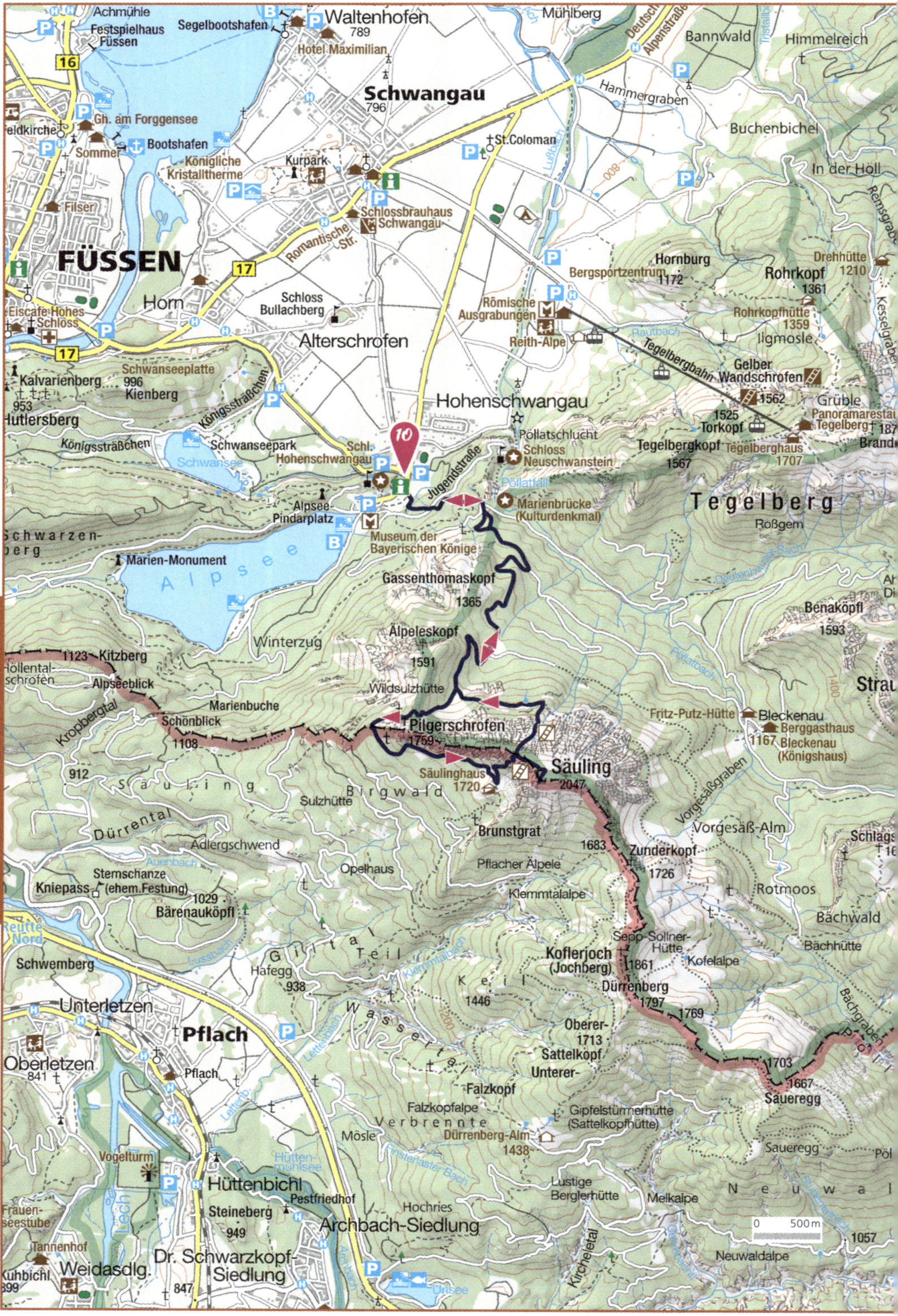

10

Achmühle
Festspielhaus Füssen
Segelbootshafen
Waltenhofen
789
Mühlberg
Deutsche Alpenstraße
Bannwald
Himmelreich
16
Hotel Maximilian
Schwangau
796
Hammergraben
Gh. am Forggensee
Bootshafen
St. Coloman
Buchenbichel
Sommer
Königliche Kristalltherme
Kurpark
In der Höll
Filser
Schlossbrauhaus Schwangau
FÜSSEN
Romantische Str.
17
Hornburg
Bergsportzentrum
1172
Rohrkopf
1361
Drehhütte
1210
Horn
Schloss Bullachberg
Römische Ausgrabungen
Rohrkopfhütte
1359
Eiscafe Hohes Schloss
Reith-Alpe
Ilgmosle
Alterschrofen
Tegelbergbahn
Gelber Wandschrofen
Kalvarienberg
953
Schwanseeplatte
996
Kienberg
1562
Grüble
Hutlersberg
Königsstraßchen
Hohenschwangau
1525
Torkopf
Panoramarestaurant Tegelberg
Königsstraßchen
Schwanseepark
Schwansee
Schl. Hohenschwangau
Pöllatschlucht
Schloss Neuschwanstein
Tegelbergkopf
1567
Tegelberghaus
1707
Jugendstraße
Pöllatfall
Marienbrücke (Kulturdenkmal)
Tegelberg
Alpsee-Pindarplatz
Roßgern
Schwarzenberg
Museum der Bayerischen Könige
Marien-Monument
Alpsee
Gassenthomaskopf
1365
Benaköpfl
1593
Winterzug
Älpeleskopf
1591
1123
Kitzberg
Höllentalschrofen
Alpseeblick
Wildsulzhütte
Marienbuche
Fritz-Putz-Hütte
Bleckenau
Kropbergtal
Schönblick
Pilgerschrofen
1759
Berggasthaus Bleckenau (Königshaus)
1167
1108
Säulinghaus
1720
Säuling
2047
912
Säuling
Birgwald
Sulzhütte
Vorgesäßgraben
Vorgesäß-Alm
Dürrental
Brunstgrat
1683
Zunderkopf
1726
Adlergschwend
Pflacher Älpele
Opelhaus
Sternschanze (ehem. Festung)
Kniepass
1029
Bärenauköpfl
Klemmtalalpe
Rotmoos
Bächwald
Reutte Nord
Sepp-Sollner-Hütte
Bächhütte
Schwemberg
Giltal
Teil
Koflerjoch (Jochberg)
1861
Kofelalpe
Hafegg
938
Keil
1446
Dürrenberg
1797
Unterletzen
Wassertal
1769
Pflach
Oberer
1713
Sattelkopf
Oberletzen
841
Pflach
Unterer
1703
Falzkopf
1667
Saueregg
Falzkopfalpe
Gipfelstürmerhütte (Sattelkopfhütte)
Verbrennte
Dürrenberg-Alm
1438
Mösle
Saueregg
Vogelturm
Hüttenbichl
Lustige Berglerhütte
Melkalpe
Neuwald
Frauenseestube
Pestfriedhof
Hochries
Steineberg
949
Archbach-Siedlung
0
500 m
1057
Tannenhof
Kühbichl
Weidasdlg.
Dr. Schwarzkopf-Siedlung
847
Neuwaldalpe
Kircheletal
Urisee

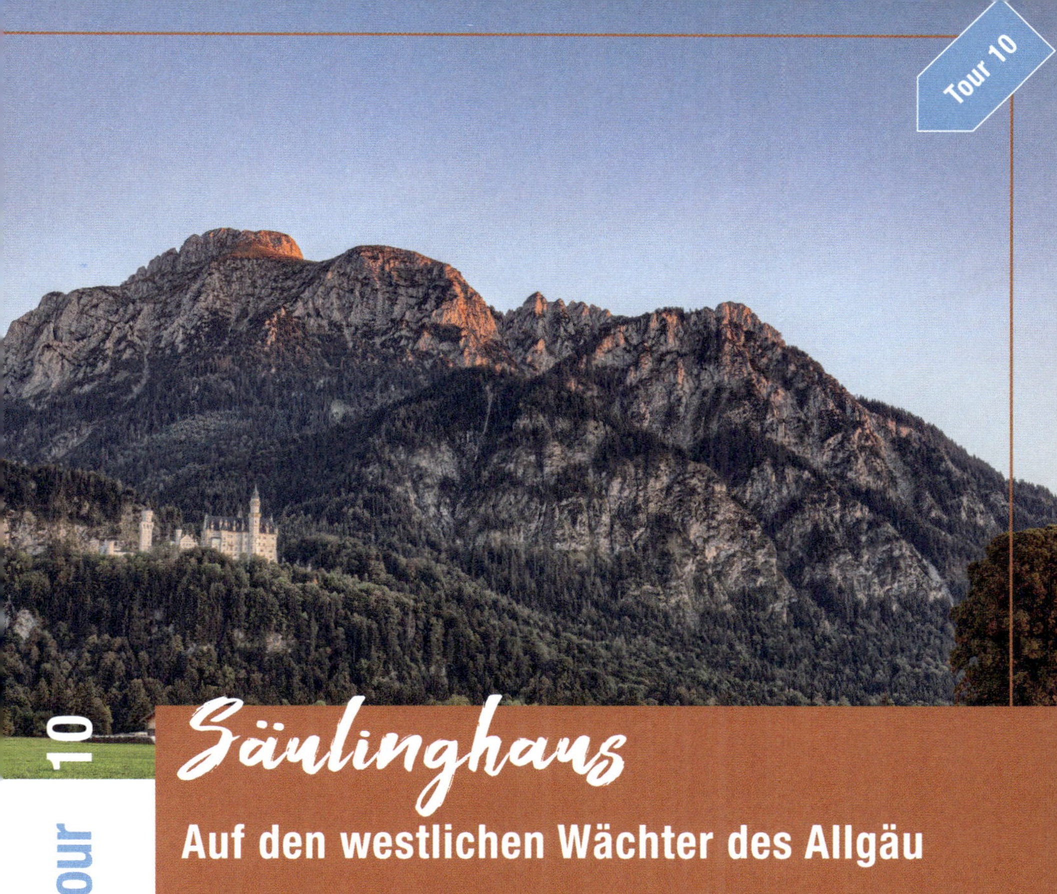

Tour 10

10 Gipfeltour

Säulinghaus

Auf den westlichen Wächter des Allgäu

DAUER	6h 30min
LÄNGE	13,1 km
HÖHENMETER	1230 hm
SCHWIERIGKEIT	SCHWER
ÜBERNACHTUNG	ja

Das erwartet dich ...

Eine anspruchsvolle, intensive und vielseitige Bergtour mit einem Hauch von Abenteuer. Als Tagestour ist diese Runde nur für überdurchschnittlich fitte und geübte Berggänger machbar. Aber auch als Zweitagestour fordert sie auf längeren und anhaltend steilen Passagen verlässliche Trittsicherheit und Schwindelfreiheit. Auch ein Gespür für die richtige Wegführung ist an einigen unübersichtlichen Stellen gefragt. Als Belohnung warten tolle Landschaft und grandiose Aussichten.

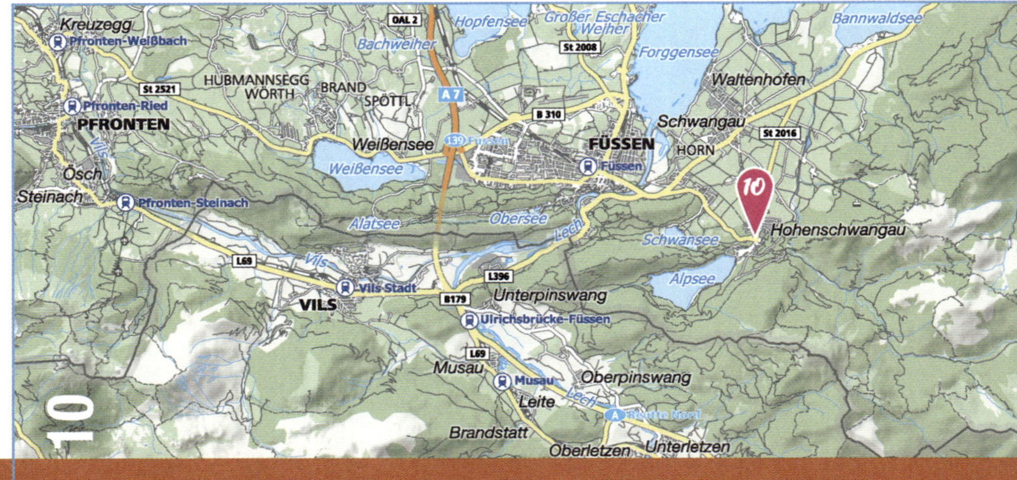

Gipfeltour 10

Start & Ziel & Anreise

Startpunkt und Ziel sind die großen, gebührenpflichtigen Parkplätze beim Schloss Hohenschwangau. Die Anfahrt mit dem Auto erfolgt über die A 7 via Kempten und Füssen oder über die B 17 via Schongau und Halblech. Die Anreise mit Öffis erfolgt von Füssen mit dem Bus 73 Richtung Rottenbuch, Haltestelle Neuschwanstein Castles.

Tourenbeschreibung

Der Säuling ist Füssens Hausberg und eine weithin sichtbare Landmarke. Seine Besteigung ist auf jeder Route eine relativ anspruchsvolle Bergwanderung.

Bei den Busparkplätzen vor dem Hotel Müller leitet uns die Wegebeschilderung schon in Richtung Säuling. Der breit ausgebaute Weg führt uns vorbei an der Abzweigung zur berühmten Marienbrücke mit ihrem grandiosen Blick auf Schloss Neuschwanstein und Alpenvorland. Wir können diese kostenlos zugängliche, aber oft überfüllte Touristenattraktion auf dem Hin- oder Rückweg „mitnehmen" (bis Herbst 2022 ist sie allerdings gesperrt). Jetzt aber gilt unsere Konzentration dem Aufstiegsweg, der auch hier gut ausgeschildert ist und zwischen zwei Teerstraßen in den Wald führt („Säuling/über Wasserleitungsweg"). Der Wasserleitungsweg ist eine Forststraße, der wir etwa einen Kilometer das Pöllattal aufwärts folgen. Beim nächsten Schilderstandort zweigen wir dann scharf rechts auf den Wanderweg Richtung Pilgerschrofen ab. Wir folgen dem Forstweg über einige Kehren, bis er in einer Linkskurve eine Wiese (Älpele) erreicht. Hier verlassen wir den Forstweg und wandern auf einem Trampelpfad geradeaus über die Wiese in den Wald, wo es auf einem schmalen Steig zum Blockhaus namens Wildsulzhütte hinaufgeht. An der Wildsulzhütte teilt sich der Weg: Linker Hand geht es zum weniger steilen Steig zum Säuling, den wir als Abstieg benutzen werden, rechts führt unser Aufstiegsweg um den Pilgerschrofen etwas steiler, aber ohne nennenswerte Hindernisse hinauf.

Nachdem wir rechts haltend um den Pilgerschrofen herum gewandert sind, stehen wir an seiner Westseite und haben noch knappe 150 Höhenmeter zum Säulinghaus vor uns. Statt einer Beschilderung markiert hier eine weiß-blaue Säule den recht steilen, teils abschüssigen und schrofigen Weg. Kurz vor dem Säulinghaus wartet noch eine Kraxelstelle. Das Haus ist eine stattliche Berghütte der Naturfreunde Augsburg und bietet neben gemütlicher Einkehr auch Übernachtungsmöglichkeiten.

Von hier ist es noch etwa eine weitere Stunde bis zum Gipfel. Es geht über einfache Kletterstellen auf einem mit Ketten gesicherten Steig, der bis zur Gamswiese etwas steinschlaggefährdet ist. Von der Gamswiese aus gehen wir in einfachem Gehgelände weiter, das kurz unter dem Gipfel nochmal etwas schrofiger und steiler wird. An einer letzten Wegverzweigung haben wir die Wahl zwischen dem etwas niedrigeren Nebengipfel rechts und dem Hauptgipfel mit dem kleinen Kreuz geradeaus.

Der Abstieg erfolgt bis zur Gamswiese auf dem Aufstiegsweg, dann biegen wir jedoch rechts ab, statt wieder links zum Säulinghaus zu gehen. Es folgt nun ein schmaler, steiler Zickzack-Pfad, der an mehreren kurzen Kraxelstellen Konzentration erfordert. Einige Drahtseilsicherungen erleichtern die Kletterei, im unteren Bereich helfen Eisenleitern über schwierige Stellen hinweg. Den tollen Ausblick auf das Schloss Neuschwanstein und die umgebenden Seen sollte man jedenfalls nur beim Anhalten genießen. Nachdem wir etwa 350 Höhenmeter auf dem Steig abgestiegen sind, biegen wir an der Wegverzweigung links ab, um, die Säuling-Nordflanke querend, wieder zur schon bekannten Wildsulzhütte zu gelangen. Von hier aus folgen wir dem Aufstiegsweg zurück zum Ausgangspunkt.

11

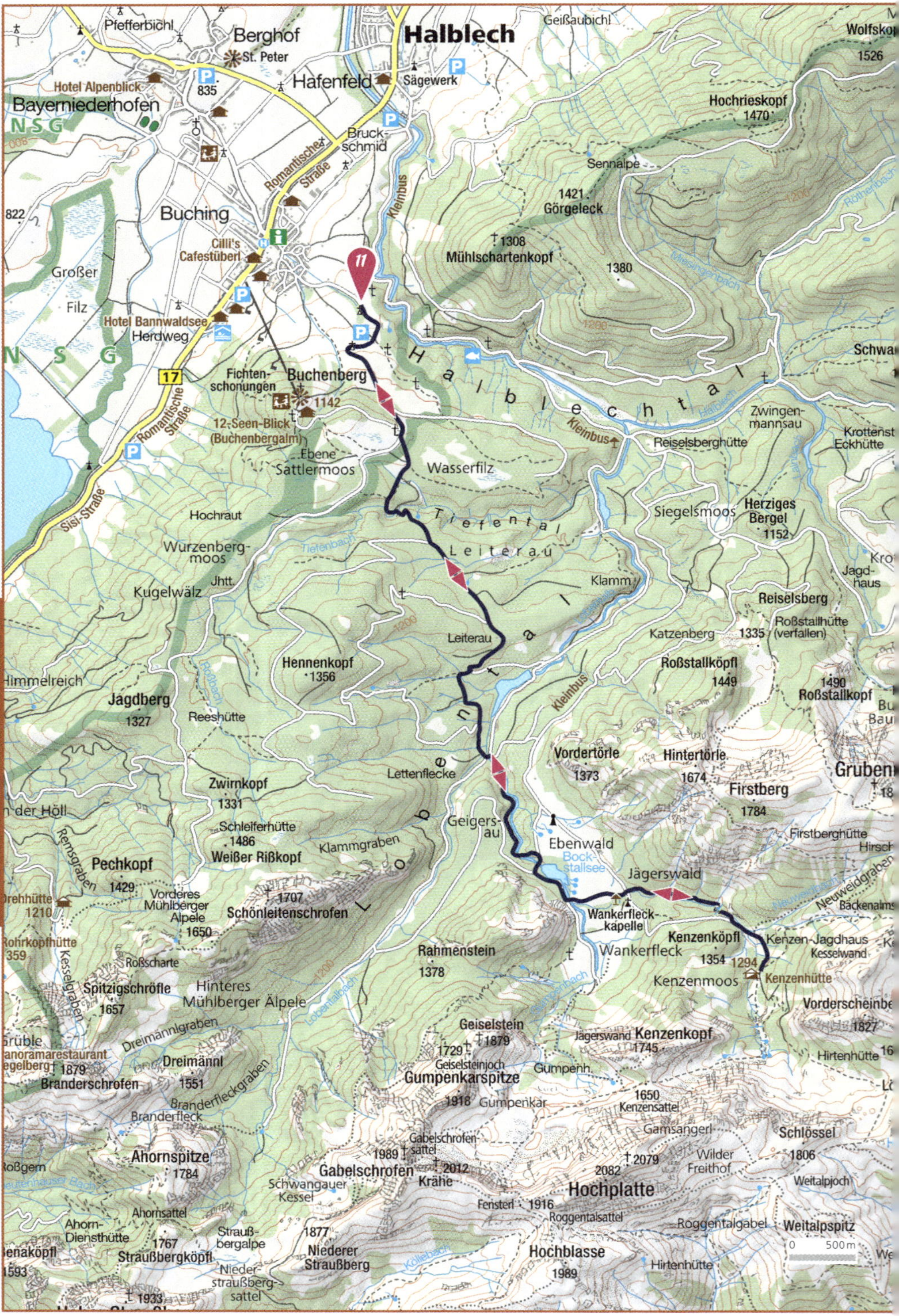
Pfefferbichl
Berghof
St. Peter
Halblech
Geißaubichl
Wolfskopf
1526
Hotel Alpenblick
835
Hafenfeld
Sägewerk
Bayerniederhofen
NSG
Bruckschmid
Romantische Straße
Hochrieskopf
1470
Sennalpe
Kleinbus
822
Buching
1421
Görgeleck
Cilli's Cafestüberl
1308
Mühlschartenkopf
Großer
Filz
1380
11
Hotel Bannwaldsee
Herdweg
1200
17
Fichtenschonungen
Buchenberg
1142
Halblechtal
Schwa
12-Seen-Blick (Buchenbergalm)
Ebene
Sattlermoos
Wasserfilz
Zwingenmannsau
Reiselsberghütte
Krottenstein Eckhütte
Sisi-Straße
Hochraut
Tiefental
Siegelsmoos
Herziges Bergel
1152
Wurzenbergmoos
Tiefenbach
Leiterau
Klamm
Kugelwälz
Jhtt.
Jagdhaus
Reiselsberg
Katzenberg
1335
Roßstallhütte (verfallen)
Leiterau
Hennenkopf
1356
Roßstallköpfl
1449
1490
Roßstallkopf
Himmelreich
Jagdberg
1327
Roßbach
Reeshütte
Lobental
Vordertörle
1373
Hintertörle
1674
Firstberg
1784
Lettenflecke
Zwirnkopf
1331
Geigersau
Ebenwald
Firstberghütte
der Höll
Schleiferhütte
1486
Weißer Rißkopf
Klammgraben
Bockstallsee
Jägerswald
Pechkopf
1429
1707
Vorderes Mühlberger Alpele
1650
Schönleitenschrofen
Wankerfleckkapelle
Neuweidgraben
Bäckenalmsattel
Wankerfleck
Kenzenköpfl
1354
1294
Kenzen-Jagdhaus
Kesselwand
Kenzenhütte
Kenzenmoos
Rohrkopfhütte
1210
Remsgraben
Kesselgraben
Roßscharte
Rahmenstein
1378
Spitzigschröfle
1657
Hinteres Mühlberger Älpele
Vorderscheinberg
1827
Geiselstein
1879
1729
Geiselsteinjoch
Jägerswand
Kenzenkopf
1745
Dreimännlgraben
Dreimännl
1551
Branderschrofen
1879
Gumpenkarspitze
Gumpen
Hirtenhütte
1918
Gumpenkar
1650
Kenzensattel
Branderfleckgraben
Branderfleck
Gamsangerl
Schlössel
1806
Gabelschrofensattel
1989
2012
Krähe
Ahornspitze
1784
Gabelschrofen
2079
Wilder Freithof
2082
Hochplatte
Schwangauer Kessel
Weitalpjoch
Ahornsattel
Fensterl
1916
Roggentalsattel
Roggentalgabel
Weitalpspitz
Ahorn-Diensthütte
1767
Straußbergköpfl
Straußbergalpe
1877
Niederer Straußberg
Hochblasse
1989
Niederstraußbergsattel
Hirtenhütte
1933
0
500 m

Tour 11

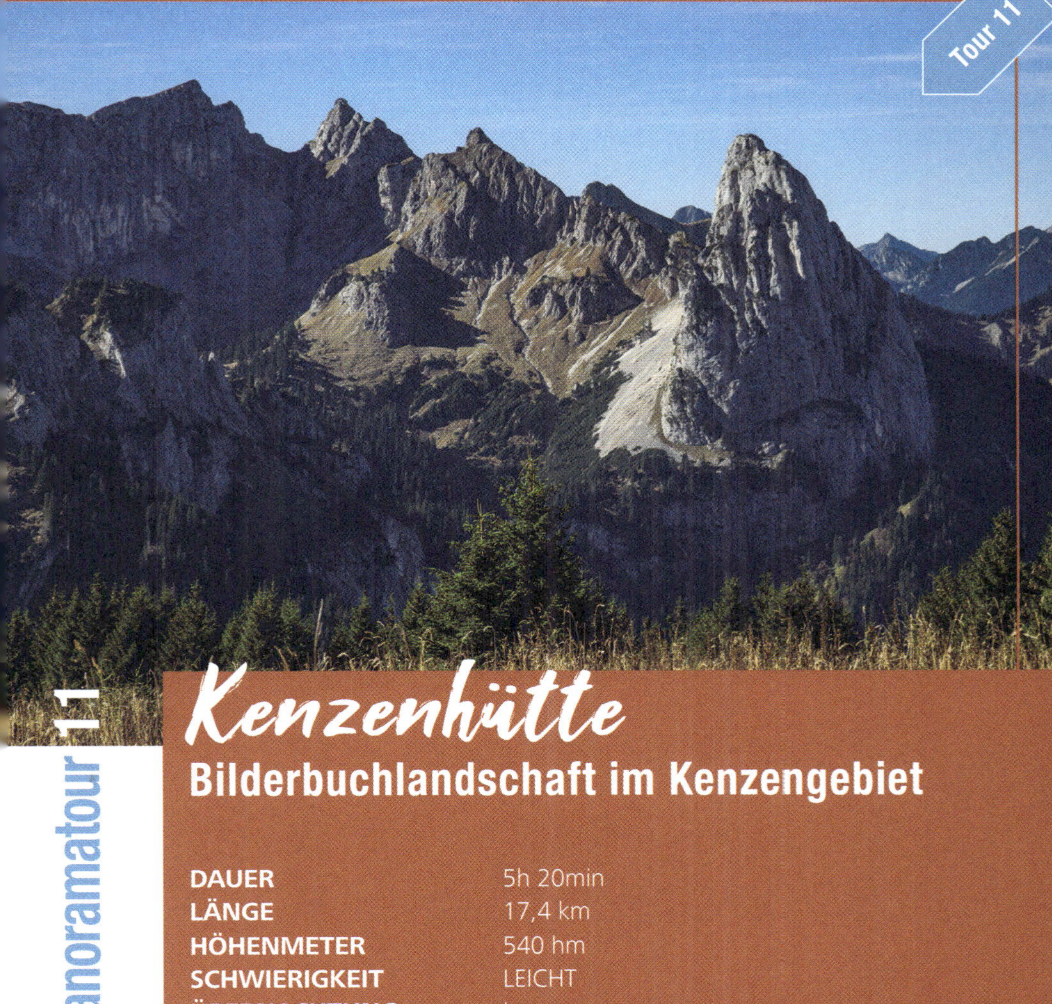

Panoramatour 11

Kenzenhütte

Bilderbuchlandschaft im Kenzengebiet

DAUER	5h 20min
LÄNGE	17,4 km
HÖHENMETER	540 hm
SCHWIERIGKEIT	LEICHT
ÜBERNACHTUNG	ja

Das erwartet dich ...

Ein sanft ansteigender, recht gemütlicher Anstieg durch idyllische Wälder und Täler vor schöner Bergkulisse. Sehenswert sind vor allem die Felspyramide des Geiselsteins und die mächtige Nordflanke der Hochplatte. Die Umgebung und die Blicke lassen sich auf gut ausgebauten, allerdings auch gut besuchten Forst- und Wanderwegen genießen. Da die Kenzenhütte recht weit hinten im Talkessel liegt, verlangt der Zustieg etwas Ausdauer und festes Schuhwerk.

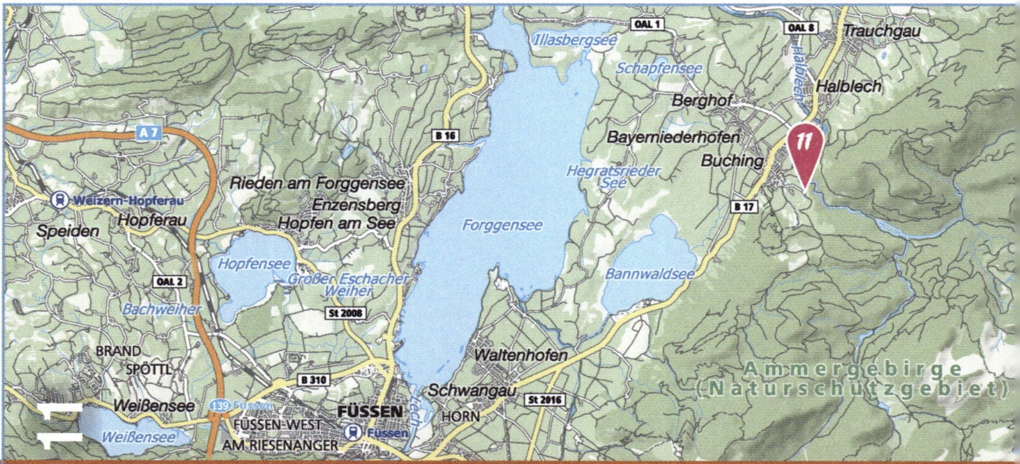

Start & Ziel & Anreise

Start- und Zielpunkt ist der Wanderparkplatz an der Bergstraße etwas oberhalb von Buching. Die Anfahrt mit PKW aus dem Raum München erfolgt über die B 17 via Schongau. In der Ortsmitte von Buching zweigt die Bergstraße bei der Touristinformation links ab. Die Anreise mit Bus von Füssen mit der Linie 73 zur Haltestelle „Halblech, Buching, Ortsmitte".

Tourenbeschreibung

Im Sommerhalbjahr kann die ganze Tour zur Kenzenhütte mit dem Bustaxi „erledigt" werden. Doch wir genießen die tolle Landschaft ausgiebig auf dem etwas anders verlaufenden (und schöneren) Wanderweg.

Den ersten Abschnitt nach dem Verlassen des Parkplatzes legen wir auf Asphalt zurück. An Wochenenden und bei schönem Wetter wird man hier von vielen Gleitschirmfliegern umgeben sein. Nach einer ersten Kehre geht es längere Zeit geradeaus und wir gewinnen auf der Straße etwas an Höhe, bis wir den Scheitel des Buchenbergs erreichen und schöne Aussichten genießen können. An der Verzweigung bei einem Wegkreuz nehmen wir, dem Buchenberg-Rundweg folgend, den linken Abzweig. Am Ende einer großen Lichtung geht unser Weg dann in einen Wanderpfad über und führt hinab in den Tiefenbachgraben, bevor er jenseits der Brücke über den Bach wieder zum Forstweg wird. Nach einem kleinen

Gegenanstieg geht es gemütlich weiter, bis wir vor dem linker Hand liegenden Stausee in einer Kehre rechts wieder auf einen Pfad abzweigen und in leichtem Auf und Ab etwas an Höhe verlieren.

Unten im Talboden des Lobentals angekommen, überqueren wir den Lobentalbach und treffen auf das Hinweisschild Richtung Bockstallsee und Kenzenhütte, dem wir folgen. Der nun wieder schmalere Wanderpfad schlängelt sich den Bockstallbach entlang in leichtem Bergauf an kleinen Kaskaden vorbei und erreicht bald den Bockstallsee. Dass der „nur" ein kleiner Stausee ist, tut seiner Schönheit keinen Abbruch. Es finden sich an seinem Ufer viele schöne Plätze zum Verweilen. Wir wandern rechts an ihm vorbei und erreichen den Abzweig nach links zur Kapelle am Wankerfleck, einer großen, mit Ahornbäumen bestandenen Lichtung im Halblechtal. Der Blick zum Geiselstein und seiner malerischen Umgebung ist nicht umsonst auf vielen Postkarten und Kalenderblättern verewigt. Wir halten bei der Kapelle geradeaus/ostwärts auf den Wanderweg zur Kenzenhütte zu, die rechts abzweigende Forststraße überlassen wir dem Bustaxi. Als letzte kleine „Hindernisse" warten noch die Brücke über den Kenzenbach und etwa 30 Höhenmeter über einen etwas steileren Bergpfad auf uns. Dann folgt noch ein Wegekreuz an einer Lichtung mit Almgebäuden, bevor wir nach knapp drei Stunden schließlich die Kenzenhütte erreichen.

Für den Rückweg haben wir die Wahl: entweder wir folgen dem Aufstiegsweg in umgekehrter Richtung oder wir wählen die bequemeren, aber langweiligeren Forststraßen, die uns ohne Gegenanstiege durch das Loben- und Halblechtal nach unten bringen. In der extrabequemen Variante lassen wir uns sogar vom Hüttentaxi fahren (jedoch kommen wir so oder so nicht ganz um den kleinen Gegenanstieg zum Parkplatz in der Bergstraße herum).

Autoren Tipp

Hinter der Hütte wartet nach nur 400 Metern auf dem rechts abzweigenden Weg zum Kenzenkopf ein echtes Highlight – der Kenzenwasserfall, den man sich, selbst wenn man müde ist, auf keinen Fall entgehen lassen sollte. Denn ein solches Prachtexemplar mit dieser stattlichen Höhe und diesen Wassermassen wird man in den Voralpen so schnell nicht wiederfinden!

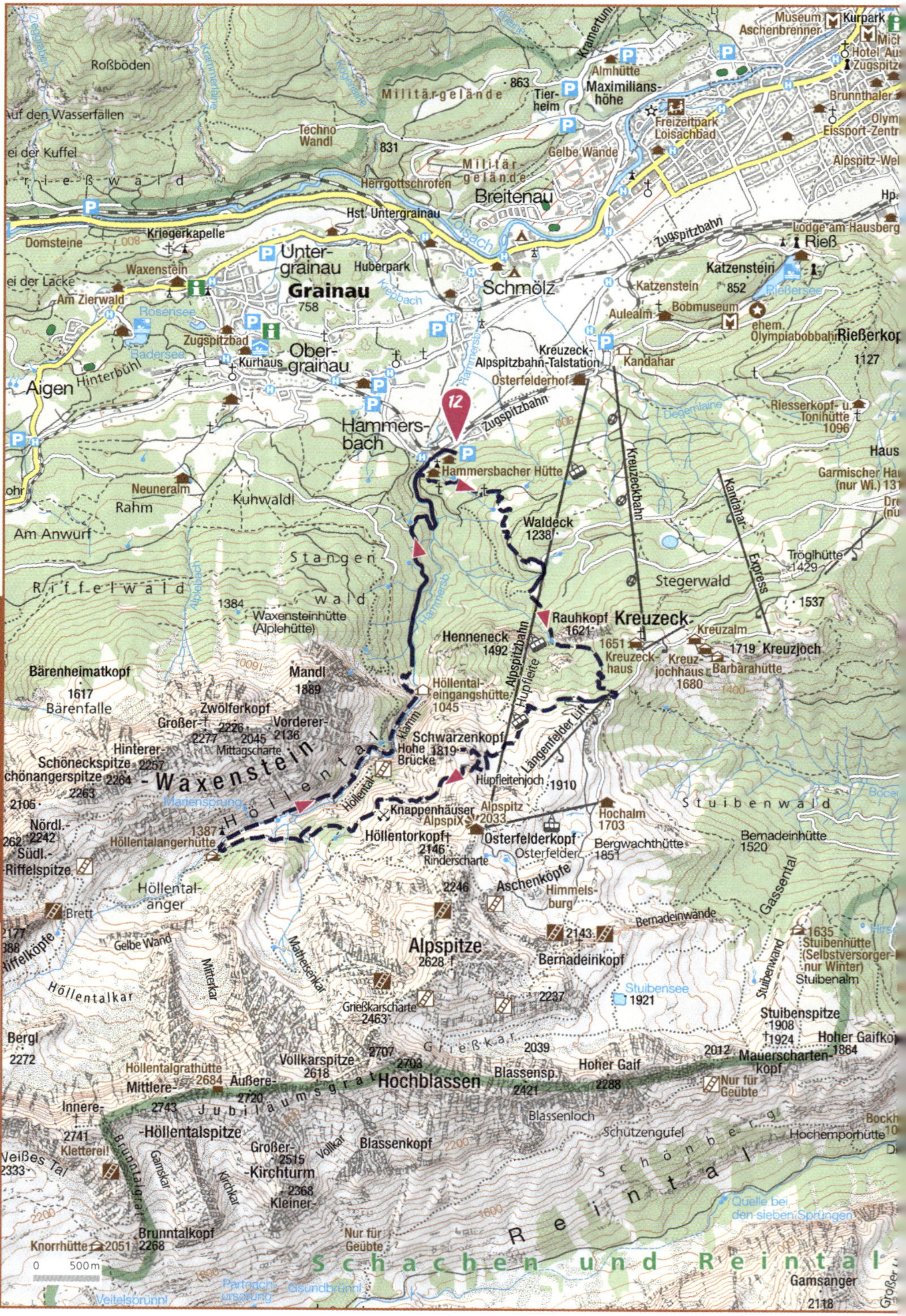

12

Roßböden
Auf den Wasserfällen
Bei der Kuffel
Grießwald
Techno Wandl
831
Militärgelände
· 863
Tierheim
Maximilianshöhe
Almhütte
Kramertunnel
Museum Aschenbrenner
Kurpark
Hotel
Zugspitz
Brunnthaler
Freizeitpark Loisachbad
Olympia-Eissport-Zentrum
Alpspitz-Welle
Gelbe Wände
Militärgelände
Herrgottschrofen
Breitenau
Hst. Untergrainau
Loisach
Zugspitzbahn
Lodge am Hausberg
Rieß
Domsteine
Kriegerkapelle
Untergrainau
Huberpark
Waxenstein
Bei der Lacke
Am Zierwald
Rosensee
Grainau
758
Schmölz
Katzenstein
852
Rießersee
Katzenstein
Aulealm
Bobmuseum
ehem. Olympiabobbahn
Rießerkopf
1127
Badersee
Zugspitzbad
Kurhaus
Obergrainau
Kreuzeck-Alpspitzbahn-Talstation
Kandahar
Aigen
Hinterbühl
Osterfelderhof
Zugspitzbahn
Riesserkopf- u. Toniehütte
1096
Hammersbach
Degernlaine
Haus
Garmischer Haus (nur Wi.)
Hammersbacher Hütte
Kreuzeckbahn
Kandahar Express
Neuneralm
Rahm
Kuhwaldl
Waldeck
1238
Am Anwurf
Stangenwald
Tröglhütte
1429
Stegerwald
Riffelwald
Alpbach
Hammersb.
1384
Waxensteinhütte (Alplehütte)
· 1537
Rauhkopf
1621
Kreuzeck
Kreuzalm
Henneneck
1492
Alpspitzbahn
1651
Kreuzeckhaus
Kreuzjochhaus
1680
1719
Kreuzjoch
Barbarahütte
Bärenheimatkopf
1617
Bärenfalle
Mandl
1889
Höllental-eingangshütte
1045
Hupfleite
Zwölferkopf
Großer
2277
2226
Vorderer
2045
2136
Mittagscharte
Klamm
Schwarzenkopf
1819
Hohe Brücke
Längenfelder Lift
Hinterer
2257
Schöneckspitze
Schönangerspitze
2264
2263
Waxenstein
Höllental
Hupfleitenjoch
1910
Marienbrunnen
Höllental
Knappenhäuser
AlpspiX
Alpspitz
2033
Hochalm
1703
Stuibenwald
2105
Nördl.
2242
2262
Südl.
Riffelspitze
1387
Höllentalangerhütte
Höllentorkopf
2146
Rinderscharte
Osterfelderkopf
Osterfelder
Bergwachthütte
1851
Bernadeinhütte
1520
Gassental
Höllentalanger
Brett
2246
Aschenköpfe
Himmelsburg
2177
2388
Riffelköpfe
Gelbe Wand
Mathaeskar
Mitterkar
Alpspitze
2628
2143
Bernadeinkopf
Bernadeinwände
1635
Stuibenhütte (Selbstversorger-, nur Winter)
Stuibenalm
Stuibenwand
Höllentalkar
Grießkarscharte
2463
2237
Stuibensee
1921
Stuibenspitze
1908
1924
Hoher Gaifkopf
Bergl
2272
2707
Grießkar
2039
Vollkarspitze
2618
2703
2012
Mauerscharten-kopf
1864
Höllentalgrathütte
2684
Äußere
Hochblassen
Blassensp.
2421
Hoher Gaif
2288
Nur für Geübte
Mittlere
2720
Jubiläumsgrat
Innere
2743
Blassenloch
Höllentalspitze
Schützengufel
Hochemporhütte
2741
Klettereil
Vollkar
Blassenkopf
Weißes Tal
2333
Großer
2515
Kirchturm
Gamskar
Kirchkar
2368
Kleiner
Brunntalgrat
Schönberg
Reintal
Quelle bei den sieben Sprüngen
Knorrhütte
2051
Brunntalkopf
2268
Nur für Geübte
0
500 m
Partnach-ursprung
Gesundbrünnl
Veitelsbrünnl
Schachen und Reintal
Gamsanger
2118

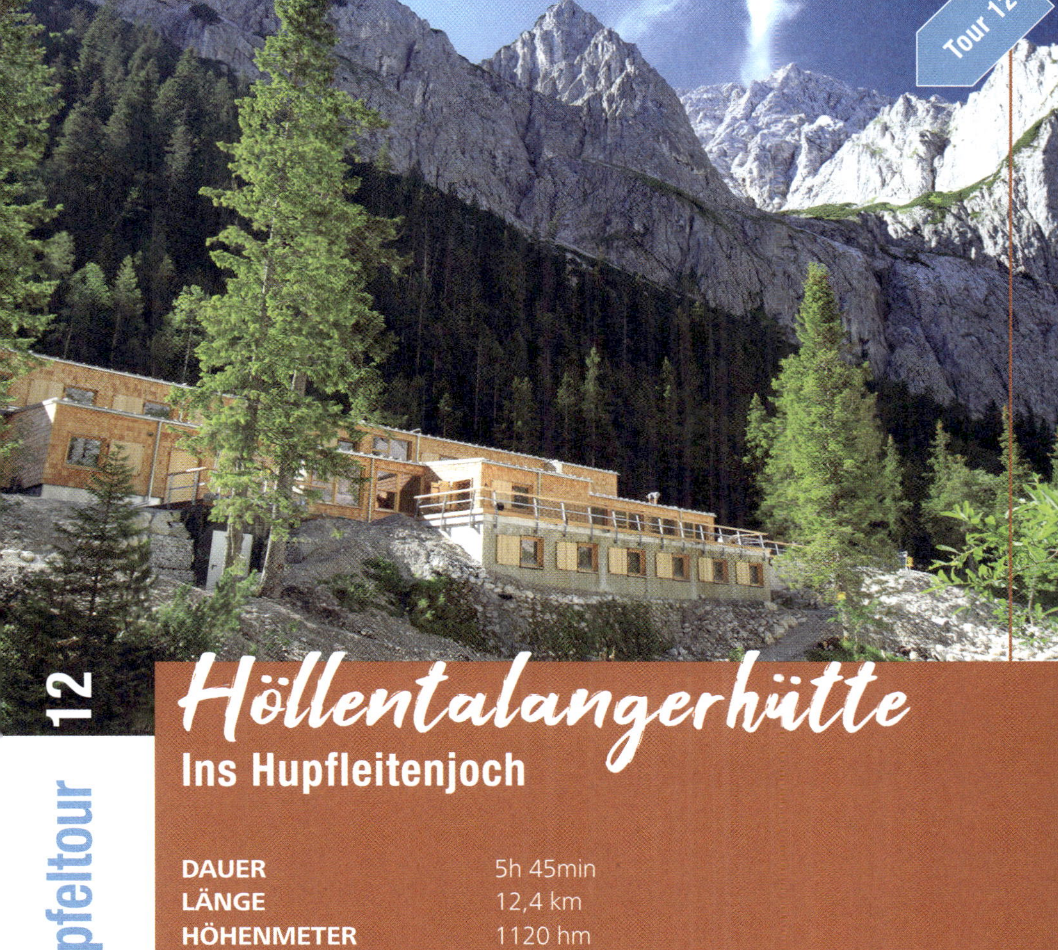

12 Gipfeltour

Höllentalangerhütte

Ins Hupfleitenjoch

DAUER	5h 45min
LÄNGE	12,4 km
HÖHENMETER	1120 hm
SCHWIERIGKEIT	MITTEL
ÜBERNACHTUNG	ja

Das erwartet dich ...

Eine ausgedehnte, aber größtenteils unschwierige Bergtour in einer atemberaubenden landschaftlichen Umgebung. Der Gipfelanstieg auf den Schwarzenkopf und der Knappensteig sind auf ein paar Metern etwas felsig und verlangen Trittsicherheit. Solide Kondition und feste Wanderschuhe sind auch bei Benutzung der Seilbahn Grundvoraussetzungen für diese eindrucksvolle Tour.

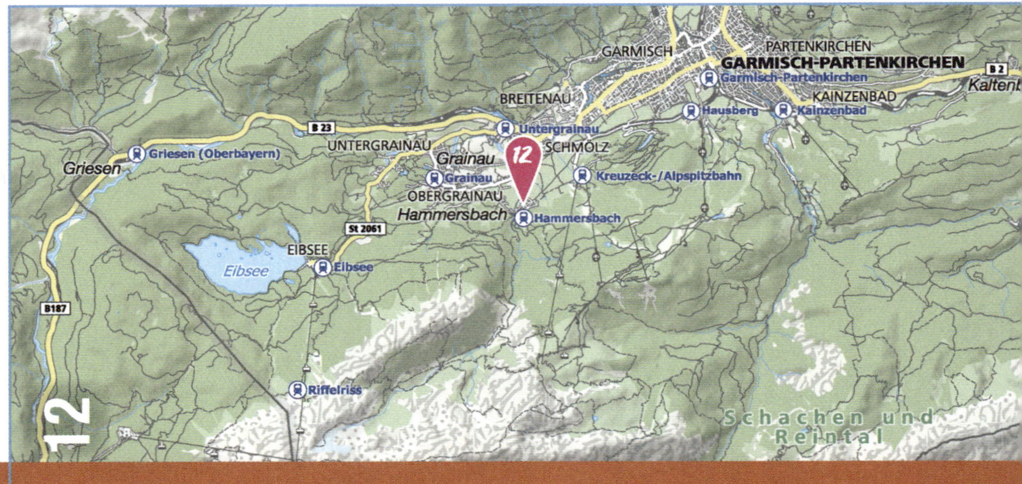

Gipfeltour 12

Start & Ziel & Anreise

Ausgangspunkt und Ziel ist die kleine Ortschaft Hammersbach (Grainau) am Eingang des Höllentals. Rund um die Bahnstation befinden sich mehrere Parkmöglichkeiten. Die Anfahrt mit dem Auto aus Garmisch-Partenkirchen dauert über die B23 und die Zugspitzstraße 10 - 15 Minuten. Mit der Zugspitzbahn dauert die Anfahrt vom Bahnhof Garmisch 12 Minuten.

Tourenbeschreibung

Die lange Rundwanderung kann mit Hilfe der Kreuzeckbahn deutlich verkürzt werden. Glanzlicht ist die Durchwanderung der Höllentalklamm beim Abstieg.

Zuerst gehen wir vom Ort Hammersbach neben dem Hammersbach nach Süden ins Tal hinein und folgen gleich nach links der markierten Route zum Kreuzeck in den Stegerwald. Hinter einem Wiesenhang geht es wieder in den Wald, der Anstiegsweg schwingt sich auf und führt kurz unter einem Kreuz auf einen steilen Fahrweg. Auf ihm gehen wir weiter und biegen beim Brunnen nach rechts in dichten Wald ein. Der folgende, steinige Bergweg schlängelt sich zu einem Fahrweg hinauf, den wir unter der Alpspitzbahn erreichen.

Auf dem Sträßchen rechts halten und zu seinem Ende wandern, dann links auf einen Bergweg abzweigen, der zur Seilbahnstation der Lengenfelderbahn ansteigt und gleich dahinter den breiten Querweg zwischen Kreuzeckhaus und Hochalm erreicht. Diesem folgen wir nach rechts, zweigen rund 100 Meter weiter vorne rechts ab und wandern etwas auf und ab am Hang entlang. Bei der nächsten Verzweigung gehen wir nochmals rechts weiter, sehr gering ansteigend nach Westen, um eine Hangkante herum und nach Süden dahin. Kurz vor der Alpspitzbahn verzweigt sich der Weg wieder. Wir gehen geradeaus und in ausholenden Kehren ins Hupfleitenjoch hinauf.

Aus dem Hupfleitenjoch nach Norden auf schmaler Trittspur weiter, an der Verzweigung rechts und auf felsigem Steig durch Latschen-Krummholz zum Schwarzenkopf hinauf.

Bis zum Hupfleitenjoch steigen wir entlang der Aufstiegsroute ab. Im Joch halten wir uns rechts und gehen auf dem Knappensteig steil und felsig, aber nicht schwierig nach Südwesten hinunter. Ein paar Mal über tiefe Bachreißen und am breiten Weg gibt es immer wieder über längere Etappen ein Drahtseil, welches man normalerweise nicht braucht. Der weitere Rückweg führt an den Knappenhäusern vorbei und schließlich ins Höllental und zur Höllentalangerhütte. Beim Unterkunftshaus drehen wir rechts ab und wandern durch das Höllental hinaus oder wir durchschreiten die eindrucksvolle Höllentalklamm, für die wir bei der Eingangshütte am unteren Ende bezahlen müssen.

Anschließend wandern wir auf gutem Weg in wechselndem Gefälle, später auf grobem Sträßchen durch das Tal nach Hammersbach hinaus.

Hinter dem wilden Mathaisenkar zeigen sich Knappenhaus und Schwarzenkopf

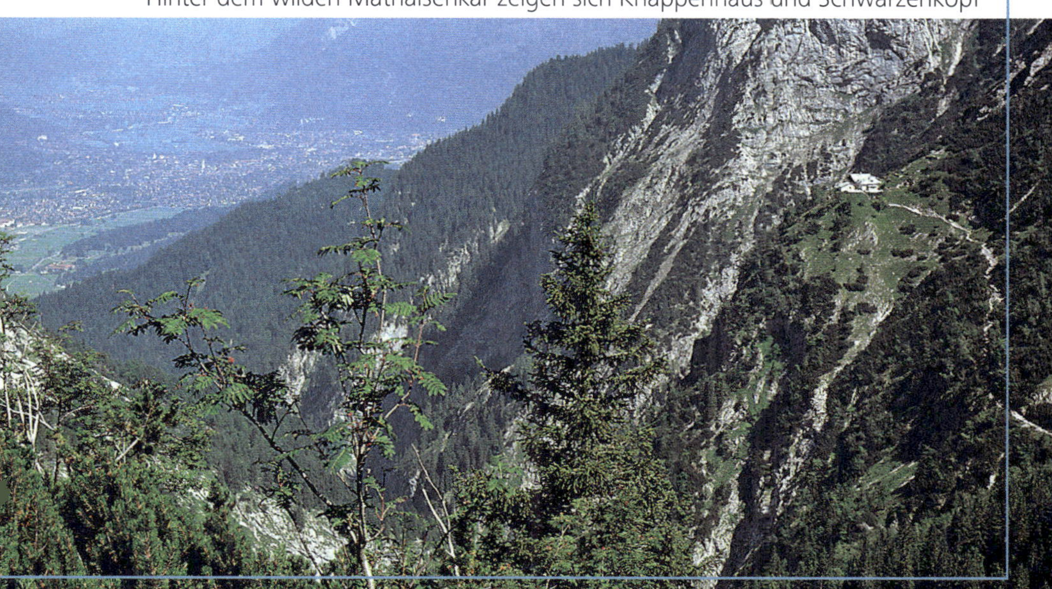

13

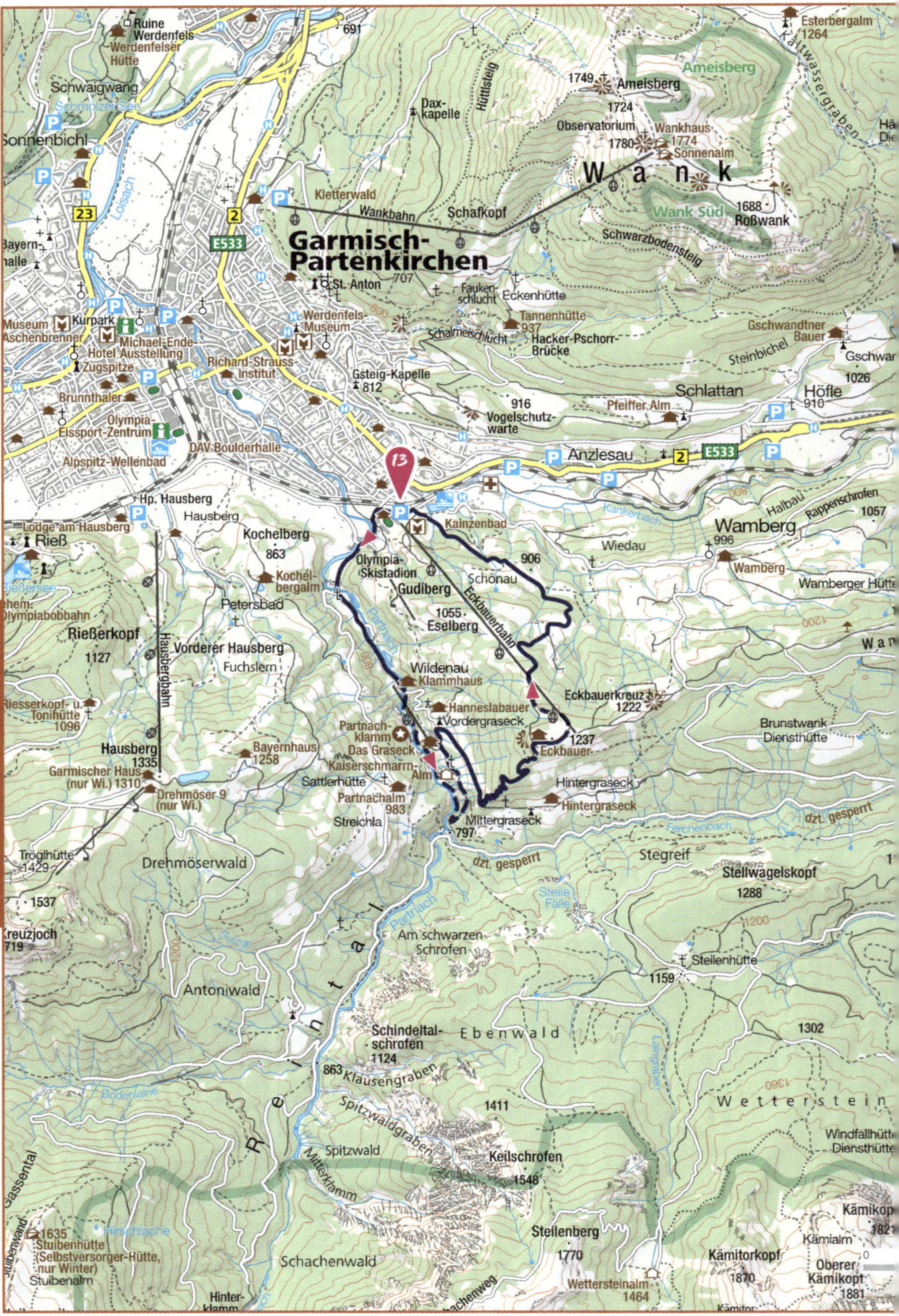

Ruine Werdenfels
Werdenfelser Hütte
691
Esterbergalm 1264
Kaltwassergraben
Schwaigwang
Schmölzer See
Sonnenbichl
Dax-kapelle
Hüttlsteig
1749 Ameisberg
Ameisberg
1724
Observatorium
1780
Wankhaus 1774
Sonnenalm
W a n k
Loisach
23
2
Kletterwald
Wankbahn
Schafkopf
Wank Süd
1688 Roßwank
Bayern-halle
E533
Garmisch-Partenkirchen
St. Anton 707
Schwarzbodensteig
Fauken-schlucht
Eckenhütte
Museum Aschenbrenner
Kurpark
Werdenfels-Museum
Tannenhütte 937
Gschwandtner Bauer
Michael-Ende-
Hotel Ausstellung
Zugspitze
Schalmeischlucht
Hacker-Pschorr-Brücke
Steinbichel
Gschwandt
Richard-Strauss-Institut
Gsteig-Kapelle 812
1026
Brunnthaler
Schlattan
Höfle 910
916
Vogelschutz-warte
Pfeiffer Alm
Olympia-Eissport-Zentrum
DAV Boulderhalle
Alpspitz-Wellenbad
Anzlesau
2
E533
Hp. Hausberg
Hausberg
Lodge am Hausberg
Rieß
Kainzenbad
Kankerbach
Halbau
Rappenschrofen
1057
Wamberg 996
Kochelberg 863
Olympia-Skistadion
906
Wiedau
Wamberg
Rießersee
ehem. Olympiabobbahn
Kochel-bergalm
Gudiberg
Schönau
Wamberger Hütte
Petersbad
Eckbauerbahn
Rießerkopf
1055 Eselberg
Hausbergbahn
1127
Vorderer Hausberg
Fuchslern
Partnach
Wildenau
Klammhaus
Eckbauerkreuz 1222
Riesserkopf- u. Tonihütte 1096
Hanneslabauer
Vordergraseck
Brunstwank Diensthütte
Partnach-klamm
Das Graseck
1237
Hausberg 1335
Bayernhaus 1258
Eckbauer
Garmischer Haus (nur Wi.) 1310
Kaiserschmarrn-Alm
Hintergraseck
Sattlerhütte
Drehmöser 9 (nur Wi.)
Partnachalm 983
Hintergraseck
Streichla
Mittergraseck
797
Ferchenbach
dzt. gesperrt
Tröglhütte 1429
Drehmöserwald
dzt. gesperrt
Stegreif
Stellwagelskopf 1288
1537
Steile Fälle
Kreuzjoch 1719
Am schwarzen Schrofen
Partnach
Steilenhütte
1159
Antoniwald
R e i n t a l
Schindeltal-schrofen 1124
E b e n w a l d
1302
863
Klausengraben
Laingraben
1411
Bodenlaine
W e t t e r s t e i n
Spitzwaldgraben
Spitzwald
Keilschrofen 1548
Windfallhütte Diensthütte
Gassental
Mitterklamm
Kämikopf 1821
1635 Stuibenhütte (Selbstversorger-Hütte, nur Winter)
Hirschlache
Steilenberg 1770
Kämialm
Stuibenalm
Schachenwald
Kämitorkopf 1870
Oberer Kämikopf 1881
Hinter-klamm
Schachenweg
Wettersteinalm 1464

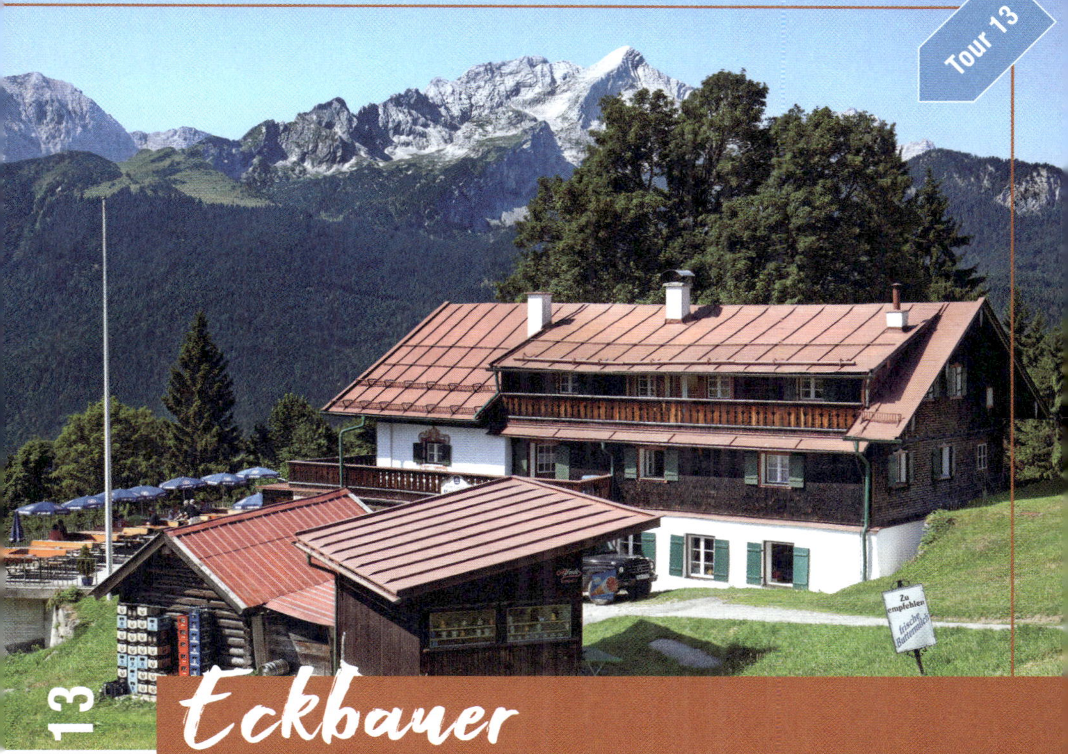

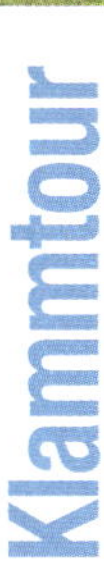

Eckbauer

Durch die Partnachklamm auf einen kleinen Gipfel

DAUER	2h 45min
LÄNGE	9,7 km
HÖHENMETER	550 hm
SCHWIERIGKEIT	LEICHT
ÜBERNACHTUNG	ja

Das erwartet dich ...

Eine leichte und dennoch vielseitige Bergwanderung mit einem relativ steilen Abstieg. Wir durchwandern eine Landschaft mit spannendem Nebeneinander von touristischem Halligalli und ursprünglich-wilder Natur. Es geht auf gut ausgebauten Wanderwegen voran, in der feuchten und kühlen Partnachklamm kann es stellenweise rutschig zugehen.

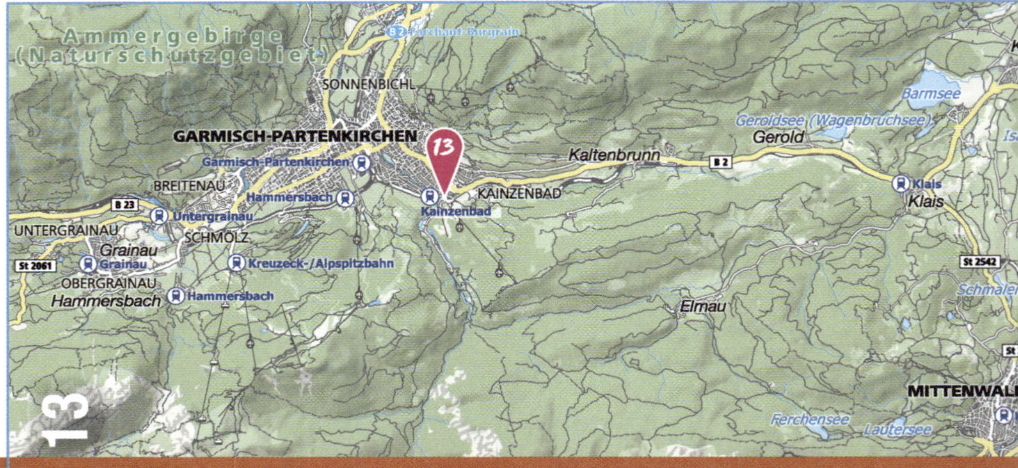

Start & Ziel & Anreise

Startpunkt und Ziel sind die Parkplätze an der Talstation der Eckbauer-Bahn in Garmisch-Partenkirchen. Die Anfahrt mit PKW aus dem Raum München erfolgt über die A95/B2 nach Garmisch und durch die Ortsmitte Richtung Olympia Skistadion. Die Anreise mit Öffis erfolgt per Regionalexpress nach Garmisch-Partenkirchen Bahnhof und von dort mit der Buslinie 2 Richtung Klinikum oder in knapp 20 Minuten zu Fuß zur Eckbauer Bahn.

Tourenbeschreibung

Hier kommen ein spannender Klammweg und eine beschauliche Bergwanderung im Zweierpack. Die Partnachklamm bietet ein gigantisches Naturschauspiel, das man gesehen haben muss. Der Weiterweg zum Eckbauer ist eher gemütlich, und auf der Terrasse des Wirtshauses wird man mit einer deftigen Brotzeit und einem großartigen Blick ins Zugspitzmassiv verwöhnt. Wer sich den Abstieg am steilen Fahrweg nicht antun will, kann mit der Seilbahn runtergondeln.

Vom olympischen Skistadion gehen wir knapp 2 Kilometer lang neben der Partnach auf der Wildenauer Straße nach Süden, kommen an der Lenz'nhütte und dem Kraftwerk vorbei und zur Wirtschaft Partnachklamm in Wildenau. Dahinter führt ein breiter Weg zum Klammeingang. Dort entrichtet man einen Obolus und folgt dem eindrucksvollen Steig durch die tosende Klamm. Nach vielen, niedrigen Tunneldurchgängen wird es am Klammausgang plötzlich ziemlich ruhig, und ein breiter Weg führt neben der Partnach nach Süden weiter. Bei der Verzweigung wählen wir den oberen Weg und biegen nach links auf einen schönen Wanderweg ab. In vielen Kehren kommen wir nun durch lichten Laubwald nach Nordwesten zur Almwirtschaft Wetterstein und weiter zum riesigen Gastronomiekomplex mit der Bezeichnung „Forsthaus Graseck". Dort biegen wir rechts ab und gelangen über die freien Mahdwiesen des Grasecks hinauf und in den Wald hinein, um an beschilderter Stelle links abzubiegen. Anschließend folgen wir einer schönen Promenade in unzähligen Kehren über einen Waldrücken gegen Nordosten hinauf, bis schließlich das Wirtshaus Eckbauer erreicht ist. Neben dem Wirtshaus befindet sich eine urige Hütte, die als Ferienwohnung gebucht werden kann – allerdings nicht für eine Nacht, sondern nur für mindestens zwei. Weitere Infos unter eckbauer.de/ferienhuettn.

Vom Wirtshaus Eckbauer führt ein kurzer Wiesenpfad zur Privathütte am höchsten Punkt der Rundtour. Von dort gehen wir hinüber zur Bergstation der Eckbauerbahn. Anschließend wandern wir auf schmalem Fahrweg, anfangs in Seilbahnnähe, später östlich davon durch Wald und über weite Wiesen, zwischendurch enorm steil, zum Trialpark und zum Ausgangspunkt zurück.

Variante: Eine besonders schöne, aber etwas weitere Abstiegsvariante führt vom Eckbauer nach Nordosten über einen aussichtsreichen Rücken und dann auf einem Fahrweg nach Norden in das höchste deutsche Dorf Wamberg. Von diesem malerischen Bergdorf mit der sehenswerten Annakirche folgen wir schmalen und steilen Fahrwegen zum Ausgangspunkt zurück.

Am Graseck verläuft der Anstieg zum Eckbauer

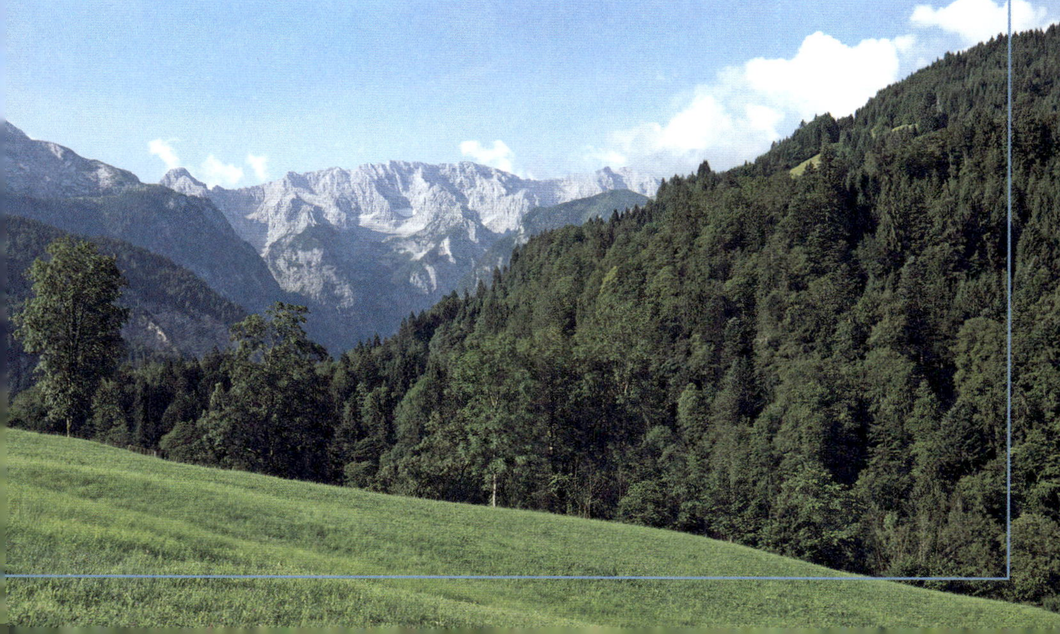

14

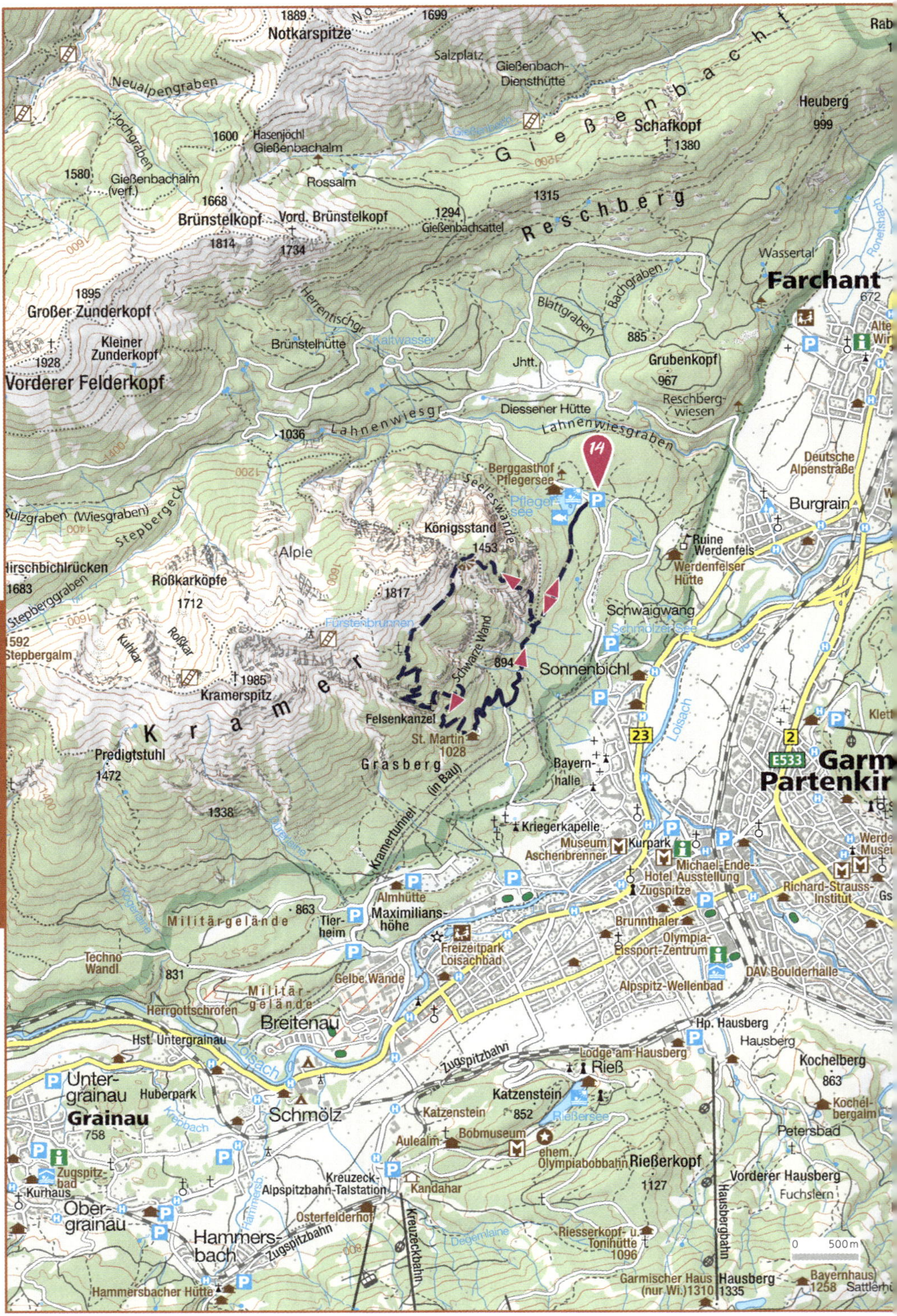

Notkarspitze 1889
1699
Salzplatz
Gießenbach-Diensthütte
Neualpengraben
Jochgraben
Hasenjöchl Gießenbachalm 1600
Gießenbach
Schafkopf 1380
Heuberg 999
1580 Gießenbachalm (verf.)
Rossalm
1668
Brünstelkopf 1814
Vord. Brünstelkopf 1734
1294 Gießenbachsattel
1315
Reschberg
Wassertal
Farchant 672
Großer Zunderkopf 1895
Kleiner Zunderkopf
1928
Vorderer Felderkopf
Herrentischgr.
Brünstelhütte
Kaltwasser
Blattgraben
Bachgraben
885
Jhtt.
Grubenkopf 967
Reschberg-wiesen
Diessener Hütte
1036
Lahnenwiesgr.
Lahnenwiesgraben
Berggasthof Pflegersee
Pflegersee
Deutsche Alpenstraße
Burgrain
Sulzgraben (Wiesgraben)
Stepbergeck
Seeleswände
Königsstand 1453
Alple
Ruine Werdenfels
Werdenfelser Hütte
Hirschbichlrücken 1683
Stepberggraben
Roßkarköpfe 1712
1817
Schwaigwang
Schmölzer See
Fürstenbrunnen
1592 Stepbergalm
Kuhkar
Roßkar
Schwarze Wand
894
Sonnenbichl
Kramer
Kramerspitz 1985
Felsenkanzel
St. Martin 1028
23
2
E533
Garmisch-Partenkirchen
Loisach
Predigtstuhl 1472
Grasberg
(in Bau)
Bayernhalle
1338
Kramertunnel
Kriegerkapelle
Museum Aschenbrenner
Kurpark
Michael-Ende-Kurpark
Hotel Ausstellung
Zugspitze
Richard-Strauss-Institut
Werdenfels Museum
Almhütte
863
Militärgelände
Tierheim
Maximilianshöhe
Brunnthaler
Olympia-Eissport-Zentrum
Freizeitpark Loisachbad
Techno Wandl
831
Gelbe Wände
DAV Boulderhalle
Alpspitz-Wellenbad
Militärgelände
Herrgottschrofen
Breitenau
Hp. Hausberg
Hausberg
Hst. Untergrainau
Lodge am Hausberg
Rieß
Kochelberg 863
Untergrainau
Huberpark
Zugspitzbahn
Katzenstein
Grainau 758
Schmölz
Katzenstein 852
Rießersee
Kochelbergalm
Petersbad
Aulealm
Bobmuseum
ehem. Olympiabobbahn
Rießerkopf 1127
Zugspitzbad
Kurhaus
Kreuzeck-Alpspitzbahn-Talstation
Kandahar
Vorderer Hausberg
Fuchslern
Obergrainau
Osterfelderhof
Kreuzeckbahn
Hausbergbahn
Hammersbach
Zugspitzbahn
Degernlaine
Riesserkopf- u. Tonihütte 1096
0 500 m
Hammersbacher Hütte
Garmischer Haus (nur Wi.) 1310
Hausberg 1335
Bayernhaus 1258
Sattlerhütte

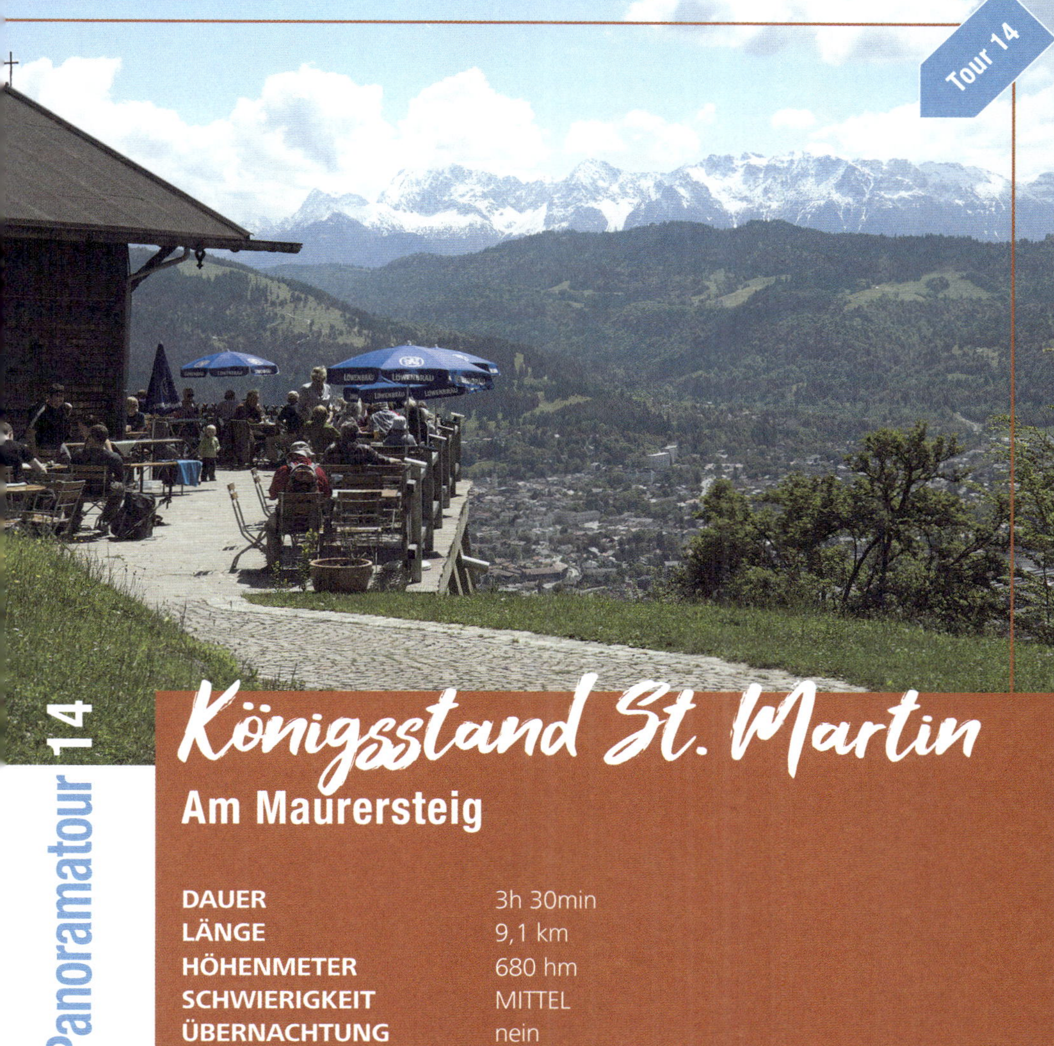

Tour 14

Panoramatour 14

Königsstand St. Martin

Am Maurersteig

DAUER	3h 30min
LÄNGE	9,1 km
HÖHENMETER	680 hm
SCHWIERIGKEIT	MITTEL
ÜBERNACHTUNG	nein

Das erwartet dich ...

Eine kurze und knackige Bergwanderung in der schönen Voralpenlandschaft der Ammergauer Alpen. Für den Aufstieg auf dem luftigen Maurersteig braucht man Trittsicherheit und etwas Schwindelfreiheit. Keinesfalls darf man dort aufsteigen, wenn Schnee liegt. Die restliche Rundwanderung ist sehr einfach.

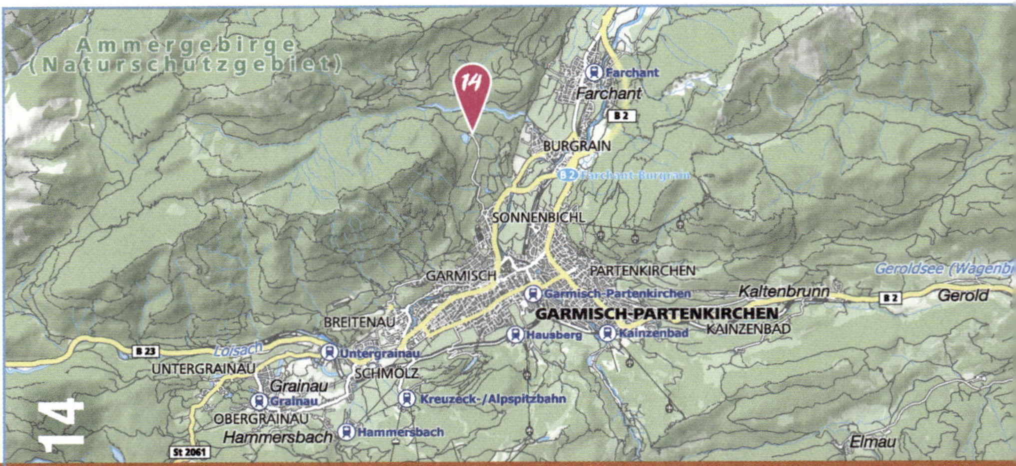

Start & Ziel & Anreise

Ausgangspunkt und Ziel ist der Wanderparkplatz am Pflegersee, etwa anderthalb Kilometer nordwestlich von Garmisch-Partenkirchen. Die Auto-Anfahrt aus dem Raum München erfolgt auf der E533 und der B23 nach Sonnenbichl, einem Ortsteil von Garmisch. Von hier geht es rechts auf der Pflegerseestraße zum Parkplatz hinauf. Die Anreise mit Öffis ist nur über lange Zuwege möglich.

Tourenbeschreibung

Ein ungewöhnlicher, aber sehr aussichtsreicher und spannender Aufstieg auf dem Maurersteig, ein gemütlicher Rastplatz auf einem schönen Aussichtspunkt und ein langer, wenig aufregender Abstieg auf dem Kramersteig kennzeichnen diese schöne Rundwanderung.

Zuerst folgen wir der breiten Promenade des Kellerleitensteigs vom Pflegersee durch den Wald nach Süden, bis unmittelbar vor einem Bachsteg nach rechts der unbezeichnete Maurersteig abzweigt. Auf ihm gehen wir in Kehren durch den Wald hinauf und erreichen gut 100 Höhenmeter weiter eine Grotte, in der eine frische Quelle entspringt. Bald darauf wird der Weg ziemlich steil und schlängelt sich bis kurz vor einen markanten Felsenüberhang, ehe er rechts abdreht und weiterhin steil zwischen der Schwarzen Wand und den Seleswänden nach Nordwesten ansteigt. Auf ein paar Meter können wir sogar eine Seilsicherung in Anspruch nehmen, und dann flacht der Anstieg spürbar ab. Er steigt nun in lichtem, aussichtsreichem Kiefernwald an.

Unmittelbar vor dem bewaldeten, wenig markanten Gipfel des Königsstands zweigt nach rechts eine Wegspur ab, die nach ein paar Metern zu einem schönen Rastplatz auf einer prächtigen Aussichtskanzel (Königsstand) führt. Dort ist das Ziel der Tour erreicht, denn der Weiterweg zum höchsten Punkt, der nur ein paar Meter höher, aber mitten im Wald liegt, lohnt sich nicht.

Vom Königsstand gehen wir auf einem Bergpfad nach Westen weiter und folgen dem Wegweiser nach Garmisch. Dabei geht es durch einen Linksbogen und hinter einem Flachstück etwas bergauf. Dann folgt man dem schönen Weg ein längeres Stück eben dahin, bis der Kramersteig erreicht wird. Auf ihn schräg links einbiegen und zur Felsenkanzel hinab.

Anschließend folgen wir dem breiten Bergweg weiter, bis er knapp über der Bergwirtschaft St. Martin am Grasberg auf einen Fahrweg stößt. Auf ihm gehen wir nach links und biegen etwa 100 Meter weiter vorne wieder links auf ein schmales Sträßchen ein.

Nun wandern wir in Kehren relativ steil nach Norden hinunter und zweigen an beschilderter Stelle links auf den Kellerleitensteig ab, der nach Norden wieder zum Pflegersee hinausführt.

Der Königsstand über dem Pflegersee

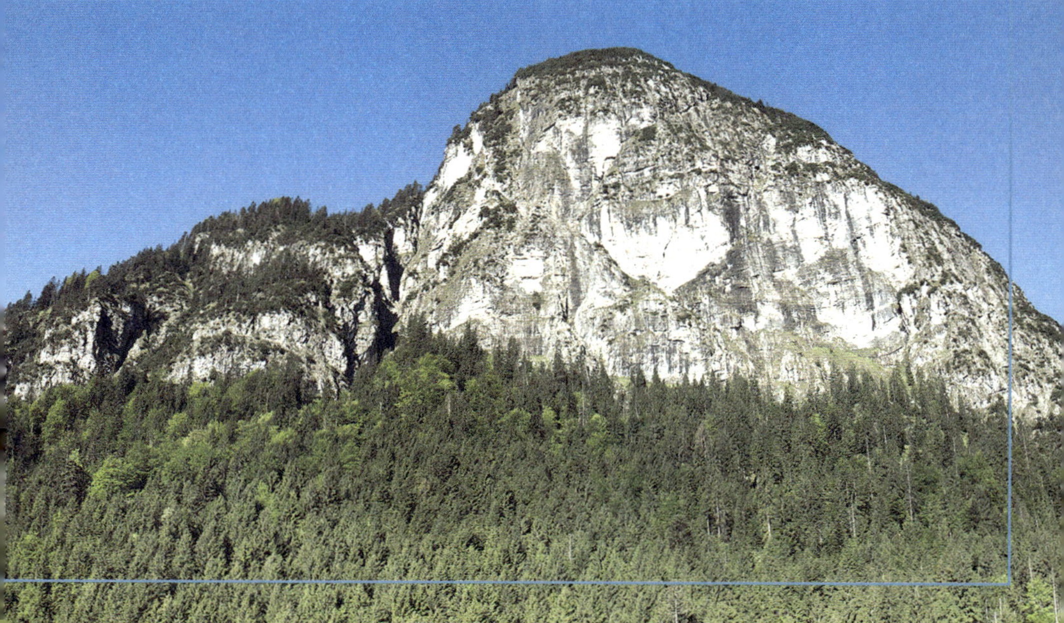

23
1396
Hochschergen
Hinterschergen
1307
Scherenau
Stieralm
Jhtt.
Kappel
Kappelkirche
Grafenkreut
Ammergaubahn
Ammer
Kappel-Laine
905
985
Markmoos
Soielegraben
Duftgraben
Bauernhof Buchwieser
Kleiner Wachsbichel
1240
Waldalpe Jhtt.
Enge Laine
Roterbichl
Grünbichel
1030
Scherenauer Laine
Sickermoosgraben
Rabenmoos
Unterammergau
836
Biotop "Altes Bad"
1316
Mittlerer Wachsbichel
Köpfel
1196
Seekapelle
Wetzsteinmuseum
Schleifmühle
Steckenbergalm
NSG Pulvermoos
Berggasthaus Romanshöhe
Bergengraben
Krügelmoos
Schartenkapelle
Zeil (Wetzstein-) Brüche
Geo-top
Steckenberg Erlebnisberg
Burgbichl
Schartenköpfel
1370
Schleifmühlenklamm
Heiglesberg
Wachsbichel
1364
Oberammer
Bremeneckgraben
1410
Rosengarten
1423
Steckenbergkreuz
Passionsthea
Bremeneck
Kasten
Hotel Alte
Oberammergau-Mus.
Hengstwald-Diensthütte
Kühalpe Jagdhaus
Kühalpbach
Steckenberg
873
Wankalm
Knableiten
Kolben-Sesselbahn
Alpine Coaster
Reptilienhaus
Parkhotel Sonnenhof
Kurztalgraben
Auf dem Stein
Bergwachthütte
Kolbensattelhütte
1276
Kolbenb.
Kreuzigungs-gruppe
Nebelalpe
Nur für Geübte!
Langenthalalm
NaturZeit Kletterwald
Jhtt.
Kolbenalm
Sportzentrum
Bergspielplatz
1755
Teufelstättkopf
1758
1758
Bergwachthtt.
Josefskapelle
Kofel
1342
Dötte
Laubeneck
Latschenkopf
Am Zahn
Sonnenberg
Hinterer-
Kälberalpe
1564
August-Schuster-Haus (Pürschlinghaus)
1556
1622
1615
1611
1529
1389
Rappenkopf
1408
Frauenwasser
Sonnenberggrat
Brunnberg
Vorderer-
Pürschling
1566
Sölleswand
Jhtt.
Hohe Wand
Falkenwand
Dickenwald
Kohlbach
854
Rahm
Kleine Ammerquelle
1016
Rauhbühel
941
Gröblalm
FeWo Moser
Graswang
866
845
Rottenbruch
St. Gertrudiskapelle
Dickelschwaig
Große Ammerquelle
Linder
Schattenwald-Diensthütte
Am-Brand
Höllgraben
Elmaubach
852
958
Grosskargraben
Mühlw
Karlegraben
Stürz-Diensthütte
Schattenwald
1342
Elmau-grieß
Dreierköpfel
Mittageck-A.
Schattenwaldkar
Sesselgraben
Notkar
1889
Notkarspitze
Mittageck
1855
Enningmoos
Neualpengraben
Kieneckgraben
Kieneckspitz
1943
Alplegraben
Jochgraben
1600
Hasenjöchl
Gießenbachalm
Elmauwald
Kuhalm
Gießenbachalm
0
500 m

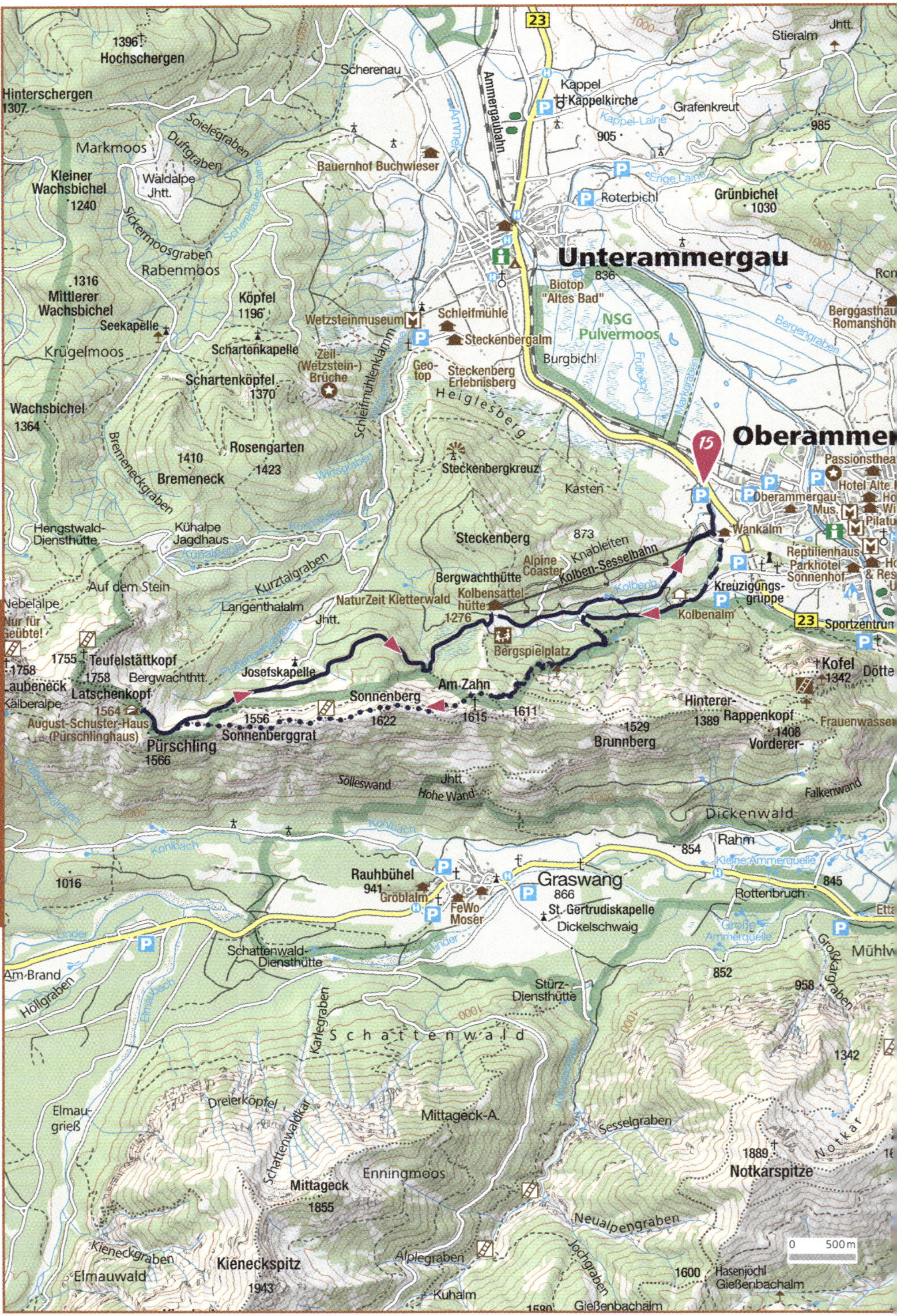

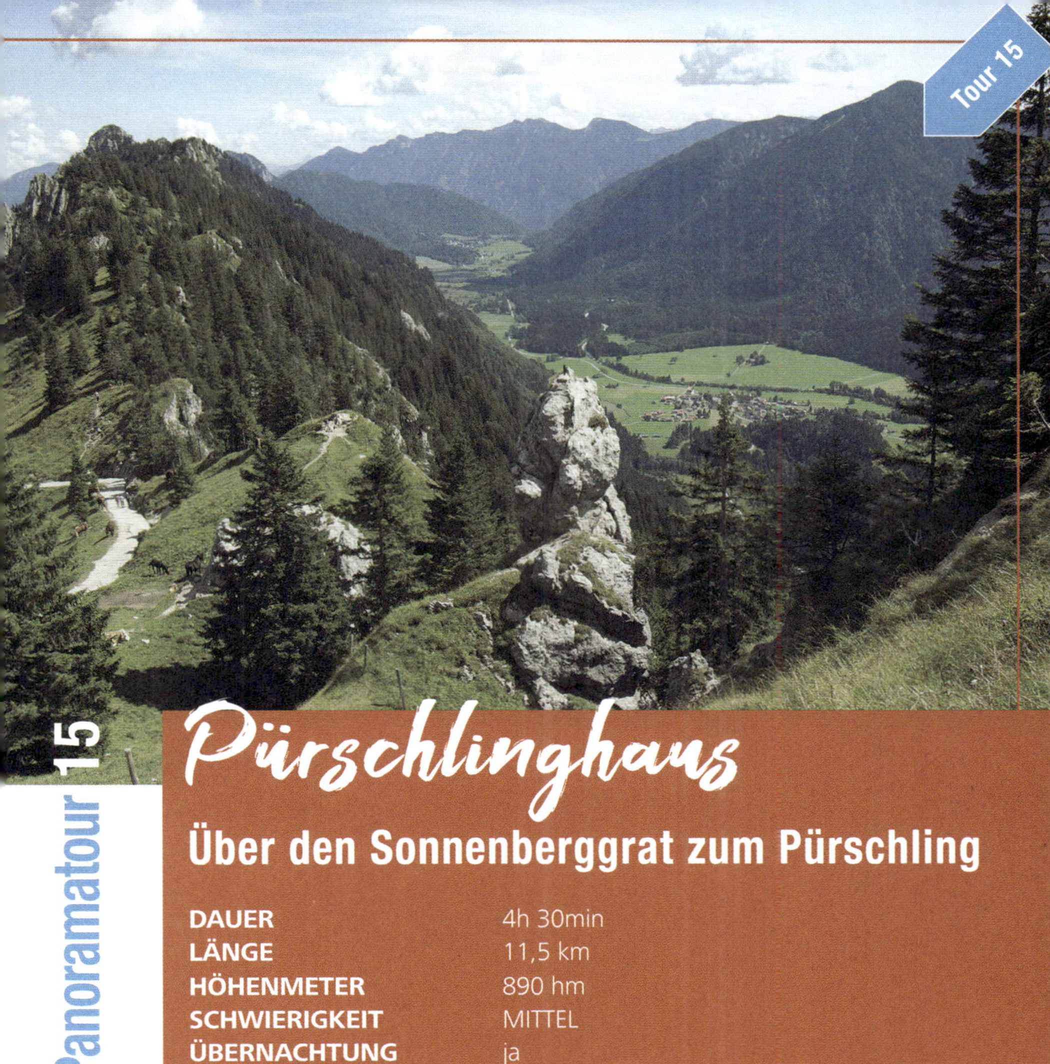

Panoramatour 15

Pürschlinghaus

Über den Sonnenberggrat zum Pürschling

DAUER	4h 30min
LÄNGE	11,5 km
HÖHENMETER	890 hm
SCHWIERIGKEIT	MITTEL
ÜBERNACHTUNG	ja

Das erwartet dich ...

Eine spannende Wald- und Bergtour in den schönen Ammergauer Alpen. Im Auf- und Abstieg geht es überwiegend auf gut ausgebauten Forst- und Wanderwegen voran. Weiter oben am aussichtsreichen Grat verlangt die relativ lange Wanderung neben solider Grundkondition auch etwas Trittsicherheit und Schwindelfreiheit.

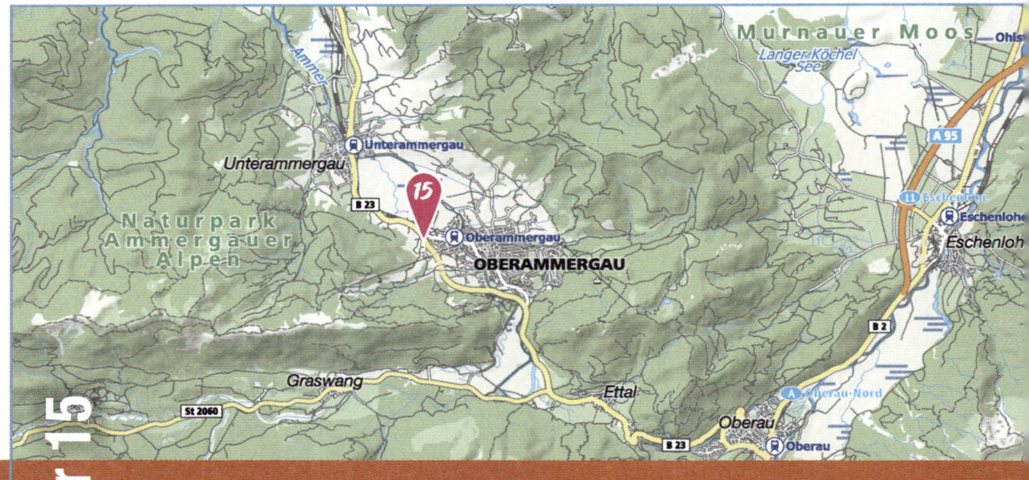

Panoramatour 15

Start & Ziel & Anreise

Startpunkt und Endpunkt der Tour ist die Talstation des Kolbenlifts in Oberammergau. Mehere Parkmöglichkeiten und gebührenpflichtige Parkplätze sind vorhanden. Anfahrt mit PKW aus dem Raum München erfolgt über die A95 nach Oberau und von dort auf der B23 via Ettal nach Oberammergau. Die Öffi-Anreise erfolgt am schnellsten mit der Regionalbahn von Murnau aus (etwa 15 Min. Fußweg vom Bahnhof zur Kolbensesselbahn).

Tourenbeschreibung

Am Pürschling und am Pürschlinghaus sieht man bisweilen konditionsstarke Eltern mit Kinderwägen vom Kolbensattel heraufkommen, um ihre Sprösslinge erstmals mit der Bergwelt vertraut zu machen. Noch etwas spannender geht es auf der hier vorgestellten Route über den langen Sonnenberggrat zu. Sie geizt nicht mit eindrucksvollen Ausblicken und Anforderungen an die Bergwanderer.

Die Tour beginnt bei der Talstation der Kolbenbahn. Von dort folgen wir einem Fahrweg zur Bachbrücke, gehen bei ihr geradeaus weiter und auf schönem Wanderweg durch schattigen Wald zum Fahrweg. Auf ihm rechts halten und bis zur Kolbenalm hinauf.

Von der Bergwirtschaft geht es im Mischwald auf dem Sträßchen gegen Südwesten hinauf, bis nach links ein beschilderter Wanderweg Richtung Kofel und

Pürschling abzweigt. Schon nach weniger als fünf Minuten müssen wir rechts auf einen deutlich schmaleren Weg einbiegen und in Kehren durch den Hochwald zur Wegverzweigung gleich hinter einem Unterstand, wo man sich rechts hält. Bei der nächsten Abzweigung halten wir uns links. Zügig schwingt sich das Weglein auf, stößt in eine freie Lichtung, auf deren linker Seite es weiter ansteigt. Weiter oben schwenkt es nach rechts und flacht ab. Von dort kann man einen Abstecher nach links zum Zahn hinauf riskieren. Allerdings ist dieser Anstieg anfangs kaum zu finden und der Gipfelfelsen selber wird nicht bestiegen. Vom Zahn wieder heruntergekommen, gehen wir unter der Grathöhe gegen Westen dahin, bis nach links ein kurzer Stich zum Gipfel des Sonnenbergs abzweigt. Auf ihm ziehen wir ziemlich steil zum Kreuz hinauf.

Bis zum Querweg geht es entlang der Aufstiegsroute zurück, dann aber halten wir uns links und gehen gegen Westen weiter. Einige Stellen sind etwas anspruchsvoller und ein wenig ausgesetzt, aber nicht schwierig. Ein paar Mal gibt es sogar ein Drahtseil, bis der Bergpfad links über die Gratschneide führt.

Auf der Südseite des Sonnenberggrates geht es nun im ausgesprochen steil abfallenden Hang auf sehr schmaler Trittspur weiter, bis der Pfad wieder auf die Nordseite des Grates schwenkt und schön gemütlich zum viel begangenen Fahrweg abfällt. Nun kurz auf der Fahrstraße hinauf, dann links abbiegen und steil zum Gipfelfelsen des Pürschlings.

Von dort wieder zur Straße hinab und in wenigen Minuten zur Einkehr ins Pürschlinghaus. Von ihm nun gegen Südosten, später nach Nordosten auf einem Sträßchen hinunter, bis nach rechts an beschilderter Stelle der Kofelsteig abzweigt. Ihm folgen wir ziemlich lang und eben bis zur Lichtung kurz vor dem Kolbensattel. Dort verlassen wir die markierten und beschilderten Wege und Straßen und gehen auf der Skipiste bis zur Talstation zurück.

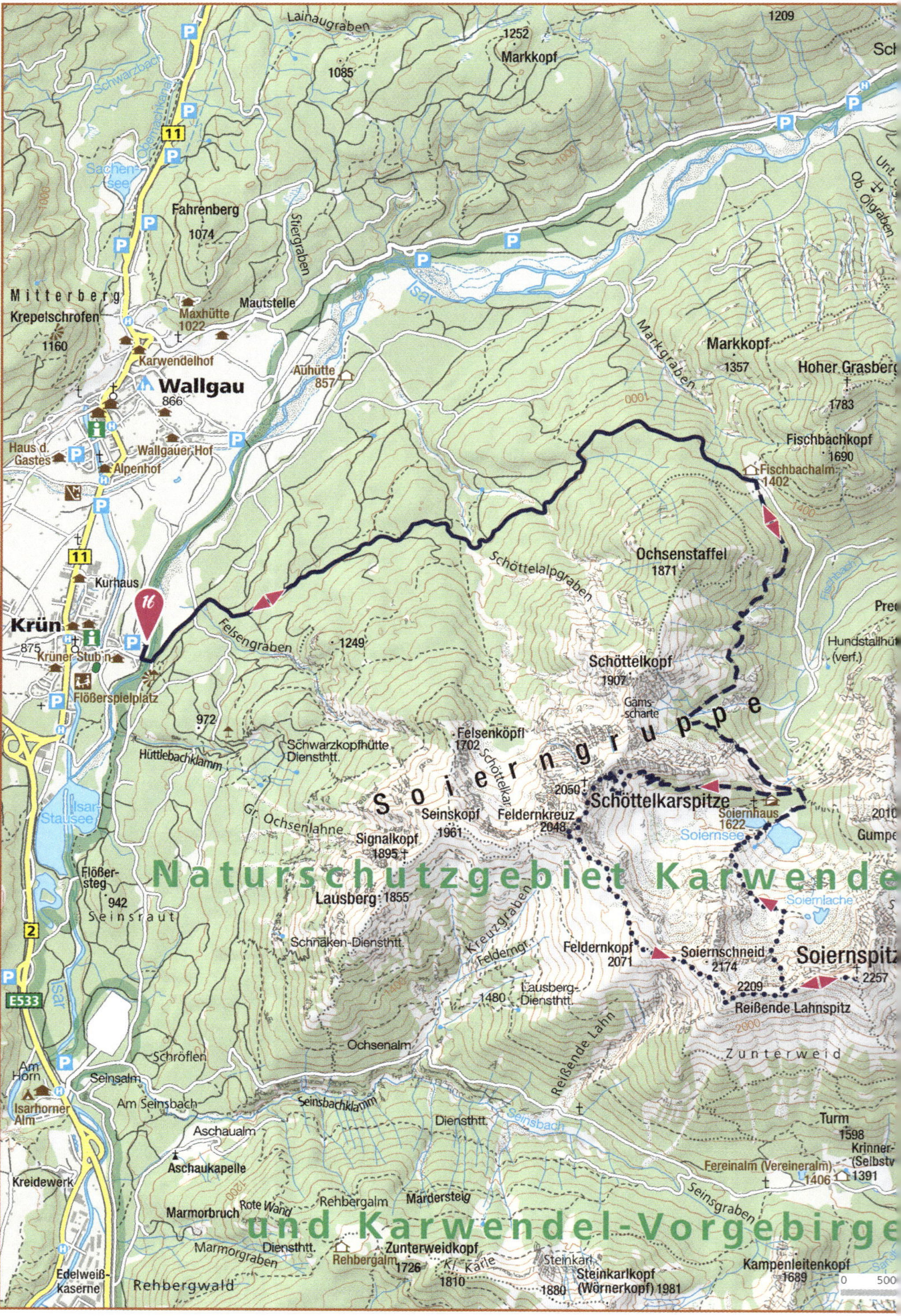

16

Lainaugraben
1252
Markkopf
1085
1209
Schwarzbach
11
Sachensee
Fahrenberg
1074
Stiergraben
Isar
Mitterberg
Krepelschrofen
1160
Maxhütte
1022
Mautstelle
Karwendelhof
Wallgau
866
Aühütte
857
Markgraben
Markkopf
1357
Hoher Grasberg
1783
Haus d. Gastes
Wallgauer Hof
Alpenhof
Fischbachkopf
1690
Fischbachalm
1402
Ochsenstaffel
1871
Schöttelalpgraben
Kurhaus
Krün
875
Krüner Stub'n
Flößerspielplatz
Felsengraben
1249
Fischbach
Hundstallhütte (verf.)
Schöttelkopf
1907
Gamsscharte
972
Felsenköpfl
1702
Schwarzkopfhütte Diensthtt.
Hüttlebachklamm
Soierngruppe
Schöttelkar
2050
Schöttelkarspitze
Soiernhaus
1622
Seinskopf
1961
Feldernkreuz
2048
Soiernsee
Gr. Ochsenlahne
Signalkopf
1895
Isar-Stausee
Naturschutzgebiet Karwendel
Flößersteg
942
Seinsraut
Lausberg
1855
Soiernlache
Kreuzgraben
Schnaken-Diensthtt.
Feldernkopf
2071
Soiernschneid
2174
Soiernspitze
2257
Feldergr.
2209
1480
Lausberg-Diensthtt.
Reißende Lahnspitz
2
E533
Reißende Lahn
Zunterweid
Ochsenalm
Schröflen
Am Horn
Seinsalm
Isarhorner Alm
Am Seinsbach
Seinsbachklamm
Diensthtt.
Seinsbach
Turm
1598
Krinner-(Selbstv
Aschaualm
Aschaukapelle
Fereinalm (Vereineralm)
1406
1391
Kreidewerk
Seinsgraben
Marmorbruch
Rote Wand
Rehbergalm
Mardersteig
und Karwendel-Vorgebirge
Marmorgraben
Diensthtt.
Rehbergalm
Zunterweidkopf
1726
Kl. Karle
Steinkarl
Steinkarlkopf (Wörnerkopf) 1981
Kampenleitenkopf
1689
Edelweiß-kaserne
Rehbergwald
1810
1880
0
500

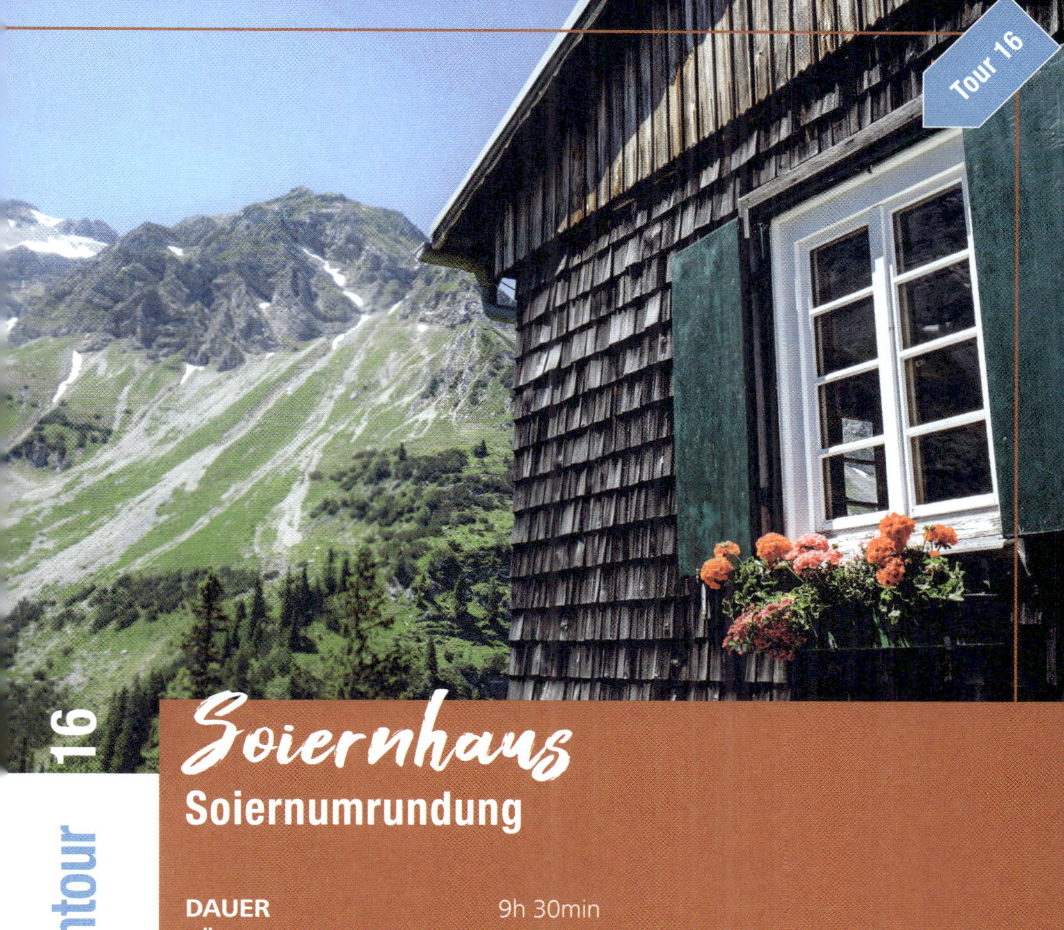

16 Alpintour

Soiernhaus

Soiernumrundung

DAUER	9h 30min
LÄNGE	28,7 km
HÖHENMETER	1650 hm
SCHWIERIGKEIT	SCHWER
ÜBERNACHTUNG	ja

Das erwartet dich ...

Eine großartige und, sofern als Tagestour durchgeführt, sehr lange Bergtour mit Überschreitung mehrerer aussichtsreicher Gipfel. Bei Übernachtung im Soiernhaus kann der Marathon etwas portioniert werden. Am Lakaiensteig, in den Geröllfeldern des Soiernkessels und auf der Überschreitung zwischen Schöttelkarspitze und Feldernkreuz ist etwas Trittsicherheit gefragt. Ansonsten ist diese facettenreiche Tour technisch unschwierig.

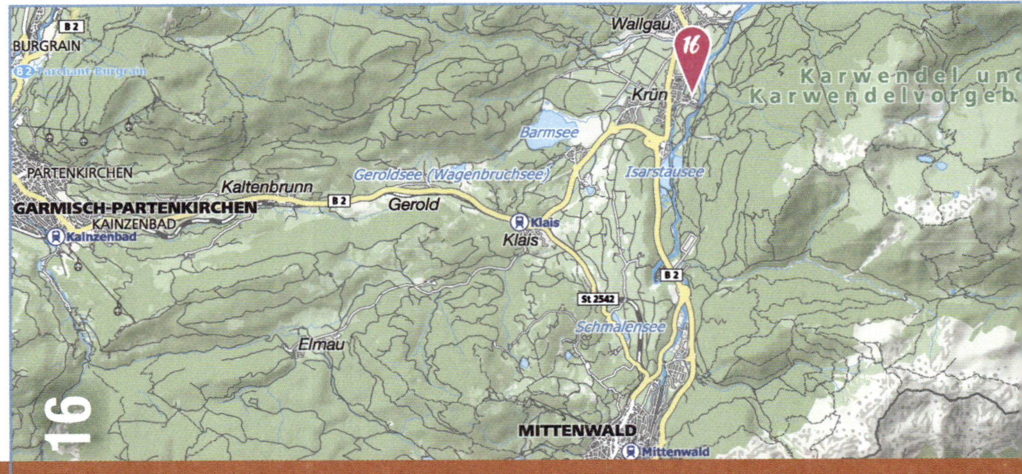

Alpintour 16

Start & Ziel & Anreise

Ausgangspunkt und Ziel ist der Wanderparkplatz in Krün, nahe der Isarbrücke. Die Anfahrt mit dem Auto von München aus erfolgt via Wolfratshausen über die B 11 oder auf der A95 und der B 2 via Garmisch Partenkirchen. Die nächste Bushaltestelle befindet sich etwa 600 m entfernt in der Hauptstraße (Walchenseestraße). Dort verkehrt die Linie 9608 Kochel – Garmisch.

Tourenbeschreibung

Die Soiernspitze, ein Aussichtsgipfel, der eine Karwendelschau par excellence bietet, liegt etwas ungünstig für den Wanderer. Vor dem eigentlichen Anstieg muss man erstmal die lange Fischbachstraße überwinden. Wer dafür ein Fahrrad nehmen kann, ist natürlich fein heraus. Wer zu Fuß geht, wird die Tour an einem Tag kaum schaffen und sollte im Soiernhaus übernachten. Die angegebene Zeit bezieht sich auf die Tour mit Mountainbike-Unterstützung. Ohne MTB braucht man 2 Std. länger.

Die Tour beginnt beim Wanderparkplatz am östlichen Ortsrand von Krün. Von dort der Fahrstraße nach Osten über den Bach folgen, hinter der Brücke links abbiegen und eben nach Norden. Bei der Straßengabel rechts weiter und gegen Nordosten auf dem langen Fahrweg zur Fischbachalm hinauf. Nun entweder auf dem Fahrweg in das Fischbachtal hinunter und auf einem guten Wanderweg zum

Soiernhaus hinauf oder von der Fischbachalm auf dem Lakaiensteig an ziemlich steilen Schrofenhängen entlang.

Beim Soiernhaus, einem Königshaus Ludwigs II., wendet sich die Route nach Westen und führt anfangs fast eben, dann in angenehmer Steigung, zum Schluss in vielen Kehren, einen steilen Wiesenhang hinauf und über den Grat zum Gipfelkreuz der Schöttelkarspitze.

Vom Gipfel ein paar Meter auf dem Aufstiegsweg zurück, rechts abzweigen, zwischen Felsen und über feinen Schutt am Feldernkreuz vorbei und weiter nach Süden zum Feldernkopf und dann der Soiernschneid entlang. Über Schutt und Felsen nun an der Reißenden Lahnspitze vorbei (oder in zehnminütigem Abstecher hinauf) und in den Soiernsattel. Von dort Steigspuren folgend geradewegs zur Soiernspitze hinauf.

Der Abstieg bringt uns entlang der Aufstiegsroute in den Soiernsattel zurück, wo die Route rechts abbiegt. Dann müssen wir steil und unbequem durch das Soiernkar hinunter, zwischen den beiden Soiernseen durch und zur Aufstiegsroute zurück. Auf ihr steigen wir zur Fischbachalm ab und folgen mit dem Rad oder zu Fuß der langen Fischbachstraße bis zum Ausgangspunkt.

Die typischen Querbänder kennzeichnen den Gipfel der Soiernspitze

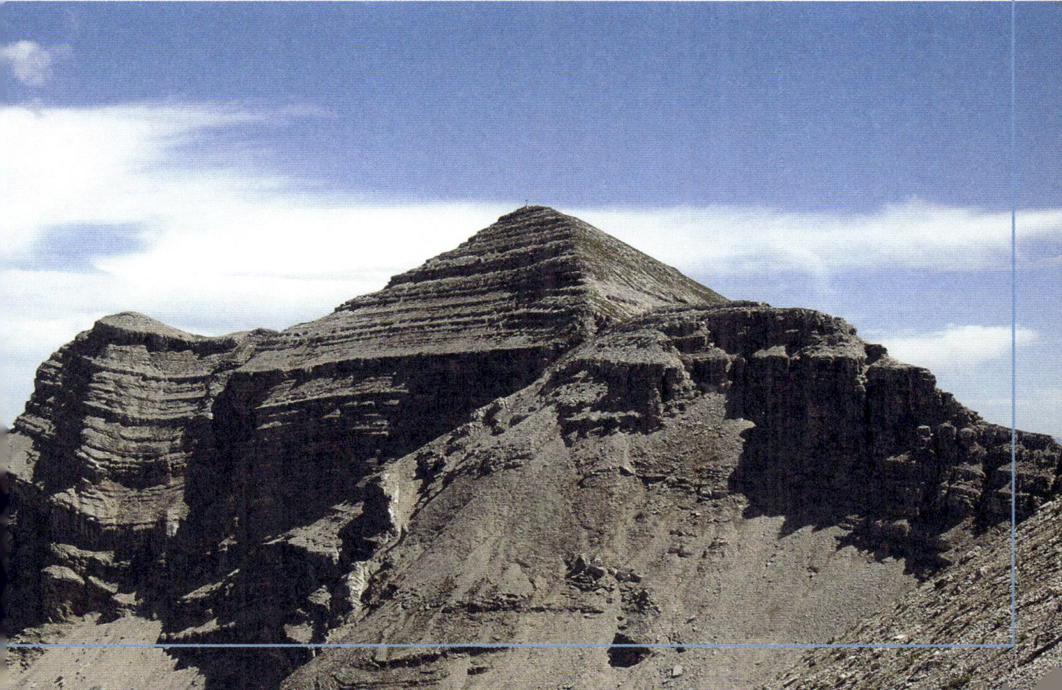

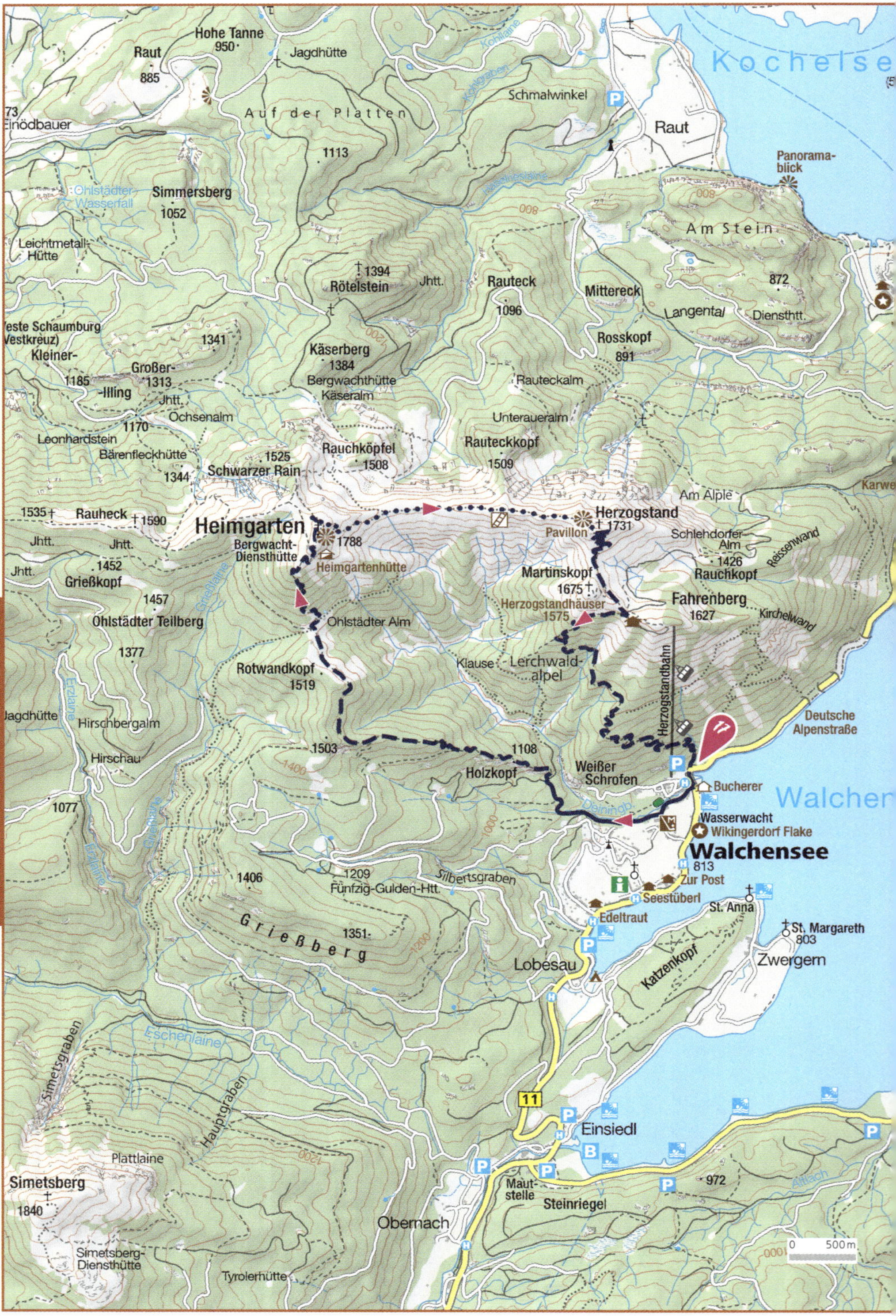

17

Hohe Tanne
950
Raut
885
Jagdhütte
Kohllaine
Kohlgraben
Schmalwinkel
Kochelsee
73
Einödbauer
Auf der Platten
Raut
1113
Panoramablick
Ohlstädter Wasserfall
Simmersberg
1052
Am Stein
Leichtmetall-Hütte
1394
Rötelstein
Jhtt.
Rauteck
1096
Mittereck
872
Langental
Diensthtt.
Feste Schaumburg (Westkreuz)
1341
Käserberg
1384
Bergwachthütte
Käseralm
Rosskopf
891
Kleiner-
1185
Großer-
1313
-Illing
Jhtt.
Ochsenalm
Rauteckalm
Unteraueralm
1170
Leonhardstein
Bärenfleckhütte
Rauchköpfel
1508
Rauteckkopf
1509
1525
1344
Schwarzer Rain
Am Alple
Karwendel
1535
Rauheck
1590
Heimgarten
1788
Herzogstand
1731
Pavillon
Schlehdorfer-Alm
Reissenwand
Jhtt.
Jhtt.
Bergwacht-Diensthütte
Heimgartenhütte
1426
Rauchkopf
1452
Jhtt.
Grießkopf
Martinskopf
1675
Herzogstandhäuser
1575
Fahrenberg
1627
Kirchelwand
1457
Ohlstädter Teilberg
Ohlstädter Alm
Gießgraben
1377
Rotwandkopf
1519
Klause
Lerchwald-alpel
Herzogstandbahn
Erzlaine
Jagdhütte
Hirschbergalm
Deutsche Alpenstraße
1503
1108
Hirschau
Holzkopf
Weißer Schrofen
Bucherer
Walchensee
1077
Deiningbach
Wasserwacht
Wikingerdorf Flake
Walchensee
813
1406
1209
Fünfzig-Gulden-Htt.
Silbertsgraben
Zur Post
Seestüberl
St. Anna
Edeltraut
St. Margareth
803
Grießberg
1351
Zwergern
Lobesau
Katzenkopf
Eschenlaine
Simetsgraben
Hauptgraben
11
Einsiedl
Plattlaine
Simetsberg
1840
972
Maut-stelle
Steinriegel
Obernach
Simetsberg-Diensthütte
Tyrolerhütte
0
500 m

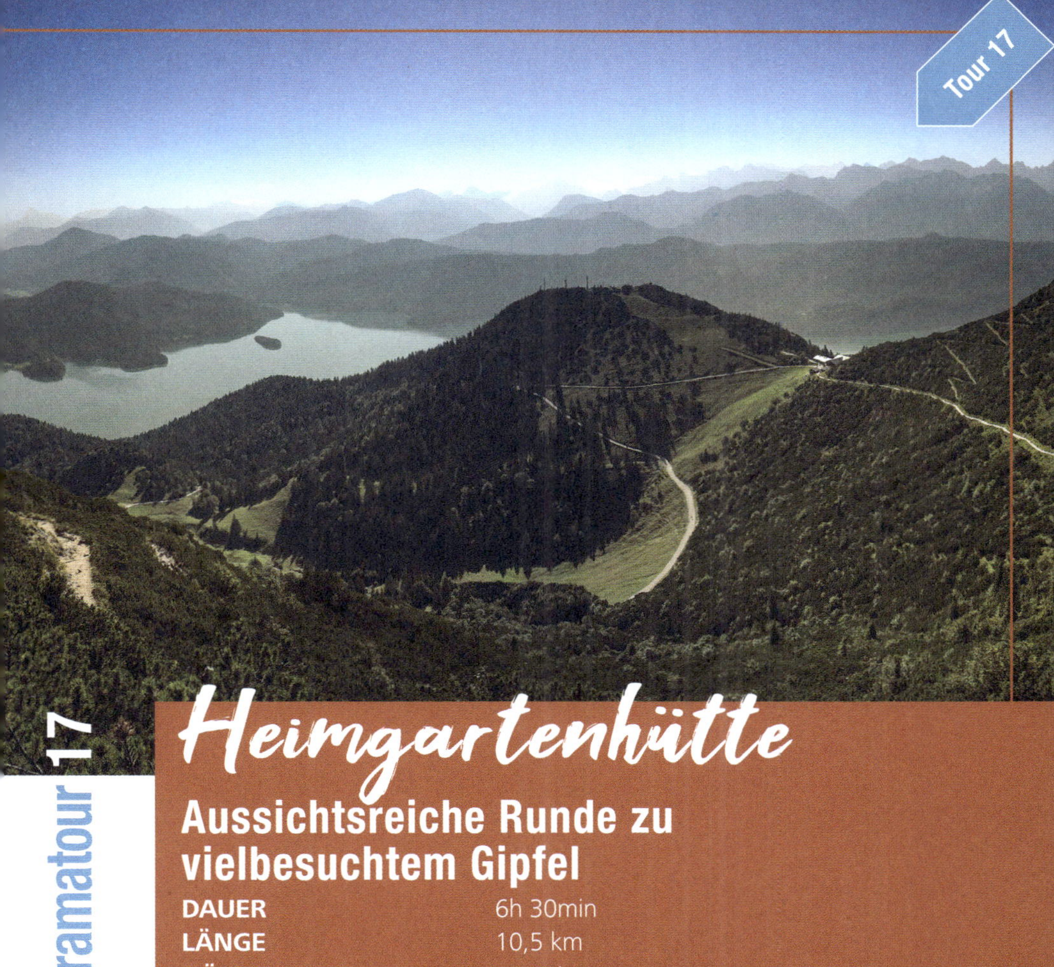

Tour 17

Panoramatour 17

Heimgartenhütte

Aussichtsreiche Runde zu vielbesuchtem Gipfel

DAUER	6h 30min
LÄNGE	10,5 km
HÖHENMETER	1140 hm
SCHWIERIGKEIT	MITTEL
ÜBERNACHTUNG	ja

Das erwartet dich ...

Eine lange und abwechslungsreiche Tour in der großartigen Voralpenlandschaft des Zweiseenlands. Die überwiegend sonnseitige Rundtour führt me st über Rücken und Aussichtskämme. Sie erfordert neben Kondition auch Trittsicherheit, belohnt aber vor allem am Verbindungsgrat zum Herzogstand mit großartigem Panorama. Es besteht die Möglichkeit zum Abkürzen per Gondelrückfahrt.

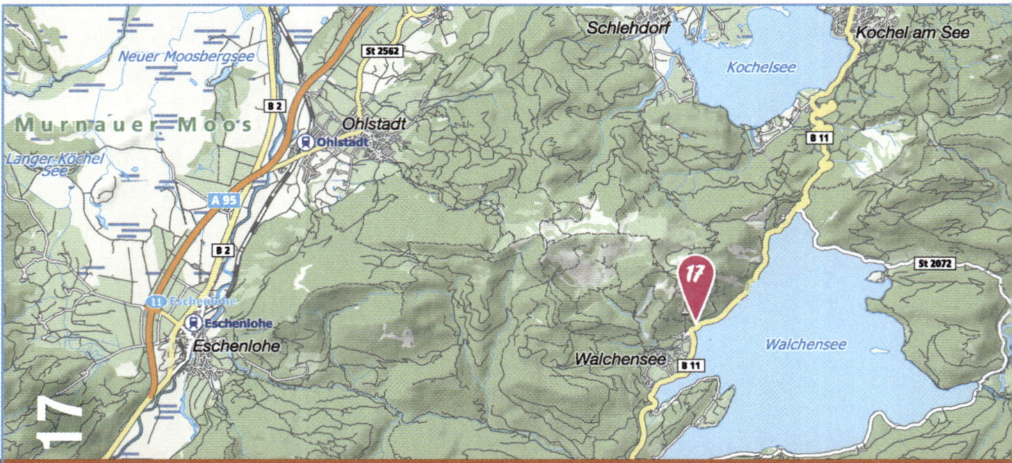

Panoramatour 17

Start & Ziel & Anreise

Ausgangspunkt und Ziel ist der Parkplatz der Herzogstandbahn an der B 11, am Rande des Orts Walchensee. Die Anfahrt aus dem Raum München erfolgt durchgehend auf der B 11 oder auf der A 95 bis zur Ausfahrt Großweil und Richtung Kochel. Die Anfahrt mit Öffis erfolgt von der Bahnstation Kochel (Regionalbahn von/nach München) mit der Buslinie 9608 Richtung Walchensee/ Garmisch-Partenkirchen.

Tourenbeschreibung

An einem schönen Herbstsonntag können durchaus 2000 Touristen per Gondel auf den Herzogstand fahren, von denen viele die Überschreitung zum Heimgarten machen. Da lohnt es sich, zumindest beim Aufstieg einen ruhigeren Weg zu nehmen, noch dazu mit Blick auf den belebten Verbindungsgrat, auf dem dann neben einer sagenhaften Aussicht permanent Gegenverkehr herrschen wird. Der berühmte Blick über das Alpenvorland, die Oberbayerischen Seen, die Bayerischen Alpen mit Wetterstein und die Bayerischen Voralpen entschädigt allerdings für alles. Wer den etwas mühsamen Talabstieg vom Herzogstand vermeiden will, kann die Gondelbahn nehmen.

Vom Parkplatz einige Meter südwärts gehen wir links über eine Brücke, rechts die Straße eines Wohngebiets aufwärts und der Beschilderung zum Heimgarten folgend gerade ab zu einem Karrenweg im Wald. Westwärts an einem Bach wandern wir talein- und aufwärts zu einem Fahrweg. Per Brücke schreiten wir rechts über den Bach und nordwestwärts weiter bis zu einem beschilderten Wegabzweig (geradeaus abwärts in die Schlucht des Deiningbachs). Links über den Weg mit Stufen ausgesetzt und per Draht gesichert queren wir aufwärts zu einem Rücken und über diesen hinauf in lichteren Wald und flacheres Gelände. Rechts folgt eine Querung nordwärts im Bogen durch die teils freie Flanke unterhalb des Rotwandkopfs. Weiter gehen wir links durch Latschen teils felsig nordwestwärts abwärts und queren zur Ohlstädter Alm. Kurz rechtshaltend wandern wir dann nordwärts in Serpentinen durch Wald und ziemlich steil durch Latschen (evtl. schmierig) hinauf zur Heimgartenhütte. Links hinter dieser gehen wir kurz hinauf zum Gipfelkreuz des Heimgarten.

Abstieg: Einige Meter nordwärts gehen wir rechts über Serpentinen hinab und entgegen den Menschenmassen auf einem Rücken zum Verbindungsgrat Richtung Herzogstand. Auf diesem schreiten wir ostwärts zwischen Latschen und über mit Drahtseilen gesicherte Felsköpfe, den Rautkopf (großes Kreuz) südseitig umgehend zum Gipfel-Pavillon des Herzogstands. Hier sind ebenso wie am Rautkopf noch die Gipfelverankerungen einer von 1920 bis 1946 betriebenen Anlage für Funk und Ionosphärenforschung zu sehen. Von den Verankerungen führten zweieinhalb Kilometer lange Stahlseile abwärts. Die untere Fixierung befindet sich noch immer auf dem weglosen Gipfel des Steins beim Kochelsee.

Wir queren abwärts zum Kreuz durch die Südostflanke in sehr flachen Serpentinen auf einem Reitweg hinab zum bewirteten Herzogstandhaus in einem Sattel.

Einige Meter wandern wir auf einem Fahrweg weiter und biegen bei einem Denkmal rechts ab zur Bergstation der Herzogstandseilbahn (beschildert). Von hier queren wir zuerst rechts zwischen Latschen über einen Rücken hinab in den Wald und danach links/ostwärts in eine ausgesetzte Rinne (Drahtseile). Auf der Ostseite steigen wir kurz steil hinab und queren zu einem weiteren Rücken. Über diesen hinab halten wir uns links durch sehr lichten Wald in Serpentinen abwärts zu einer Lichtung mit Stromfernleitung und zuletzt rechts in Richtung Parkplatz am Walchensee.

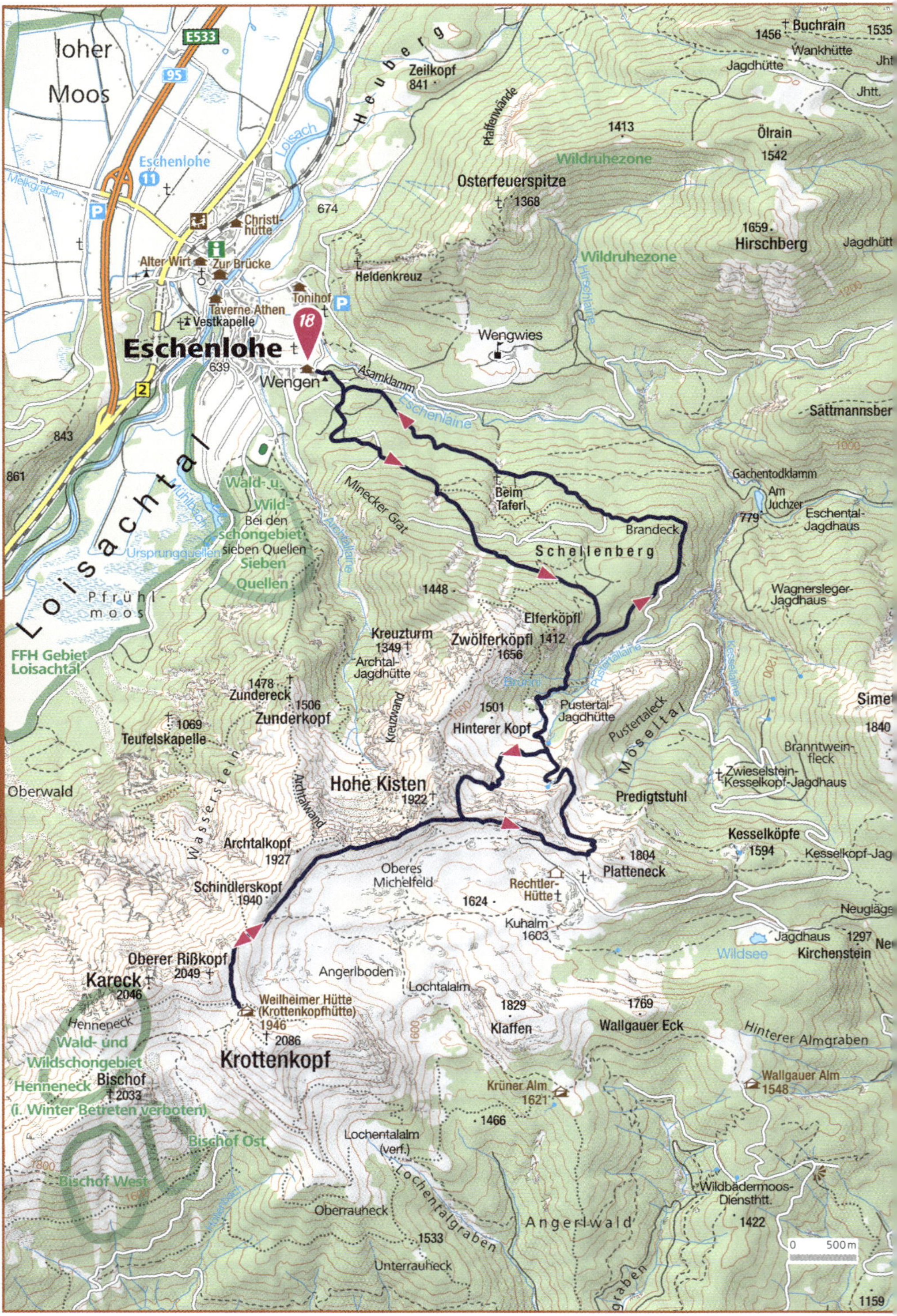

18

Ioher Moos
E533
95
Eschenlohe
11
Melkgraben
Christl-hütte
Alter Wirt
Zur Brücke
Taverne Athen
Vestkapelle
Tonihof
Eschenlohe
639
Wengen
674
Heldenkreuz
Heuberg
Zeilkopf
841
Loisach
Pfaffenwände
1413
Osterfeuerspitze
1368
Wildruhezone
Wildruhezone
Hirschlaine
Wengwies
Asamklamm
Eschenlaine
Buchrain
1456
1535
Wankhütte
Jagdhütte
Jhtt.
Ölrain
1542
1659
Hirschberg
Jagdhütt
Sattmannsber
Gachentodklamm
Am Juchzer
779
Eschental-Jagdhaus
843
861
Loisachtal
Mühlbach
Wald- u. Wild-schongebiet
Bei den sieben Quellen
Ursprungquellen
Sieben Quellen
Pfrühlmoos
FFH Gebiet Loisachtal
Minecker Gat
Archtallaine
Beim Taferl
Brandeck
Schellenberg
1448
Wagnersleger-Jagdhaus
Elferköpfl
Kreuzturm
1349
Zwölferköpfl
1656
1412
Archtal-Jagdhütte
Pustertallaine
Kesselaine
1478
Zundereck
1506
Zunderkopf
1069
Teufelskapelle
Kreuzwand
1501
Hinterer Kopf
Pustertal-Jagdhütte
Pustertaleck
Möseltal
Simet
1840
Branntwein-fleck
Zwieselstein-Kesselkopf-Jagdhaus
Oberwald
Wasserstein
Archtalwand
Hohe Kisten
1922
Predigtstuhl
Kesselköpfe
1594
Kesselkopf-Jag
Archtalkopf
1927
Oberes Michelfeld
1804
Platteneck
Schindlerskopf
1940
Rechtler-Hütte
1624
Kuhalm
1603
Neugläg
Jagdhaus
1297
Kirchenstein
Wildsee
Oberer Rißkopf
2049
Kareck
2046
Angerlboden
Lochtalalm
Weilheimer Hütte (Krottenkopfhütte)
1946
2086
Krottenkopf
1829
Klaffen
1769
Wallgauer Eck
Hinterer Almgraben
Henneneck
Wald- und Wildschongebiet Henneneck (i. Winter Betreten verboten)
Bischof
2033
Krüner Alm
1621
Wallgauer Alm
1548
1466
Bischof Ost
Bischof West
Lochentalalm (verf.)
Lochentalgraben
Wildbädermoos-Diensthtt.
1422
Oberrauheck
1533
Angerlwald
Unterrauheck
0 500m
1159

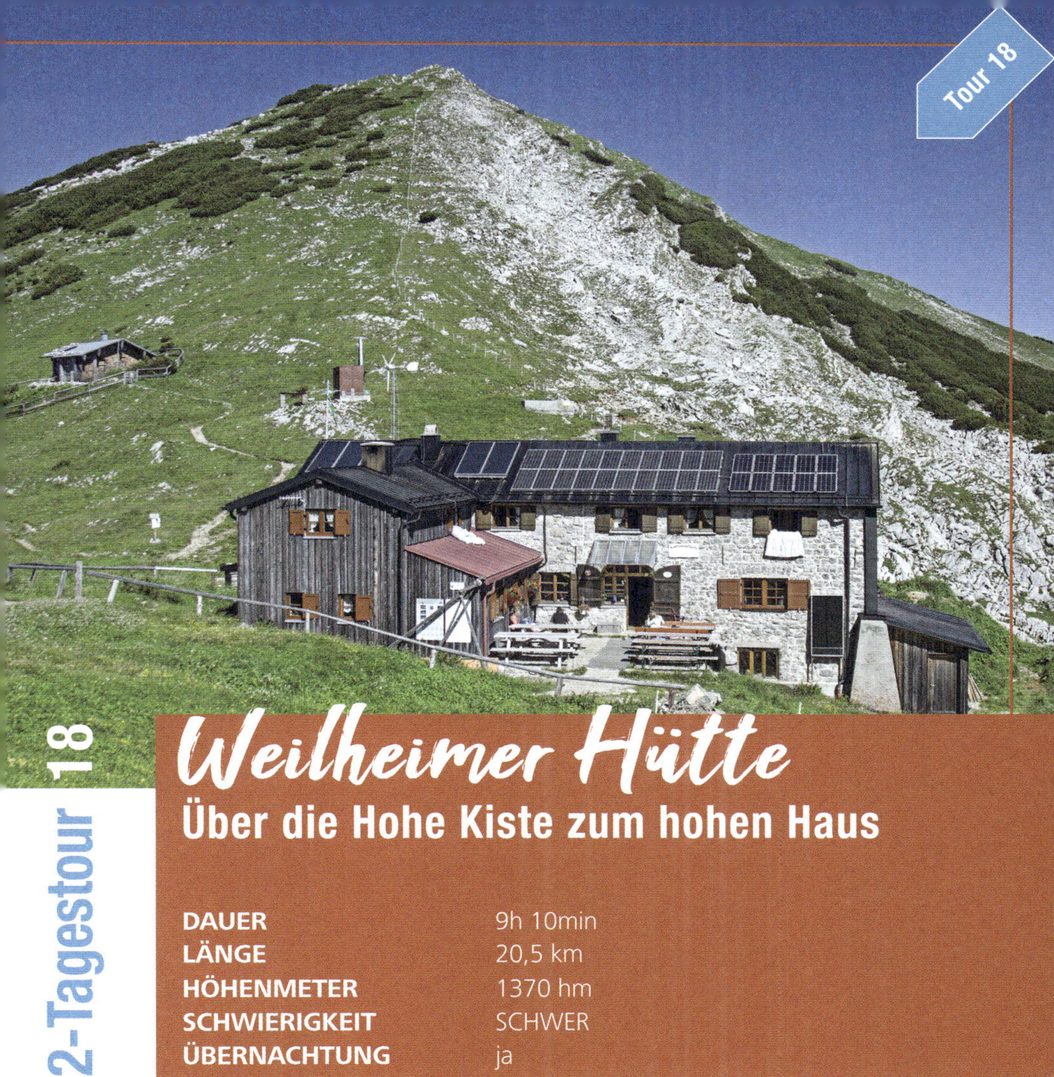

Weilheimer Hütte

Über die Hohe Kiste zum hohen Haus

DAUER	9h 10min
LÄNGE	20,5 km
HÖHENMETER	1370 hm
SCHWIERIGKEIT	SCHWER
ÜBERNACHTUNG	ja

Das erwartet dich ...

Ein strammer Aufstieg in wildromantischer Berglandschaft, großartige Aussichten und ein äußerst lohnendes Ziel. Es geht vor allem über steile, wurzelige und steinige Pfade aufwärts. Nach dem Gipfel der Hohen Kiste geht es für den Rest des Weges vergleichsweise gemütlich mit sehr geringen Höhenunterschieden weiter. Neben ordentlicher Kondition und Trittsicherheit sind gute Wanderschuhe erforderlich.

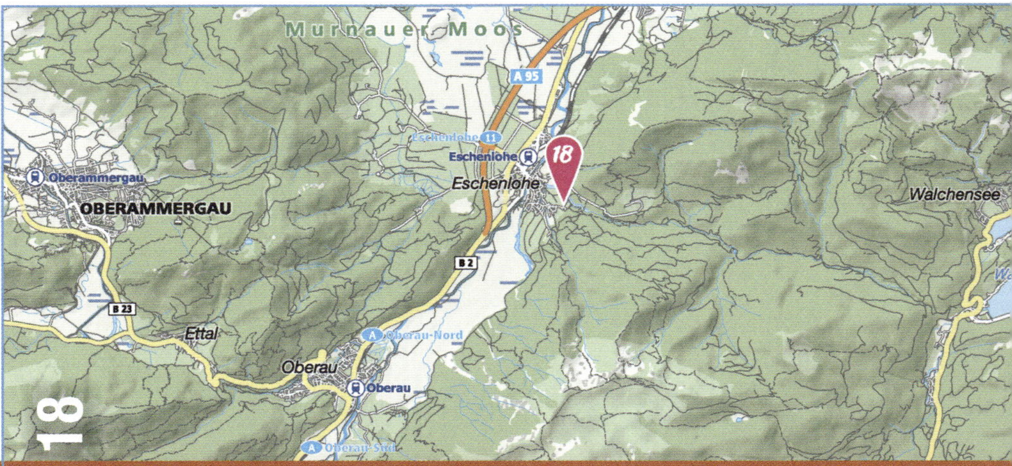

Start & Ziel & Anreise

Ausgangspunkt und Ziel ist der Wanderparkplatz am Ende der Schellenbergstraße in Eschenlohe. Die Anfahrt mit dem PKW aus dem Raum München erfolgt über die A95, Ausfahrt Eschenlohe und via Ortsmitte und Krottenkopfstraße zum Parkplatz. Die Anreise mit Öffis ist per Regionalbahn von und nach München möglich. Der Bahnhof ist etwa 25 Min. zu Fuß vom Parkplatz entfernt.

Tourenbeschreibung

Obwohl von München sehr direkt erreichbar, bleibt es im Estergebirge meist erstaunlich ruhig. Zumindest in „unserem" Winkel hier auf dieser Tour wird man bis zur Hohen Kiste nur wenige Mitwanderer treffen. Umso besser, denn das wildromantische Ambiente kommt dadurch noch besser zur Geltung.

1. Tag

Vom Wanderparkplatz folgen wir auf der Forststraße der Beschilderung, die bereits hier den Krottenkopf und die Weilheimer Hütte ausweist. Nach einigen Kehren und Kurven zweigt rechter Hand der schmale Hahnbichlsteig (Markierung und Schild, dennoch leicht zu übersehen) steil aufsteigend in den märchenhaften Bergwald ab. Der schöne Pfad schlängelt sich oft auf Wurzelwerk und teilweise etwas ausgesetzt höher – bei Nässe heikel und nicht zu empfehlen. Später folgen kurze Drahtseilstellen und mehrere kreuzende Holzwege, die jedoch aufgrund der guten Markierung keine Orientierungsprobleme bereiten.

Nach einem kurzen Zwischenabstieg wird der Wald lichter und wir gelangen in einem Rechtsbogen ins wildromantische Pustertal. Die Hohe Kiste rückt mit ihrer eindrucksvollen Nordseite ins Blickfeld. Am aussichtsreichen Seitenhang des Tals schlängelt sich der Bergpfad hinauf zu einer idyllischen Hochweide mit dem links liegenden Jagdhaus Pustertal. Von hier gelangen wir durch die Latschen zu einer Weggabelung, an der wir uns rechts halten, um den direkten Pfad zu nehmen, der sich in Serpentinen durch die Kare und Felsriegel der Hohe-Kiste-Nordflanke windet. Kurz unterm Gipfel quert der Weg nach links in eine Scharte, die uns auf ein flaches Hochplateau bringt. Wir biegen hier rechts ab, befinden uns nur auf der anderen Seite des Berges und erreichen seinen Gipfel über einen rechts in die Latschen abzweigenden Steig. Man kann den Gipfel zwar auslassen, doch das wäre allein schon wegen der grandiosen Rundumsicht schade. Von der Hohen Kiste wandern wir dem markierten und ausgeschilderten Weg folgend in südwestlicher Richtung weiter. Wir queren links vorbei an den Nachbargipfeln Archtalkopf und Schindlerkopf und erblicken die Weilheimer Hütte in der Ferne. Wir lassen bald darauf den Wanderweg nach Krün links liegen und erreichen die Scharte zwischen Schindlerkopf und Oberen Rißkopf. Von hier nehmen wir die letzten 100 Höhenmeter zur rustikalen und urigen Alpenvereinshütte der Sektion Weilheim in Angriff.

2. Tag

Für den Rückweg bietet sich der Aufstiegsweg an, da die Alternativen noch länger sind und/oder mit Orientierungsproblemen aufwarten können. Zudem können wir die Strecke des Aufstiegsweg an verschiedenen Stellen variieren (siehe Autorentipp) und kommen dennoch wieder am Ausgangspunkt an.

Autoren Tipp

Der Abstieg kann an mehreren Stellen knieschonend entschärft werden – oder sogar noch VERschärft, je nach Lust und Leistungsvermögen. Der Abstieg von der Hohen Kiste kann über eine weit ausholende Schleife vor dem Platteneck deutlich abgeflacht werden. Gleiches gilt für den Hahnbichelsteig, der durch die Forststraße am Eschenlainetal umgangen werden kann. Die noch steilere und schärfere Variante wäre hingegen der direkte Abstieg von der Hohen Kiste durchs wilde Kistenkar.

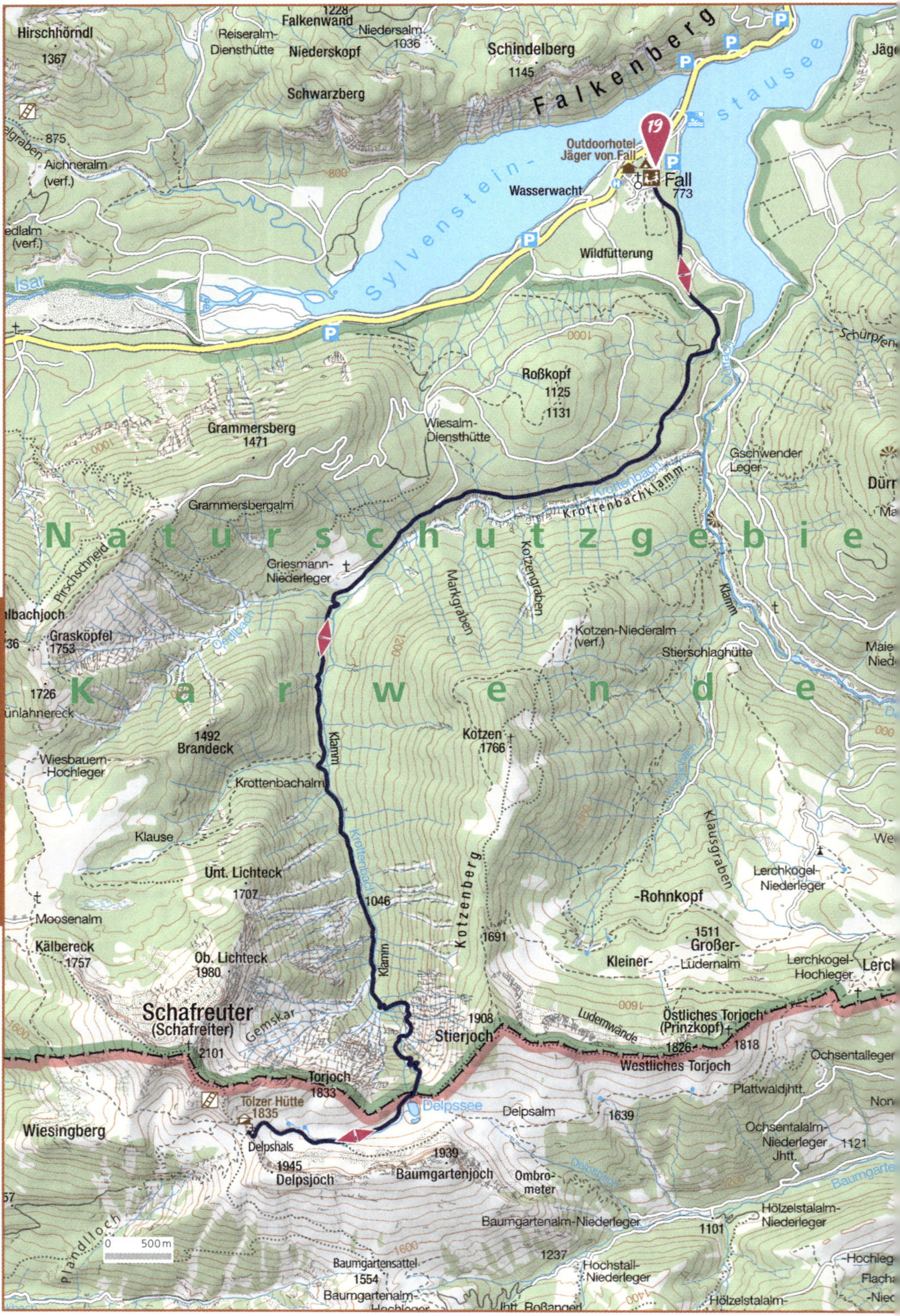

Hirschhörndl
1367
1228
Falkenwand
Reiseralm-
Diensthütte
Niederskopf
Niedersalm
1036
Schindelberg
1145
Falkenberg
Schwarzberg
875
Aichneralm
(verf.)
edlalm
(verf.)
Isar
Sylvenstein-
stausee
Outdoorhotel
Jäger von Fall
19
Fall
773
Wasserwacht
Wildfütterung
Roßkopf
1125
1131
Wiesalm-
Diensthütte
Grammersberg
1471
Gschwender
Leger
Grammersbergalm
Krottenbach
Krottenbachklamm
Naturschutzgebiet
Pirschschneid
Griesmann-
Niederleger
Markgraben
Kotzengraben
Klamm
lbachjoch
Grasköpfel
1753
Kotzen-Niederalm
(verf.)
Stierschlaghütte
Karwendel
1726
ünlahnereck
1492
Brandeck
Kotzen
1766
Wiesbauern-
Hochleger
Krottenbachalm
Klausgraben
Klause
Lerchkogel-
Niederleger
Unt. Lichteck
1707
1046
Kotzenberg
Rohnkopf
Moosenalm
1691
1511
Großer-
Kälbereck
1757
Ob. Lichteck
1980
Kleiner-
Ludernalm
Lerchkogel-
Hochleger
Schafreuter
(Schafreiter)
Gemskar
1908
Stierjoch
Luderwände
Östliches Torjoch
(Prinzkopf)
1826
1818
2101
Westliches Torjoch
Ochsentalleger
Torjoch
1833
Plattwaldjhtt.
Tölzer Hütte
1835
Delpssee
Delpsalm
1639
Wiesingberg
Delpshals
1939
Ochsentalalm-
Niederleger
Jhtt.
1121
1945
Delpsjoch
Baumgartenjoch
Ombro-
meter
Plandlloch
0 500 m
Hölzelstalalm-
Niederleger
Baumgartenalm-Niederleger
1101
1237
Baumgartensattel
1554
Hochstall-
Niederleger
Baumgartenalm-
Hochleger
Hölzelstalalm-

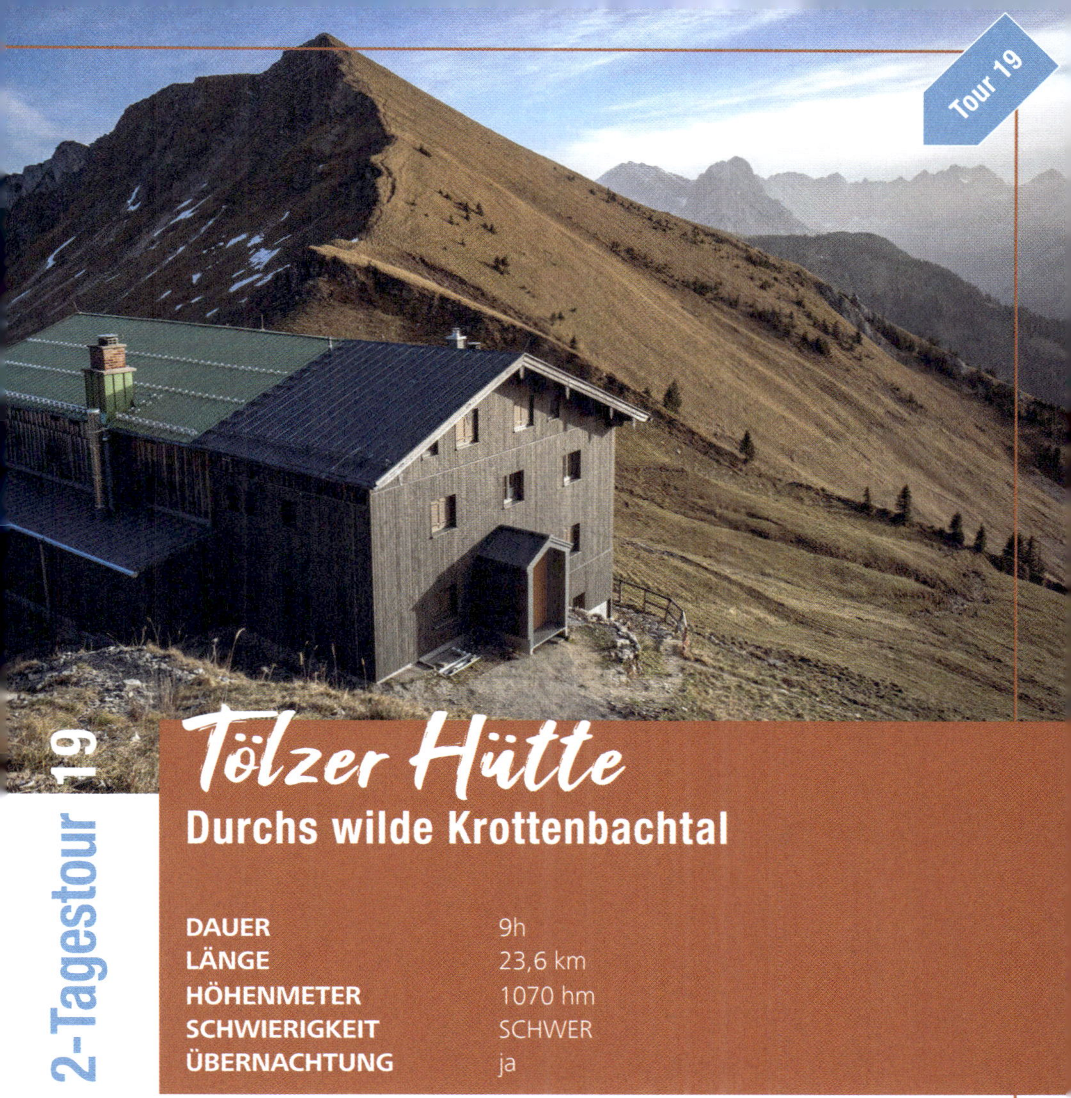

Tour 19

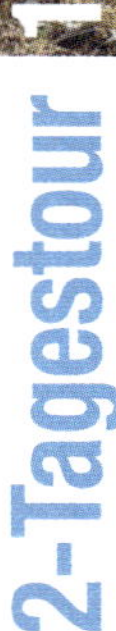

Tölzer Hütte

Durchs wilde Krottenbachtal

DAUER	9h
LÄNGE	23,6 km
HÖHENMETER	1070 hm
SCHWIERIGKEIT	SCHWER
ÜBERNACHTUNG	ja

Das erwartet dich ...

Eine ausgedehnte und vielseitige Bergtour durch eines der ursprünglichsten Täler der bayerischen Alpen. Von wilden Wasserfällen über einem traumhaft gelegenen Bergsee bis zur traditionsreichen Berghütte mit fantastischer Aussicht ist hier alles geboten. Neben solider Kondition ist auf den schmalen Pfaden Trittsicherheit und festes Schuhwerk erforderlich.

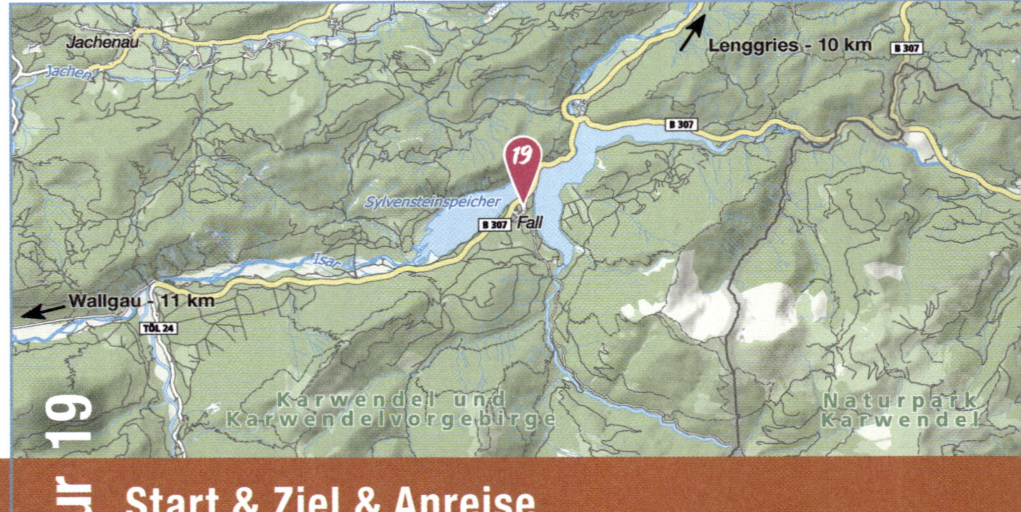

2-Tagestour 19

Start & Ziel & Anreise

Ausgangspunkt und Ziel sind die Wanderparkplätze in Fall am Sylvensteinspeicher. Die Anfahrt mit PKW erfolgt aus dem Raum München via Bad Tölz und Lenggries auf der B 13 und B 307 nach Fall. Die Anreise mit Öffis ist im Sommerhalbjahr von den Bahnhöfen Bad Tölz oder Lenggries aus mit dem „Bergsteigerbus Eng" (Linie 9569) möglich.

Tourenbeschreibung

1. Tag

Nachdem wir uns in Fall auf einem der Parkplätze einen freien Platz gesucht haben, starten wir auf der Asphaltstraße ins Dürrachtal, der wir durch den Wald entlang des südlichen Arms des Sylvensteinspeichers folgen. Bald treffen wir auf die Abzweigung, an der der steile Forstweg entlang der Krottenbachklamm ins Krottenbachtal ansetzt. Wir folgen dem stetig steigenden Fahrweg entlang der Schlucht, bis wir hinten links den eleganten Schafreuter aufragen sehen und bis zum Eingang des Krottenbachtals wieder ein gutes Stück an Höhe verlieren. An der Einmündung einer weiteren Forststraße halten wir uns links bzw. geradeaus, immer dem Talverlauf folgend. Die Tölzer Hütte ist den ganzen Weg über gut ausgeschildert, der Wegverlauf ist meist eindeutig und zudem ausreichend markiert.

Bis hierhin ist die Tour eine gemütliche Wanderung durch schattigen Wald, die auch sehr gut mit dem Mountainbike abgekürzt werden kann. Fortan wird der Schotterweg immer gröber, bis er etwa anderthalb Kilometer weiter hinten im Tal in einen Wanderpfad übergeht. Der Wald, der Bach und die Landschaft werden immer ursprünglicher und naturbelassener. Es geht immer geradeaus auf den Talschluss zu, bis nach gut zwei Stunden Weg die Brücke erreicht ist, die uns auf die orografisch rechte Seite des Baches führt. Sie kann in schlechtem Zustand oder gesperrt sein, dann müssen wir den Bach direkt durchqueren. Sofern nicht gerade Hochwasser herrscht, stellt das aber kein nennenswertes Problem dar.

Hinter der Brücke schraubt sich der Bergpfad durch den immer lichteren Wald und die immer spektakulärere Umgebung zunehmend steil in die Höhe. Wir kommen an mehreren Wasserfällen vorbei, bis wir die wilde Steilwand, die das Krottenbachtal abriegelt, an ihrer linken Seite überwunden haben und auf der wunderschönen Hochebene um den Delpssee ankommen. An seiner rechten Seite entlang nehmen wir das letzte Stück zur Tölzer Hütte in Angriff. Der Weg führt über sonnige Almwiesen und ist stellenweise recht steil und steinig. Doch diese letzten Schweißperlen lohnen sich, denn die Tölzer Hütte wartet mit toller Lage und Traumpanorama ins Karwendel auf. Nach ihrer umfangreichen Renovierung im Jahr 2020 steht sie Tages- und Übernachtungsgästen seit 2021 wieder offen.

2. Tag

Für den Abstieg empfiehlt sich der Aufstiegsweg, der angesichts der tollen Eindrücke auch beim zweiten Mal keine Langeweile aufkommen lässt. Wer dennoch eine (deutlich kürzere) Variante bevorzugt, kann den Abstieg ins Rißtal Richtung Oswaldhütte nehmen und von dort mit dem Bus zurück nach Fall fahren. Dabei ist zu beachten, dass die letzten Busse wochentags schon am Nachmittag fahren.

Autoren Tipp

Die Tour sollte mit dem erstklassigen Aussichtsgipfel des Schafreuters gekrönt werden. Von der Hütte ist es ein relativ kurzer Aufstieg von 300 Höhenmetern, der an einigen Stellen steil und kurz unterm Gipfel etwas ausgesetzt ist. Doch diese womöglich etwas schwierigeren Stellen sind allesamt mit Steighilfen „entschärft". Die Aussicht von oben gilt als eine der umfassendsten in den bayerischen Alpen und lohnt jede Mühe.

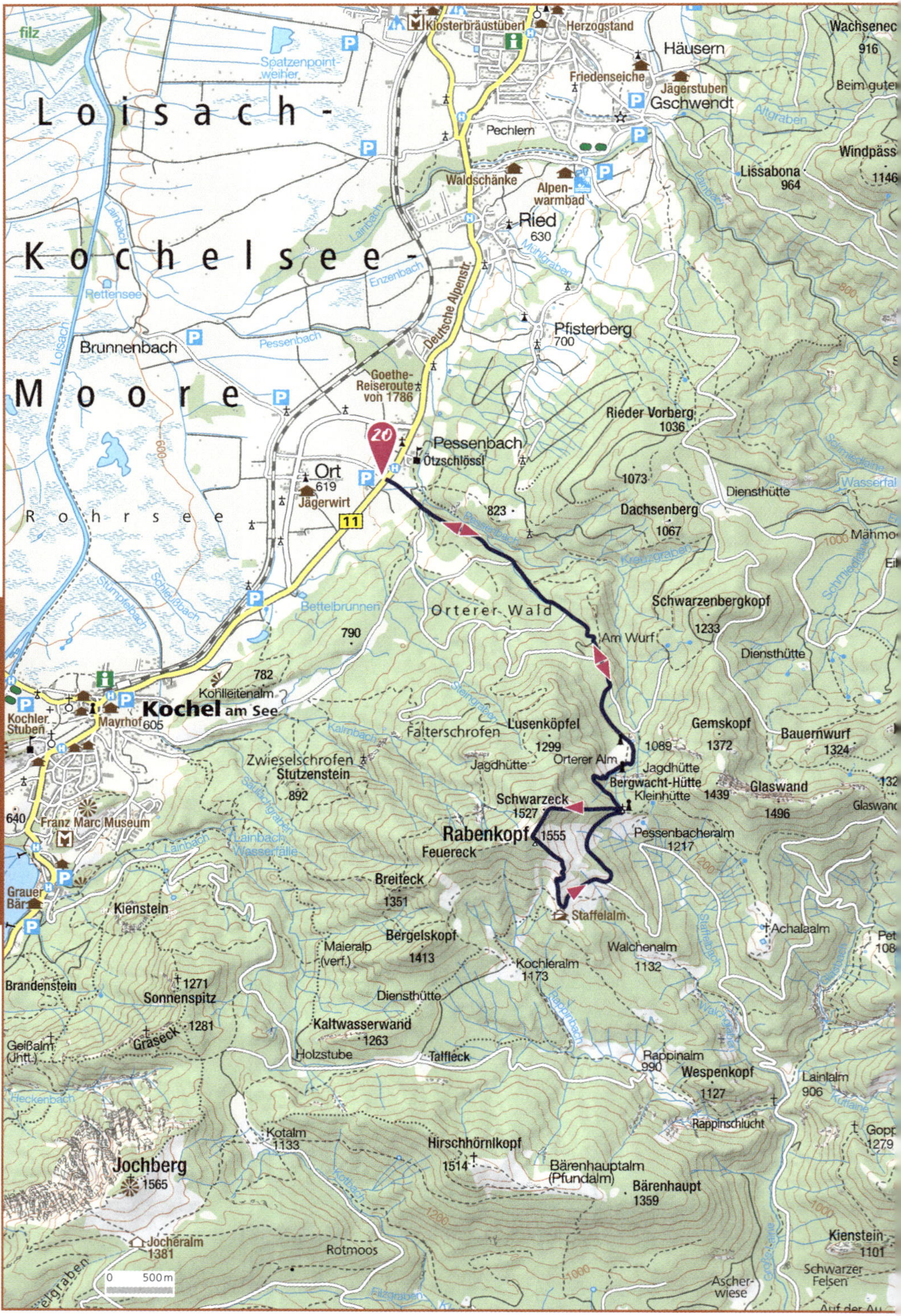

filz
Klosterbräustüberl
Herzogstand
Häusern
Wachsenec
916
Spatzenpoint weiher
Friedenseiche
Jägerstuben
Beim gute
Loisach-
Gschwendt
Altgraben
Pechlern
Windpäss
Lissabona
964
1146
Waldschänke
Alpen-warmbad
Lainbach
Ried
630
Kochelsee-
Lainbach
Mühlgraben
Enzenbach
Rettensee
800
Pfisterberg
700
Loisach
Brunnenbach
Pessenbach
Deutsche Alpenstr.
Moore
Goethe-Reiseroute von 1786
Rieder Vorberg
1036
600
20
Pessenbach
Ötzschlössl
Ort
619
Schmiedlaine
Wasserfall
1073
Diensthütte
Jägerwirt
Rohrsee
823
Dachsenberg
1067
Mähmo
11
Pessenbach
1000
Kreuzgraben
Ei
Schmiedlaine
Stumpflebach
Schleifbach
Bettelbrunnen
Orterer Wald
Schwarzenbergkopf
790
1233
Am Wurf
Diensthütte
782
Kohlleitenalm
Kochel am See
Steingraben
Kochler Stuben
Mayrhof
605
Falterschrofen
Lusenköpfel
Gemskopf
1372
Bauernwurf
1324
Kalmbach
1299
1089
Zwieselschrofen
Jagdhütte
Orterer Alm
Jagdhütte
Stutzenstein
Bergwacht-Hütte
Glaswand
132
892
Kleinhütte
1439
Glaswand
640
Franz Marc Museum
Schwarzeck
1527
1496
Saulachgraben
Rabenkopf
1555
Pessenbacheralm
1217
Lainbach Wasserfälle
Lainbach
Feuereck
1200
Breiteck
1351
Staffelbach
Grauer Bär
Kienstein
Staffelalm
Achalaalm
Pet
108
Bergelskopf
Maieralp (verf.)
1413
Walchenalm
1132
Kochleralm
1173
Brandenstein
1271
Sonnenspitz
Diensthütte
Rappinbach
Walchgraben
Graseck
1281
Kaltwasserwand
1263
Geißalm (Jhtt.)
Holzstube
Talfleck
Rappinalm
990
Wespenkopf
Lainlalm
906
Heckenbach
1127
Kotlaine
Rappinschlucht
Gopp
1279
Kotalm
1133
Hirschhörnlkopf
1514
Kotbach
Bärenhauptalm (Pfundalm)
Jochberg
1565
Bärenhaupt
1359
1000
1200
Jocheralm
1381
Kienstein
1101
Rotmoos
Grosslaine
Schwarzer Felsen
1000
0
500 m
Aschér-wiese
Filzgraben
Auf der Au
elgraben

Rabenkopf – Staffelalm

Die Alm des Malers im Blauen Land

DAUER	5h
LÄNGE	11,1 km
HÖHENMETER	870 hm
SCHWIERIGKEIT	MITTEL
ÜBERNACHTUNG	nein

Das erwartet dich ...

Eine vielseitige Bergwanderung mit alpinem Touch am Grat des Rabenkopfs und kurzer „Schlüsselstelle" am Gipfel. Hier ist Trittsicherheit gefragt, ansonsten ist die Tour eher gemütlich und führt auf guten Wanderwegen durch stille Wälder in malerischer Voralpenlandschaft an gleich zwei bewirtschafteten A men vorbei. Solide Kondition und gutes Schuhwerk sind grundsätzlich zu empfehlen.

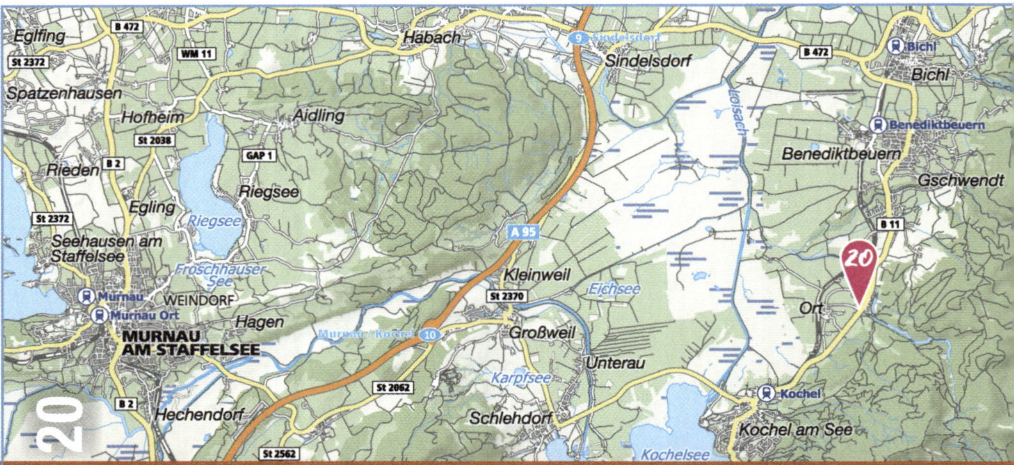

Start & Ziel & Anreise

Ausgangspunkt und Ziel ist der Wanderparkplatz in Pessenbach, an der B 11 zwischen Benediktbeuern und Kochel. Die Bushaltestelle Ötzschlössl befindet sich direkt nebenan. Über die B 11 via Wolfratshausen erfolgt die direkteste PKW-Anfahrt aus dem Raum München. Die Anreise mit Öffis ist von der nächstgelegenen Bahnstation in Kochel mit der zwischen Kochel und Bad Tölz verkehrenden Buslinie 9612 möglich.

Tourenbeschreibung

Vom Wanderparkplatz Pessenbach überqueren wir die Straße und folgen dem breiten Forstweg hinauf in den Wald. Links macht zunächst die hübsche Barockarchitektur des Ötzschlössls auf sich aufmerksam, dann geht es an den Waldrand und links ab auf den ausgeschilderten Wanderweg Richtung Orterer Alm. Es geht erst steil, dann flacher am Pessenbach entlang, bis sich der Weg leicht rechts haltend den bewaldeten Hang hocharbeitet. Mehrere abzweigende Holzwege sorgen möglicherweise kurz für Verwirrung, doch die Markierungen halten uns auf mittigen Kurs. Der Weg ist meist breit, aber mit vielen Steinen gespickt. Kurz bevor er wieder auf die Forststraße trifft, spaltet er sich in zwei Arme, die beide in die richtige Richtung führen: links etwas steiler, rechts etwas flacher, in einer Serpentine ausholend. Folgen wir der linken Variante, treffen wir auf die Forststraße an der Stelle, an der sie eine 90-Grad-Kurve nach rechts vollzieht (ansonsten etwa 100 m vorher) und folgen ihr bergwärts. Wir halten nun direkt auf den Talkessel zwischen Glaswand und Rabenkopf zu und erreichen nach weiteren knapp 20 Minuten die Orterer Alm. Diese liegt eindrucksvoll in einem nordseitigen Kessel am Fuße der steil abbrechenden Nordostflanke des Rabenkopfs. Durch diesen Kessel schlängelt sich der nun folgende Girgl-Fischer-Weg zwischen steilem Bergwald und Felsabbrüchen hoch zur Pessenbacher Schneid.

Ein Kreuz, ein Kriegerdenkmal und eine Bergwachthütte finden sich hier oben – neben einer tollen Aussicht in die benachbarten Vorberge und die nächst höhere Etage der Karwendelberge. Die Bergwachthütte passieren wir rechtsseitig, nachdem wir den unauffälligen Abzweig Richtung Rabenkopfgipfel genommen haben. Wir steigen nun anhaltend steil über Kies und Wurzelwerk den Westgrat des Rabenkopfs hinauf. Der Baumbewuchs wird lichter, die Aussicht besser. Nach etwa einer halben Stunde erreichen wir den Vorgipfel des Schwarzecks und wenden uns nach links dem letzten Stück zum Rabenkopf zu. Es wartet noch eine Felsstufe, die mit einer Leiter entschärft ist, bei Nässe aber dennoch unangenehm sein kann. Dann ist der Rabenkopf erreicht. An klaren Tagen reicht die Sicht von hier über diverse Oberbayerische Seen bis nach München und hinüber in den Alpenhauptkamm auf der anderen Seite.

Der Abstieg zur Staffelalm geht auf den ersten Metern zunächst etwas in die Knie, wird dann aber flacher und zieht sich gemäßigt in einigen Kehren die sonnige Südseite des Rabenkopfs hinunter. Sonnig ist auch die Terrasse, auf der die Staffelalm liegt. Und sie ist gerade noch hoch genug, um die Fernsicht über die nahe gelegenen Gipfel hinaus reichen zu lassen – fast so großartig wie vom Rabenkopfgipfel. Die Alm war nicht nur wegen ihrer Lage und Aussicht, sondern auch wegen der besonders intensiven Abendstimmungen ein Lieblingsplatz und Rückzugsort des Malers Franz Marc. Er gehörte zu den berühmten Expressionisten, die sich Anfang des 20. Jahrhunderts in dieser später als „Blaues Land" bezeichneten Region Oberbayerns niederließen.

Heutzutage ist leider keine Übernachtung auf der Staffelalm möglich, aber immerhin eine gemütliche Einkehr. Für den Rückweg über die Pessenbacher Schneid folgen wir einfach dem gut beschilderten Wanderweg, der direkt querend auf gleicher Höhe hinüberführt. Von der Schneid aus nehmen wir den bekannten Aufstiegsweg zurück zum Parkplatz Pessenbach.

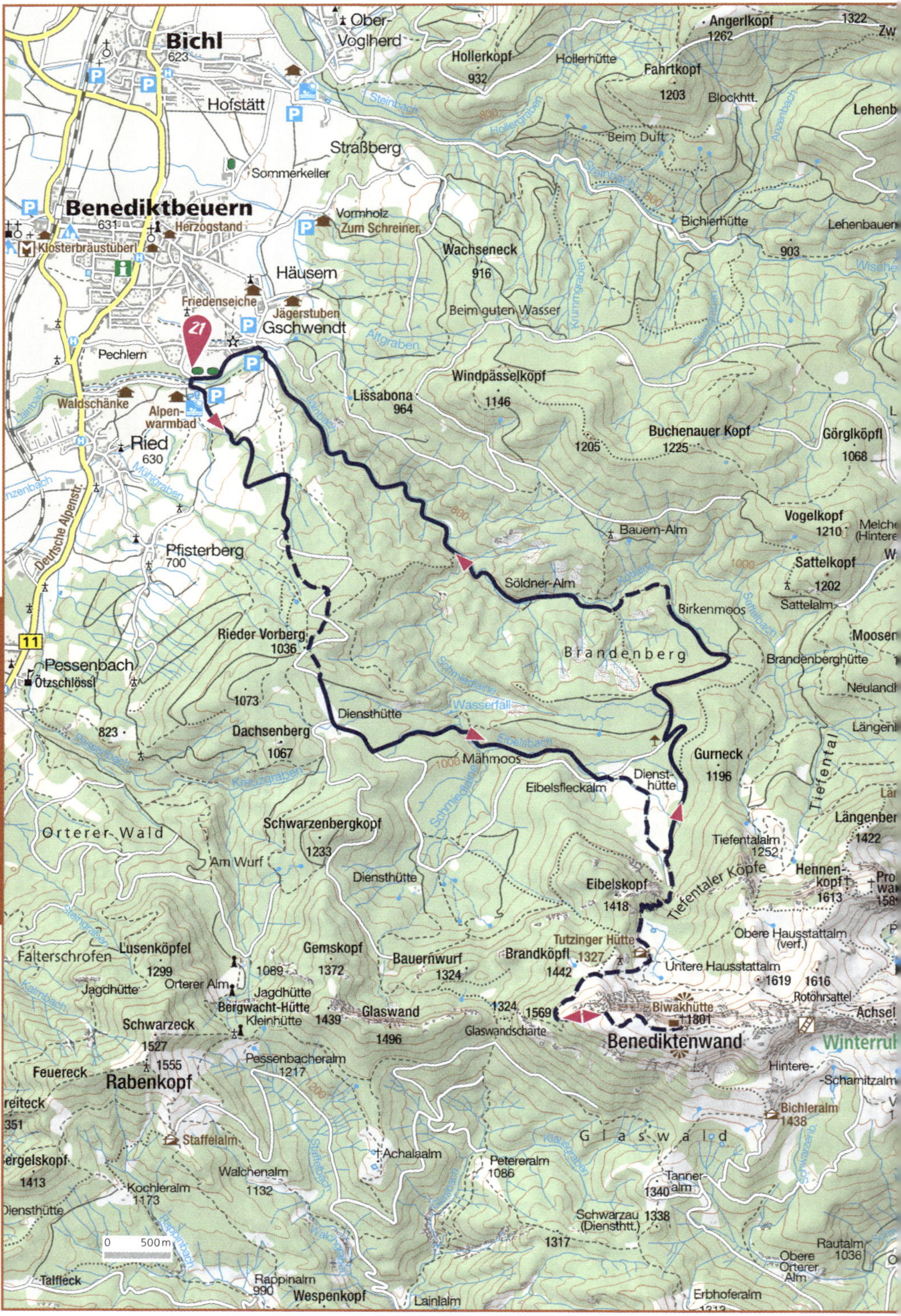

Bichl
623
Ober-Voglherd
Hofstätt
Hollerkopf
932
Hollerhütte
Angerlkopf
1262
1322
Fahrtkopf
1203
Blockhtt.
Steinbach
Hollergraben
Beim Duft
Straßberg
Sommerkeller
Benediktbeuern
631
Herzogstand
Klosterbräustüberl
Vormholz
Zum Schreiner
Bichlerhütte
Lehenbauern
903
Wachseneck
916
Häusern
Friedenseiche
Jägerstuben
Gschwendt
Beim guten Wasser
Altgraben
21
Pechlern
Waldschänke
Alpenwarmbad
Lissabona
964
Windpässelkopf
1146
1205
Buchenauer Kopf
1225
Görglköpfl
1068
Ried
630
Mühlgraben
Deutsche Alpenstr.
Pfisterberg
700
800
Bauern-Alm
Vogelkopf
1210
Sattelkopf
1202
Sattelalm
Söldner-Alm
Birkenmoos
Brandenberg
Brandenberghütte
Mooser
Neulandl
11
Pessenbach
Ötzschlössl
Rieder Vorberg
1036
1073
823
Wasserfall
Diensthütte
Eibelsbach
Dachsenberg
1067
Mähmoos
1000
Eibelsfleckalm
Dienst-hütte
Gurneck
1196
Tiefental
Längenberg
1422
Orterer Wald
Kreuzgraben
Schwarzenbergkopf
1233
Am Wurf
Diensthütte
Tiefentalalm
1252
Hennenkopf
1613
Eibelskopf
1418
Tiefentaler Köpfe
Obere Hausstattalm (verf.)
Tutzinger Hütte
Falterschrofen
Lusenköpfel
1299
Gemskopf
1372
Bauernwurf
1324
Brandköpfl
1442
1327
Untere Hausstattalm
1619
1616
Rotöhrsattel
Jagdhütte
Orterer Alm
1089
Jagdhütte
Bergwacht-Hütte
Kleinhütte
1439
Glaswand
1496
1324
1569
Glaswandscharte
Biwakhütte
1801
Benediktenwand
Achsel
Schwarzeck
1527
Feuereck
1555
Rabenkopf
Pessenbacheralm
1217
Hintere-Schamitzalm
Bichleralm
1438
Staffelalm
Glaswald
Achalaalm
Petereralm
1086
Walchenalm
1132
Kochleralm
1173
Tanneralm
1340
Schwarzau (Dienststhtt.)
1338
1317
Rautalm
1036
Obere Orterer Alm
0 500 m
Talfleck
Rappinalm
990
Wespenkopf
Lainlalm
Erbhoferalm

21

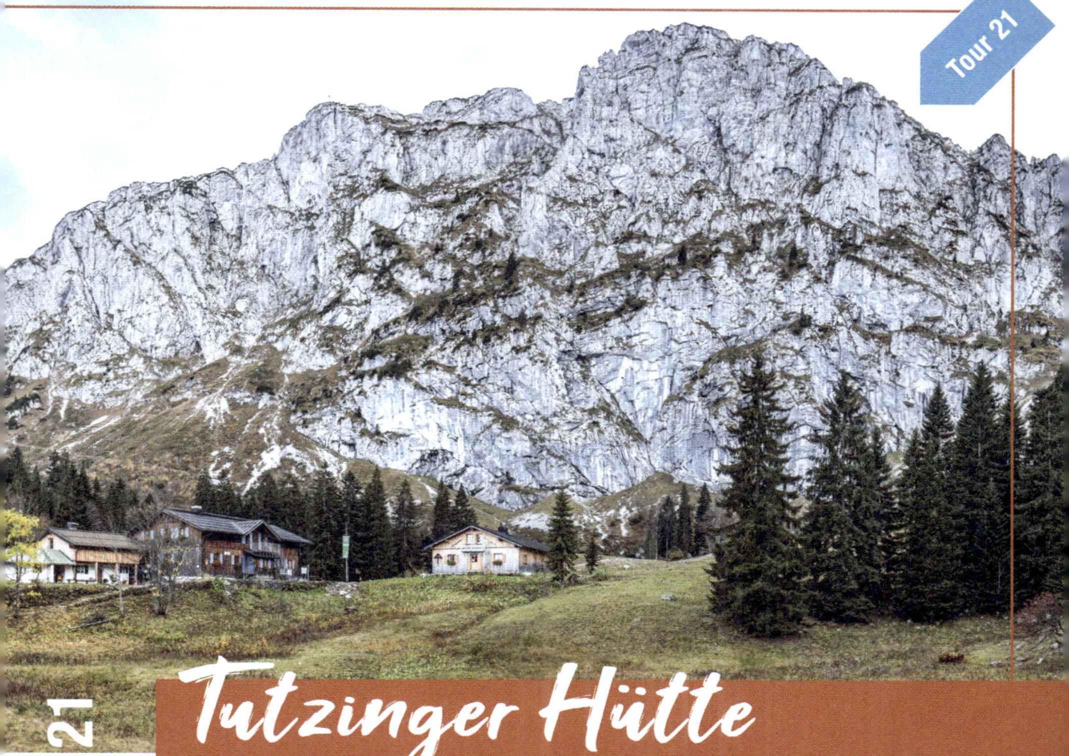

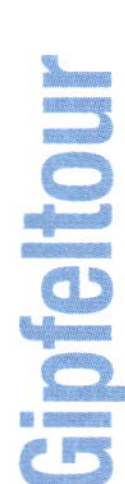

Tutzinger Hütte

Langer, aber einfachster Anstieg auf die Benediktenwand

DAUER	7h
LÄNGE	18 km
HÖHENMETER	1245 hm
SCHWIERIGKEIT	MITTEL
ÜBERNACHTUNG	ja

Das erwartet dich ...

Eine ausgedehnte und erlebnisreiche Bergwandertour mit schattigem, nord- und westseitig verlaufendem Anstieg. Es wartet ein markanter Gipfel, der schon von München aus als breite Felsmauer zu sehen ist. Unten sind die Wanderwege überwiegend bequem ausgebaut, oben wird der Pfad steinig und bei Feuchtigkeit rutschig. Eine solide Kondition und oben etwas Trittsicherheit sind erforderlich.

Gipfeltour 21

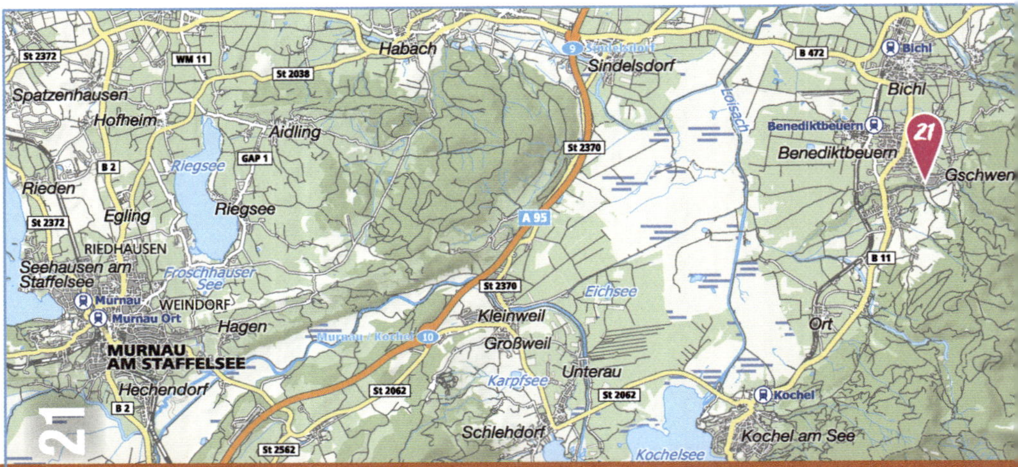

Start & Ziel & Anreise

Startpunkt und Ziel ist der Parkplatz am Alpenwarmbad in Pechlern, einem Ortsteil von Benediktbeuern. Die Anfahrt mit dem Auto erfolgt von München aus auf der B 11 Richtung Mittenwald und Innsbruck. An der Lainbachbrücke in Pechlern geht es links/östlich das Sträßchen aufwärts zum Alpenwarmbad. Die Anreise mit Öffis ist per Regionalbahn Tutzing – Kochel (Bahnstation etwa 25 Min. zu Fuß) oder dem Bus 9612 Bad Tölz – Kochel (Haltestelle Pechlern, etwa 15 Min. zu Fuß) möglich.

Tourenbeschreibung

Der nordseitige „Standardweg" zur Benediktenwand hat an heißen Tagen den Vorteil, dass der Aufstieg relativ kühl ist und bis zum Rieder Vorberg mit Schautafeln zu Wald und Natur garniert ist. Nach längerem Auf und Ab wird man für die Anstrengung mit dem eindrucksvollsten Blick auf die 450 Meter hohe Nordwand und einem kühlen Getränk auf der renovierten Tutzinger Hütte belohnt. Zum Endspurt in westlich ausholender Schleife auf den Höhepunkt der Isarwinkler Voralpen verleitet ein weiter Gipfelblick, der von der Zugspitze übers Karwendel bis zum Rofan und über das Alpenvorland bis München reicht.

Vom Parkplatz starten wir südostwärts auf breitem Forstweg in den Wald, an Infotafeln (Waldlehrpfad) und einer Alm vorbei, aufwärts zu einer Serie von Abkürzungen (die ersten ignorieren) Richtung Tutzinger Hütte. Der Letzte führt als Karrenweg über den Kamm des Rieder Vorbergs hinab zu den Wiesen der Kohlstattalm. Kurz dahinter im Wald biegen wir links ab (beschildert), gehen ostwärts und abwärts an einem riesigen Findlings-Block vorbei durch den Eibelsgraben und wieder aufwärts zur Eibelsfleckalm am Forstweg. Hier auf schlechtem Weg über Wiesen südostwärts aufwärts wieder zu diesem Forstweg, dessen Ende man bald erreicht (Materialseilbahn, Rad-Abstellplatz).

Kurz davor folgen wir der Beschilderung links aufwärts über Serpentinen im Steilwald hinauf zu einem Absatz und über Almwiesen zur Tutzinger Hütte. Auf einem Pfad wandern wir kurz weiter, halten uns unter der Wand rechts und folgen etwas mühsam den schottrigen Serpentinen westwärts hinauf zum Westrücken der Benediktenwand. Hier wenden wir uns ostwärts und folgen einem steinigen Weg aufwärts, zwischen Latschen und durch Senken immer höher bis zur Biwakhütte und hinauf zum Gipfel.

Abstieg: Wie im Aufstieg geht es über die Tutzinger Hütte hinab zum Beginn des Forstwegs und über diesen hinunter bis zum rechts ins Lainbachtal abzweigenden Fahrweg. Auf diesem halten wir uns immer im Wald nord- und ostwärts (an Rechtskurve gerade Abkürzung) abfallend und gelangen, der Beschilderung nach Benediktbeuern folgend, über ein Waldplateau zu einem steinigen Karrenweg. Diesen steigen wir steil hinab und folgen über eine Brücke dem Fahrweg ins kurvenreiche Lainbachtal hinunter.

Talauswärts kommen wir an Informationstafeln (Wildbachlehrpfad) vorbei, bis wir kurz vor den ersten Häuser von Benediktbeuern stehen. An einer Mariengrotte biegen wir links ab und folgen dem hübschen Waldweg zum Ausgangspunkt.

Autoren Tipp

Von der Tutzinger Hütte stehen zwei „Normalwege" zum Gipfel zur Auswahl. Wer Lust auf anregende Kraxelei hat und etwas Erfahrung dafür mitbringt, wird den ostseitigen Gipfelanstieg unterhaltsamer finden als den leichteren Westweg. Denn im Osten führt ab dem Rotöhrlsattel ein versicherter Steig durchs felsige Gelände. Die Länge beider Wege ist fast identisch, doch an der Ostseite wird mehr Schweiß fließen. Denn hier gibt es ab der Hütte kaum noch Wald, ergo keinen Schatten.

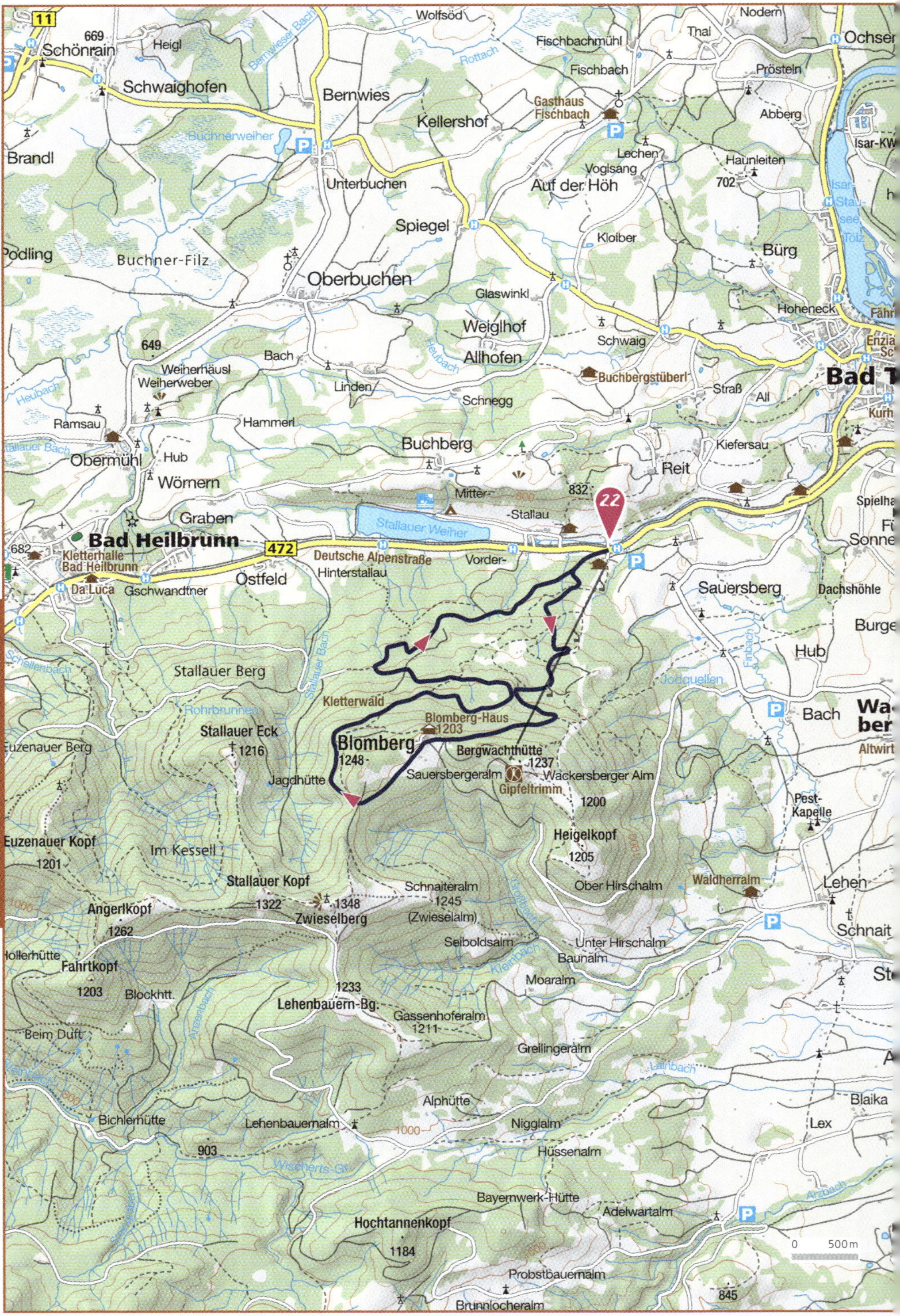

22

11
669
Schönrain
Heigl
Schwaighofen
Wolfsöd
Bernwieser Bach
Bernwies
Rottach
Fischbachmühl
Fischbach
Nodern
Thal
Ochsen
Prösteln
Abberg
Gasthaus Fischbach
Kellershof
Brandl
Buchnerweiher
Unterbuchen
Lechen
Voglsang
Auf der Höh
Haunleiten
702
Isar-KW
Isar-Stausee Tölz
Spiegel
Kloiber
Bürg
Podling
Buchner-Filz
Oberbuchen
Glaswinkl
Hoheneck
Weiglhof
Schwaig
Allhofen
Heubach
649
Bach
Weiherhäusl
Weiherweber
Heubach
Linden
Buchbergstüberl
Straß
All
Bad T
Schnegg
Ramsau
Hammerl
Stallauer Bach
Obermühl
Hub
Buchberg
Kiefersau
Wörnern
Reit
Mitter-
832
22
Graben
Stallauer Weiher
-Stallau
Spielha
Bad Heilbrunn
682
Kletterhalle Bad Heilbrunn
472
Deutsche Alpenstraße
Hinterstallau
Vorder-
Ostfeld
Sonne
Da Luca
Gschwandtner
Sauersberg
Dachshöhle
Burge
Schellenbach
Stallauer Berg
Hub
Stallauer Bach
Jodquellen
Rohrbrunnen
Kletterwald
Bach
Wa ber
Blomberg-Haus 1203
Stallauer Eck
1216
Euzenauer Berg
Blomberg
1248
Altwirt
Bergwachthütte
1237
Jagdhütte
Sauersbergeralm
Wackersberger Alm
Gipfeltrimm
1200
Pest-Kapelle
Heigelkopf
Euzenauer Kopf
1201
Im Kessell
1205
1000
Ober Hirschalm
Waldherralm
Stallauer Kopf
Lehen
Schnaiteralm
1245
(Zwieselalm)
Angerlkopf
1322
1348
Zwieselberg
1262
Schnait
Seiboldsalm
Unter Hirschalm
Baunalm
Hollerhütte
Fahrtkopf
1203
Kleinbach
Moaralm
1233
Blockhtt.
Lehenbauern-Bg.
Anzenbach
Gassenhoferalm
1211
Beim Duft
Greilingeralm
Lainbach
Steinbach
Alphütte
Blaika
Bichlerhütte
Lehenbauernalm
Nigglalm
Lex
1000
903
Hüssenalm
Wisserts-Gr.
Bayernwerk-Hütte
Adelwartalm
Arzbach
Hochtannenkopf
1184
0 500 m
Probstbauernalm
845
Brunnlocheralm

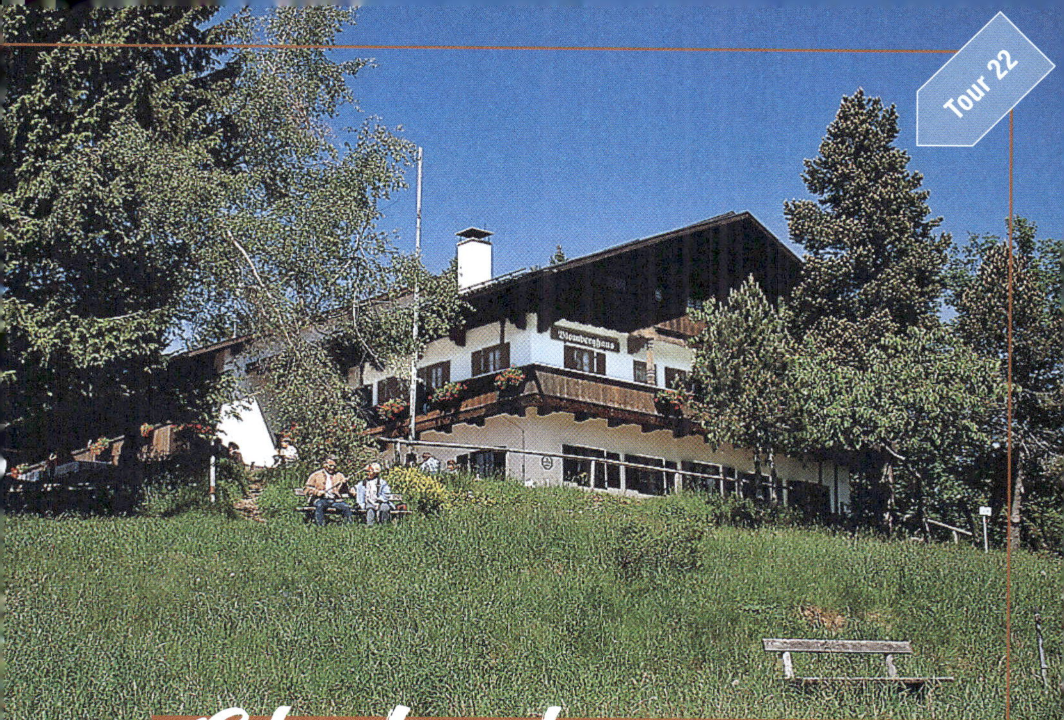

Tour 22

Gipfeltour 22

Blomberghaus

Die Tölzer Kur-Tour

DAUER	3h
LÄNGE	8 km
HÖHENMETER	493 hm
SCHWIERIGKEIT	LEICHT
ÜBERNACHTUNG	ja

Das erwartet dich ...

Eine familientaugliche Ausflugs-Wanderung zu einem meist gut bevölkerten Voralpengipfel. Die relativ steile, nordseitige Waldtour auf einem bequemen Fahrweg endet am bewirteten Blomberghaus mit toller Aussicht über große Waldgebiete, auf die Benediktenwand und auf das Isartal. Bei dieser Tour sind weder besondere Ausrüstung noch besonderes Können nötig.

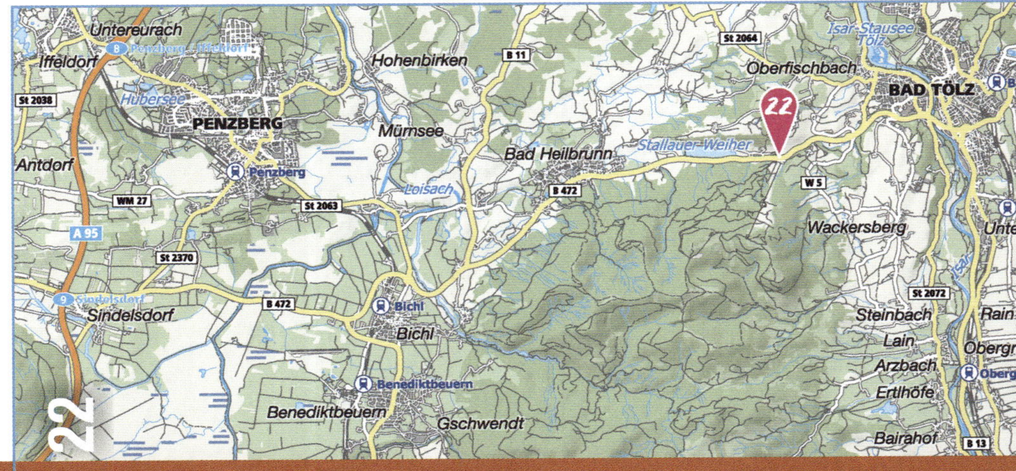

Start & Ziel & Anreise

Ausgangspunkt und Ziel ist der große Parkplatz der Talstation des Blomberg-Sessellifts an der B 472 westlich von Bad Tölz. Die schnellste PKW-Anfahrt von München aus erfolgt über die A 8, Ausfahrt Holzkirchen, via B 13 Richtung Bad Tölz und auf die B 472. Direkt beim Parkplatz befindet sich auch die Bushaltestelle Blombergbahn der Linie 9612 Bad Tölz – Kochel.

Tourenbeschreibung

Diese Wanderung kann man das ganze Jahr über unternehmen. Im Winter empfiehlt es sich allerdings, über den deutlich längeren Abstiegsweg aufzusteigen, sonst kann man auf dem Eis ausrutschen oder von einem Schlittenfahrer über den Haufen gerodelt werden. Das oben in der Sonne wartende Blomberghaus ist stets bewirtschaftet – außer in der kurzen Zwischensaison am Übergang vom Herbst in den Winter. Der laut Karte höchste Punkt des Blombergs im Wald hinterm Blomberghaus ist unzugänglich, da er von der Bundeswehr mit einer Richtfunkstation belegt ist. Zu dieser wurde der hier als Abstieg vorgeschlagene Fahrweg hinaufgelegt, der zu einer beliebten Mountainbike-Strecke geworden ist. Zudem gibt es seit wenigen Jahren, zwischen den Bäumen am Blomberghaus aufgespannt, einen weitläufigen „Klettergarten", sprich Hochseilgarten mit Drahtseilrutschen, Balancierbrücken und was sonst noch so dazugehört.

Von der Talstation südwestwärts auf dem „heilklimatischen" Wanderweg im Wald kurz aufwärts zu einer Verzweigung (der rechte Weg mit Rodel-Verbotsschild wird besser im Abstieg und im Winter genommen). Den gut beschilderten linken Fahrweg nehmen und südwärts an den je nach Kondition er- oder entmutigenden Höhenmeter-Schildern sowie Kinderattraktionen wie Holz-Klangspiel, Baumstamm-Weg oder Bäume-Raten („Entdecker-Pfad") vorbei zügig hinauf auf teils neuer Fahrwegführung zur Blombergbahn-Mittelstation (950 m). Hier können die Roller-Bobs für die kurz darunter beginnende Sommerrodelbahn ausgeliehen werden. An einem Brünnlein sowie einem (noch) freien Borkenkäferschlag vorbei geht es mit abschließender westwärts ansteigender Querung zu einem Sattel (hier links aufwärts zur Bergstation der Blombergbahn und dem eigentlichen Blomberg-Wiesengipfel) und geradeaus über freie Almwiesen in wenigen Minuten zum Blomberghaus.

Abstieg: Nach der Einkehr auf dem Fahrweg südwestwärts unterhalb des Blomberg-Waldgipfels (1248 m) flach weiter und hinter dem Wegabzweig zum Zwiesel in Nordostrichtung gemächlich abwärts. Nach einer langen Ostquerung können Aspiranten der Sommerrodelbahn an einer Linkskehre rechts auf einem kurzen Verbindungs-Karrenweg zum Aufstiegs-Fahrweg hinüberwechseln. Wer nicht rodeln will, wandert auf der langen Forststraße weiter hinab zum Ausgangspunkt.

Autoren Tipp

Im unteren Bereich des Abstiegs sollten Familien mit Kindern unbedingt die Sommerrodelbahn nehmen. Es lohnt sich! Die Bobs fahren auf Rollen mit einfachem Bremssystem in einer 1286 Meter langen Eternit-Bahn mit Steilkurven von der Mittelstation zur Talstation der Blombergbahn.

23

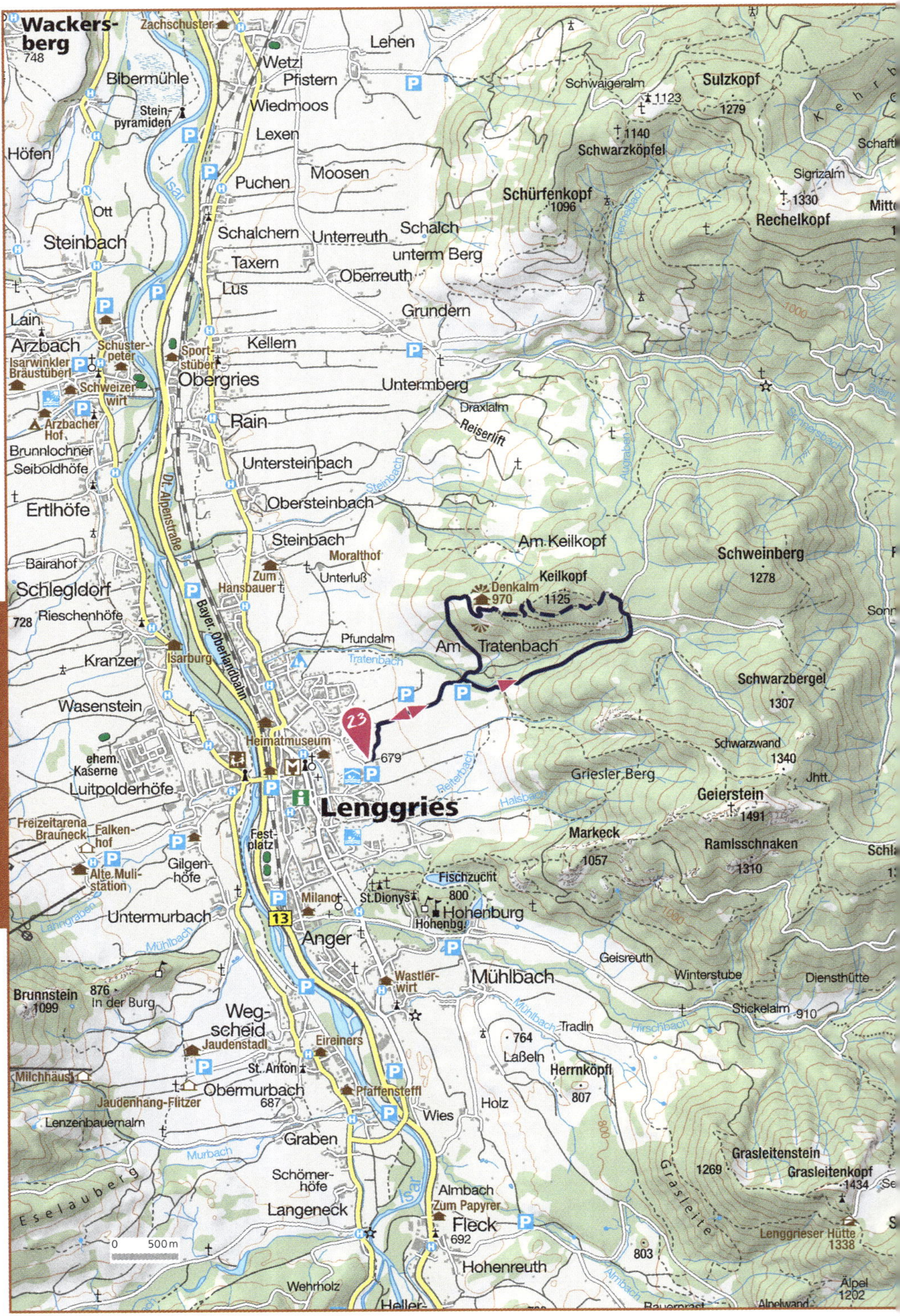

Wackersberg 748
Zachschuster
Bibermühle
Steinpyramiden
Höfen
Ott
Steinbach
Lain
Arzbach
Schusterpeter
Isarwinkler Bräustüberl
Schweizerwirt
Arzbacher Hof
Brunnlochner
Seiboldhöfe
Ertlhöfe
Bairahof
Schlegldorf
728
Rieschenhöfe
Kranzer
Wasenstein
ehem. Kaserne
Luitpolderhöfe
Freizeitarena Brauneck
Falkenhof
Alte Muli-station
Gilgenhöfe
Untermurbach
Brunnstein 1099
876 In der Burg
Milchhäusl
Jaudenhang-Flitzer
Lenzenbauernalm
Eselauberg
Wetzl
Pfistern
Wiedmoos
Lexen
Puchen
Schalchern
Taxern
Lus
Kellern
Sportstüberl
Obergries
Rain
Untersteinbach
Obersteinbach
Steinbach
Zum Hansbauer
Isarburg
Dr.-Alpenstraße
Bayer. Oberlandbahn
Isar
Heimatmuseum
Festplatz
Lenggries
13
Anger
Milano
St. Dionys
Wegscheid
Jaudenstadl
Eireiners
St. Anton
Obermurbach 687
Pfaffensteffl
Graben
Murbach
Schömerhöfe
Langeneck
Wehrholz
Heller-
Lehen
Moosen
Unterreuth
Schalch
unterm Berg
Oberreuth
Grundern
Untermberg
Draxlalm
Reiserlift
Moralthof
Unterluß
Pfundalm
Tratenbach
679
Reiterbach
Halsbach
Fischzucht
800
Hohenburg
Hohenbg.
Mühlbach
Wastlerwirt
Tradln
764
Laßeln
Herrnköpfl 807
Holz
Wies
Almbach
Zum Papyrer
Fleck 692
Hohenreuth
0 500 m
Schwaigeralm
1123
Sulzkopf 1279
1140 Schwarzköpfel
Schürfenkopf 1096
Sigrizalm
1330
Rechelkopf
Am Keilkopf
Denkalm 970
Keilkopf 1125
Am Tratenbach
Schweinberg 1278
Schwarzbergel 1307
Schwarzwand 1340
Jhtt.
Griesler Berg
Geierstein 1491
Markeck 1057
Ramlsschnaken 1310
Geisreuth
Winterstube
Diensthütte
Stickelalm 910
Hirschbach
Grasleitenstein
1269
Grasleitenkopf 1434
Grasleite
Lenggrieser Hütte 1338
803
Älpel 1202
Almbach
Alpelwand

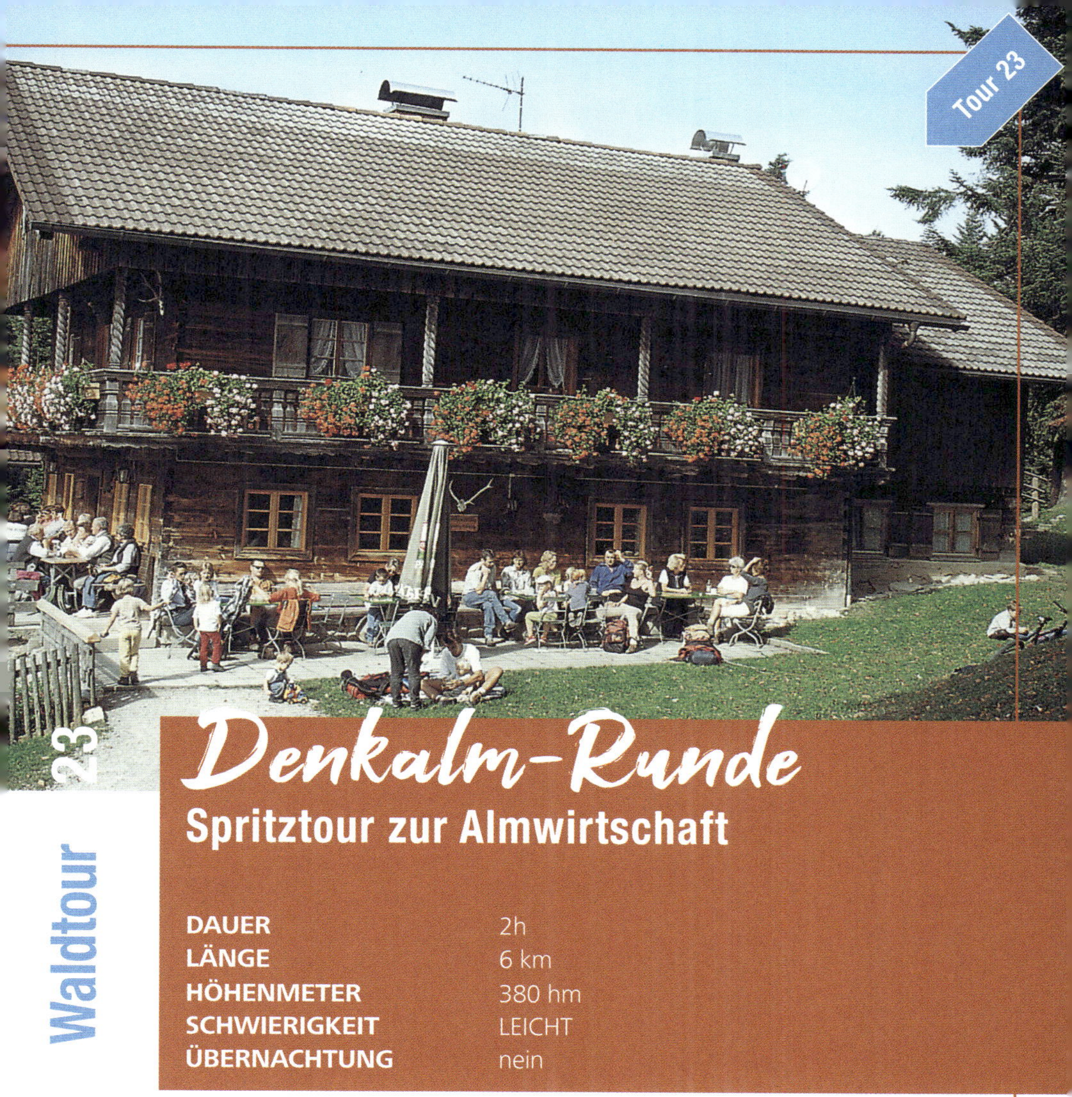

Denkalm-Runde

Spritztour zur Almwirtschaft

DAUER	2h
LÄNGE	6 km
HÖHENMETER	380 hm
SCHWIERIGKEIT	LEICHT
ÜBERNACHTUNG	nein

Das erwartet dich ...

Zwar verläuft die beliebte Runde vollständig auf Fahrwegen und – bis auf den Wiesenbeginn – meist schattig im Wald, aber der Abschlussaufstieg ist steinig und der südseitige Abstieg stellenweise steil. Dafür entschädigt jedoch die freie westseitige Denkalm mit herrlichem Blick über das Isartal auf die Benediktenwandgruppe.

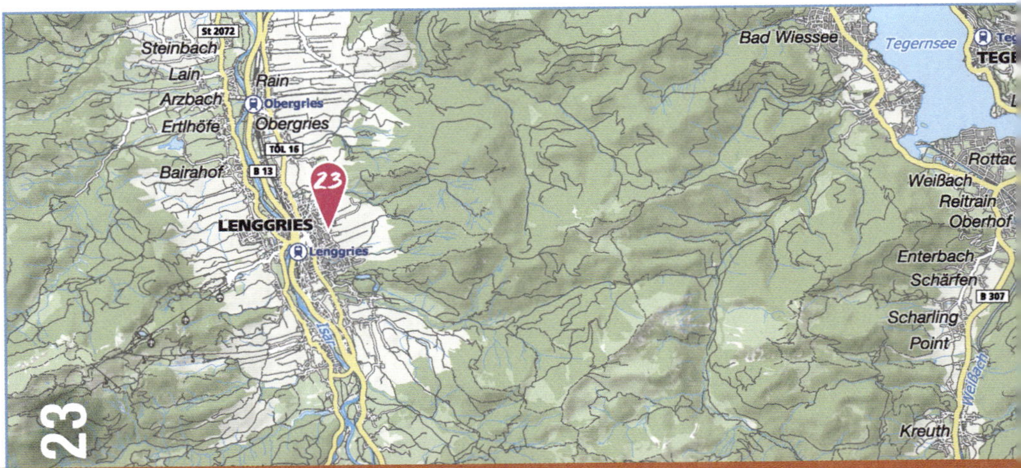

Waldtour 23

Start & Ziel & Anreise

Start- und Endpunkt dieser Tour ist der Parkplatz am Schwimmbad in Lenggries. Die Anfahrt mit PKW aus dem Raum München erfolgt über die A8, Ausfahrt Holzkirchen und über die B13 nach Bad Tölz und Lenggries. Die Anreise mit Öffis ist problemlos, da Lenggries direkt von München und Bad Tölz aus mit der Regionalbahn RB56 erreichbar ist. Von der Bahnstation zum Parkplatz sind es zu Fuß gut 10 Minuten.

Tourenbeschreibung

Überall im Gras des Wiesenbuckels verstreut sitzen und liegen sie herum, die Sonnenanbeter. Kinder laufen geschäftig hin und her, während sich ihre Eltern geruhsam unterhalten oder einfach das Panorama des Isarwinkels genießen. Weniger romantische Naturen oder Wanderer ohne eigene Wegzehrung kehren im gemütlichen Gasthaus der ehemaligen Denkalm ein, das an sonnigen Herbstnachmittagen proppenvoll ist. Die hier vorgestellte Runde führt erst angenehm kühl am Tratenbach im Wald aufwärts, um nach einer kurzen Steilstufe im sonnenwarmen Hochwald schnell zur grünen Oase hinabzuführen.

Vom Parkplatz folgen wir der Beschilderung „Denkalm" in Richtung Nordwesten über einen Wiesenpfad hinter Häusern zu einem Teerweg. Auf diesem geht es rechts (nordostwärts) aufwärts an einem Parkplatz vorbei zu einer Brücke im Wald (von links kommt unser Rückweg).

Nun wandern wir geradeaus auf einem Fahrweg rechts des Tratenbachs zügig hinauf und gelangen an einem Flachstück links über den Bach. Der Beschilderung „Denkalm" folgend biegen wir zweimal links ab und erreichen einen Karrenweg, der westwärts steil zum höchsten Punkt der Tour hinaufführt. Rechts zweigt ein Steig über den Südostrücken zum 1125 Meter hohen Waldgipfel des Keilkopfs ab und führt via Westrücken wieder hinab zum Weg.

Abstieg: In stark wechselnder, teils sehr steiler Neigung geht es zügig hinab zu einem steilen Wiesenrücken, an den sich die zur gemütlichen Einkehr ladende, bewirtschaftete Denkalm schmiegt. Mehr oder weniger steil wandern wir anschließend von dieser auf einem Fahrweg hinab zur Brücke und zur Aufstiegsroute zurück. Am Ausgangspunkt verspricht das Schwimmbad an heißen Tagen eine willkommene Abkühlung.

Ausblick von der Denkalm

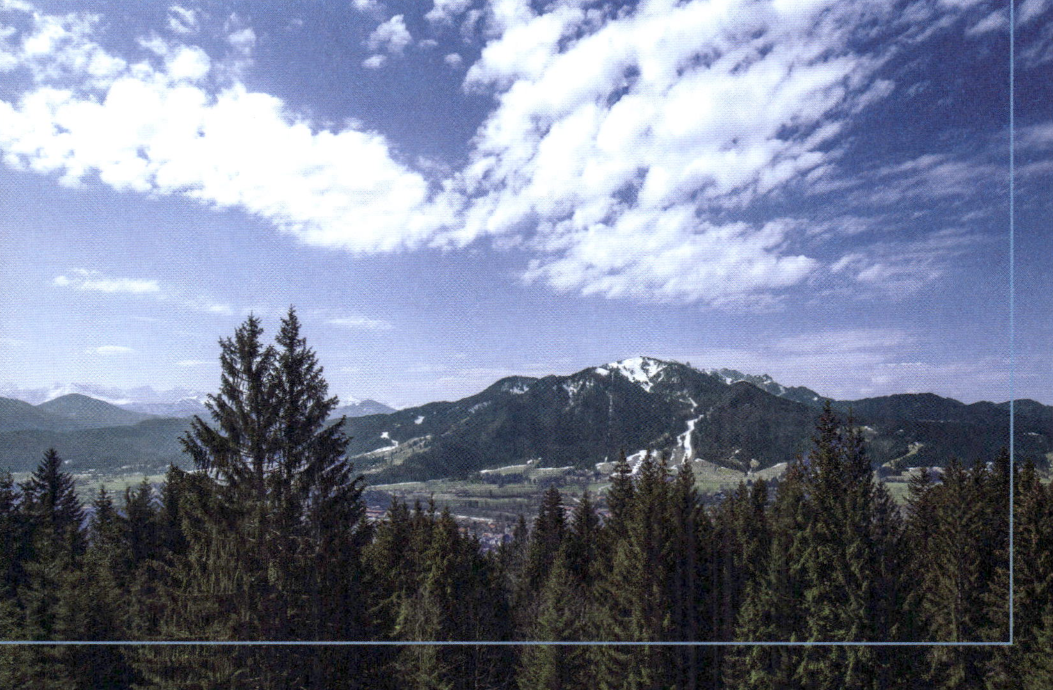

Unser Highlight

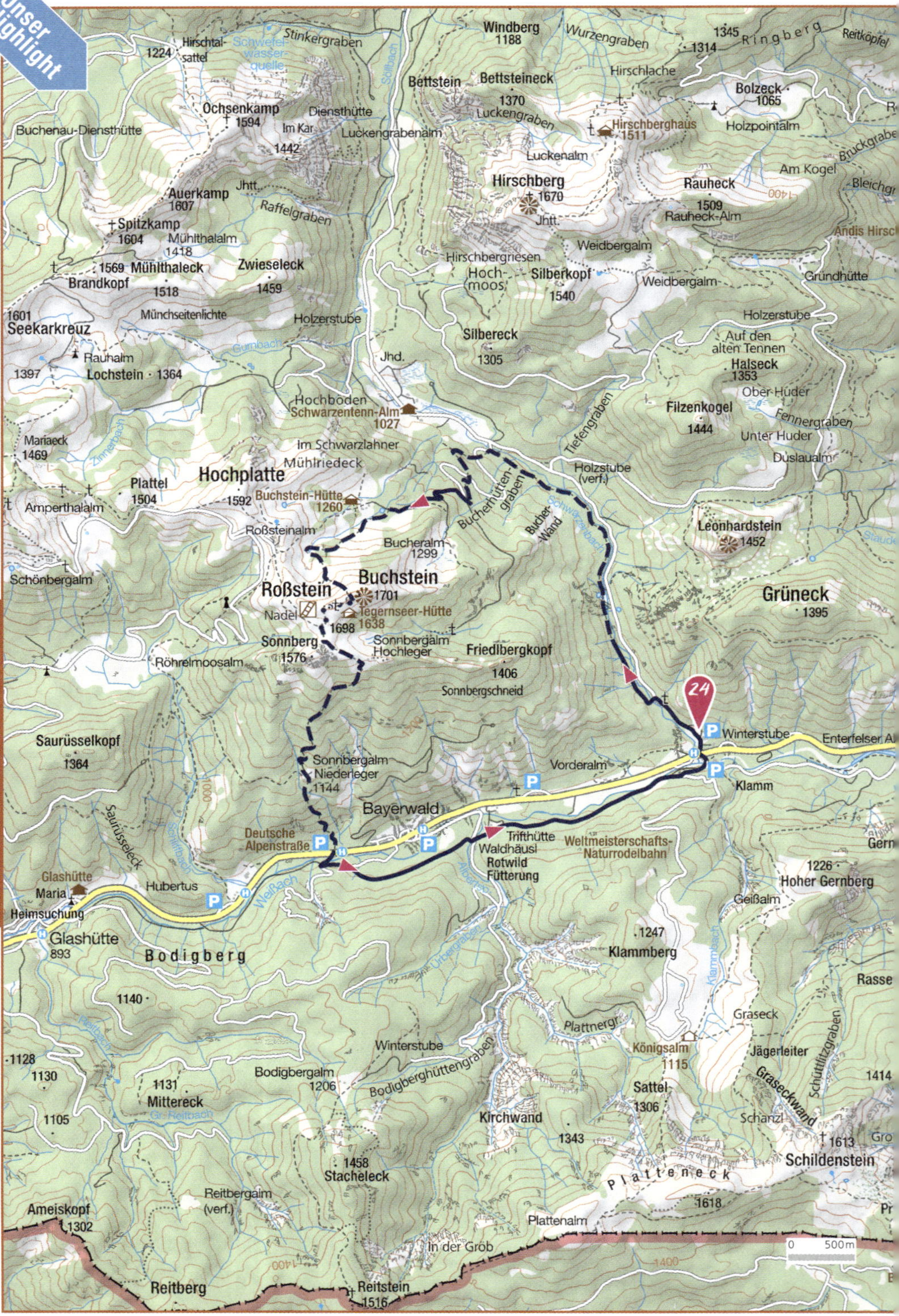

24

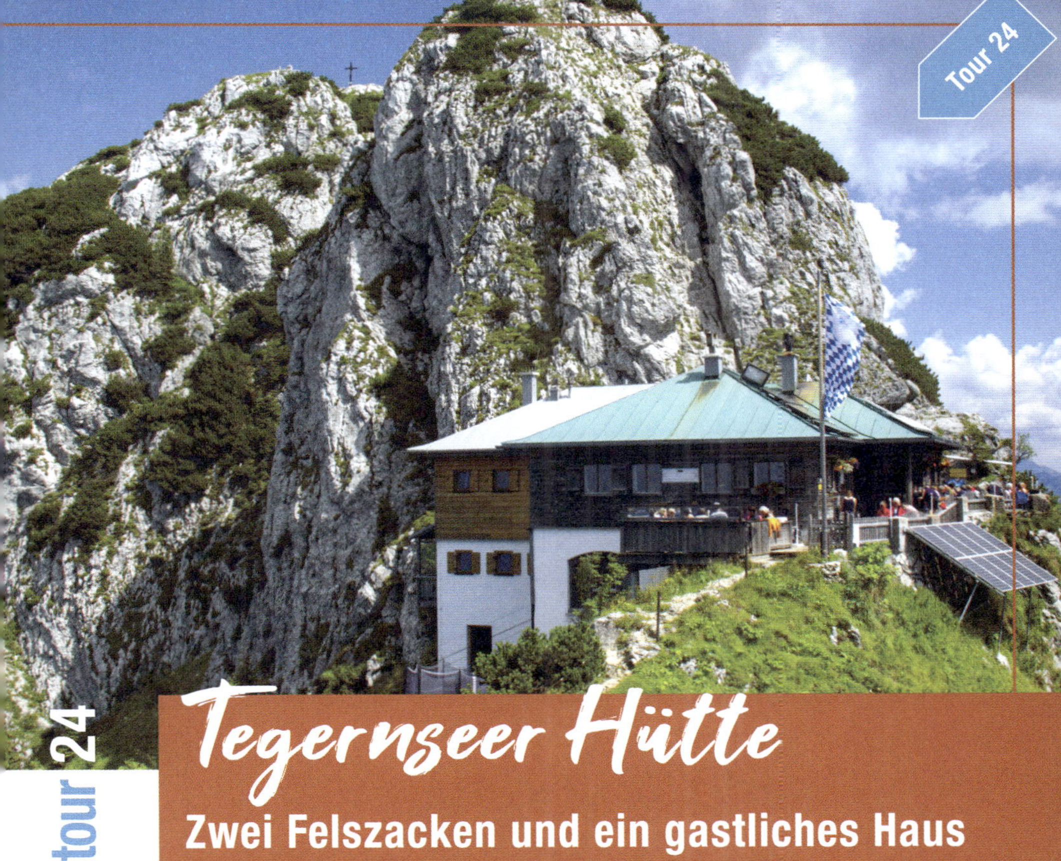

Panoramatour 24

Tegernseer Hütte

Zwei Felszacken und ein gastliches Haus

DAUER	5h 15min
LÄNGE	13,2 km
HÖHENMETER	870 hm
SCHWIERIGKEIT	SCHWER
ÜBERNACHTUNG	ja

Das erwartet dich ...

Eine abwechslungsreiche Runde mit gesicherten Passagen in der Südflanke des Roßsteins. Es warten eine tolle Aussicht vom Gipfel und die einmalige Lage der Tegernseer Hütte. Hinweis: Wer sich den Mini-Klettersteig nicht zutraut, nimmt besser den nördlich um den Roßstein herumführenden Altweiberweg – der ist etwas weiter, aber unschwierig und gut markiert.

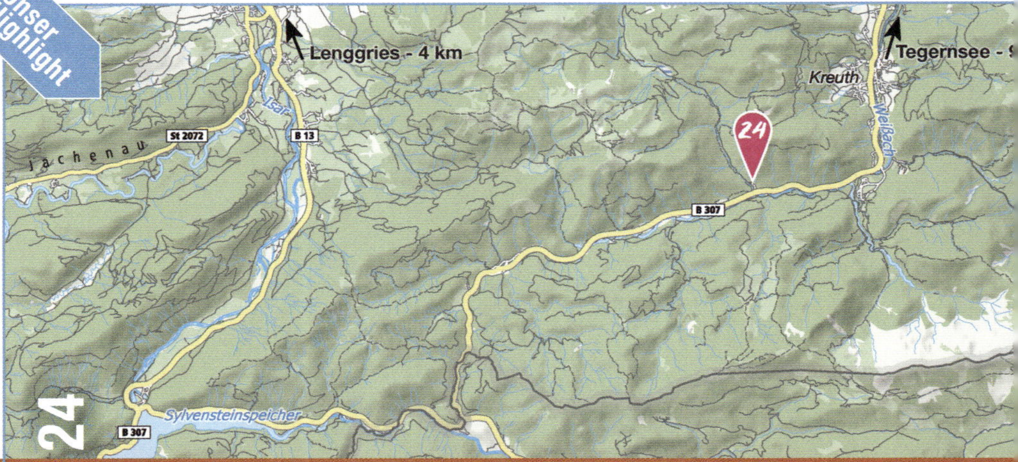

Unser Highlight

Lenggries - 4 km
Tegernsee
Kreuth
Isar
Weißbach
Jachenau
St 2072
B 13
B 307
24
Sylvensteinspeicher

Panoramatour 24

Start & Ziel & Anreise

Start- und Zielpunkt ist der Parkplatz am Eingang ins Schwarzenbachtal an der Achenpassstraße. Hier befindet sich auch die Bushaltestelle Klamm, Kreuth. Die Anfahrt mit dem Auto aus dem Raum München erfolgt über die A8, Ausfahrt Holzkirchen und über die B318/B307 vorbei am Tegernsee und an Wildbad Kreuth zum Parkplatz. Die Anfahrt mit Öffis ist vom Bahnhof Tegernsee aus mit der Buslinie 9556 Richtung Klamm, Kreuth möglich.

Tourenbeschreibung

Die Frage nach der am schönsten gelegenen Hütte im Mangfallgebirge ist ganz rasch beantwortet: natürlich die Tegernseer! Am Rand eines senkrechten Abbruchs schmiegt sie sich an die Gipfelfelsen des Buchsteins, und von der Terrasse reicht der Blick über den im Sonnenlicht glitzernden Spiegel des Achensees bis zu den Zillertaler Dreitausendern. Wen wundert's da, dass die beiden „Zwillinge" Roß- und Buchstein mit dem gastlichen Haus dazwischen regen Besuch verzeichnen?

Vom Parkplatz nahe der Achenpassroute führt eine Straße sanft ansteigend ins Tal des Schwarzenbachs. Nach etwa einem halben Kilometer (Wegweiser) verlassen wir sie und wechseln auf die linke Talseite. Der ordentliche Fußweg mündet am Rand der Schwarzentennalm in die Zufahrt zur Buchsteinhütte. Sie gewinnt in ein paar weiten Schleifen, die sich auf dem steileren Fußweg abkürzen lassen, an Höhe. In einer Rechtskurve kurz vor der Hütte (5 Min. Umweg) gehen wir geradeaus. Auf steinigem Weg geht's hinein in die Talmulde unter dem Buchstein. Es folgen steile 300 Höhenmeter, zuletzt in kurzen Kehren zwischen Latschengestrüpp hinauf zur Tegernseer Hütte. Hier spazieren wir über die Terrasse und folgen dann dem breiten, aber recht steinigen Grat zum Gipfelkreuz des Roßsteins.

Das Panorama reicht vom Großglockner bis zur Zugspitze und schließt viele Erhebungen der Bayerischen Voralpen ein. Nur gerade einen Steinwurf entfernt ragt der felsige Buchstein über der Tegernseer Hütte auf. Felsen gibt es auch an unserem Abstieg. Er führt von der Tegernseer Hütte in die Südflanke des Roßsteins. Fest verankerte Drahtseile helfen hinunter ins Flache. Links ragt die Roßsteinnadel, ein beliebter Kletterzacken, in den Himmel. Unter dem Grasbuckel des Sonnbergs hindurch spazieren wir hinüber zum Sonnbergalm-Hochleger, einem einladenden Rastplatz. Dann geht's an der licht bewaldeten Südflanke schräg abwärts zum Niederleger.

Etwas tiefer queren wir den (meist trockenen) Alpelgraben; zuletzt steigt der Pfad in vielen kurzen Kehren ab zur Achenpassstraße. Hier halten wir uns kurz rechts, dann wandern wir über die Weißach und auf dem schönen Talweg mit dem Wasser zurück zum Parkplatz.

Autoren Tipp

Ist man einmal oben auf der Tegernseer Hütte, lockt natürlich auch der Gipfel des Buchsteins (1701 m). Ein Blick in die Rinne über dem Hausdach macht allerdings klar, dass da geklettert werden muss. Für erfahrene Berggänger sind die 30 steilen Höhenmeter allerdings kein ernstes Hindernis (Schwierigkeitsgrad I-II), zumal der Fels mit vielen Tritten und Griffen aufwartet. Die sind allerdings ziemlich abgetreten und deshalb bei Nässe gefährlich rutschig!

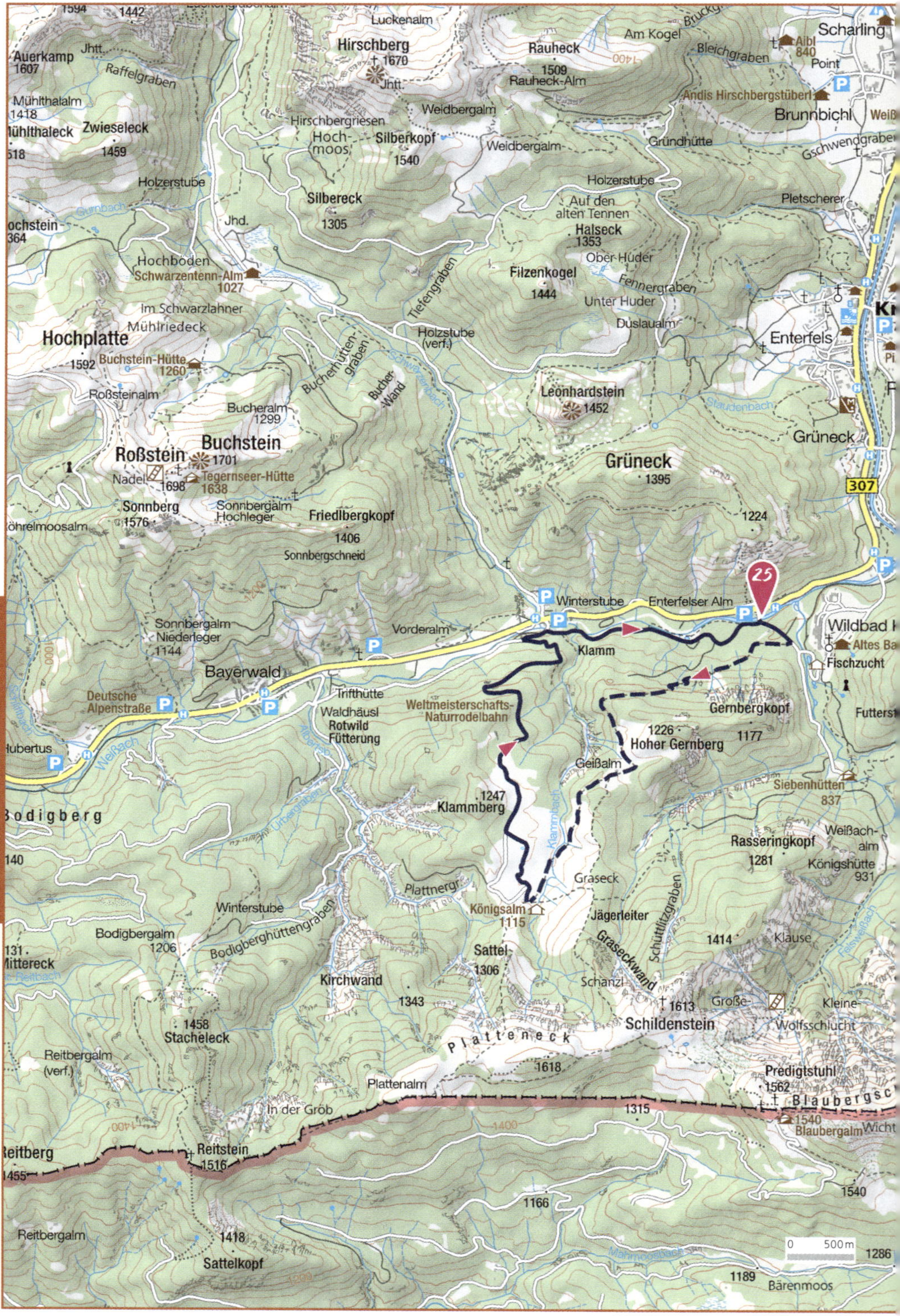

1594 1442
Luckenalm
Hirschberg 1670
Jhtt.
Rauheck 1509
Rauheck-Alm
Am Kogel
Bleichgraben
Scharling
Aibl 840
Point
Andis Hirschbergstüberl
Brunnbichl
Auerkamp 1607
Jhtt.
Raffelgraben
Mühlthalalm 1418
Mühlthaleck 1518
Zwieseleck 1459
Hirschbergriesen
Hochmoos
Silberkopf 1540
Weidbergalm
Weidbergalm
Gründhütte
Gschwendgraben
Holzerstube
Silbereck 1305
Holzerstube
Auf den alten Tennen
Pletscherer
Hochstein 1364
Gernbach
Jhd.
Halseck 1353
Ober-Huder
Hochböden
Schwarzentenn-Alm 1027
Filzenkogel 1444
Fennergraben
Unter Huder
Im Schwarzlahner
Mühlriedeck
Tiefengraben
Düslaualm
Hochplatte 1592
Buchstein-Hütte 1260
Buchenhüttengraben
Holzstube (verf.)
Enterfels
Roßsteinalm
Bucheralm 1299
Bucher-Wand
Schwarzenbach
Leonhardstein 1452
Staudenbach
Grüneck
Roßstein
Buchstein 1701
Nadel 1698
Tegernseer-Hütte 1638
Grüneck 1395
307
Sonnberg 1576
Sonnbergalm Hochleger
Friedlbergkopf 1406
1224
Söhrelmoosalm
Sonnbergschneid
25
Winterstube
Enterfelser Alm
Sonnbergalm Niederleger 1144
Vorderalm
Klamm
Wildbad
Altes Bad
Fischzucht
Bayerwald
Deutsche Alpenstraße
Trifthütte
Waldhäusl Rotwild Fütterung
Weltmeisterschafts-Naturrodelbahn
Gernbergkopf
1226
Hoher Gernberg
1177
Futterstall
Hubertus
Weißach
Geißalm
Siebenhütten 837
Bodigberg
1247 Klammberg
Klammbach
Rasseringkopf 1281
Weißach-alm
Königshütte 931
1140
Plattnergraben
Graseck
Winterstube
Königsalm 1115
Jägerleiter
Schüttlitzgraben
Bodigbergalm 1206
Bodigberghüttengraben
Sattel 1306
1414
Klause
1131 Mittereck
Reitbach
Kirchwand
1343
Graseckwand
Schanzl
1613
Große
Kleine
Wolfsschlucht
1458 Stacheleck
Platteneck
Schildenstein
Reitbergalm (verf.)
1618
Predigtstuhl 1562
Plattenalm
Blaubergschneid
In der Gröb
1315
1540
Blaubergalm
Wichtel
Reitberg 1455
Reitstein 1516
1400
1166
1540
Reitbergalm
1418
Sattelkopf
Mahmoosbach
0 500 m
1286
1189
Bärenmoos

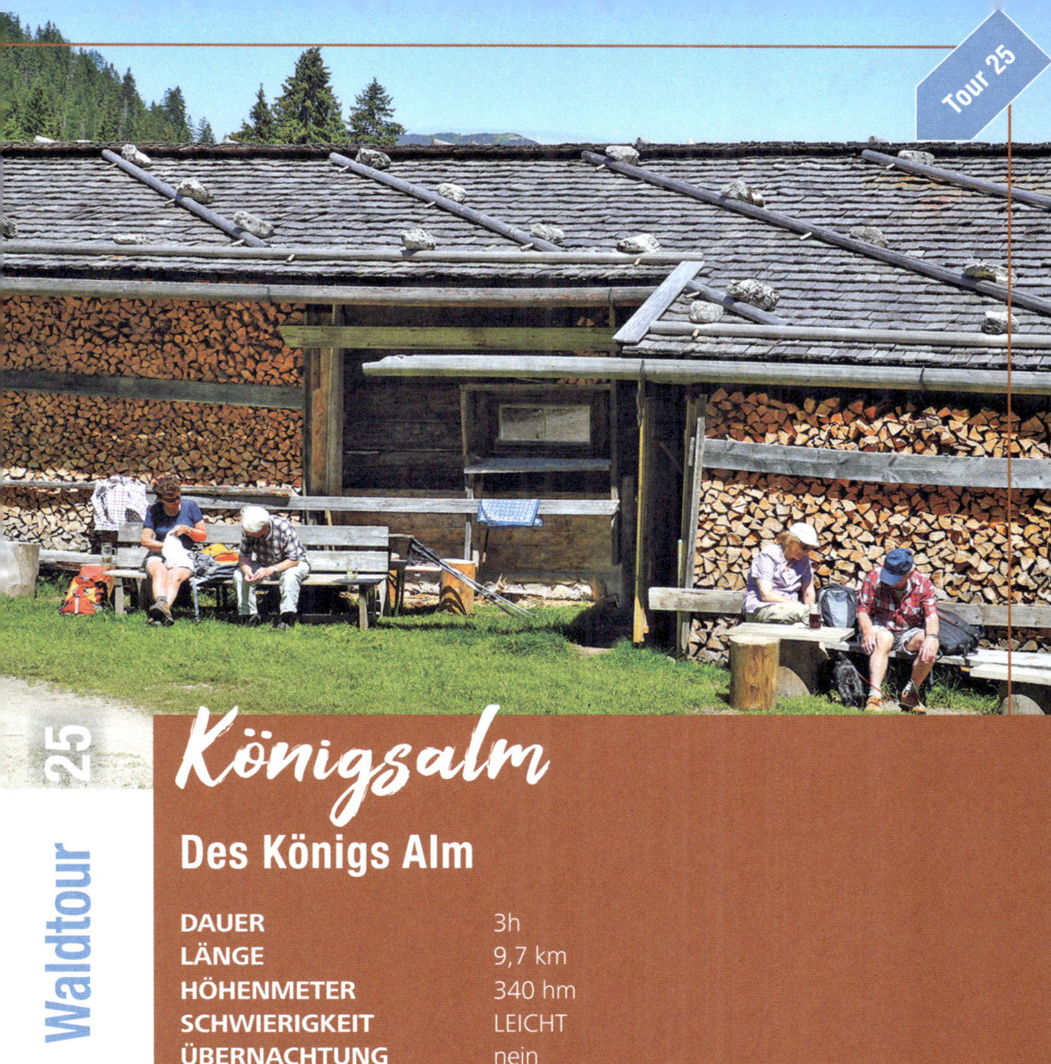

Königsalm

Des Königs Alm

DAUER	3h
LÄNGE	9,7 km
HÖHENMETER	340 hm
SCHWIERIGKEIT	LEICHT
ÜBERNACHTUNG	nein

Das erwartet dich ...

Eine gemütliche und idyllische Wald- und Almen-Wanderung auf gut ausgebauten, nur mäßig steilen Alm- und Forstwegen. Zunächst geht es durch geschlossenen Wald, doch nach und nach eröffnen sich schöne Aussichten. Am Ziel wartet mit der Königsalm eine urige Einkehrmöglichkeit mit historischem und denkmalgeschütztem Ambiente.

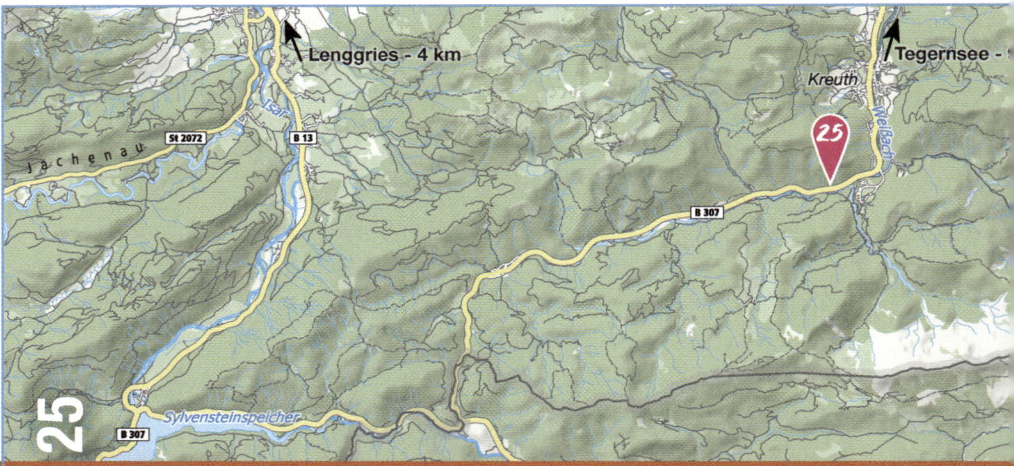

Waldtour 25

Start & Ziel & Anreise

Ausgangspunkt und Ziel ist der Parkplatz an der Achenpassstraße bei Wildbad Kreuth und der Abzweigung des Fahrweges nach Siebenhütten. Die Anfahrt mit dem Auto aus dem Raum München erfolgt über die A8, Ausfahrt Holzkirchen und über die B318/B307 vorbei am Tegernsee nach Wildbad Kreuth. Die Anfahrt mit Öffis ist vom Bahnhof Tegernsee aus mit der Buslinie 9556 Richtung Klamm, Kreuth möglich.

Tourenbeschreibung

Dass Max I. Joseph, König von Bayern, gerne das höfische Zeremoniell mit gesunder Landluft tauschte, ist in jedem Schulbuch nachzulesen. Besonders gern soll er sich in den Tegernseer Bergen aufgehalten haben, wo er u. a. das Wildbad Kreuth erbauen ließ und die Alm unter dem Platteneck aus klösterlichem Besitz erwarb. Auf Geheiß des Monarchen wurde neben der Almhütte von 1723 das sogenannte Kavaliershaus im Stil eines Schweizer Chalets errichtet: unten Käserei, oben Salon mit Blick auf Roß- und Buchstein. Die Alm bekam zu Zeiten der Wittelsbacher öfters prominenten Besuch. So soll Österreichs Kaiserin Sisi hier gewesen sein, zu Fuß, im Gegensatz zur russischen Zarin Alexandra, die sich in einer Sänfte auf die Alm tragen ließ.

Vom Parkplatz überqueren wir zunächst die Weißach und kommen dann vorbei am Schießstand zur Abzweigung des Königsalmweges (Schilder). Er steigt diagonal über den bewaldeten Nordhang des Gernberges an und führt dann hoch über dem wilden Graben des Klammbachs zur Geißalm. Hier endet die Steigung; in sanftem Auf und Ab nähert sich der Pfad dem Bach und quert ihn dann nach rechts zur Königsalm. Auffallend ist die Almhütte: Sie ist 46 Meter (!) lang und fußt auf einem Sockel aus Bruchsteinen. Der Bau stammt aus dem Jahr 1723, wurde um die Mitte des 19. Jahrhunderts vergrößert und steht heute unter Denkmalschutz.

Der Abstiegsweg kürzt zunächst eine weit ausholende Schleife der Almstraße ab. Dann wandern wir mit der Sandpiste hinab zur Weißach. Hier begegnen einem öfters Bergradler; im Winter ist die Strecke eine beliebte Rodelbahn, auf der 1984 sogar die Weltmeisterschaft ausgetragen wurde. Vor der Brücke gehen wir am Wildbach rechts und auf bequemem Weg flach zurück zum Parkplatz.

Auf dem Wanderweg zur Königsalm

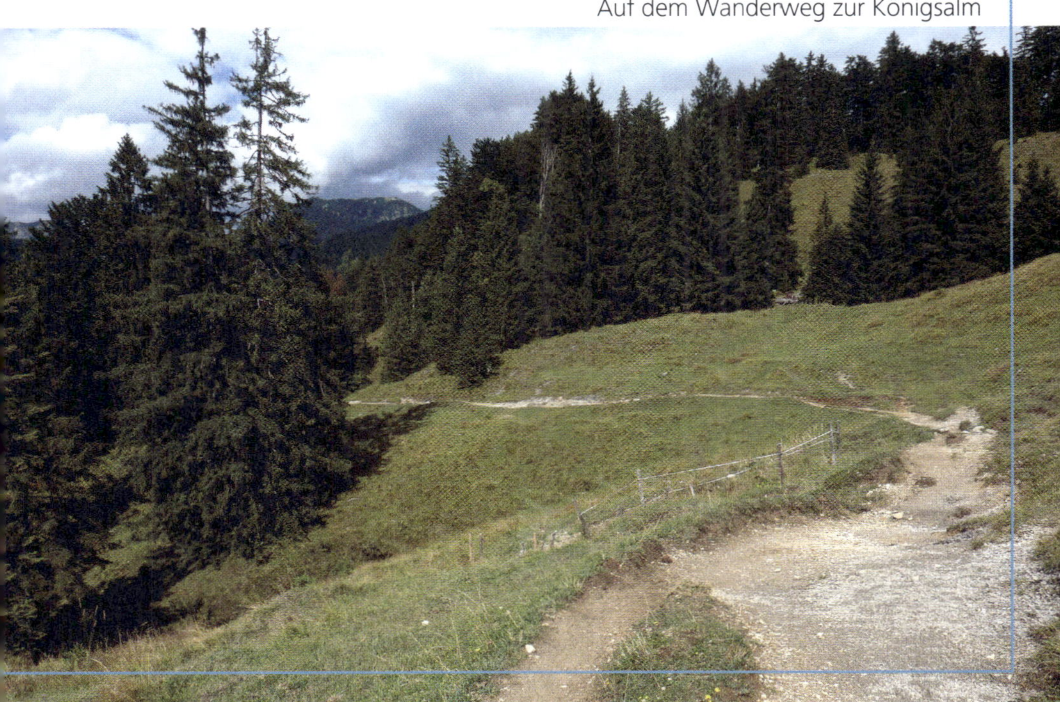

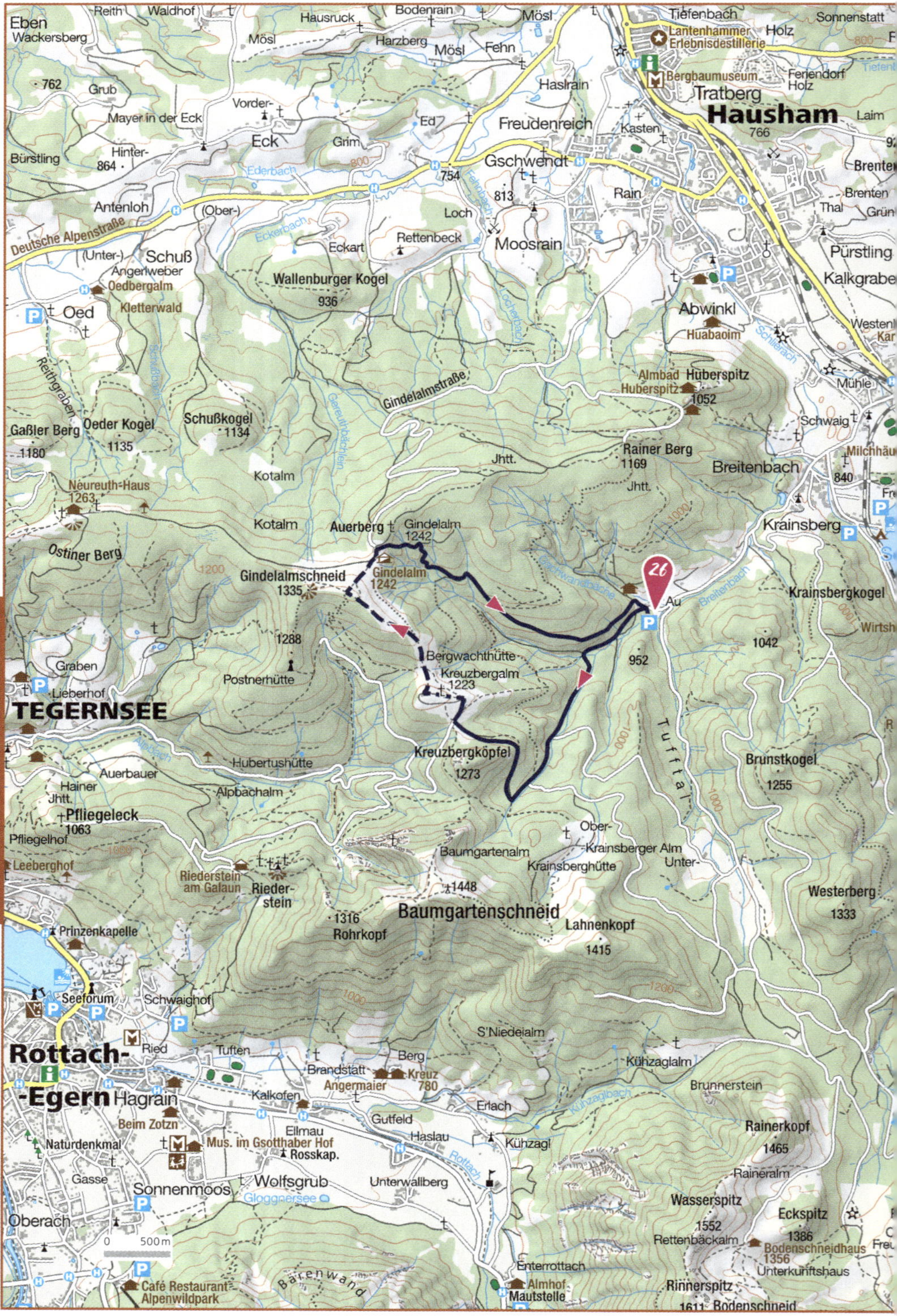

Eben
Wackersberg
Reith
Waldhof
Hausruck
Bodenrain
Mösl
Tiefenbach
Sonnenstatt
Holz
Lantenhammer Erlebnisdestillerie
Bergbaumuseum
Feriendorf Holz
Tratberg
Hausham
766
Laim
Harzberg
Mösl
Fehn
Haslrain
762
Grub
Vorder-
Mayer in der Eck
Ed
Freudenreich
Kasten
Eck
Grim
Bürstling
Hinter-
864
Ederbach
Gschwendt
754
813
Rain
Brenten
Thal
Grün
Antenloh
(Ober-)
Loch
Deutsche Alpenstraße
Eckerbach
Eckart
Rettenbeck
Moosrain
Pürstling
(Unter-)
Schuß
Angerlweber
Oedbergalm
Wallenburger Kogel
936
Kalkgraben
Abwinkl
Huabaoim
Oed
Kletterwald
Westen
Almbad Huberspitz
Huberspitz
1052
Mühle
Gindelalmstraße
Reitngraben
Gaßler Berg
1180
Oeder Kogel
1135
Schußkogel
1134
Schwaig
Jhtt.
Rainer Berg
1169
Breitenbach
Milchhäusl
840
Neureuth-Haus
1263
Kotalm
Jhtt.
Kotalm
Auerberg
Gindelalm
1242
Krainsberg
Ostiner Berg
Gindelalmschneid
1335
Gindelalm
1242
Au
Krainsbergkogel
1042
Wirtsh.
1288
952
Bergwachthütte
Graben
Kreuzbergalm
1223
Postnerhütte
Lieberhof
TEGERNSEE
Tufftal
Brunstkogel
1255
Kreuzbergköpfel
1273
Hubertushütte
Auerbauer
Hainer
Jhtt.
Alpbachalm
Pfliegeleck
1063
Pfliegelhof
Ober-
Krainsberger Alm
Unter-
Baumgartenalm
Krainsberghütte
Leeberghof
Riederstein am Galaun
Rieder-stein
1448
Westerberg
1333
1316
Rohrkopf
Baumgartenschneid
Lahnenkopf
1415
Prinzenkapelle
Seeforum
Schwaighof
S'Niedealm
Rottach-
-Egern
Ried
Tuften
Brandstatt
Berg
Kreuz
780
Kühzaglalm
Brunnerstein
Hagrain
Angermaier
Kalkofen
Erlach
Gutfeld
Beim Zotzn
Ellmau
Rainerkopf
1465
Naturdenkmal
Mus. im Gsotthaber Hof
Rosskap.
Haslau
Kühzagl
Raineralm
Gasse
Wolfsgrub
Unterwallberg
Rottach
Sonnenmoos
Gloggnersee
Wasserspitz
1552
Eckspitz
1386
Oberach
Rettenbäckalm
Bodenschneidhaus
1356
Unterkunftshaus
0 500 m
Enterrottach
Café Restaurant Alpenwildpark
Bärenwand
Almhof
Mautstelle
Rinnerspitz
1611
Bodenschneid

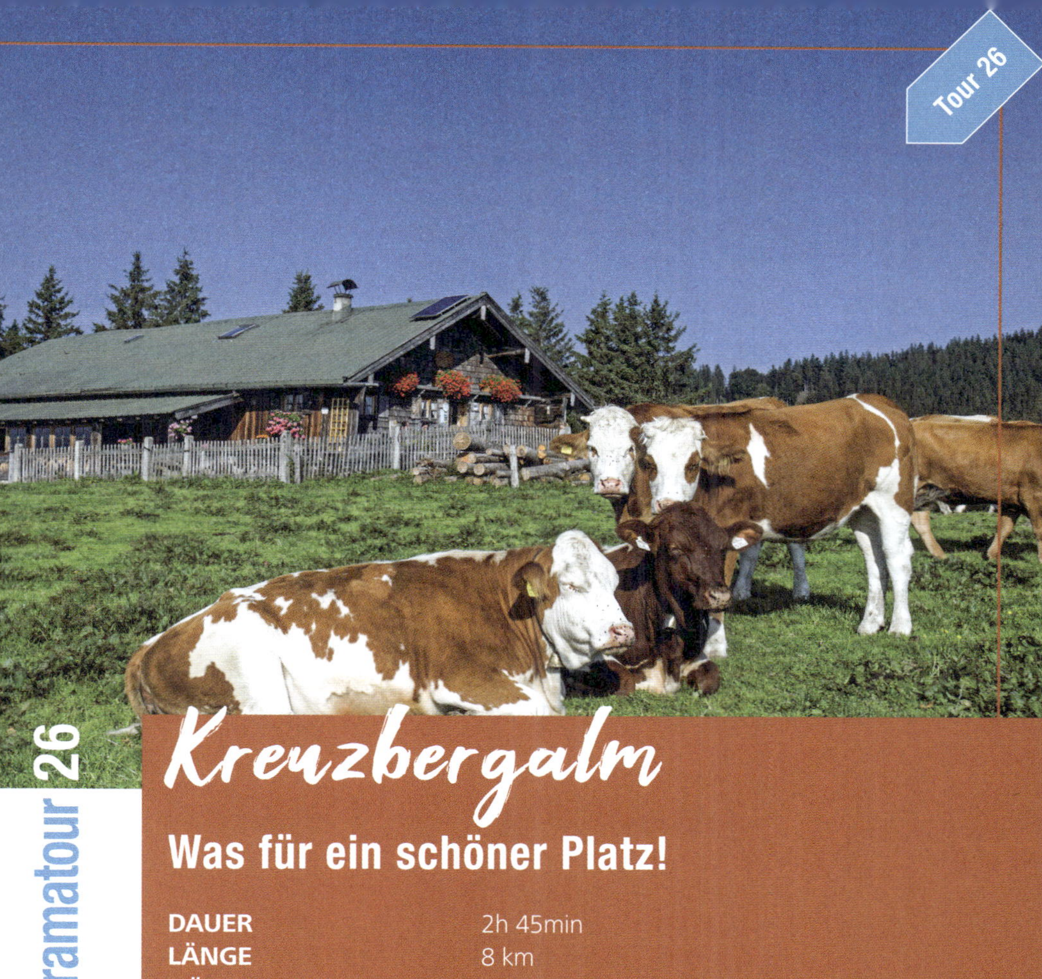

Kreuzbergalm

Was für ein schöner Platz!

DAUER	2h 45min
LÄNGE	8 km
HÖHENMETER	530 hm
SCHWIERIGKEIT	LEICHT
ÜBERNACHTUNG	nein

Das erwartet dich ...

Eine hübsche Rundwanderung mit Einkehrmöglichkeiten auf der Kreuzberg- und der Gindelalm. Wir tauchen hier ein in ein Meer aus endlosen Wäldern und Bergen. Von der Kreuzbergalm haben wir eine prächtige Aussicht auf die Gipfel des Mangfallgebirges. Der Abstieg von der Gindelalm ist teilweise recht steil.

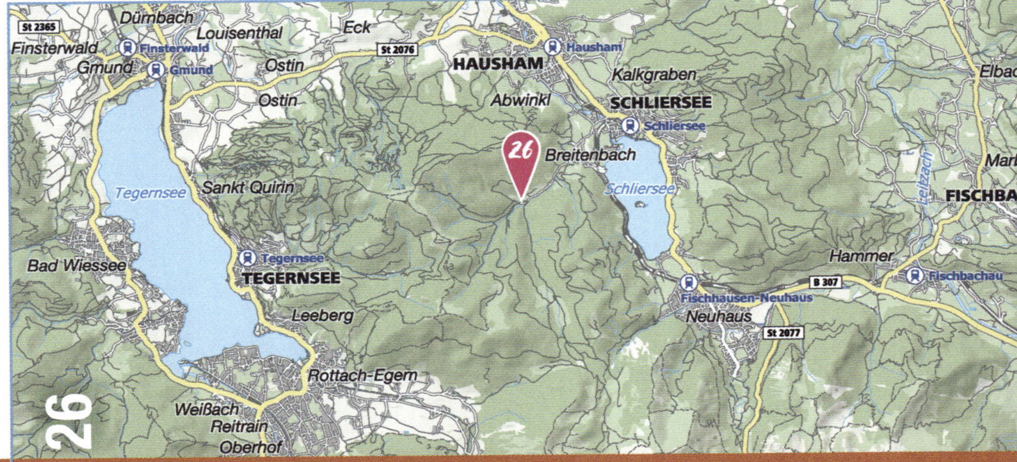

Panoramatour 26

Start & Ziel & Anreise

Ausgangspunkt und Ziel ist der Wanderparkplatz Hennerer Au im Tal des Breitenbachs. Er wird mit einer Zufahrt von 2,5 km vom Schliersee aus erreicht. Die Anfahrt mit Auto vom Raum München aus erfolgt über die A8, Ausfahrt Miesbach und über die B472 nach Miesbach. Von dort geht es weiter auf der B307 bis kurz vor Schliersee, wo die Zufahrt rechts nach Breitenbach abzweigt. Die Anfahrt mit Öffis ist bis Schliersee möglich (direkte Regionalbahnverbindung von und nach München).

Tourenbeschreibung

Die Kreuzbergalm ist eigentlich ein Gipfelhaus, und wenn der Grasmugel auch nur ein kleiner ist, bietet er doch eine bemerkenswerte Aussicht auf zahlreiche Höhenzüge des Mangfallgebirges. Und ein paar überraschende Fernblicke: nach Südwesten ins Karwendel und im Nordosten sogar bis zum Großen Arber im Bayerischen Wald. Und der ist immerhin 180 Kilometer entfernt! Dass man sich fürs Panoramagucken gleich noch vor der Alphütte zu einer Brotzeit niederlassen kann, ist übrigens auch kein Nachteil.

Die Wanderrunde beginnt, wie so oft in den Bayerischen Voralpen, auf einer Forstpiste. Vom Parkplatz führt der sogenannte Prinzenweg erst sanft, dann stärker ansteigend in das bewaldete Stadeltal. Er verbindet den Schliersee mit dem Tegernsee; sein Name erinnert an den Prinzen Karl von Bayern, einen Sohn des bayerischen Königs Maximilian I. Joseph, der im Deutschen Krieg (1866) als General eine eher unglückliche Rolle spielte, frustriert demissionierte und seinen Lebensabend am Tegernsee verbrachte.

Bei der Verzweigung im Talinnern halten wir uns rechts und folgen dem nun deutlich schmaleren Weg, der, weiter steigend, die bewaldete Ostflanke des Kreuzbergköpfels quert und schließlich an der namenlosen Senke dahinter in die von Tegernsee heraufkommende Straße mündet. Auf ihr gelangen wir hinauf zur Kreuzbergalm. Der Weiterweg führt zunächst hinunter in eine sumpfige Senke, dann über den von Erosion gezeichneten Hang hinauf zur Gindelalmschneid. Hier wäre eine Sanierung des Pfades (oder Verlegung) dringend geboten, auch den anschließenden Abstieg zur Gindelalm wird man kaum als „Premiumweg" bezeichnen. Dafür bietet die Alm dann gleich drei (!) Einkehrmöglichkeiten. Recht steil, aber entschieden komfortabler gestaltet sich dann der weitere Abstieg durchs Schilchental zum Parkplatz am Breitenbach.

Die Gindelalm bietet gleich drei Einkehren

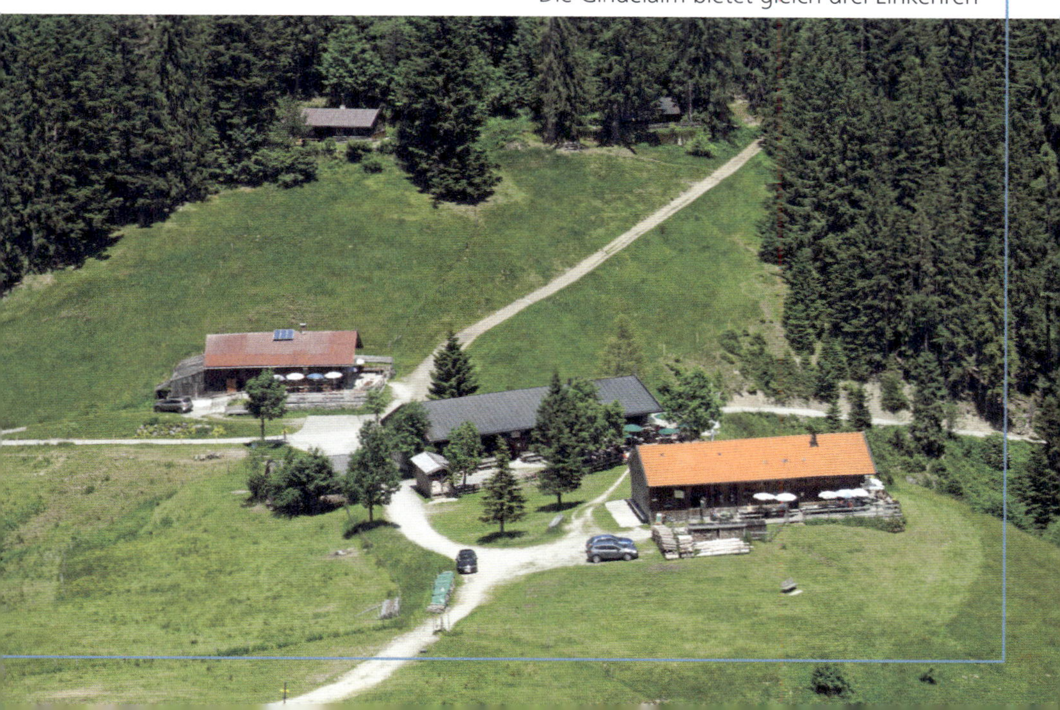

27

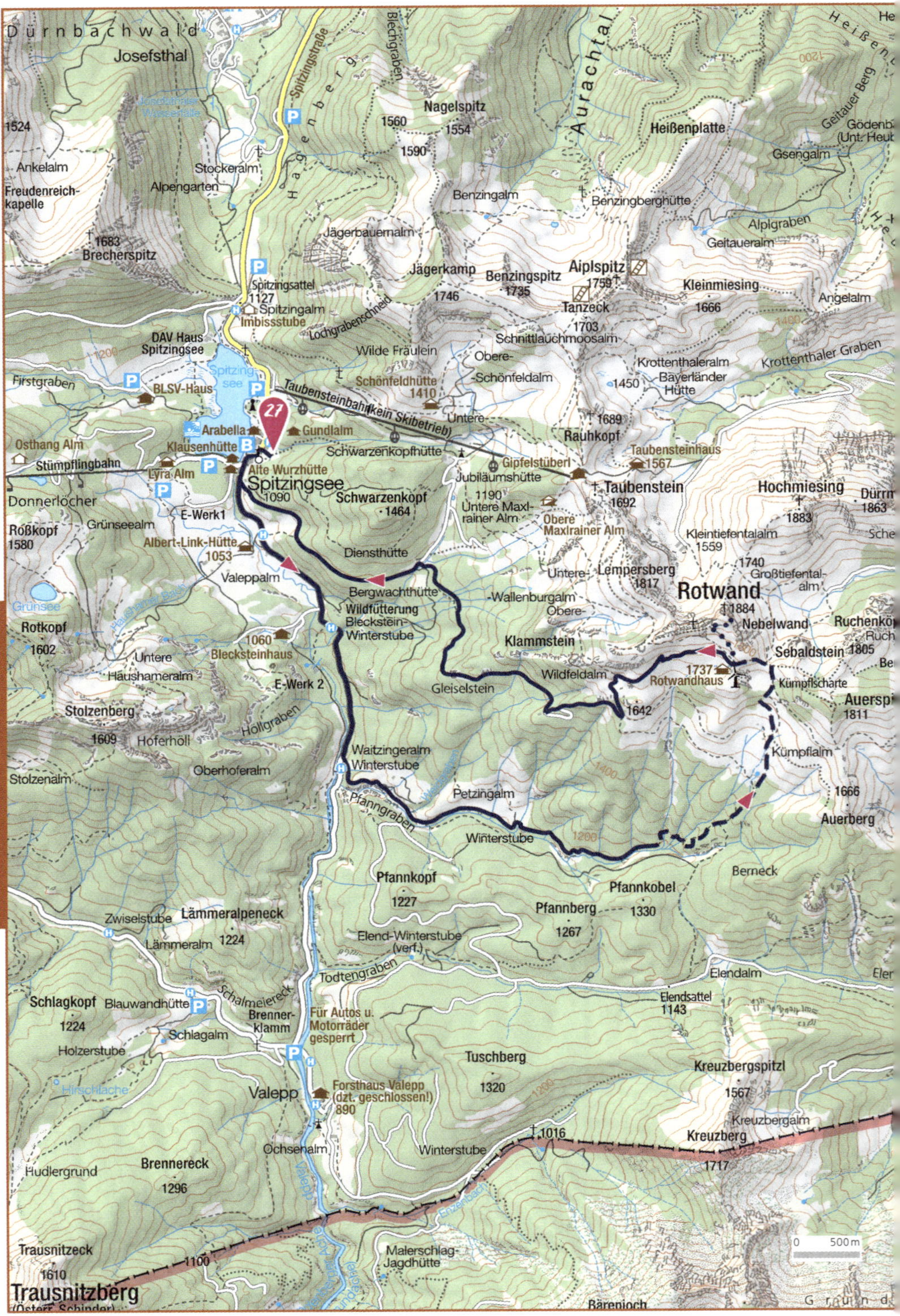

Dürnbachwald
Josefsthal
Spitzingstraße
Hagenberg
Blechgraben
Nagelspitz
1560
1554
1590
Aurachtal
Heißenplatte
Geitauer Berg
Gsengalm
1524
Ankelalm
Stockeralm
Alpengarten
Freudenreichkapelle
Benzingalm
Benzingberghütte
Alplgraben
Geitaueralm
1683
Brecherspitz
Jägerbauernalm
Jägerkamp
1746
Benzingspitz
1735
Aiplspitz
1759
Tanzeck
1703
Kleinmiesing
1666
Angelalm
Spitzingsattel
1127
Spitzingalm
Imbissstube
Lochgrabenschneid
Schnittlauchmoosalm
DAV Haus Spitzingsee
Wilde Fräulein
Obere-
Schönfeldalm
Krottenthaleralm
Bayerländer Hütte
Krottenthaler Graben
Firstgraben
Spitzingsee
BLSV-Haus
Schönfeldhütte
1410
1450
Taubensteinbahn (kein Skibetrieb)
Untere-
1689
Rauhkopf
Arabella
Gundlalm
Osthang Alm
Klausenhütte
Schwarzenkopfhütte
Gipfelstüberl
Taubensteinhaus
1567
Stümpflingbahn
Lyra Alm
Alte Wurzhütte
Spitzingsee
1090
Jubiläumshütte
Taubenstein
1692
Hochmiesing
1883
Dürrn
1863
Donnerlöcher
Schwarzenkopf
1464
1190
Untere Maxlrainer Alm
Obere Maxlrainer Alm
Roßkopf
1580
Grünseealm
E-Werk1
Albert-Link-Hütte
1053
Diensthütte
Kleintiefentalalm
1559
1740
Großtiefentalalm
Valeppalm
Untere-
Lempersberg
1817
Rotwand
1884
Grünsee
Bergwachthütte
Wildfütterung Bleckstein-Winterstube
Wallenburgalm
Obere-
Nebelwand
Ruchenköpfe
Rotkopf
1602
1060
Blecksteinhaus
Klammstein
Sebaldstein
1805
Untere Haushameralm
E-Werk 2
Wildfeldalm
1737
Rotwandhaus
Kümpflscharte
Gleiselstein
Aiplspitz
Auerspitz
1811
Stolzenberg
1609
Hoferhöll
Hollgraben
1642
Oberhoferalm
Waitzingeralm Winterstube
Kümpflalm
Stolzenalm
Pfanngraben
Petzingalm
1400
1666
Auerberg
Winterstube
1200
Pfannkopf
1227
Pfannkobel
1330
Berneck
Pfannberg
1267
Zwiselstube
Lämmeralpeneck
Lämmeralm
1224
Elend-Winterstube (verf.)
Todtengraben
Elendalm
Schlagkopf
1224
Blauwandhütte
Schalmeiereck
Brennerklamm
Für Autos u. Motorräder gesperrt
Elendsattel
1143
Schlagalm
Holzerstube
Tuschberg
1320
Kreuzbergspitzl
1567
Hirschlache
Valepp
Forsthaus Valepp (dzt. geschlossen!)
890
Kreuzbergalm
Ochsenalm
Winterstube
1016
Kreuzberg
1717
Hudlergrund
Brennereck
1296
Trausnitzeck
1610
1100
Malerschlag-Jagdhütte
0
500 m
Trausnitzberg
(Österr. Schinder)
Bärenjoch
Grund

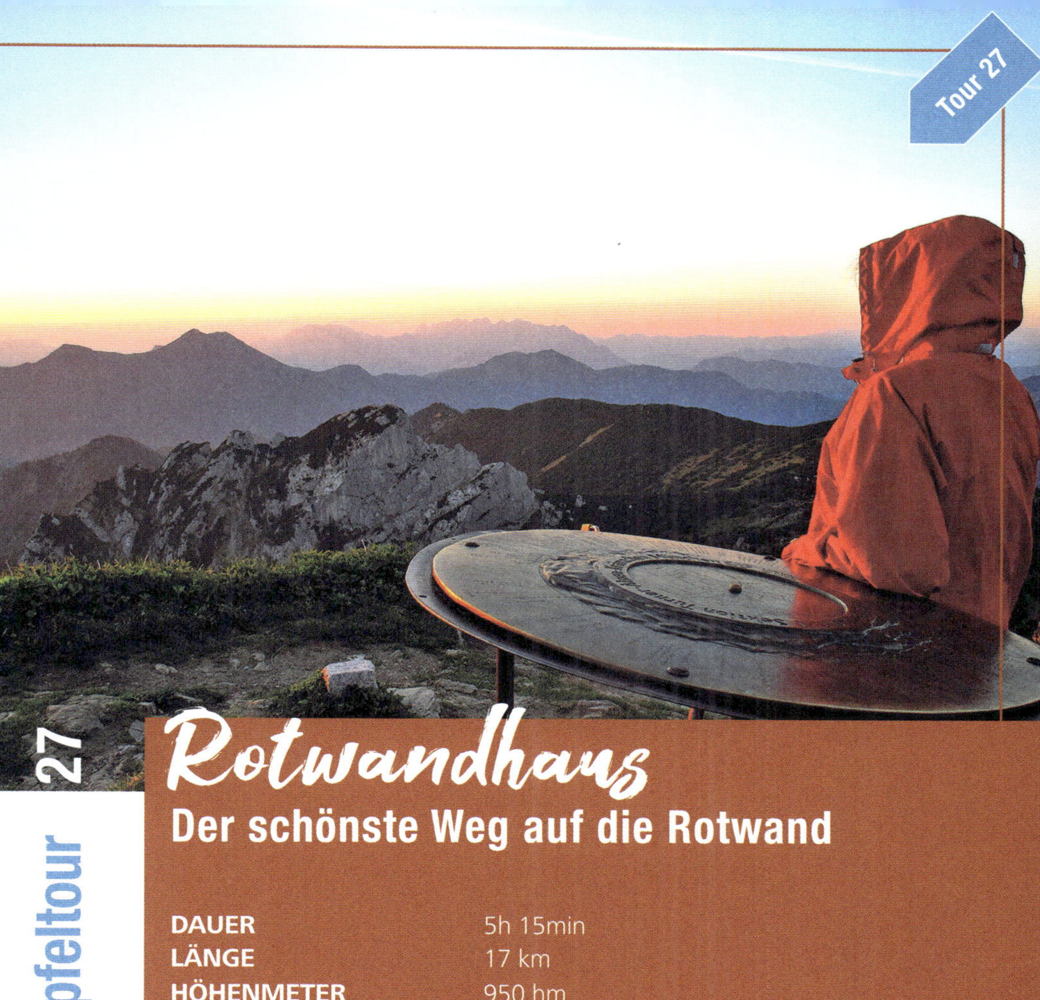

27 Gipfeltour

Rotwandhaus

Der schönste Weg auf die Rotwand

DAUER	5h 15min
LÄNGE	17 km
HÖHENMETER	950 hm
SCHWIERIGKEIT	MITTEL
ÜBERNACHTUNG	ja

Das erwartet dich ...

Ein recht weiter, aber abwechslungsreicher und im Pfanngraben sehr reizvoller Weg auf den beliebtesten Wanderberg der Spitzingregion. Der Zugang und Teile des Abstieg erfolgen auf Straßen. Das ideal am Weg gelegene Rotwandhaus eignet sich als Übernachtungsquartier, am Rotwandgipfel wartet ein zu Recht gerühmtes Panorama.

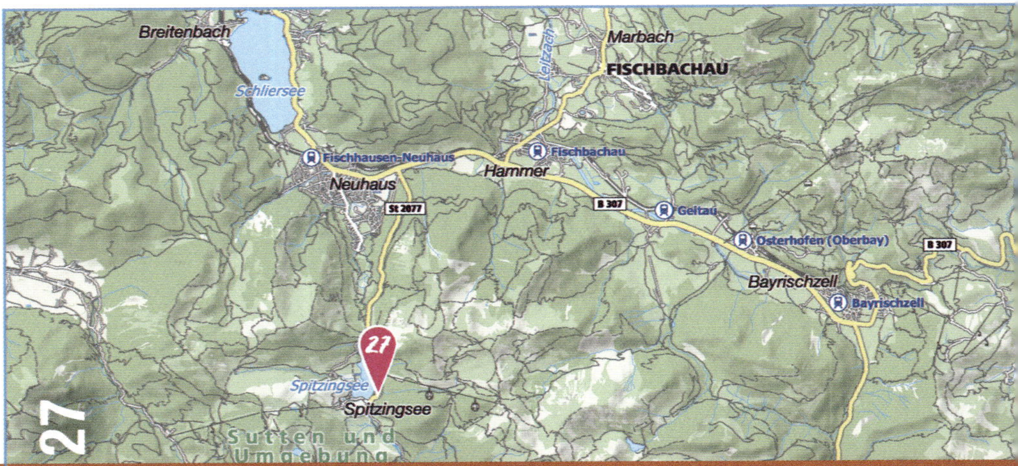

Start & Ziel & Anreise

Ausgangspunkt und Ziel sind der Großparkplatz und die Bushaltestelle neben der Kirche in Spitzingsee. Die Anfahrt mit PKW aus dem Raum München erfolgt über Miesbach und die B 307 bis Fischhausen-Neuhaus und von dort weiter auf der Stichstraße nach Spitzingsee. Die Bahnstation Fischhausen-Neuhaus ist via Buslinie 9562 direkt mit Spitzingsee-Kirche verbunden.

Tourenbeschreibung

Unter den Wegen auf die Aussichtskanzel der Rotwand ist jener, der von Süden aus dem Tal der Roten Valepp durch den Pfanngraben hinaufsteigt zur Kümpflscharte ein besonders schöner. Im Hochsommer verführen die vielen glasklaren Gumpen in der Schlucht leicht zu einem erfrischenden (Fuß-)Bad. Aber Vorsicht: Ein gefahrloser Zugang zum Wasser ist nur an einigen wenigen Stellen möglich (Spuren).

Aber erst einmal muss man hinab zur Mündung des Pfanngrabens. Das geht zu Fuß auf asphaltierter Unterlage oder bequemer mit dem RVO-Bus. Von Spitzing wandert man in knapp 40 Minuten zur Waitzinger Alm, wo der Weg in den Pfanngraben abzweigt (Schilder). Der am Auerspitz entspringende Bach hat sich tief ins Gestein gegraben und so eine malerische Klamm geschaffen. Über kleinere und größere Kaskaden stürzt und sprudelt das Wasser der Roten Valepp entgegen. Hinter der Petzingalm, deren Hütte etwas höher am Hang steht, wird aus der Sandpiste eine schmale Fahrspur, später dann ein Fußweg, der eine Geländestufe in ein paar kurzen Kehren überwindet. Rechts geht der Weg zum Elendsattel ab, geradeaus kommen wir bald aus dem Wald auf das weite Wiesengelände der Kümpflalm . Hier wurde 2006 der „Problembär" Bruno nach seiner langen Wanderschaft durch die Tiroler und Bayerischen Berge erlegt.

Oberhalb der Almhütte wird die Spur zunehmend steiniger (und bei Nässe rutschig). An der Kümpflscharte nehmen wir den linken Weg zum nahen Rotwandhaus. Von der Hüttenterrasse genießt man eine feine Aussicht, das umfassende Panorama bietet aber erst der Gipfel der Rotwand. Die Rundschau hielt vor vielen Jahren Edward Harrison Compton, Sohn des berühmten Alpenmalers Edward Theodor Compton, mit dem Zeichenstift fest. Heute informiert eine Bronzetafel über Namen und Höhen der vielen Zacken am Horizont.

Der Abstieg führt über den Südhang zunächst hinunter zum Rotwandhaus, folgt dann dem breiten Versorgungsweg der Hütte. Unterhalb der Wildfeldalm führt die Sandpiste in den Wald; eine weit ausholende Straßenschleife lässt sich auf einem Fußweg abkürzen. Bei der Bergwachthütte unter dem Schwarzenkopf mündet der Fahrweg in die vom Spitzingsee heraufkommende Asphaltstraße. Ihr folgen wir hinunter nach Spitzing.

Autoren Tipp

Wer die Tour gemütlicher angehen oder die Bergwelt des Mangfallgebirges länger erkunden will, sollte eine Übernachtung im Rotwandhaus einplanen. Das traditionelle Berghaus wartet mit Geselligkeit und feiner Speisekarte, bietet aber auch ein ursprüngliches Naturerlebnis. Besondere Highlights sind die Sonnenauf- und Untergänge in Gipfelnähe! Ausführliche Infos unter www.rotwandhaus.de

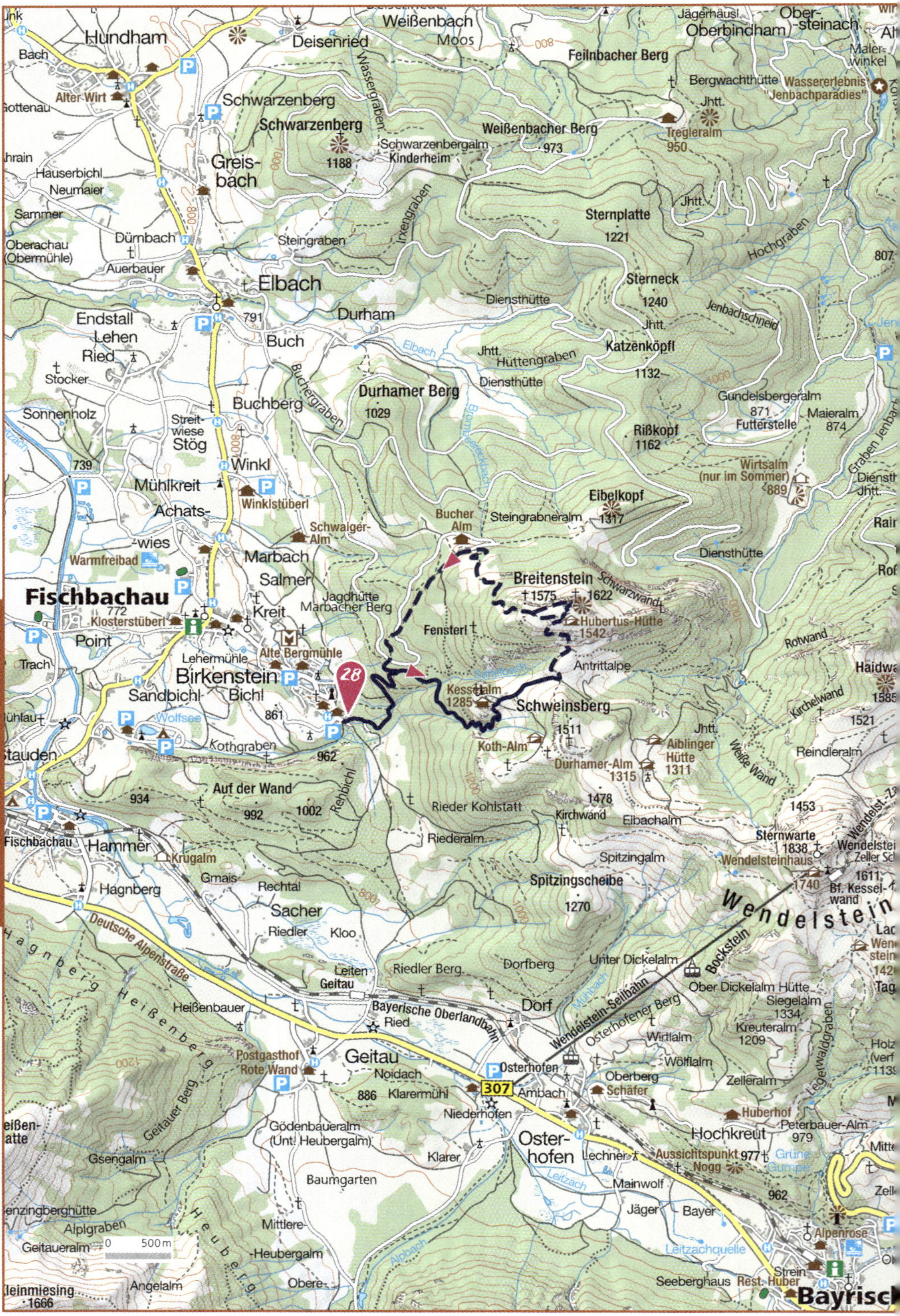
Hundham
Deisenried
Weißenbach
Moos
Feilnbacher Berg
Jägerhäusl
Oberbindham
Ober-steinach
Bach
Alter Wirt
Gottenau
Schwarzenberg
Schwarzenberg
1188
Wassergraben
Schwarzenbergalm
Kinderheim
Weißenbacher Berg
973
Bergwachthütte
Wassererlebnis
"Jenbachparadies"
Maler-winkel
Jhtt.
Tregleralm
950
Greis-bach
Hauserbichl
Neumaier
Sammer
Oberachau
(Obermühle)
Dürnbach
Auerbauer
Irxengraben
Steingraben
Sternplatte
1221
Jhtt.
Hochgraben
Elbach
Durham
791
Endstall
Lehen
Ried
Stocker
Buch
Diensthütte
Sterneck
1240
Jhtt.
Jenbachschneid
Elbach
Jhtt.
Hüttengraben
Katzenköpfl
1132
Diensthütte
Buchergraben
Durhamer Berg
1029
Buchberg
Sonnenholz
Streit-wiese
Stög
Winkl
739
Mühlkreit
Winklstüberl
Achats-wies
Gundelsbergeralm
871
Futterstelle
Maieralm
874
Rißkopf
1162
Wirtsalm
(nur im Sommer)
889
Eibelkopf
1317
Steingrabneralm
Bucher Alm
Schwaiger-Alm
Warmfreibad
Marbach
Salmer
Diensthütte
Breitenstein
1575
1622
Schwarzwand
Fischbachau
772
Klosterstüberl
Kreit
Jagdhütte
Marbacher Berg
Fensterl
Hubertus-Hütte
1542
Point
Trach
Lehermühle
Alte Bergmühle
Birkenstein
Bichl
Sandbichl
28
Antrittalpe
Rotwand
Kesselalm
1285
Schweinsberg
Kirchelwand
Haidwa
Wolfsee
861
962
Kothgraben
Stauden
Rehbichl
Koth-Alm
1511
Jhtt.
Aiblinger Hütte
1311
Durhamer-Alm
1315
Weiße Wand
Reindleralm
1521
Auf der Wand
934
992
1002
Rieder Kohlstatt
1478
Kirchwand
Elbachalm
1453
Riederalm
Fischbachau
Hammer
Krugalm
Sternwarte
1838
Wendelsteinhaus
Wendelstein
Spitzingalm
Spitzingscheibe
1270
Gmais
Rechtal
Hagnberg
Sacher
Riedler
Kloo
Deutsche Alpenstraße
Hagnberg
Heißenberg
Wendelstein
Bockstein
Unter Dickelalm
Riedler Berg
Dorfberg
Leiten
Geitau
Oberdickelalm Hütte
Dorf
Heißenbauer
Bayerische Oberlandbahn
Ried
Wendelstein-Seilbahn
Osterhofener Berg
Siegelalm
1334
Kreuteralm
1209
Wirtlalm
Wölflalm
Postgasthof Rote Wand
Geitau
Noidach
Osterhofen
307
Ambach
Oberberg
Schäfer
Zelleralm
Legerwaldgraben
886
Klarermühl
Niederhofen
Huberhof
Peterbauer-Alm
979
Geitauer Berg
Gödenbaueralm
(Unt. Heubergalm)
Oster-hofen
Lechner
Hochkreut
Aussichtspunkt Nogg
977
Grüne Gumpe
Gsengalm
Klarer
Leitzach
Mainwolf
Baumgarten
Jäger
Bayer
962
Alpenrose
Alplgraben
Mittlere-
Leitzachquelle
Geitaueralm
0
500 m
Heubergalm
Heuberg
Strein
Angelalm
Obere-
Seeberghaus
Rest. Huber
Kleinmiesing
1666
Bayrisch

28

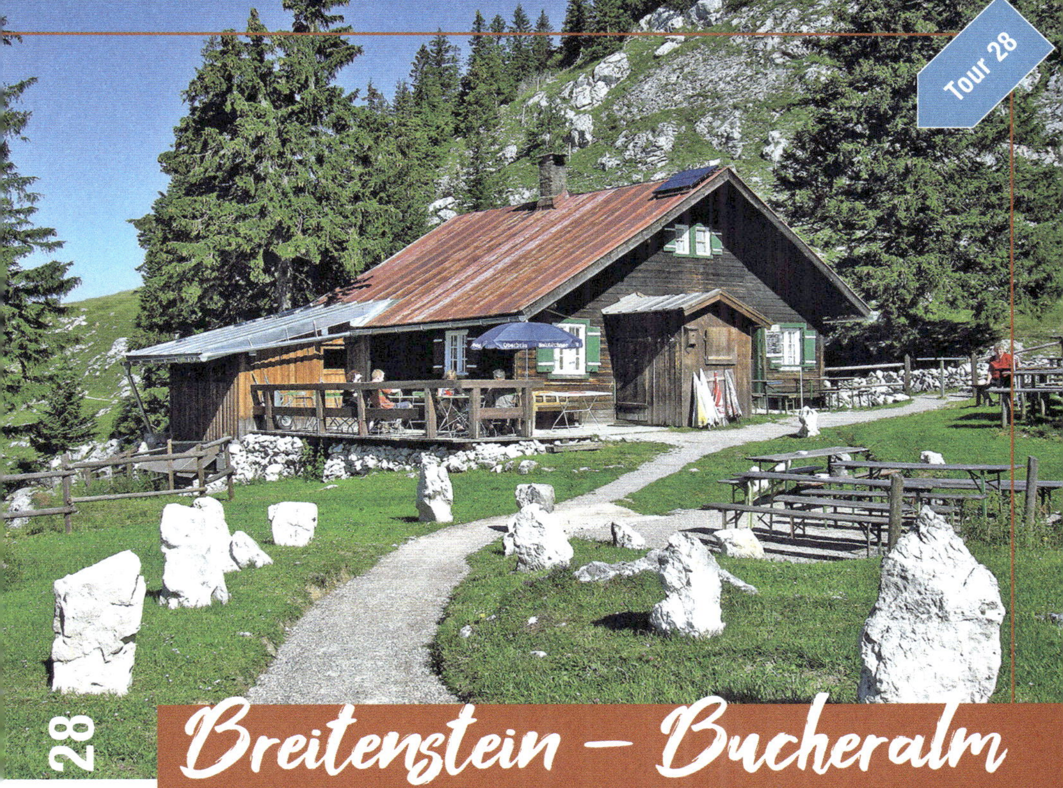

Breitenstein – Bucheralm

Der „kleine“ Nachbar des Wendelsteins

DAUER	4h 15min
LÄNGE	10,5 km
HÖHENMETER	770 hm
SCHWIERIGKEIT	MITTEL
ÜBERNACHTUNG	nein

Das erwartet dich ...

Eine zu Recht beliebte Gipfeltour mit viel Abwechslung unterwegs und einer stimmungsvollen Rundschau vom Gipfel. Wir treffen auf stark wechselnde Wegbeschaffenheiten von Forstpisten bis zu leicht felsigem Gelände. Trotz einiger Höhenmeter ist die Tour mit ihren gleich drei Einkehrmöglichkeiten unterwegs eine recht gemütliche Angelegenheit.

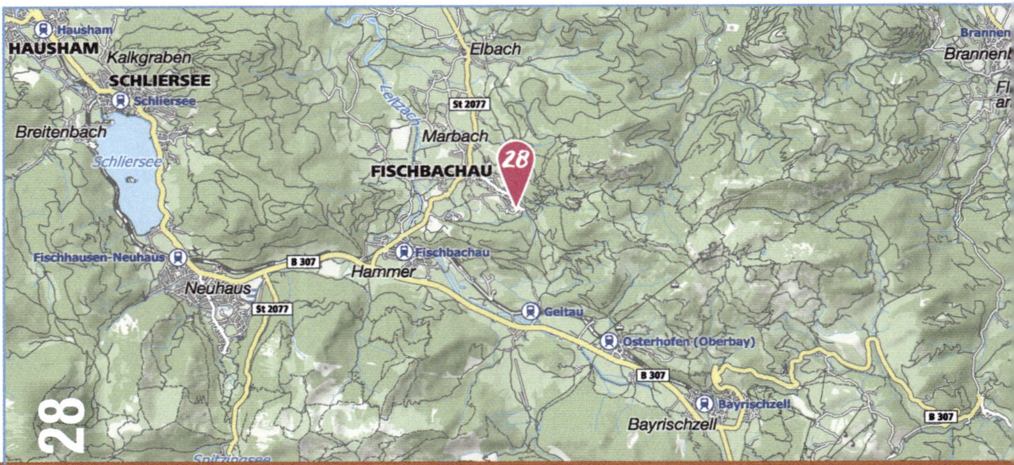

Gipfeltour 28

Start & Ziel & Anreise

Ausgangspunkt und Ziel ist der Wanderparkplatz in Birkenstein bei Fischbachau. Die Anfahrt mit dem Auto aus dem Raum München erfolgt über die A8 bis zur Ausfahrt Irschenberg. Von dort geht es über die B472 und die Leitzachtalstraße nach Fischbachau und Birkenstein. Die Anreise mit Öffis erfolgt über die Regiobahn bis Fischbachau und von dort mit der Buslinie 9583 nach Birkenstein.

Tourenbeschreibung

Mit seinem großen Nachbarn, dem Wendelstein, kann er zwar nicht konkurrieren, ein beliebtes Wanderziel ist der Breitenstein aber allemal. Umfassend ist die Aussicht vom Kreuz am höchsten Punkt mit überraschenden Durchblicken bis zum Alpenhauptkamm mit Großglockner und Großvenediger.

Die Bergwanderung beginnt im Wald und auf einem breiten Güterweg. Er zieht vom Parkplatz in Birkenstein in Schleifen bergan zur Kesselalm mit ihrer Gedenkkapelle auf dem Geländesporn. Die ganzjährig geöffnete Alm bietet die einzige Übernachtungsmöglichkeit in der Umgebung des Breitensteins. Allerdings ist diese Option aus organisatorischen Gründen nur für Gruppen von mindestens fünf Personen und in Verbindung mit Halbpension verfügbar. Näheres dazu unter kesselalm-fischbachau.de

Das Sträßchen endet einen halben Kilometer nach der Kesselalm in der Senke unter dem Schweinsberg bei der Materialseilbahn. Hier folgen wir der Pfadspur, die sich der felsigen Südflanke des Breitensteins nähert. Der Steilaufstieg endet bei der Hubertushütte (1542 m). Hier haben wir Sichtkontakt mit dem Gipfel. Der Weg führt zuletzt über kleine Felsstufen zum Kreuz am Breitenstein.

Vom Gipfel folgen wir den Wegspuren westwärts hinüber zum Bockstein oder alternativ erst hinunter zur Hubertushütte und dann querend Richtung Sonnenuntergang. Die beiden Varianten treffen am Südhang des Bocksteins wieder zusammen. Nun steigen wir im Zickzack (bei Nässe rutschig!) hinunter zur Bucheralm. Am bewaldeten Hang des Marbacher Bergs wandern wir auf der breiten Forstpiste oder dem schmalen Pfad bergab. Zuletzt gelangen wir auf dem Hinweg zurück zum Parkplatz bei Birkenstein.

Zum Schluss noch ein Hinweis: Wer noch in der Wanderregion Fischbachau bleibt, sollte das Auracher Köpfl „mitnehmen". Ein markierter Anstieg vom Bahnhof aus führt in etwa 1,5 Stunden über das Pletzereck zu diesem tollen Aussichtspunkt.

Blick auf den Breitenstein

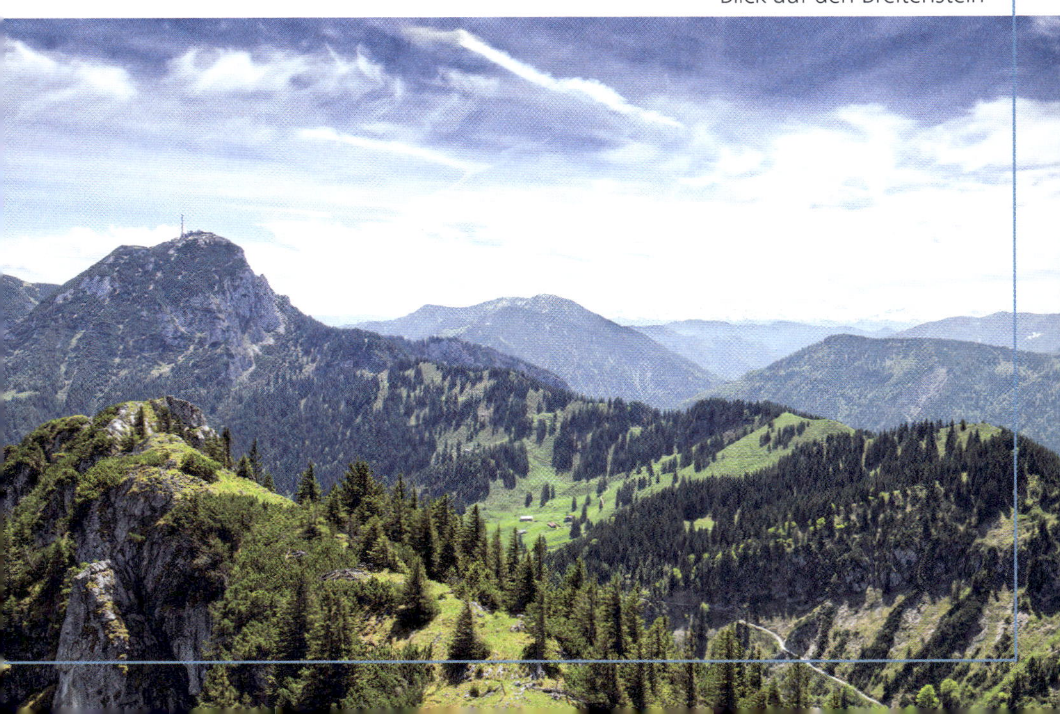

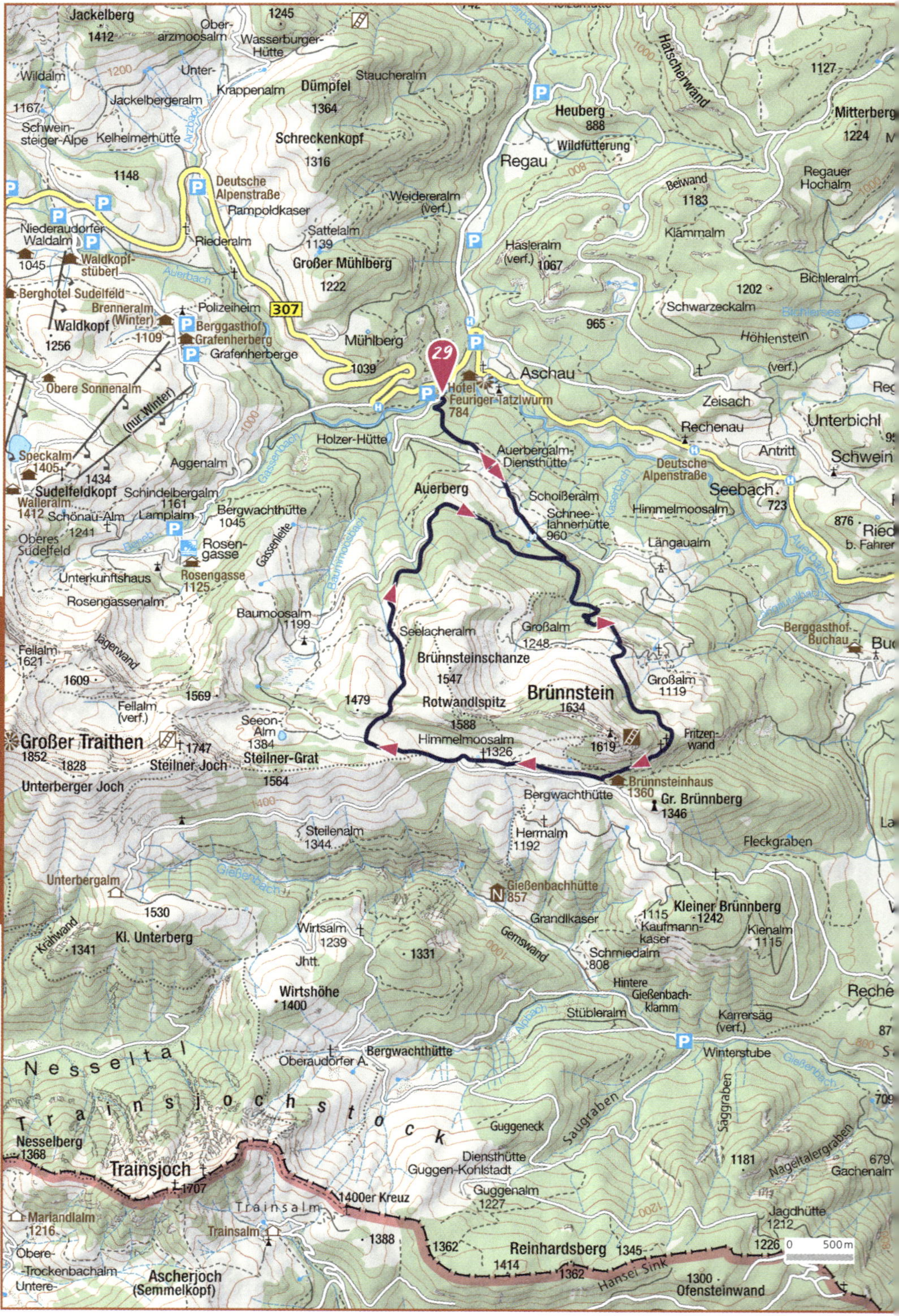

29

Jackelberg
1412
Ober-
arzmoosalm
1245
Wasserburger-
Hütte
Wildalm
Unter-
Krappenalm
Dümpfel
1364
Staucheralm
Hatscherwand
1127
1167
Jackelbergeralm
Heuberg
888
Mitterberg
1224
Schwein-
steiger-Alpe
Kelheimerhütte
Schreckenkopf
1316
Wildfütterung
Regau
Regauer
Hochalm
1148
Deutsche
Alpenstraße
Rampoldkaser
Weidereralm
(verf.)
Beiwand
1183
Niederaudorfer
Waldalm
Riederalm
Sattelalm
1139
Klammalm
Hasleralm
(verf.)
1067
1045
Waldkopf-
stüberl
Großer Mühlberg
1222
1202
Bichleralm
Berghotel Sudelfeld
Brenneralm
(Winter)
Polizeiheim
307
Schwarzeckalm
Bichlersee
Waldkopf
1256
1109
Berggasthof
Grafenherberg
Grafenherberge
Mühlberg
965
Höhlenstein
(verf.)
1039
29
Aschau
Obere Sonnenalm
(nur Winter)
Hotel
Feuriger Tatzlwurm
784
Zeisach
Rechenau
Unterbichl
Holzer-Hütte
Antritt
Schwein
Speckalm
1405
1434
Aggenalm
Auerbergalm-
Diensthütte
Deutsche
Alpenstraße
Sudelfeldkopf
Walleralm
1412
Schindelbergalm
1161
Auerberg
Schoißeralm
Seebach
723
Schönau-Alm
1241
Lamplalm
Bergwachthütte
1045
Schnee-
lahnerhütte
960
Himmelmoosalm
876
Ried
b. Fahrer
Oberes
Sudelfeld
Rosen-
gasse
Gassenleite
Längaualm
Unterkunftshaus
Rosengasse
1125
Rosengassenalm
Baumoosalm
1199
Seelacheralm
Großalm
1248
Berggasthof
Buchau
Fellalm
1621
Brünnsteinschanze
Jägerwand
1609
1547
Großalm
1119
Fellalm
(verf.)
1569
1479
Rotwandlspitz
Brünnstein
1634
Seeon-
Alm
1384
1588
Fritzen-
wand
Großer Traithen
1852
1828
1747
Steilner Joch
Steilner-Grat
Himmelmoosalm
1326
1619
Unterberger Joch
1564
Brünnsteinhaus
1360
Bergwachthütte
Gr. Brünnberg
1346
Steilenalm
1344
Hermalm
1192
Fleckgraben
Unterbergalm
Gießenbach
Gießenbachhütte
857
1530
Wirtsalm
1239
Grandlkaser
Kaufmann-
kaser
1115
Kleiner Brünnberg
1242
Kienalm
1115
Krähwand
1341
Kl. Unterberg
Jhtt.
1331
Gemswand
Schmiedalm
808
Wirtshöhe
1400
Hintere
Gießenbach-
klamm
Reche
Stübleralm
Karrersäg
(verf.)
Nesseltal
Bergwachthütte
Oberaudorfer A.
Winterstube
Trainsjochstock
Guggeneck
Saugraben
Säggraben
Nesselberg
1368
Diensthütte
Guggen-Kohlstadt
1181
Nagelstalergraben
Gachenalm
Trainsjoch
1707
Guggenalm
1227
Marlandlalm
1216
Trainsalm
1400er Kreuz
Jagdhütte
1212
Trainsalm
1388
1362
Reinhardsberg
1345
1226
0 500 m
Obere-
Trockenbachalm
Ascherjoch
(Semmelkopf)
1414
1362
Hansei Sink
1300
Ofensteinwand
Untere-

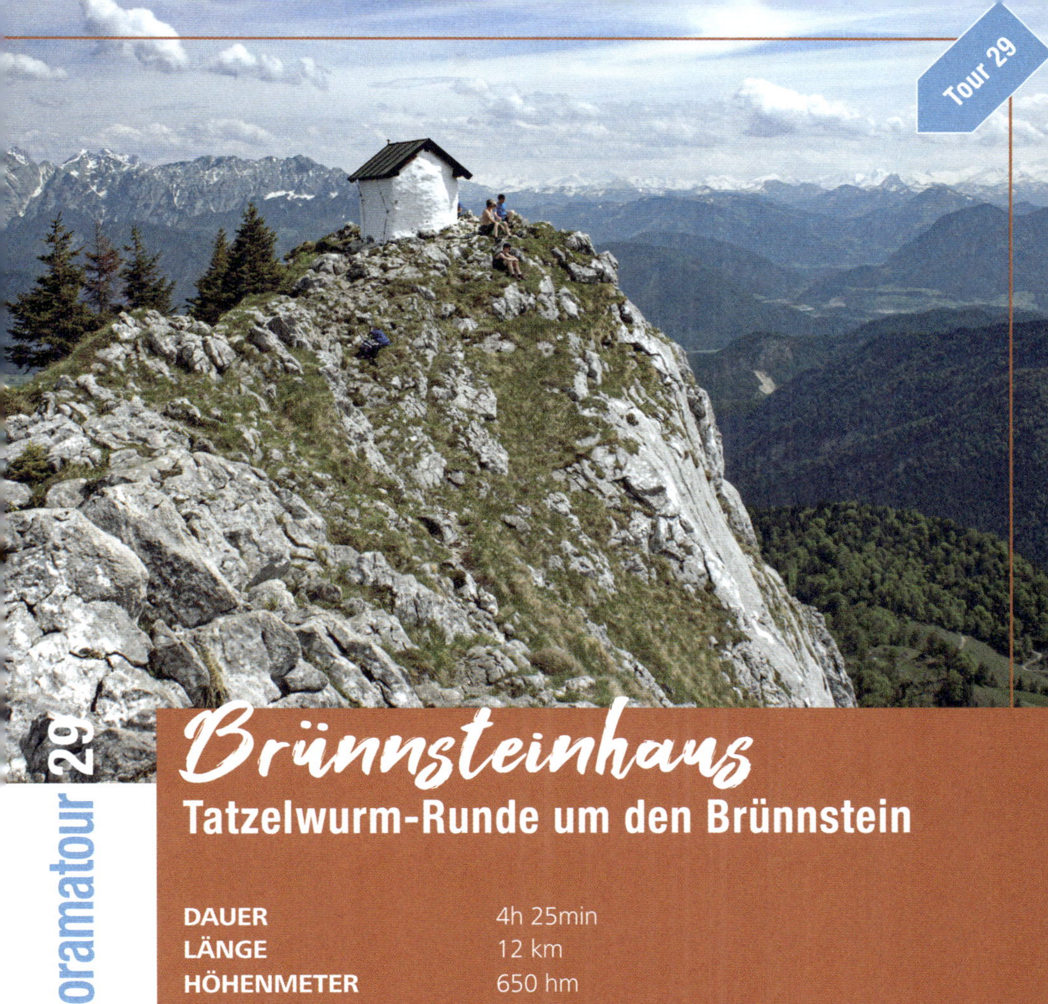

Brünnsteinhaus

Tatzelwurm-Runde um den Brünnstein

DAUER	4h 25min
LÄNGE	12 km
HÖHENMETER	650 hm
SCHWIERIGKEIT	MITTEL
ÜBERNACHTUNG	ja

Das erwartet dich ...

Eine abwechslungsreiche Tour durch schöne voralpine Wald- und Wiesenlandschaften zu einer Hütte mit Biergarten. Der Wegverlauf ist gut beschildert und markiert. Bis zum Brünnsteinhaus und zurück geht es auf leichten und – an einigen kurzen Drahtseilstellen – mittelschweren Bergwegen voran. Die Rundtour stellt keine hohen Ansprüche, baut man jedoch die Überschreitung des Brünnstein-Gipfels ein, ist gute Kondition, Trittsicherheit und alpine Erfahrung erforderlich.

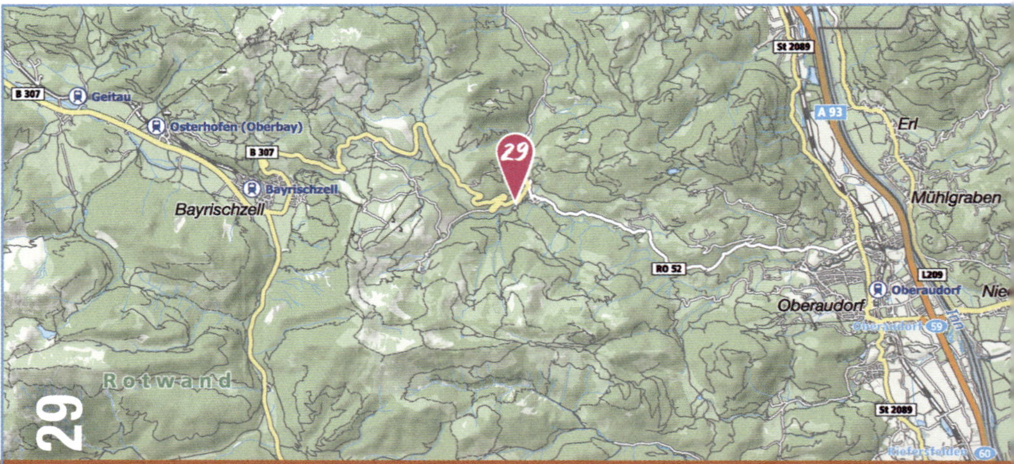

Panoramatour 29

Start & Ziel & Anreise

Ausgangspunkt und Ziel ist der Waldparkplatz beim Tatzelwurm-Wasserfall an der Sudelfeldstraße zwischen Bayrischzell und Oberaudorf. Die Auto-Anfahrt aus dem Raum München erfolgt über die A8 und die A93 zur Ausfahrt Oberaudorf und von dort auf der Tatzelwurmstraße zum Parkplatz. Die Anreise mit Öffis ist vom Bahnhof Oberaudorf aus mit der Buslinie 9583 Richtung Birkenstein, Fischbachau möglich.

Tourenbeschreibung

Vom Waldparkplatz bei den Tatzelwurm-Wasserfällen starten wir auf dem gut beschilderten AV-Weg 657 Richtung Brünnstein. Auf Wirtschaftswegen folgen wir der Beschilderung immer geradeaus an zwei Abzweigungen und der Schneelahnerhütte vorbei. Hinter der Hütte stoßen wir auf eine scharfe Rechtskehre, an der wir die Forststraße verlassen, um dem kleinen Waldweg geradeaus zu folgen (weiterhin als AV-Weg 657 ausgewiesen). Durch den Wald wandern wir in einigen Serpentinen bergan und überqueren mehrmals kleine Bachläufe. Hier ist gelegentlich Trittsicherheit erforderlich. Wir überwinden eine kurze seilversicherte Stelle, bevor der schmale Waldweg auf die große Kreuzung bei der Groß Alm trifft. Nun folgen wir dem Bankerlsteig kontinuierlich bergan durch Wald- und Almengelände. Auch hier erfordern einzelne Stellen hin und wieder Trittsicherheit. Bald flacht der Weg ab und wir erreichen ein Wegekreuz mit einem Bankerl. Es folgen nun in der Südostflanke des Brünnsteins keine weiteren Höhenmeter mehr, dafür aber noch einige drahtseilversicherte Felspassagen. Einige Minuten später stoßen wir schließlich auf die Terrasse und den Biergarten des Brünnsteinhauses. An diesem besonderen Fleck eröffnet sich ein großartiges Panorama vom Kaisergebirge bis in die Zentralalpen.

Den Rückweg treten wir Richtung Westen, dem aussichtsreichen Wiesenplateau folgend, an. Der Weg an sich ist nicht ganz so spannend und abwechslungsreich wie unser Aufstiegsweg, führt aber mehr durch offenes, aussichtsreiches Gelände. Wir folgen dem bequemen Wanderweg Richtung Himmelmoos-Alm. Danach kommen wir an insgesamt vier kleinen und größeren Abzweigungen vorbei, an denen wir uns stets rechts, Richtung Seeon-Alm, halten.

Am Abzweig Seeon-Alm biegen wir rechts ab auf den Pfad in Richtung Seelachen Alm. Wir durchsteigen einen kleinen Sattel und kommen an der gegenüberliegenden Seite leicht absteigend an einem kleinen Moor vorbei. Etwa zehn Minuten später erreichen wir die Seelachen Alm. Von dort halten wir uns geradeaus auf der Forststraße Richtung Schneelahnerhütte (Wanderweg 653). Nach knapp eineinhalb Kilometern nehmen wir an der Abzweigung den Weg links abwärts, der uns zur vom Hinweg bekannten Verzweigung Schneelahnerhütte führt. Dort folgen wir dem schon vom Hinweg bekannten Forstweg zurück zum Parkplatz.

Autoren Tipp

Der gleich hinter der Hütte aufragende Brünnstein bietet eine besondere Aussicht, da er in einer überwiegend sanften Wald- und Wiesenlandschaft eine markante Erhebung ist. Der ostseitige Aufstieg führt über Leitern, Stifte, Drahtseile und durch eine schmale Felsspalte. Für weniger Geübte ist ein Klettersteigset ratsam. Der Westseiten-Abstieg ist ein alpiner Wanderweg mit kurzen Drahtseil-Stellen. Er kann auch als leichtere Aufstiegsvariante genutzt werden.

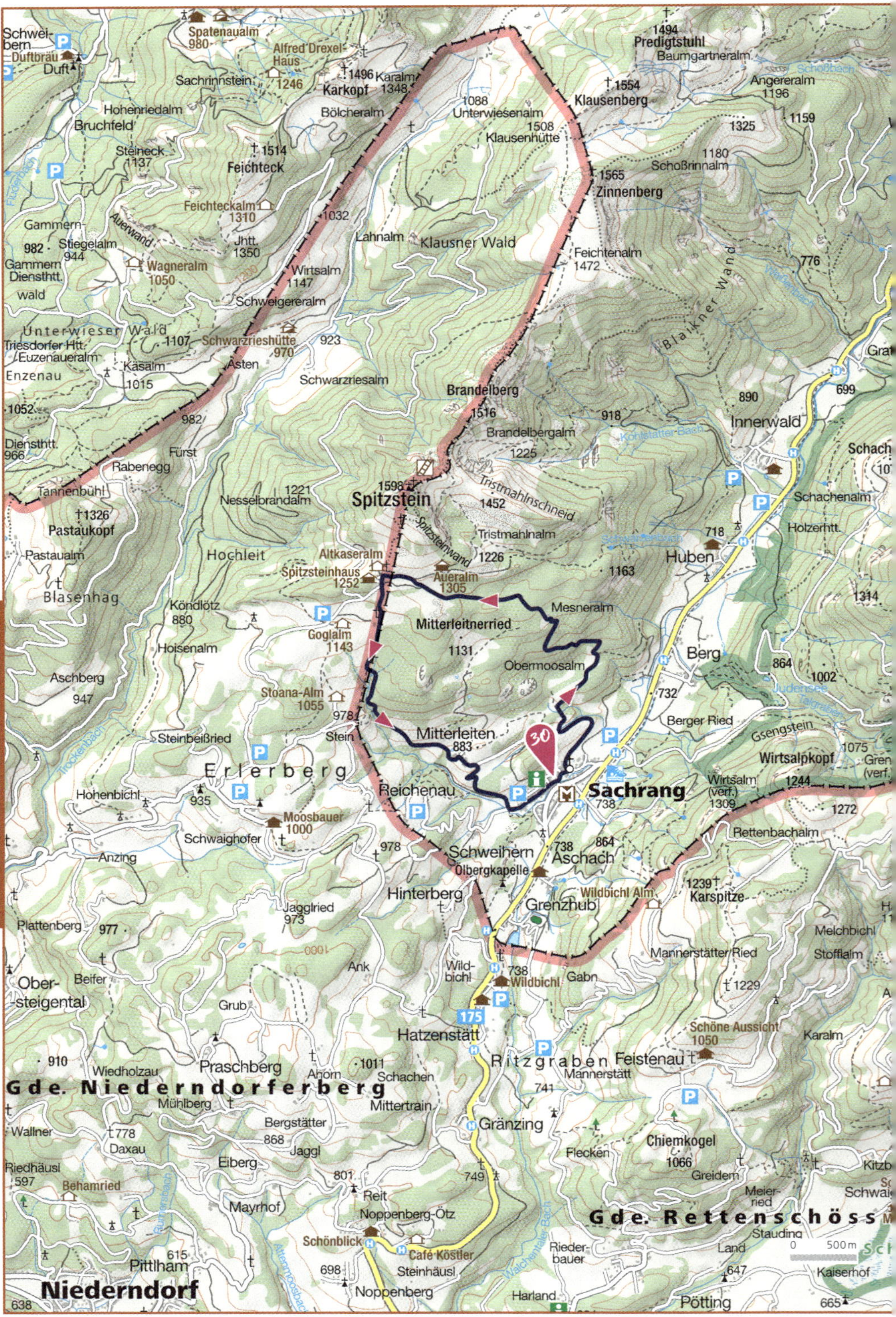

30

Schweibern
Duftbräu
Duft
Spatenaualm 980
Alfred Drexel-Haus 1246
Sachrinnstein
1496 Karkopf
Karalm 1348
1494 Predigtstuhl
Baumgartneralm
Schoßbach
Hohenriedalm
Bruchfeld
Bölcheralm
1088 Unterwiesenalm
1554 Klausenberg
Angereralm 1196
1508 Klausenhütte
1325
1159
Steineck 1137
1514 Feichteck
1180 Schoßbrinnalm
1565 Zinnenberg
Feichteckalm 1310
Fluderbach
Gammern-
982
Stiegelalm 944
Auerwand
Jhtt. 1350
1032
Lahnalm
Klausner Wald
Gammern Diensthtt.
wald
Wagneralm 1050
Wirtsalm 1147
Feichtenalm 1472
776
Schweigereralm
Unterwieser Wald
Triesdorfer Htt.
1107
Schwarzrieshütte 970
923
Blaikner Wand
Euzenaueralm
Asten
Käsalm 1015
Enzenau
Schwarzriesalm
Brandelberg 1516
890
Grat
699
1052
982
Brandelbergalm 1225
918
Kohlstatter Bach
Innerwald
Diensthtt. 966
Fürst
Rabenegg
Schach
Tannenbühl
1598 Spitzstein
1221 Nesselbrandalm
1452 Tristmahlnschneid
Schachenalm
1326 Pastaukopf
Tristmahlnalm
Holzerhtt.
Schwarzenbach
718 Huben
Pastaualm
Hochleit
Altkaseralm
Spitzsteinhaus 1252
1226
Spitzsteinwand
Aueralm 1305
1163
1314
Blasenhag
Köndlötz 880
Mesneralm
Mitterleitnerried
Goglalm 1143
Hoisenalm
1131
Berg
Obermoosalm
864
1002
Aschberg 947
Stoana-Alm 1055
732
Judensee
978
Berger Ried
Gsengstein
Mitterleiten 883
30
Steinbeißried
Stein
1075
Wirtsalpkopf
Gren (verf.)
Trockenbach
Erlerberg
Reichenau
Sachrang 738
Wirtsalm (verf.) 1309
1244
Hohenbichl
935
Moosbauer 1000
1272
Schwaighofer
978
Schweihern
738
Aschach
864
Rettenbachalm
Anzing
Ölbergkapelle
Wildbichl Alm
1239 Karspitze
Hinterberg
Grenzhub
Plattenberg
977
Jagglried 973
Melchbichl
Stofflalm
Mannerstätter Ried
Ober-steigental
Beifer
Ank
Wildbichl
738 Wildbichl
Gabn
1229
Grub
175
Hatzenstätt
Schöne Aussicht 1050
Karalm
910
Wiedholzau
Praschberg
Ahorn
1011
Schachen
Ritzgraben
Feistenau
Mannerstätt
Gde. Niederndorferberg
Mühlberg
Mittertrain
741
Wallner
778 Daxau
Bergstätter 868
Gränzing
Jaggl
Flecken
Chiemkogel 1066
Riedhäusl 597
Eiberg
801
749
Greidern
Kitzb
Behamried
Reit
Meier-ried
Schwai
Mayrhof
Noppenberg-Ötz
Gde. Rettenschöss
Staudina
Schönblick
Café Köstler
Walchentaler Bach
Rieder-bauer
Land
0 500 m
615 Pittlham
698
Steinhäusl
647
Kaiserhof
Niederndorf
638
Noppenberg
Harland
Pötting
665

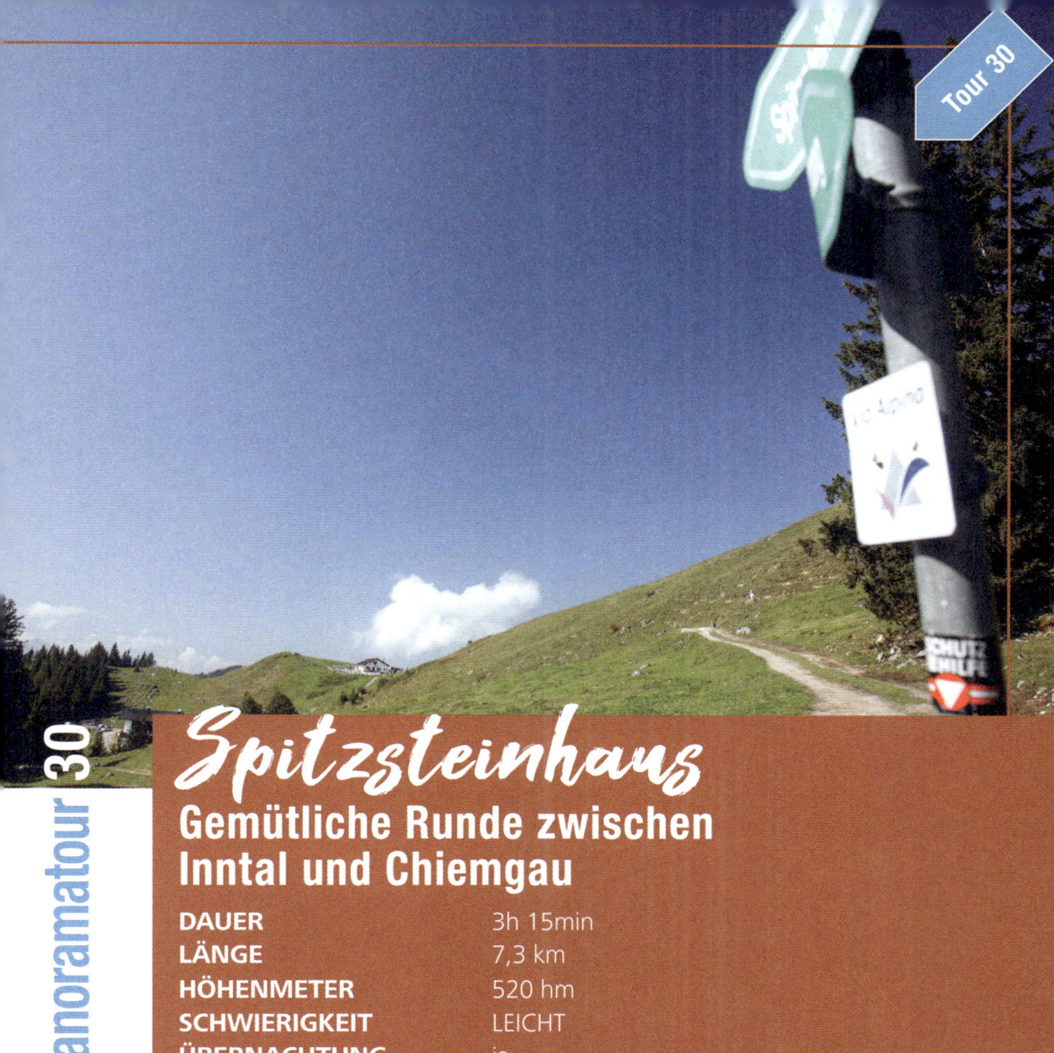

Spitzsteinhaus

Gemütliche Runde zwischen Inntal und Chiemgau

DAUER	3h 15min
LÄNGE	7,3 km
HÖHENMETER	520 hm
SCHWIERIGKEIT	LEICHT
ÜBERNACHTUNG	ja

Das erwartet dich ...

Eine entspannte und dennoch vielseitige Rundwanderung durch voralpines Wald-, Wiesen und Almengelände. Es warten schöne Aussichten und idyllische Eindrücke ohne allzu viel schweißtreibenden Einsatz. Die Wege sind überwiegend gut gangbar und deutlich erkennbar, werden bei feuchter Witterung aber recht schnell sumpfig.

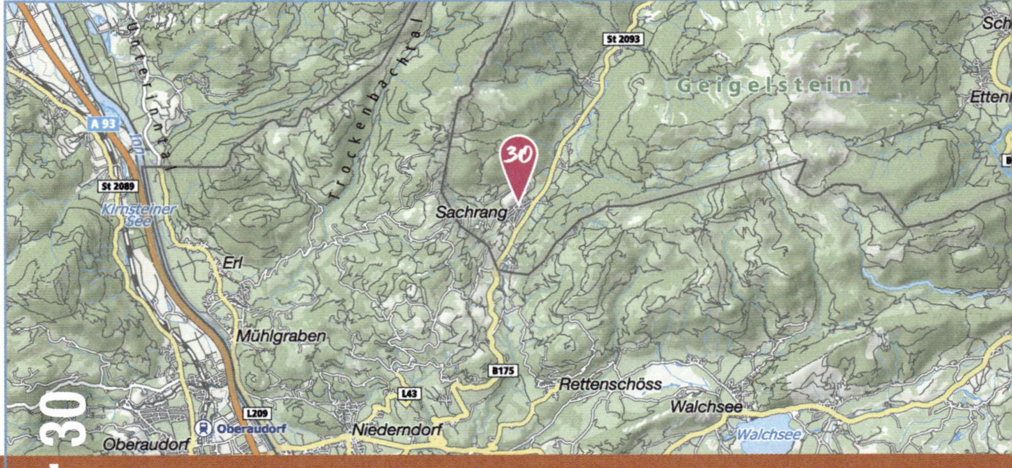

Panoramatour 30

Start & Ziel & Anreise

Ausgangspunkt und Ziel ist der Parkplatz an der Kirche St. Michael in Sachrang. Die Anfahrt mit PKW erfolgt über die A8 München – Salzburg bis zur Ausfahrt Frasdorf und von dort auf der Rosenheimer Straße (St2093) via Aschau nach Sachrang. Die Anreise mit Öffis ist vom Bahnhof Aschau aus mit der Buslinie 9502 Richtung Bäckerbrunnen, Oberaudorf möglich.

Tourenbeschreibung

Das Spitzsteinhaus bietet nicht nur tolle Aussichten bis zum Alpenhauptkamm, sondern ist auch kulinarisch ein Highlight. Unsere gemütliche Rundwanderung führt fast vollständig auf der bayerischen Seite hinauf und hinunter.

Vom Kirchplatz in Sachrang folgen wir der zunächst noch geteerten Bergfeldstraße nach Norden. Sie vollzieht eine lange Linkskurve, in der wir der Beschilderung folgend rechts ins Almgelände abbiegen (AV-Weg 213, Via Alpina). Nach einem erneuten Rechtsabzweig erreichen wir hinter einer Almfläche den Waldrand. Der Weg führt nun in einigen Kurven durch überwiegend bewaldete Hänge aufwärts. Nach einigen zeitweise etwas sumpfigen Passagen kommen wir in einer kleinen Lichtung an der Mesneralm vorbei. Von hier führt der Weg westwärts in überwiegend gemächlicher Steigung durch den Bergwald. Im Almgelände trifft er dann auf den AV-Weg 212, welcher von Innerwald zum Spitzsteinhaus führt. Von hier sind es nur noch wenige Minuten zum knapp jenseits der Grenze gelegenen Spitzsteinhaus. Die schön gelegene Alpenvereinshütte ist ganzjährig geöffnet und bietet in ihrer saisonal wechselnden Speisekarte besonders schmackhafte regionale Spezialitäten.

Der Abstieg folgt zunächst kurz der Fahrstraße und zweigt dann links ins Almengelände ab, um anfangs etwas steiler, dann flacher an der Steinmoosalm vorbeizuziehen. Wir sind auf der Staatsgrenze unterwegs, die hier genau am Waldrand verläuft. Bald führt der Weg leicht links abwärts in den Bergwald hinein und erreicht nach einer Weile die kleine Siedlung Mitterleiten. Kurz hinter der Siedlung biegt rechts der Wanderpfad in den Wald ab und trifft unten in Sachrang auf die Kirchstraße, der wir nach links folgen und so zurück zum Parkplatz gelangen.

Am Spitzstein reicht die Aussicht an klaren Tagen bis zum Alpenhauptkamm

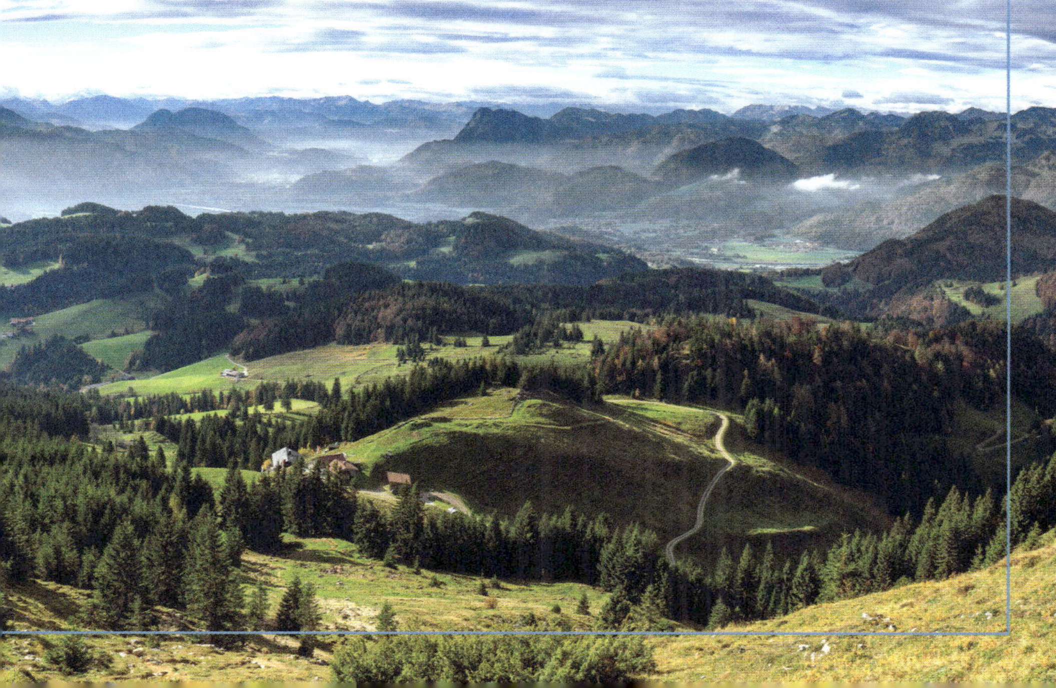

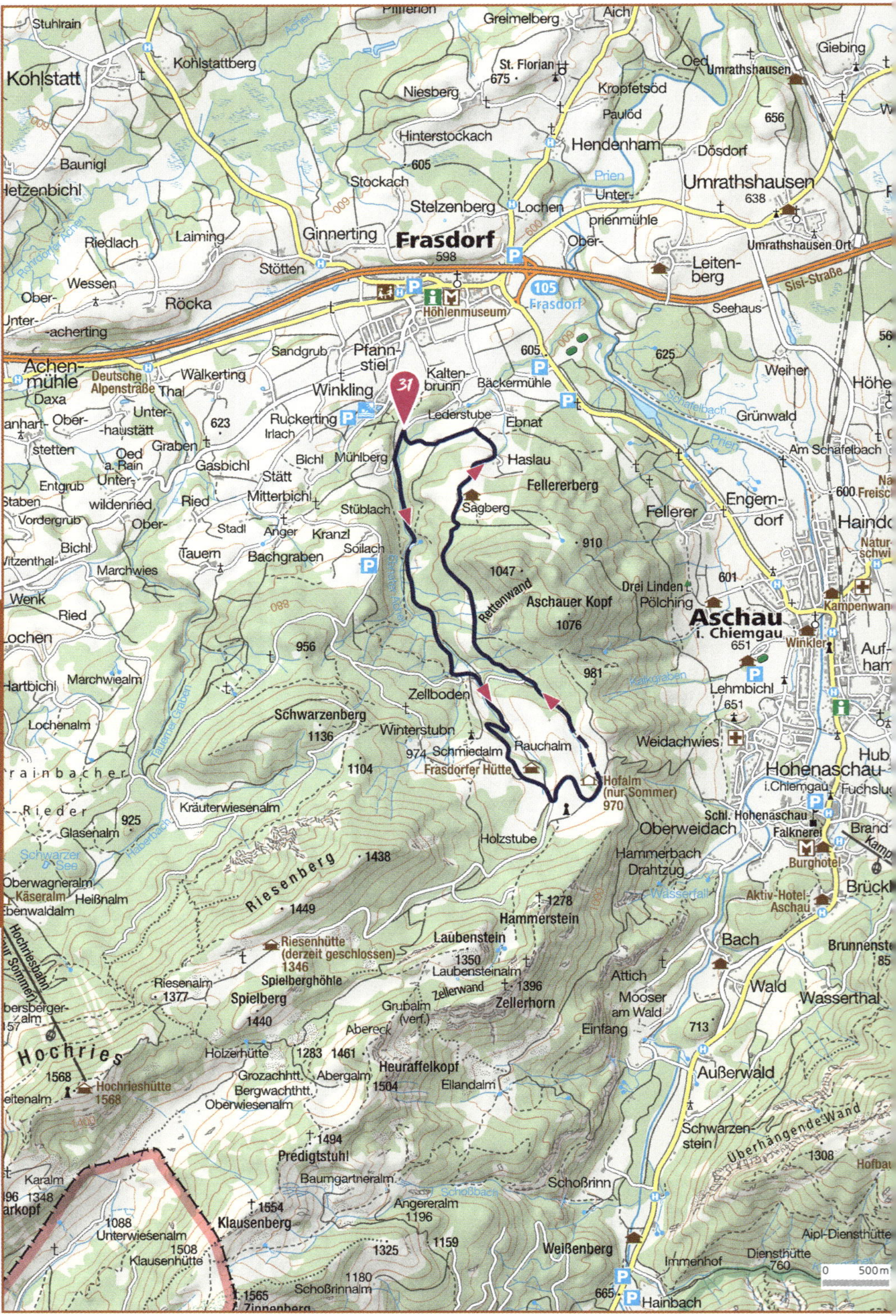

31

Stuhlrain
Pfifferion
Greimelberg
Aich
Giebing
Kohlstatt
Kohlstattberg
St. Florian
675
Oed
Umrathshausen
Kropfetsöd
Niesberg
Paulöd
656
Hinterstockach
Hendenham
Dösdorf
Baunigl
605
Prien
Hetzenbichl
Stockach
Umrathshausen
Unter-
638
Stelzenberg
Lochen
prienmühle
Ginnerting
Frasdorf
Riedlach
Laiming
598
Ober-
Leiten-
Umrathshausen Ort
Wessen
Stötten
berg
Sisi-Straße
Ober-
Röcka
105
Frasdorf
Seehaus
Unter-
Höhlenmuseum
-acherting
Sandgrub
Pfann-
605
625
stiel
Achen-
mühle
Deutsche Alpenstraße
Wälkerting
Winkling
31
Kalten-
brunn
Bäckermühle
Weiher
Höhe
Daxa
Thal
Grünwald
Unter-
Ruckerting
Lederstube
Ebnat
Ober-
-haustätt
623
Irlach
Schafelbach
stetten
Graben
Haslau
Am Schafelbach
Oed
Bichl
Mühlberg
a. Rain
Gasbichl
Stätt
Entgrub
Unter-
Fellererberg
600
Mitterbichl
Sägberg
Staben
wildenried
Ried
Engem-
Stüblach
Fellerer
Vordergrub
Ober-
dorf
Stadl
Anger
Kranzl
910
Bichl
Soilach
Tauern
Bachgraben
1047
Marchwies
Rettenwand
Drei Linden
601
Wenk
Aschauer Kopf
Pölching
Ried
Aschau
i. Chiemgau
Lochen
1076
Winkler
956
651
981
Hartbichl
Marchwiealm
Lehmbichl
Zellboden
651
Lochenalm
Schwarzenberg
Winterstubn
Weidachwies
1136
974
Schmiedalm
Rauchalm
Hohenaschau
1104
Frasdorfer Hütte
Hofalm
(nur Sommer)
970
Kräuterwiesenalm
Schl. Hohenaschau
Rieder
925
Oberweidach
Glasenalm
Falknerei
Holzstube
Schwarzer See
1438
Hammerbach
Burghotel
Oberwagneralm
Drahtzug
Käseralm
Heißnalm
Riesenberg
Aktiv-Hotel-Aschau
Ebenwaldalm
1278
Wasserfall
1449
Hammerstein
Bach
Riesenhütte
(derzeit geschlossen)
Laubenstein
Brunnenstein
1346
1350
Laubensteinalm
Riesenalm
Spielberghöhle
Zellerwand
1396
Wald
1377
Spielberg
Zellerhorn
Attich
Wasserthal
Grubalm
(verf.)
Mooser am Wald
1440
Abereck
Einfang
713
Holzerhütte
1283
1461
Hochries
Grozachhtt.
Heuraffelkopf
Außerwald
1568
Abergalm
Bergwachthtt.
1504
Ellandalm
Hochrieshütte
1568
Oberwiesenalm
Schwarzen-
stein
Überhängende Wand
1494
Predigtstuhl
1308
Karalm
Baumgartneralm
Schoßrinn
1348
Schoßbach
1554
Angereralm
1088
Klausenberg
1196
Aipl-Diensthütte
Unterwiesenalm
1159
Weißenberg
1508
1325
Diensthütte
Klausenhütte
Immenhof
760
1180
665
1565
Schoßrinnalm
Hainbach
Zinnenberg
0
500 m

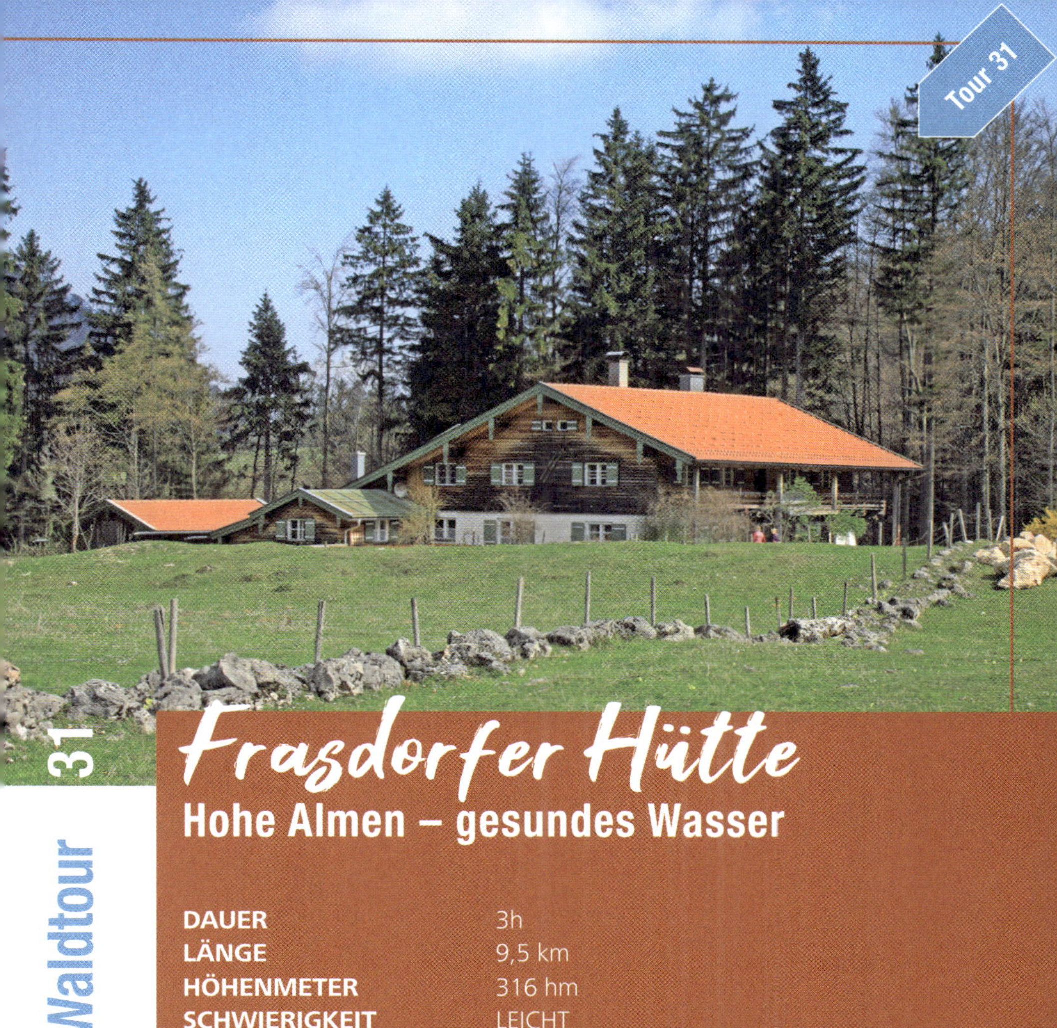

Tour 31

31 Waldtour

Frasdorfer Hütte

Hohe Almen – gesundes Wasser

DAUER	3h
LÄNGE	9,5 km
HÖHENMETER	316 hm
SCHWIERIGKEIT	LEICHT
ÜBERNACHTUNG	ja

Das erwartet dich ...

Eine idyllische Wald- und Almwanderung über ein aussichtsreiches Voralpen-Plateau. Die Tour ist dank der Einkehrmöglichkeiten und ihrer überschaubaren Länge auch für Familien machbar. Im Aufstieg überwiegen breite Forstwege, im Abstieg Wiesen- und Waldpfade sowie eine kurze Asphaltpassage.

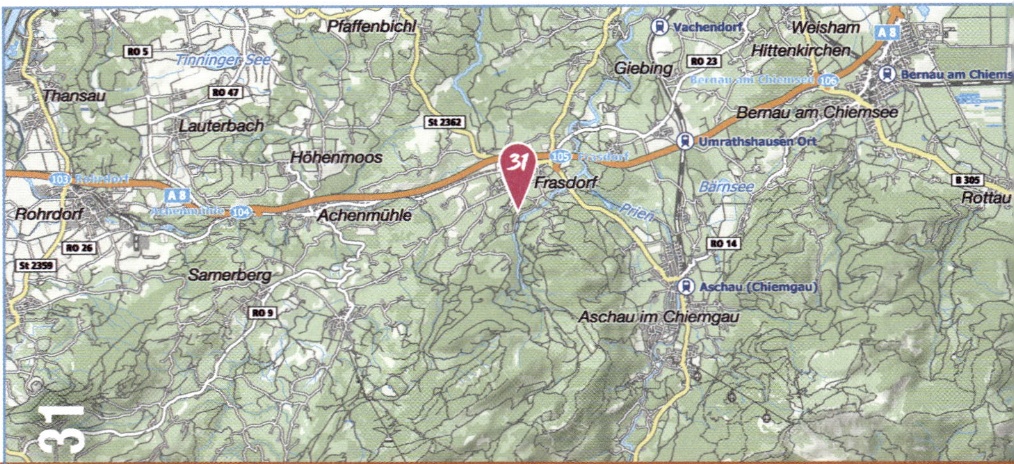

Start & Ziel & Anreise

Ausgangspunkt und Ziel ist der Parkplatz Lederstube südlich von Frasdorf. Die Anfahrt mit dem PKW aus dem Raum München erfolgt über die A8, Ausfahrt Frasdorf und von der Ortsmitte aus über die Lederstubenstraße. Die Anreise mit Öffis ist nur bis zur Ortsmitte von Frasdorf möglich. Dort besteht an der Haltestelle „Bahnhof, Frasdorf" Busanbindung durch die Linie 9496 Rosenheim – Aschau i. Chiemgau.

Tourenbeschreibung

Die ruhige Wanderung führt uns durch schattigen Wald zu zwei hoch gelegenen und aussichtsreichen Einkehrhütten. Am Ende der Tour erwartet uns nicht nur eine weitere Einkehrmöglichkeit, sondern auch eine Mariengrotte mit Heilwasser und einer interessanten Geschichte.

Unser Startpunkt, der Parkplatz Lederstube, ist bereits in Frasdorf angeschrieben, liegt am Waldrand und ist mit einer großen Wandertafel ausgestattet. Wir folgen wenige Meter leicht ansteigend dem Asphalt, dann biegen wir links ab und wandern auf dem nicht asphaltierten Forstweg am Bach entlang in den Wald hinein, dem Schild Frasdorfer Hütte folgend. Wir überqueren bald darauf die Ebnater Achen und steigen parallel zu ihrem recht wilden Bachlauf stetig steigend an.

Zunächst ohne gute Aussicht öffnet sich der Weg bald mit freien Rodungsflächen. Nach dem sonnigeren Abschnitt geht es wieder in den Wald, wir kreuzen erneut den Bachlauf.

Nach einer Linkskurve stoßen wir auf die Gebäude am Zellboden, halten uns links, kurz abwärts, überqueren wieder den Bach und folgen der Beschilderung Richtung Hofalm/Frasdorfer Hütte. Bald betreten wir nach einem Weiderost freies Almgelände, rechts begleitet uns wieder ein kleiner Bach.

Bald taucht direkt vor uns die Abzweigung zur Rauchalm auf, hier haben wir die Möglichkeit, geradeaus über ein paar Kehren durch den Waldhang zur Frasdorfer Hütte zu gelangen. Oder wir folgen der Markierung „Wegführung" und gelangen in weiten Kehren ebenfalls auf die Hochfläche, wo wir nach einer Kuppe links die Frasdorfer Hütte erreichen. Von dort bringt uns eine Verzweigung im offenen Wiesengelände links in Richtung Hofalm. Es geht über eine aussichtsreiche Kuppe mit tollem Blick zur Kampenwand. Wir umrunden ein Waldstück und stehen wenig später vor der aussichtsreichen Hofalm.

Von dort folgen wir dem verwitterten Schild Richtung Frasdorf-Sagberg. Wir marschieren direkt über die Almwiesen zum Wald hinab, links und rechts rücken die Hänge näher, lange Steinmauern werden sichtbar. Im Wald wird der Weg steiniger, dafür deutlicher sichtbar. Wir überqueren einen meist trockenen Bachlauf und biegen bei der nächsten Verzweigung auf den rechten, schmalen Pfad ab (Frasdorf-Sagberg). Der abwärts führende Waldweg bringt uns zu einem breiteren Kiesweg, dem wir geradeaus weiter folgen, vorbei an einer Lichtung mit Holzhütten.

Bald stoßen wir auf einen kreuzenden breiten Forstweg und folgen diesem links bergab. Der Wald lichtet sich und kurz darauf wandern wir über offenes Gelände und erreichen den Gasthof Sagberg, mit einem fantastischen Chiemseeblick.

Auf dem asphaltierten Sträßchen geht es in weiten Kehren bergab, durch die Häuser von Haslau, dann, bei der nächsten Rechtskurve, biegen wir scharf links ab und folgen dem Naturweg Richtung Weizenreit. Mit schöner Aussicht hinab nach Frasdorf geht es am Wiesenhang entlang, bis links vor uns ein großes blau-weißes Kreuz auftaucht.

Kurz darauf stehen wir vor der kleinen Mariengrotte und dem Brunnen mit dem heilenden Wasser. Wir passieren das zerfallene und einsturzgefährdete Gebäude und folgen dem Stationenweg, der uns abwärts zum Waldrand führt. Durch den Wald hinab, zuletzt auf einer Holzbrücke wieder über die Ebnater Achen, ist bald unser Ausgangspunkt, der Parkplatz Lederstube, erreicht.

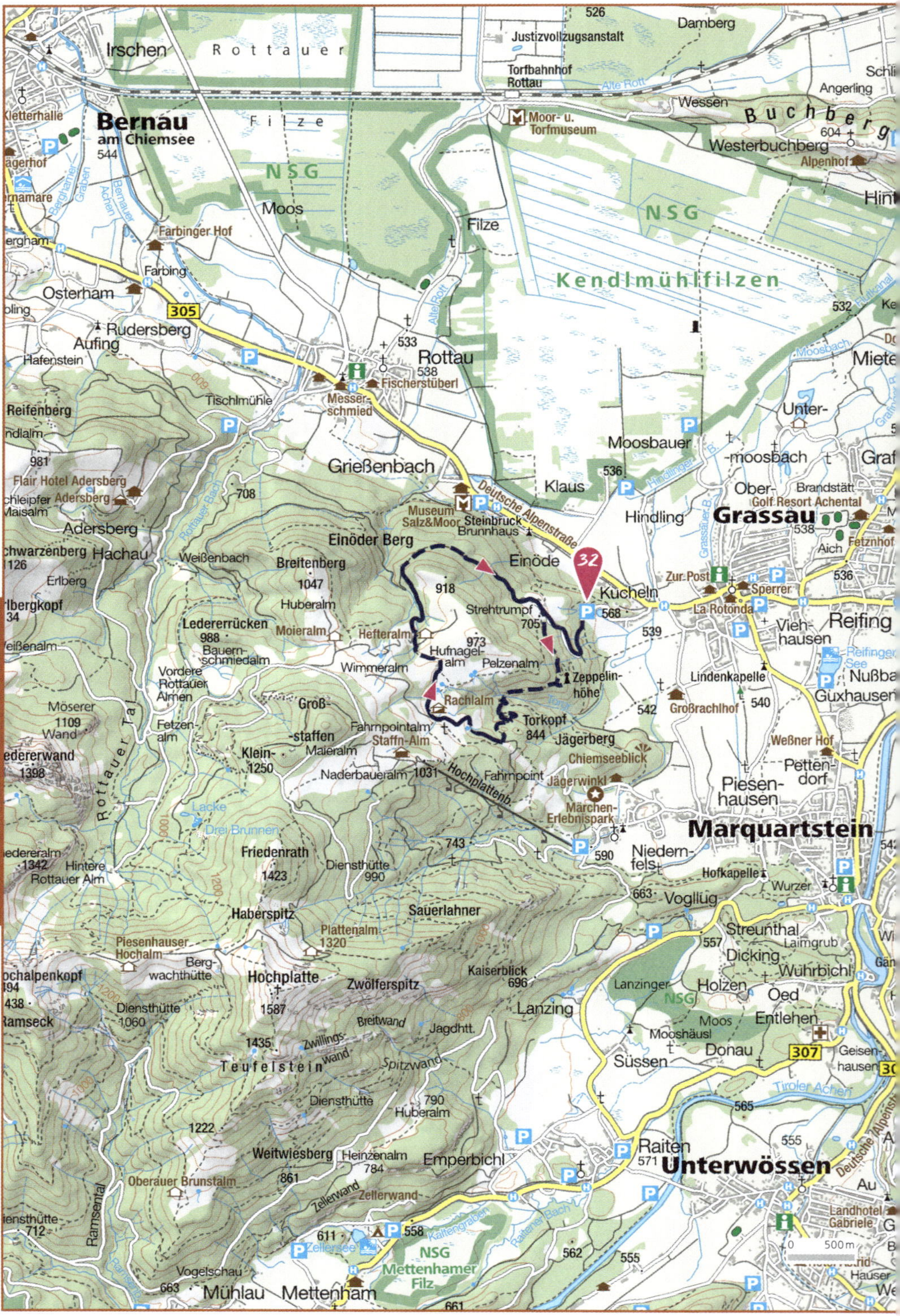

32

Irschen
Rottauer
Filze
Bernau am Chiemsee
544
NSG
Moos
Justizvollzugsanstalt
526
Damberg
Torfbahnhof Rottau
Alte Rott
Wessen
Angerling
Moor- u. Torfmuseum
Buchberg
604
Westerbuchberg
Alpenhof
Kletterhalle
ägerhof
rnamare
ergham
Farbinger Hof
Farbing
Osterham
305
Rudersberg
Aufing
Hafenstein
Filze
Kendlmühlfilzen
NSG
533
Rottau
538
Fischerstüberl
Messerschmied
Tischlmühle
Reifenberg
ndlalm
981
Flair Hotel Adersberg
Adersberg
chleipfer Maisalm
Adersberg
chwarzenberg
1126
Hachau
Erlberg
rlbergkopf
34
eißenalm
Grießenbach
Moosbauer
536
Klaus
Museum Salz&Moor
Steinbruck Brunnhaus
Deutsche Alpenstraße
Einöder Berg
Einöde
Hindling
Unter-moosbach
Ober-
Brandstätt
Golf Resort Achental
Grassau
538
Aich
Fetznhof
532
Miete
Moosbach
708
Rottauer Bach
Weißenbach
Breitenberg
1047
Huberalm
918
Strehtrumpf
705
Kucheln
568
539
Zur Post
Sperrer
La Rotonda
Vieh-hausen
Reifing
Reifinger See
Nußba
Guxhausen
Ledererrücken
988
Bauernschmiedalm
Moieralm
Hefteralm
973
Hufnagelalm
Wimmeralm
Pelzenalm
Zeppelinhöhe
Lindenkapelle
540
542
Großrachlhof
Vordere Rottauer Almen
Möserer
1109
Wand
Fetzenalm
Groß-
-staffen
Rachlalm
Fahrnpointalm
Staffn-Alm
Torkopf
844
Jägerberg
Chiemseeblick
Weßner Hof
Pettendorf
Piesenhausen
edererwand
1398
Rottauer Tal
Klein-
1250
Maieralm
Naderbaueralm
1031
Hochplattenb
Fahrpoint
Jägerwinkl
Märchen-Erlebnispark
Marquartstein
Lacke
Drei Brunnen
edereralm
1342
Hintere Rottauer Alm
Friedenrath
1423
Diensthütte
990
743
590
Niedernfels
Hofkapelle
Wurzer
663
Vogllüg
Haberspitz
Sauerlahner
Plattenalm
1320
Streunthal
557
Laimgrub
Dicking
Wuhrbichl
Piesenhauser Hochalm
Bergwachthütte
ochalpenkopf
Hochplatte
1587
Zwölferspitz
Kaiserblick
696
Lanzinger
NSG
Holzen
Oed
Entlehen
438
Ramseck
Diensthütte
1060
Breitwand
Jagdhtt.
Lanzing
Moos
Mooshäusl
Donau
307
Geisenhausen
1435
Zwillingswand
Teufelstein
Spitzwand
Süssen
Tiroler Achen
565
Diensthütte
790
Huberalm
1222
Weitwiesberg
Heinzenalm
784
Emperbichl
Raiten
571
Unterwössen
555
Deutsche Alpenstr.
861
Oberauer Brunstalm
Zellerwand
Zellerwand
Au
Landhotel Gabriele
Ramsental
iensthütte
712
611
558
Zellersee
Kaltengraben
Raitener Bach
NSG
Mettenhamer Filz
562
555
0
500 m
Vogelschau
663
Mühlau
Mettenham
661
Hauser

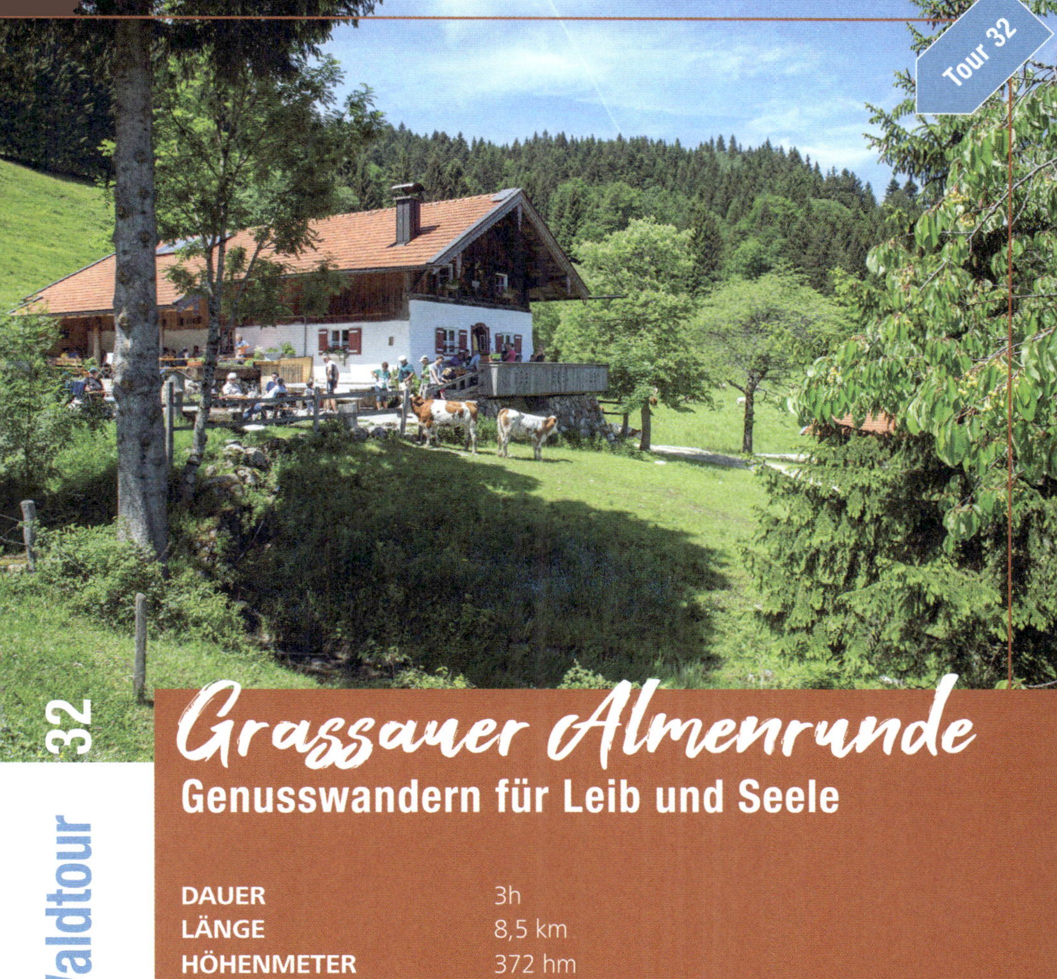

32 Waldtour

Grassauer Almenrunde

Genusswandern für Leib und Seele

DAUER	3h
LÄNGE	8,5 km
HÖHENMETER	372 hm
SCHWIERIGKEIT	LEICHT
ÜBERNACHTUNG	nein

Das erwartet dich ...

Eine gemütliche, familientaugliche Almwanderung auf Forststraßen, guten Bergpfaden und Teerstraßen. Der Weg führt recht lang durch den Wald, bietet aber dennoch immer wieder schöne Ausblicke ins Tal. Weiter oben im Almenbereich wird die Aussicht dann umfassender. Auch wenn die Distanzen und Höhenunterschiede bescheiden sind, ist gutes Schuhwerk für die Tour zu empfehlen.

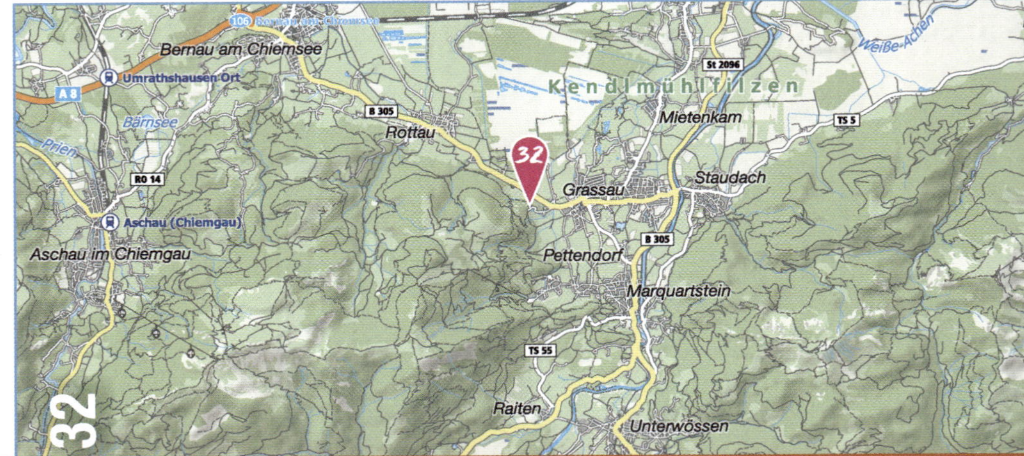

Waldtour 32

Start & Ziel & Anreise

Ausgangspunkt und Ziel ist der Wanderparkplatz hinter dem ehemaligen Bergbad in Kucheln bei Grassau. Die Anfahrt mit PKW aus dem Raum München erfolgt über die A 8, Ausfahrt Bernau und auf der B 305 direkt nach Grassau/Kucheln. Die Anreise mit Öffis erfolgt über den Bahnhof Prien am Chiemsee. Von dort fährt die Buslinie 9505 Richtung Donnersgattern, Reit im Winkl nach Kuchl. Von der Haltestelle sind es etwa 10 Minuten zum Ausgangspunkt der Tour.

Tourenbeschreibung

Vom Wanderparkplatz aus gehen wir zunächst auf der Teerstraße oder fast parallel auf dem Wanderpfad bergan. Wir gelangen so nach Strehtrumpf, wo noch eine gebührenpflichtige Parkmöglichkeit besteht. Wir biegen im spitzen Winkel nach links Richtung „Zeppelinhöhe/Grassauer Almen" ab. An der folgenden Weggabelung halten wir uns links. Am Wegweiser „Zeppelinhöhe" lohnt der Abstecher zum Denkmal wegen der schönen Aussicht über die Kendelmühlfilzen, Grassau und Staudach.

Unser Weg führt dann durch lichten Buchenwald am Hang entlang bis an einen kleinen Bachlauf. Nach dessen Überquerung geht es mit dem Weg Richtung Grassauer Almen in Serpentinen den Hang hinauf. Unser Weg mündet dann in die Forststraße, die uns nach links zu den Grassauer Almen bringt. Beim Erreichen der Almwiesen eröffnen sich auch wieder Ausblicke auf Hochgern mit dem Schnappenkircherl und den Hochfelln.

Bei der Weggabelung gehen wir nach links hinauf und kommen zur Rachlalm. Wir gehen um die Alm herum, weiter Richtung Hufnagelalm und von dort weiter über einen Wiesenpfad und durch ein kleines Waldstück zur Hefteralm.

Unser Rückweg führt rechts am Backofen vorbei über einen recht abschüssigen Weg bis an einen querenden Weg, wo wir nach rechts in Richtung Grassau/Strehtrumpf abzweigen. Auf dem schattigen Waldweg erreichen wir den Parkplatz Stehtrumpf und die Teerstraße bringt uns weiter zu den Wanderparkplätzen.

Ausblick auf den Hochgern

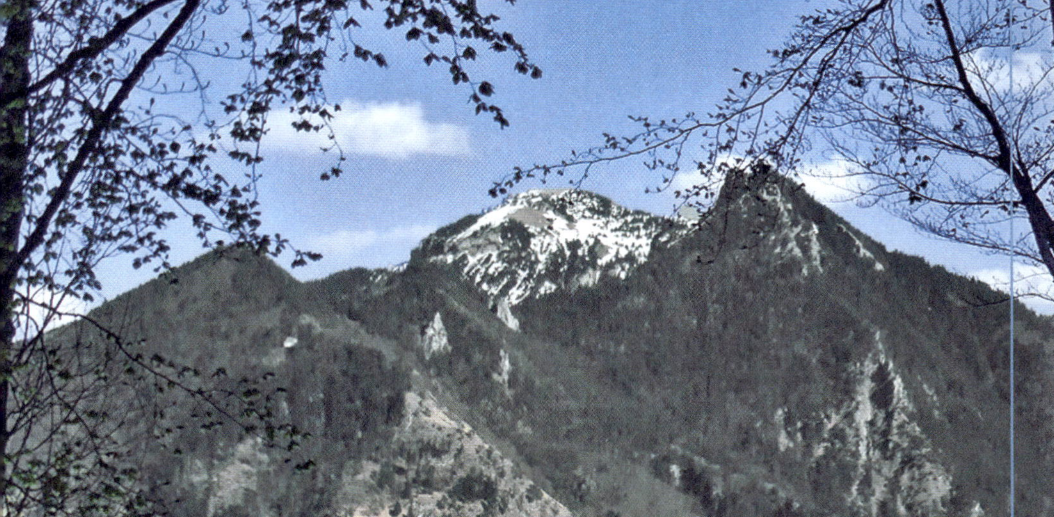

33

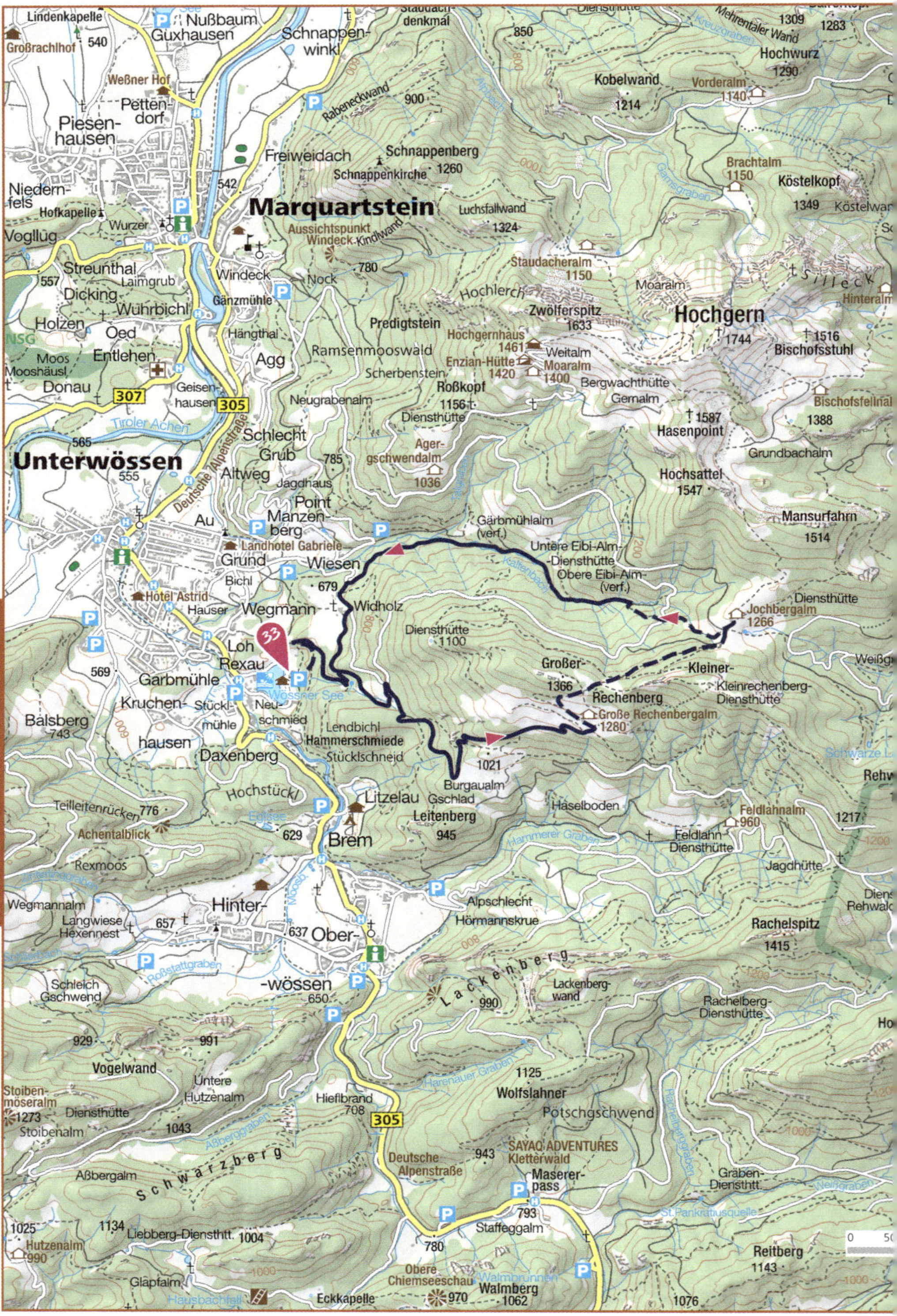

Marquartstein
Unterwössen
Hochgern
Ober-wössen
Hinter-
Brem
Schnappen-winkl
Nußbaum
Guxhausen
Lindenkapelle
Großrachlhof
540
Weßner Hof
Petten-dorf
Piesen-hausen
Freiweidach
Schnappenberg
1260
Schnappenkirche
Rabeneckwand
900
850
Staudach-denkmal
Kobelwand
1214
Vorderalm
1140
Hochwurz
1290
1309
1283
Mehrentaler Wand
Kreuzgraben
Brachtalm
1150
Köstelkopf
1349
Köstelwand
Niedern-fels
Hofkapelle
Vogllug
Wurzer
542
Aussichtspunkt Windeck
Kindlwand
Luchsfallwand
1324
Staudacheralm
1150
Moaralm
Sillek
Hinteralm
Streunthal
557
Laimgrub
Dicking
Wührbichl
Holzen
Oed
Windeck
Nock
780
Gänzmühle
Hochlerch
Zwölferspitz
1633
Predigtstein
Hochgernhaus
1461
1744
1516
Bischofsstuhl
NSG
Moos
Mooshäusl
Entlehen
Hängthal
Agg
Ramsenmooswald
Enzian-Hütte
1420
Weitalm
Moaralm
1400
Scherbenstein
Bergwachthütte
Gernalm
Donau
307
Geisen-hausen
305
Neugrabenalm
Roßkopf
1156
Diensthütte
1587
Hasenpoint
Bischofsfellnalm
1388
Tiroler Achen
565
Schlecht
Grub
785
Ager-gschwendalm
1036
Grundbachalm
Deutsche Alpenstraße
555
Altweg
Jagdhaus
Point
Manzen-berg
Hochsattel
1547
Au
Gärbmühlalm (verf.)
Mansurfahrn
1514
Landhotel Gabriele
Grund
Wiesen
Untere Eibl-Alm-Diensthütte
Obere Eibl-Alm (verf.)
Bichl
679
Hotel Astrid
Hauser
Wegmann
Widholz
Diensthütte
Jochbergalm
1266
Diensthütte
1100
Loh
Rexau
Großer-
1366
Kleiner-
Kleinrechenberg-Diensthütte
Weißg
569
Garbmühle
Wössner See
Rechenberg
Große Rechenbergalm
1280
Balsberg
743
Kruchen-hausen
Stückl-mühle
Neu-schmied
Lendbichl
Hammerschmiede
Stücklschneid
1021
Schwarze L.
Rehw
Daxenberg
Burgaualm
Gschlad
Hochstückl
Litzelau
Leitenberg
945
Häselboden
Feldlahnalm
960
1217
Teilleitenrücken
776
Achentalblick
Eglsee
629
Hammerer Graben
Feldlahn Diensthütte
Jagdhütte
Rexmoos
Alpschlecht
Hörmannskrue
Diens Rehwal
Wegmannalm
Langwiese
Hexennest
657
637
Rachelspitz
1415
Roßstattgraben
Lackenberg
Lackenberg-wand
990
Schleich Gschwend
650
Rachelberg-Diensthütte
929
991
Vogelwand
1125
Harenauer Graben
Wolfslahner
Stoiben-möseralm
1273
Stoibenalm
Diensthütte
Untere Hutzenalm
1043
Hieflbrand
708
Pötschgschwend
Aßberggraben
SAYAQ ADVENTURES Kletterwald
Deutsche Alpenstraße
943
Gräben-Diensthütt.
Aßbergalm
Schwarzberg
Maserer-pass
Weißgraben
1025
1134
Liebberg-Diensthütt.
1004
793
Staffeggalm
St. Pankratiusquelle
Hutzenalm
990
780
Reitberg
1143
Glapfalm
Obere Chiemseeschau
Walmbrunnen
Walmberg
1062
Hausbachfall
Eckkapelle
970
1076

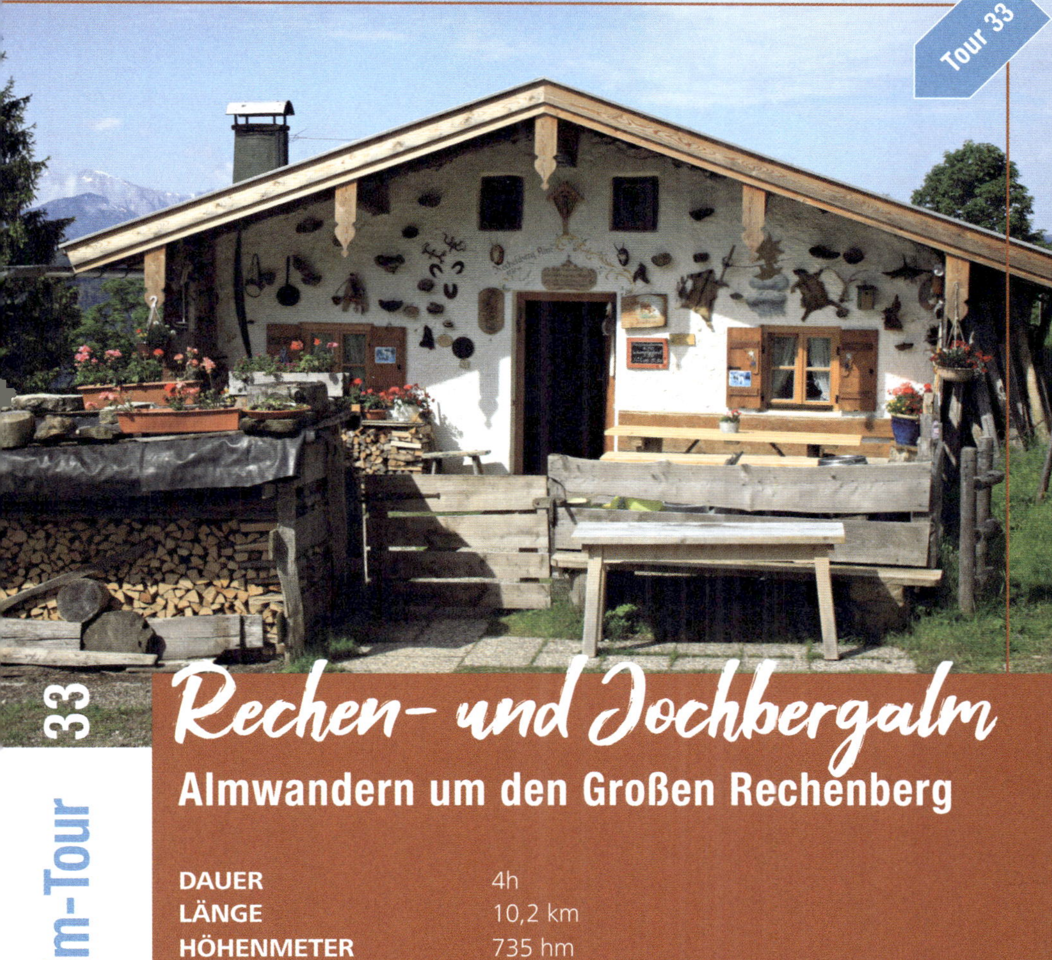

Rechen- und Jochbergalm

Almwandern um den Großen Rechenberg

DAUER	4h
LÄNGE	10,2 km
HÖHENMETER	735 hm
SCHWIERIGKEIT	LEICHT
ÜBERNACHTUNG	nein

Das erwartet dich ...

Eine entspannte, aber vielseitige Wald- und Almenwanderung auf überwiegend breiten Wegen und Forststraßen. Der Waldpfad zwischen Rechenbergalm und Jochbergalm ist anfangs steil und bei Nässe unangenehm, da der Boden dann recht schmierig wird. Etwas Kondition und festes Schuhwerk sind erforderlich.

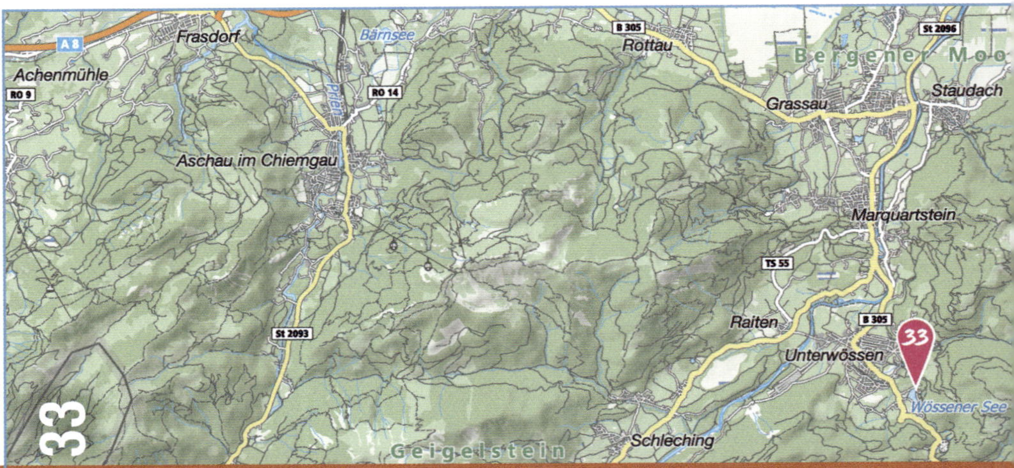

Alm-Tour 33

Start & Ziel & Anreise

Ausgangspunkt und Ziel ist der Parkplatz beim Gasthaus Strandbad am Wössener See, nahe Unterwössen. Die Anfahrt mit Auto erfolgt auf der A8 von München oder Bad Reichenhall kommend über die Ausfahrt Bernau und auf der B 305 über Marquartstein nach Unterwössen. Die Anreise mit Öffis ist über den Bahnhof Prien am Chiemsee mit der Buslinie 9505 Richtung Donnersgattern, Reit im Winkl möglich. Die Haltestelle ist Kruchenhausen/Wössener See.

Tourenbeschreibung

Am südlichen Fuß des Hochgern lässt sich eine bequeme Almwanderung durchführen, die mit recht imposanten Aussichten auf die umliegenden Gipfel aufwartet; eindrucksvoll ist vor allem der Blick hinüber zur Hörndlwand und zum felsigen Gurnwandkopf.

Vom Parkplatz beim Gasthaus Strandbad am schön gelegenen Wössener See gehen wir den Weg am Zaun entlang in einem Linksbogen in den Wald hinein. Auf Naturweg folgen wir dann dem Bachverlauf. Wir folgen den Schildern Nr. 58 Richtung Rechenberg, passieren mehrere Wegkreuzungen, bleiben aber stets auf dem breiten Fahrweg, bis wir die Rechenbergalm erreichen. An einem steilen Südhang gelegen erwartet sie die Wanderer mit einem besonderen Ausblick und Fernblick über Oberwössen, das gesamte Almengebiet und die umliegenden Berge. Neben den Naturschönheiten bietet die Alm auch eine traditionelle Brotzeit.

Auf dem Fahrweg gelangen wir anschließend zum oberen Almgebäude, dann halten wir steil aufwärts und geradeaus auf eine Baumreihe zu. Von dort aus gehen wir weiter bis zu einem Sattel, von dem aus es am „Dampfschiff" und am kleinen Rechenberg entlang weitergeht. Wir treffen auf den Weg Nr. 58, dem wir rechts in den Wald hinein folgen. Leicht abwärts auf schönem Pfad gelangen wir hinüber zu einer Wegverzweigung und ein paar Meter später zur Jochbergalm. Hier warten gleich drei Jausenstationen auf hungrige und durstige Gäste.

Zurück bei der Wegverzweigung biegen wir rechts ab und folgen dem Weg Nr. 52 am Waldrand entlang leicht bergab. Nach der Verzweigung, die links zum Forstweg Nr. 54 weist, wird der Weg breiter und läuft schön am Bach entlang, stellenweise mit recht steilen Passagen.

Sobald rechts die ersten Häuser zu sehen sind, halten wir uns zunächst nach links und folgen dann der Beschilderung „Wössener See" rechts zum Ausgangspunkt hinab.

Am Wössener See

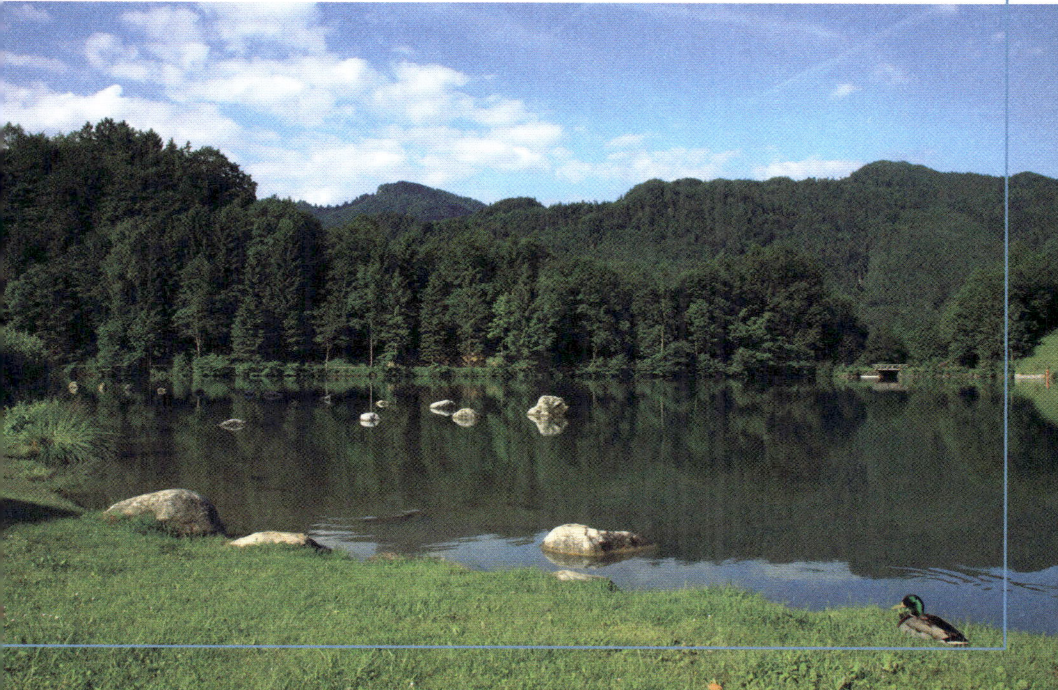

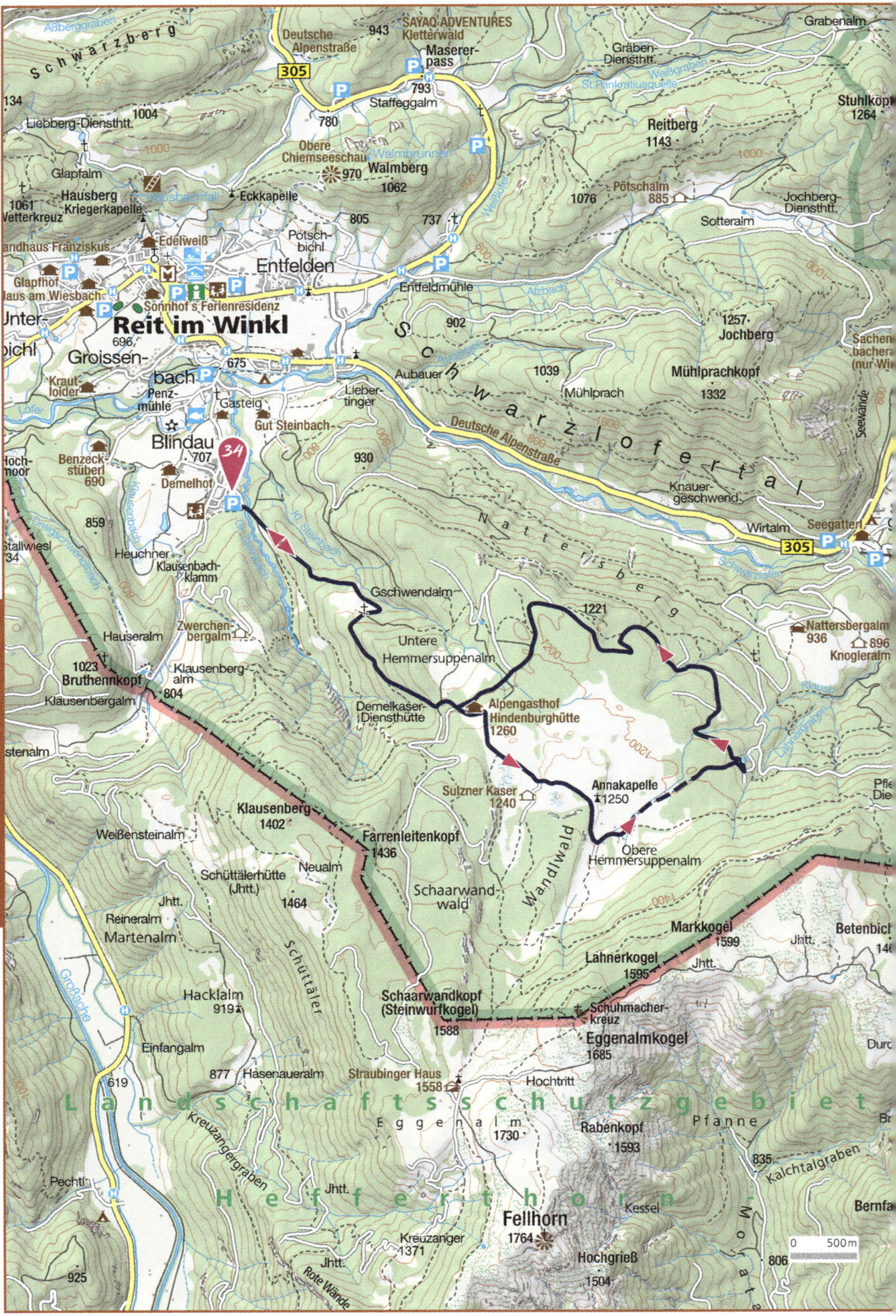

34

Reit im Winkl
Entfelden
Groissenbach
Blindau 707
Schwarzloferttal
Nattersberg
Deutsche Alpenstraße
305
Maserer-pass
Staffeggalm
Obere Chiemseeschau
Walmberg 1062
Reitberg 1143
Stuhlkopf 1264
Grabenalm
Gräben-Diensthtt.
Pötschalm 885
Jochberg-Diensthtt.
Sotteralm
Jochberg 1257
Mühlprachkopf 1332
Mühlprach
Aubauer
Liebertinger
Gut Steinbach
Gasteig
Penzmühle
Krautloider
Benzeckstüberl 690
Demelhof
Heuchner
Klausenbachklamm
Gschwendalm
Untere Hemmersuppenalm
Demelkaser-Diensthütte
Alpengasthof Hindenburghütte 1260
Sulzner Kaser 1240
Annakapelle 1250
Obere Hemmersuppenalm
Wandlwald
Nattersbergalm 936
Knoglalm 896
Knauer-geschwend
Wirtalm
Seegatterl
Zwerchenbergalm
Klausenbergalm
Hauseralm
Bruthennkopf 1023
Klausenberg 1402
Farrenleitenkopf 1436
Weißensteinalm
Schüttälerhütte (Jhtt.)
Neualm
Schaarwandwald
Reineralm
Martenalm
Hacklalm 919
Schüttäler
Schaarwandkopf (Steinwurfkogel) 1588
Markkogel 1599
Lahnerkogel 1595
Schuhmacherkreuz
Eggenalmkogel 1685
Straubinger Haus 1558
Hochtritt
Einfangalm
Hasenaueralm
Landschaftsschutzgebiet
Eggenalm 1730
Rabenkopf 1593
Pfanne
Kalchtalgraben
Heffterhorn
Fellhorn 1764
Hochgrieß 1504
Kessel
Kreuzanger 1371
Kreuzangergraben
Rote Wände
Großache
Pechtl
0 500 m

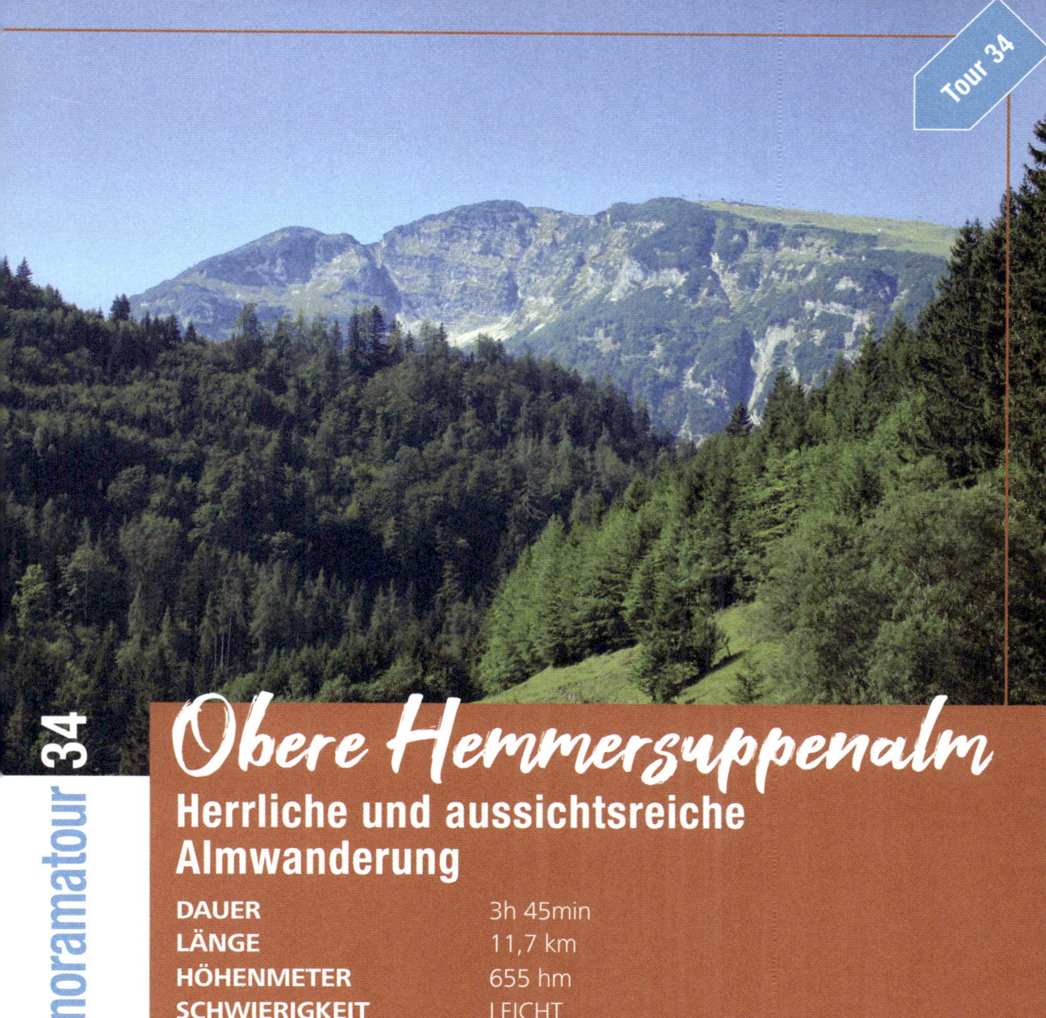

Tour 34

Panoramatour 34

Obere Hemmersuppenalm

Herrliche und aussichtsreiche Almwanderung

DAUER	3h 45min
LÄNGE	11,7 km
HÖHENMETER	655 hm
SCHWIERIGKEIT	LEICHT
ÜBERNACHTUNG	ja

Das erwartet dich ...

Eine leichte Wald- und Wiesenwanderung, deren eher bescheidene Höhenmeter dank eines Minibusses nochmals minimiert werden können. Neben der idyllischen Umgebung sorgen die reizvollen Blicke in die Chiemgauer Berge für Abwechslung. Es geht auf Forststraßen sowie bequemen Wald- und Almwegen voran.

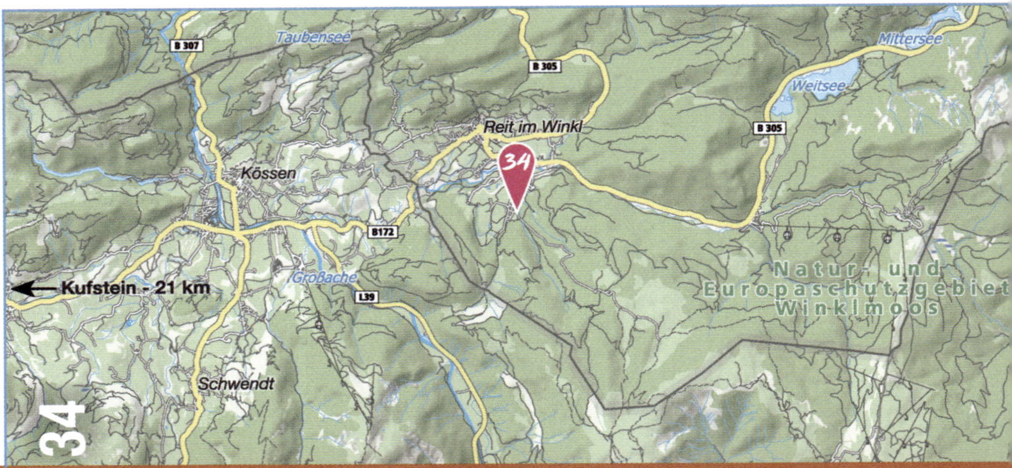

Panoramatour 34

Start & Ziel & Anreise

Startpunkt und Ziel ist der Wanderparkplatz in Blindau, einem Ortsteil von Reit im Winkl. Die Anfahrt mit Auto erfolgt auf der A8 von München oder Bad Reichenhall kommend über die Ausfahrt Bernau und auf der B305 via Marquartstein und Oberwössen. Die Anreise mit Öffis ist über den Bahnhof Prien am Chiemsee mit der Buslinie 9505 Richtung Rathaus, Reit im Winkl möglich.

Tourenbeschreibung

Eine sehr gemütliche Rundtour auf einer blumenreichen Hochalm mit weiten Wiesenflächen und einer einladenden Einkehrmöglichkeit, die wir – wenn wir es uns ganz leicht machen und gut 500 Höhenmeter ersparen wollen – auch als Ausgangspunkt wählen können (ab der Ortsmitte Reit im Winkl und vom Parkplatz Blindau aus verkehrt täglich ab 9 Uhr ein Kleinbus zur Hindenburghütte). Wir starten aber zu Fuß vom großen Wanderparkplatz Blindau und folgen der steilen und asphaltierten Zufahrtsstraße zum vielbesuchten und fast das ganze Jahr über bewirtschafteten Alpengasthof Hindenburghütte. Von dort wandern wir in leichtem Auf und Ab auf einer Forststraße über die bucklige Hochfläche in südöstlicher Richtung weiter. Die Abzweigungen nach rechts, die uns über den moorigen „Filzenweg" zum Straubinger Haus und zum Fellhorn bringen würden, ignorieren wir. Dafür passieren wir auf unserem Rundweg die schmucke kleine Anna-Kapelle. Anschließend hinab zur Wegverzweigung bei der Oberen Hemmersuppenalm. Wir halten uns links und wandern an den verstreut liegenden Gehöften vorbei in den Wald hinein und weiter, bis wir die erste Wegverzweigung Hindenburghütte/Seegatterl erreichen. Wir schwenken nach links und folgen dem Forstweg in Richtung Hindenburghütte. Zuletzt wieder über die steile Asphaltstraße hinunter zum Parkplatz Blindau.

Variante mit Übernachtung: Wer die reizvolle Landschaft des weitläufigen Almgebiets länger genießen will, findet in der etwas abseits der Rundtour gelegenen Nattersbergalm eine gemütliche Übernachtungsmöglichkeit. Dafür müssen wir lediglich an der Wegverzweigung Hindenburghütte/Seegatterl rechts statt links abbiegen. Wir erreichen die Nattersbergalm dann in etwa 25 Minuten über zwei ausladende, flache Kehren auf einem bequemen Forstweg. Die Alm (Infos unter www.nattersberg.de) bietet einfache, im Voraus zu buchende Übernachtungsmöglichkeiten in 2,3 oder 4-Bettzimmern für bis zu 25 Personen. Den Weiterweg können wir dann am nächsten Tag an gleicher Stelle wieder aufnehmen.

Die weiten Almflächen der Hemmersuppenalmen

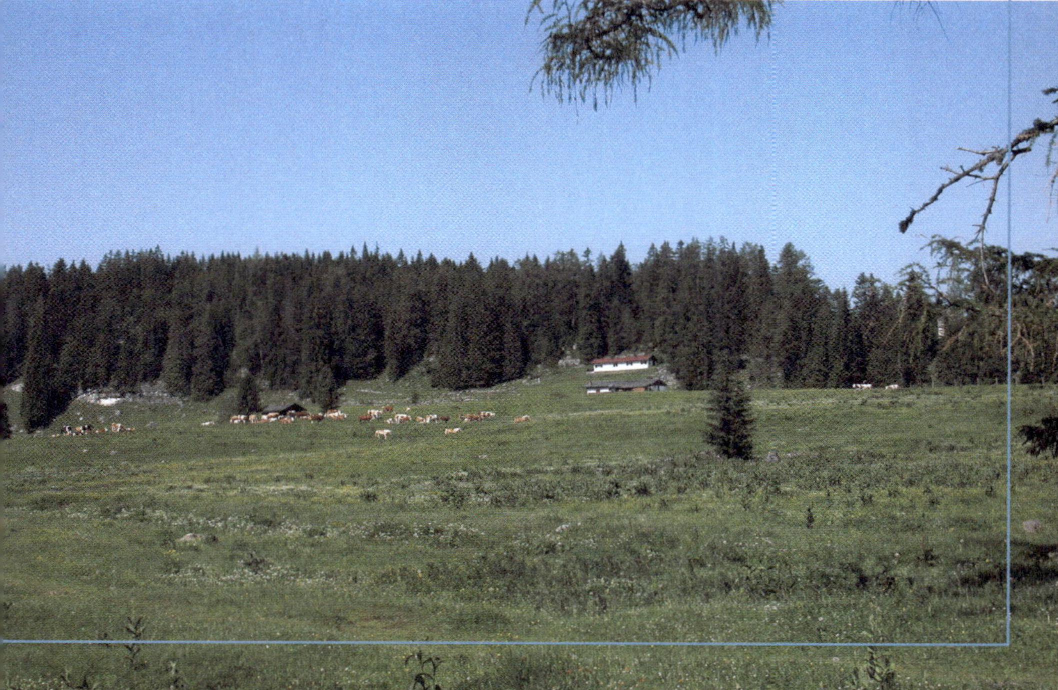

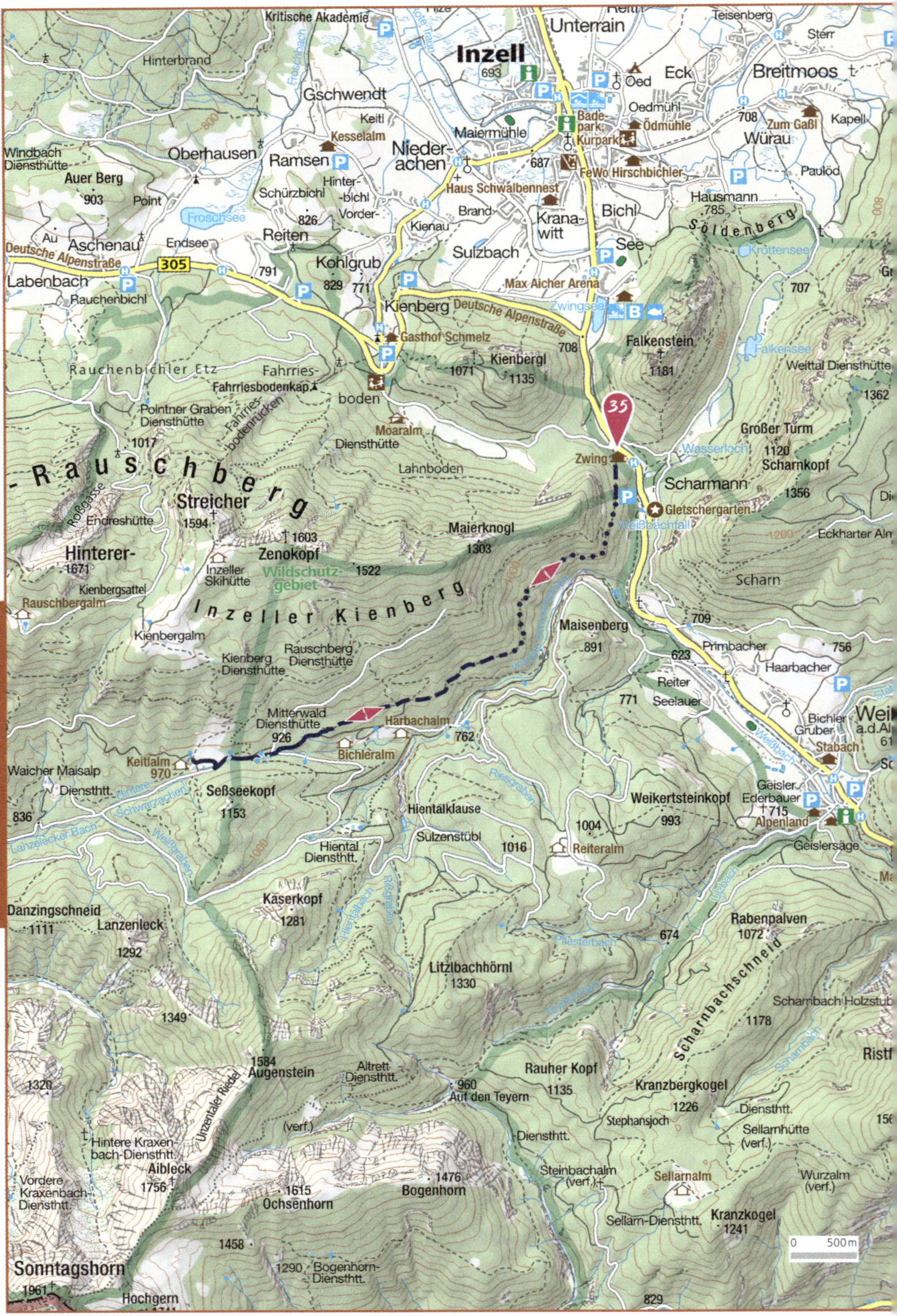

35

Kritische Akademie
Hinterbrand
Inzell
693
Unterrain
Teisenberg
Sterr
Gschwendt
Keiti
Kesselalm
Maiermühle
Bade-park
Kurpark
Oed
Eck
Oedmühl
Ödmühle
Breitmoos
708
Zum Gaßl
Kapell
Würau
Windbach Diensthütte
Oberhausen
Ramsen
Nieder-achen
687
FeWo Hirschbichler
Paulöd
Auer Berg
903
Point
Schürzbichl
Hinter-bichl
Vorder-
826
Haus Schwalbennest
Brand
Kienau
Krana-witt
Bichl
Hausmann
785
Söldenberg
Froschsee
Au
Aschenau
Endsee
Reiten
Kohlgrub
Sulzbach
See
Krottensee
Deutsche Alpenstraße
305
Labenbach
791
829
771
Max Aicher Arena
707
Rauchenbichl
Kienberg
Deutsche Alpenstraße
Zwingsee
Gasthof Schmelz
708
Falkenstein
1181
Falkensee
Weittal Diensthütte
Rauchenbichler Etz
Fahrries-
Fahrriesbodenkap
boden
1071
Kienbergl
1135
1362
Pointner Graben Diensthütte
Fahrries-bodenrücken
Moaralm
Diensthütte
35
Großer Turm
1120
Wasserloch
Scharnkopf
1017
Rauschberg
Lahnboden
Zwing
Scharmann
1356
Roßgasse
Streicher
1594
Endreshütte
1603
Maierknogl
1303
Gletschergarten
Weißbachfall
Eckharter Alm
1200
Hinterer-
1671
Zenokopf
Inzeller Skihütte
Wildschutz-gebiet
1522
Scharn
Kienbergsattel
Rauschbergalm
Inzeller Kienberg
Maisenberg
891
709
Kienbergalm
Kienberg Diensthütte
Rauschberg Diensthütte
623
Primbacher
756
Haarbacher
Reiter
Seelauer
771
Mitterwald Diensthütte
926
Harbachalm
762
Bichleralm
Bichler
Gruber
Stabach
Weißbach
Wei
a.d.Al
Keitlalm
970
Waicher Maisalp
Diensthtt.
Seßseekopf
1153
Riesgraben
Geisler
Ederbauer
715
Alpenland
Weikertsteinkopf
993
836
Schwarzachen
Hientalklause
1004
Geislersäge
Lanzelecker Bach
Weißgraben
Sulzenstübl
1016
Reiteralm
Hiental Diensthtt.
1000
Danzingschneid
1111
Lanzenleck
1292
Kaserkopf
1281
Rabenpalven
1072
674
Pflasterbach
Litzlbachhörnl
1330
Scharnbachschneid
Scharnbach Holzstub
1349
1178
1320
1584
Augenstein
Altrett Diensthtt.
960
Auf den Teyern
Rauher Kopf
1135
Kranzbergkogel
1226
Ristf
Stephansjoch
Diensthtt.
Sellarnhütte
(verf.)
Unzentaler Riedel
(verf.)
Diensthtt.
Hintere Kraxen-bach-Diensthtt.
Aibleck
1756
Steinbachalm
(verf.)
Sellarnalm
Wurzalm
(verf.)
Vordere Kraxenbach-Diensthtt.
1615
Ochsenhorn
1476
Bogenhorn
Sellarn-Diensthtt.
Kranzkogel
1241
1458
0 500 m
Sonntagshorn
1961
1290
Bogenhorn-Diensthtt.
Hochgern
829

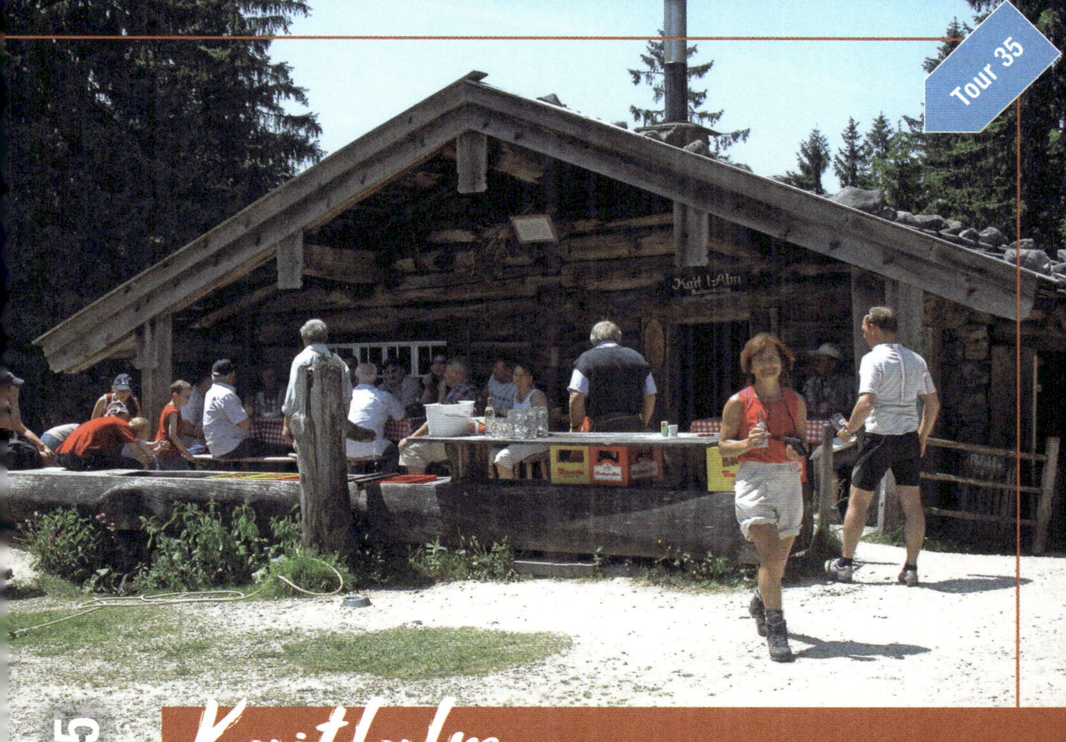

Tour 35

35 Waldtour

Kaitlalm

Auf schattigem Alpensteig zu uriger Hütte

DAUER	3h 15min
LÄNGE	9,5 km
HÖHENMETER	310 hm
SCHWIERIGKEIT	MITTEL
ÜBERNACHTUNG	nein

Das erwartet dich ...

Eine entspannte Wald- und Almwanderung im Herzen der idyllischen Chiemgauer Alpen. Der auf Schildern als schwer eingestufte Alpensteig erweist sich als schöner, unproblematischer Waldsteig, der an möglicherweise heikleren Stellen mit Drahtseilsicherungen aufwartet.

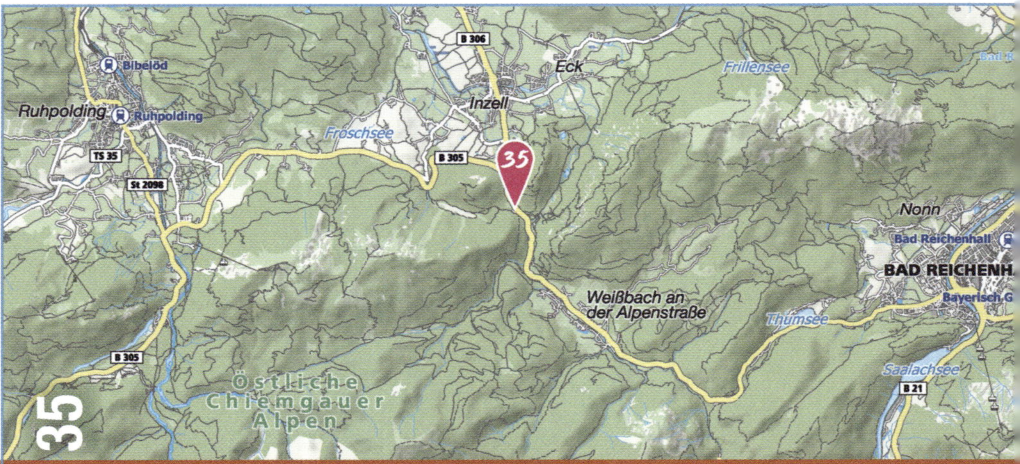

Start & Ziel & Anreise

Ausgangspunkt und Ziel ist der Wanderparkplatz beim ehemaligen Gasthof Cafe Zwing, auf halbem Weg zwischen Inzell und Weißbach. Die Anfahrt mit dem Auto erfolgt über die A8 von München oder Bad Reichenhall, Ausfahrt Traunstein/Siegsdorf. Von dort geht es auf der B306 via Inzell und auf der B305 direkt zum Parkplatz. Die Anreise mit Öffis ist via Bahnhof Traunstein oder Hauptbahnhof Bad Reichenhall mit der Buslinie 9526 möglich.

Tourenbeschreibung

Wir starten beim ehemaligen Gasthof Zwing und folgen dem markierten Weg „Alpensteig" am Waldrand entlang links hoch. Nach steilerem Beginn auf breitem, schottrigem Weg verengt sich dieser zu einem Pfad, steigt in einer scharfen Rechtskurve in engen Kehren ein paar Meter an (mit Drahtseil gesichert) und verläuft dann in leichtem Auf und Ab am Hang entlang durch den Wald.

Der teils wurzelige, teils steinige Bergpfad ist sehr schön zu begehen, an mehreren, etwas abschüssigen Hangstellen ist ein Drahtseil eingehängt, insgesamt aber eine unproblematische Angelegenheit. Nach weiteren Auf- und Abwärtspassagen und einer sehr schönen Hangtraverse im schattigen Wald stoßen wir nach rund einer Stunde auf eine Beschilderung (Kaitlalm 45 Min.) und der schmale Steig geht in einen breiteren, flachen Weg über, der uns zunächst ins freie Gelände bringt. Wir passieren die Abzweigungen zur Harbach- und Pichleralm und gehen, jetzt wieder auf einem schmaleren Pfad, erneut in den Wald hinein. Nach dem Durchschreiten eines Tobels –, der Weg ist links und rechts von kleinen Felsen flankiert – stoßen wir wenig später auf einen breiten Weg. Wir halten uns links, passieren erneut Abzweigungen zur Harbach- und Pichleralm und gelangen wieder zu einer Kreuzung. Auf breiter Forststraße folgen wir der Beschilderung zur Kaitlalm. Bei einer umzäunten Wiese halten wir uns rechts und haben nach ein paar Minuten die schon sichtbare Kaitlalm erreicht. Zurück auf dem Anstiegsweg.

Bauernhof bei Inzell, im Hintergrund Kienberg und Rauschberg

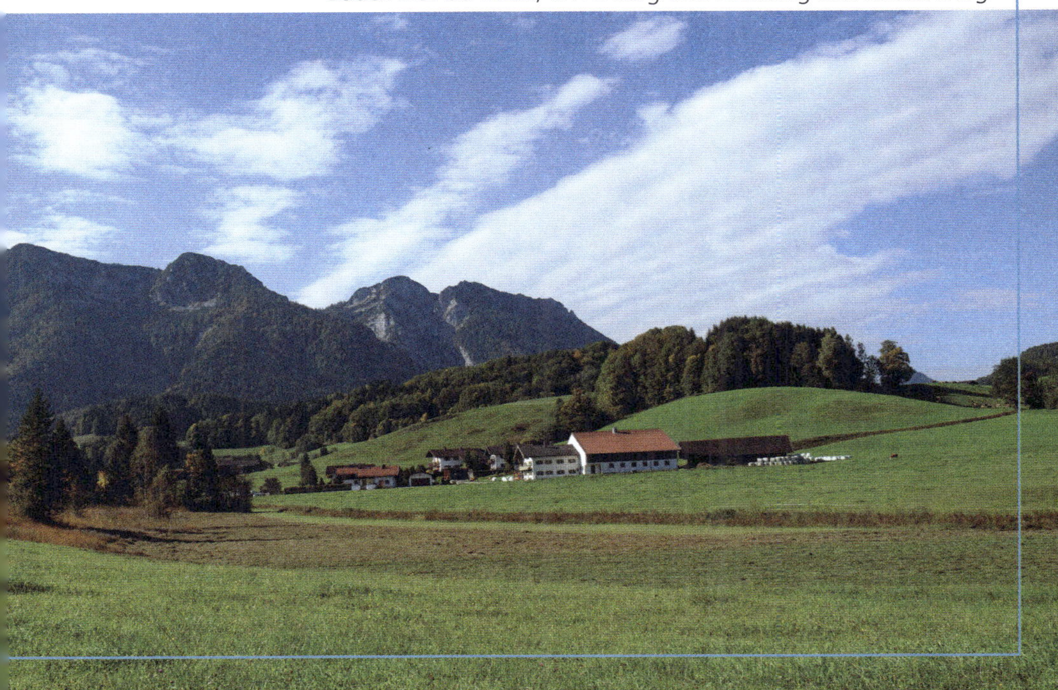

36

Grub Krainwinkl
Neukirchen am Teisenberg
755 Vorder- Mitter- -leiten Hinter-
Sprung Achthal 582
636 Allerberg
607 Freidling Hausmoning
Point 679 Roll Graben
Bergbau-museum Haslach
Oberachthal Mühlpoint
Oberteisendorfer Ache
Qerchtsfelden Burgstall Teisenberg Schnelling
Babing Hub 600 Obau
113 Neukirchen
Schwamm-graben -häusl 731 Gschwend
Gröben Kressenberg Maurach
Wald Hörbering
A8
Dandlhäusl Lohwiesen Nieder- reit Ober-
Seiberstadt Beilehen Klötzel Reit a.Berg Schreckerbauer
Schwarzenberg Loch
Kendl Atzlbach 793
Fuchssteig Spittenreut
Hochöd Kühberg Hochpoint
Mitterstatt Mauerreuten Reuten Wildberg
Haslacherstube
Loithal Pirach Kerscha
812
Kleiner Kachelstein 904
997
Teisenberg
Am kalten Brünnl
Kesselstube
Steinwand-Hütte
1192
Schneid 1333
Großer Kachelstein 1234
Jhtt. Hubertushütte
Stoisseralm 1272 (nur Sommer)
Freyenend Neuhaus Ammer Gansmoos Stoißberg Traxl Rothe
971
Diensthütte 946
Poschennock Diensthütte
858 Stoiß
Baumburger Wald
Kohlhäusl Diensthütte
Hochfilz Diensthütte
Schrög
Jhtt.
Stoißer Ache
1256
-1264 Teisenbergkopf
Inzeller Höhe 912
Hochb Diens
Holzen 736 Jugendferiendorf
Brenneralm
Diensth.
Steinbach
1073
Lanc
Panholz
Mayerbüchler
Bäckeralm 1067
Hutterer
Großwald
Schwarz-berg Ed
Weißenbach
Weissenhof
Am Ellenbach
36
Brenner
Adlgaß 805
Frillenseebach
Klaffeln
Pommern
768
691
Reith
Unterrain
Teisenberg
Duft
Inzell 693
Sterr
Einsiedl St.Nikolaus
Schneewinkel
Gaßlalm
Eck Oed
Breitmoos
Frillensee
922
Goldnes
Oedmühl Ödmühle
Bade-park Kurpark
708 Zum Gaßl
Kapell
Würau
Dunklwand
Maiermühle
687 FeWo Hirschbichler
Paulöd
Haus Schwalbennest
Mur
Hausmann 785
Zehnerstein
Brand Krana-witt Bichl
Murko Gr. 1395
Söldenberg
Zwiesel
Sulzbach See
Krottensee
Kohleralm 1450
1750 Gamsknogel
1782 Zennokopf 1756
Alptal
Max Aicher Arena
Gruberhörndl 1493
707
Hinterstaufen
0 500m
Zwingsee
Deutsche Alpenstraße 708
Falkenstein
Falkensee
Zwieselalm (Kaiser-Wilhelm-Haus) 1386
Kienberg

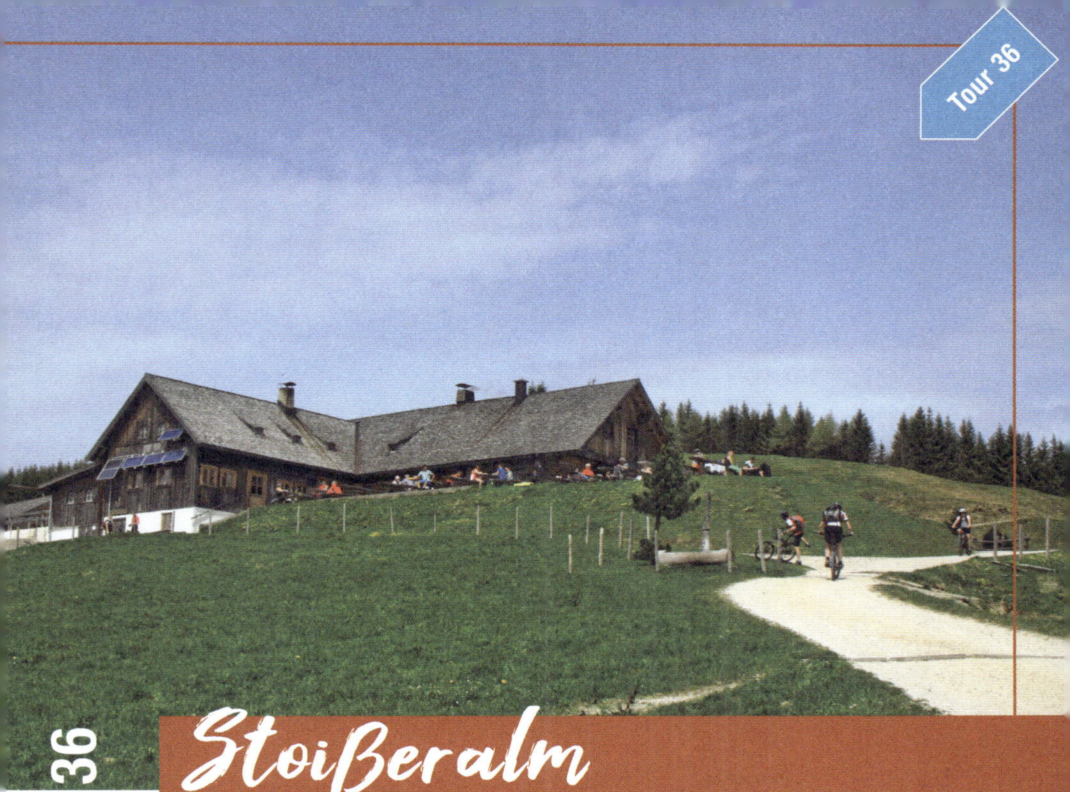

Tour 36

Panoramatour 36

Stoißeralm

Beliebter Treffpunkt für Biker und Wanderer

DAUER	5h
LÄNGE	16 km
HÖHENMETER	640 hm
SCHWIERIGKEIT	LEICHT
ÜBERNACHTUNG	ja

Das erwartet dich ...

Eine unschwierige und idyllische Wald-, Wiesen- und Almwanderung. Es erwarten uns breite Forst- und Wirtschaftswege, Wiesenpfade und nur ein kurzer felsiger Anstieg vor der Stoißeralm. Aufgrund der längeren Distanz ist etwas Grundkondition erforderlich.

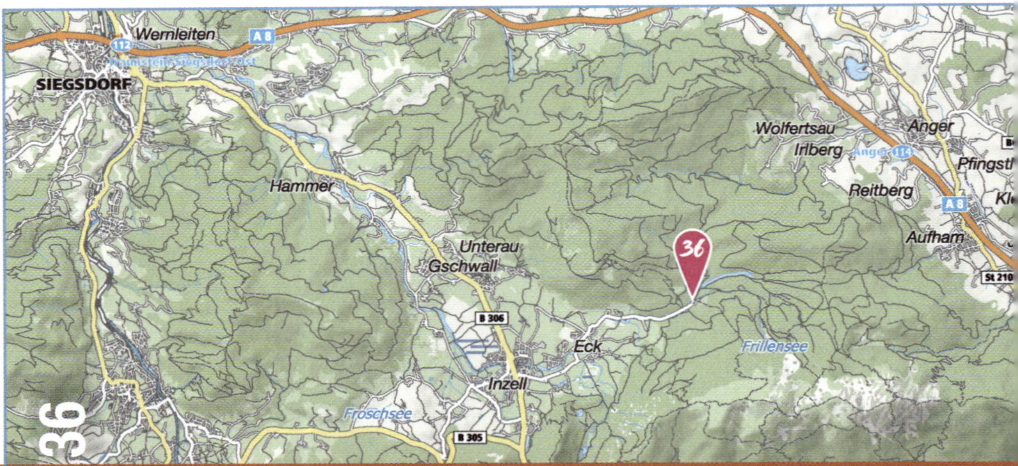

Panoramatour 36

Start & Ziel & Anreise

Ausgangspunkt und Ziel ist der Parkplatz unterhalb der Gaststätte Forsthaus Adlgaß nahe Inzell. Die Anfahrt mit dem Auto aus dem Raum München erfolgt über die A8, Ausfahrt Traunstein und über die B306 nach Inzell. Im Ortszentrum geht es links auf die Adlgasser Straße zum Parkplatz. Die Bushaltestelle wird von der Buslinie 9481 bedient und verbindet Adlgaß mit dem Busbahnhof Inzell.

Tourenbeschreibung

Die Stoißeralm ist dank ihrer aussichtsreichen und von allen Seiten leicht erreichbaren Lage eine Drehscheibe für Wanderer und Mountainbiker und daher an Schönwettertagen und vor allem an Wochenenden entsprechend stark frequentiert. Der beeindruckende Panoramablick erstreckt sich von Salzburg bis zu den Loferer Steinbergen.

Wir beginnen unsere Wanderung in Adlgaß, starten vom Parkplatz beim Forsthaus Adlgaß in Richtung Inzell, biegen dann mit den Markierungen 27 (Stoißeralm) und 26 (Bäckeralm) scharf rechts ab. Der ansteigende Forstweg bringt uns kontinuierlich höher, mit immer wieder schönen Ausblicken hinüber zum Falkenstein und zum Rauschberg. Bei einer Wegverzweigung halten wir uns links und folgen dem als kinderwagentauglich markierten Weg zur Bäckeralm über Pommerberg. Bei einem schönen Aussichtsberg biegen wir scharf rechts ab und erreichen wenig später die Abzweigung, bei der wir den breiten Forstweg verlassen und auf einem schmalen Pfad links hinab zur nahen Bäckeralm wandern – einem herrlich inmitten von Wiesen gelegenen Aussichts- und Einkehrpunkt. Hinter der Hütte steigen wir dann zum Wald hoch, gehen kurz links und erreichen wieder den Hauptweg, dem wir rechts weiter folgen. Kurz darauf stoßen wir auf eine Kreuzung, nach links ist der Fußweg zur Stoißeralm markiert. Wir folgen ihm bis zu einer großen Lichtung, wo die meisten Biker ihre Räder deponieren, denn nun geht es steiler in den Wald hoch.

Nach einer kurzen Abwärtspassage beginnt ein kurzer felsiger und wurzeliger Steig, der uns schließlich aus dem Wald herausführt. Vor uns liegt schon sichtbar die Stoißeralm, die wir über freies Wiesengelände in wenigen Minuten erreichen. Vor der Hütte zeigen uns die Markierungen den Rückweg nach Adlgaß und die Inzeller Höhe. Auf einem breiten, kehrenreichen Kiesweg geht es – oft begleitet von Radlern – bergab. Wir passieren das Holzschild beim „Otto Brunnen", halten uns bei der nächsten Verzweigung rechts (Adlgaß über Inzeller Höhe), überqueren eine Brücke und wandern geradeaus weiter bis zu einer markanten Holzskulptur, die unser Weg umrundet. Wir halten uns rechts, folgen der Markierung Adlgaß und gelangen zur Inzeller Höhe, die mit 912 Meter ausgeschildert ist. Weiter bergab passieren wir nach einer scharfen S-Kehre links einen schönen Rastplatz mit blumengeschmücktem Marterl und wandern an einem Bach mit teils rauschenden Wasserstufen entlang zurück zum Parkplatz beim Gasthaus Forsthaus Adlgaß.

Autoren Tipp

Wer nach der Tour eine echte Erfrischung sucht, sollte noch den traumhaft gelegenen Frillensee besuchen – denn der soll Deutschlands kältester See sein. Außerdem gibt es einen Bergerlebnispfad. Allerdings wird dafür noch etwas Extrakondition benötigt, denn vom Forsthaus Adlgaß aus ist es eine knappe Stunde zu Fuß dorthin. Doch man kann sich im gemütlichen Adlgaß vorher ordentlich stärken und wird den kleinen Aufwand hinterher sicher nicht bereuen!

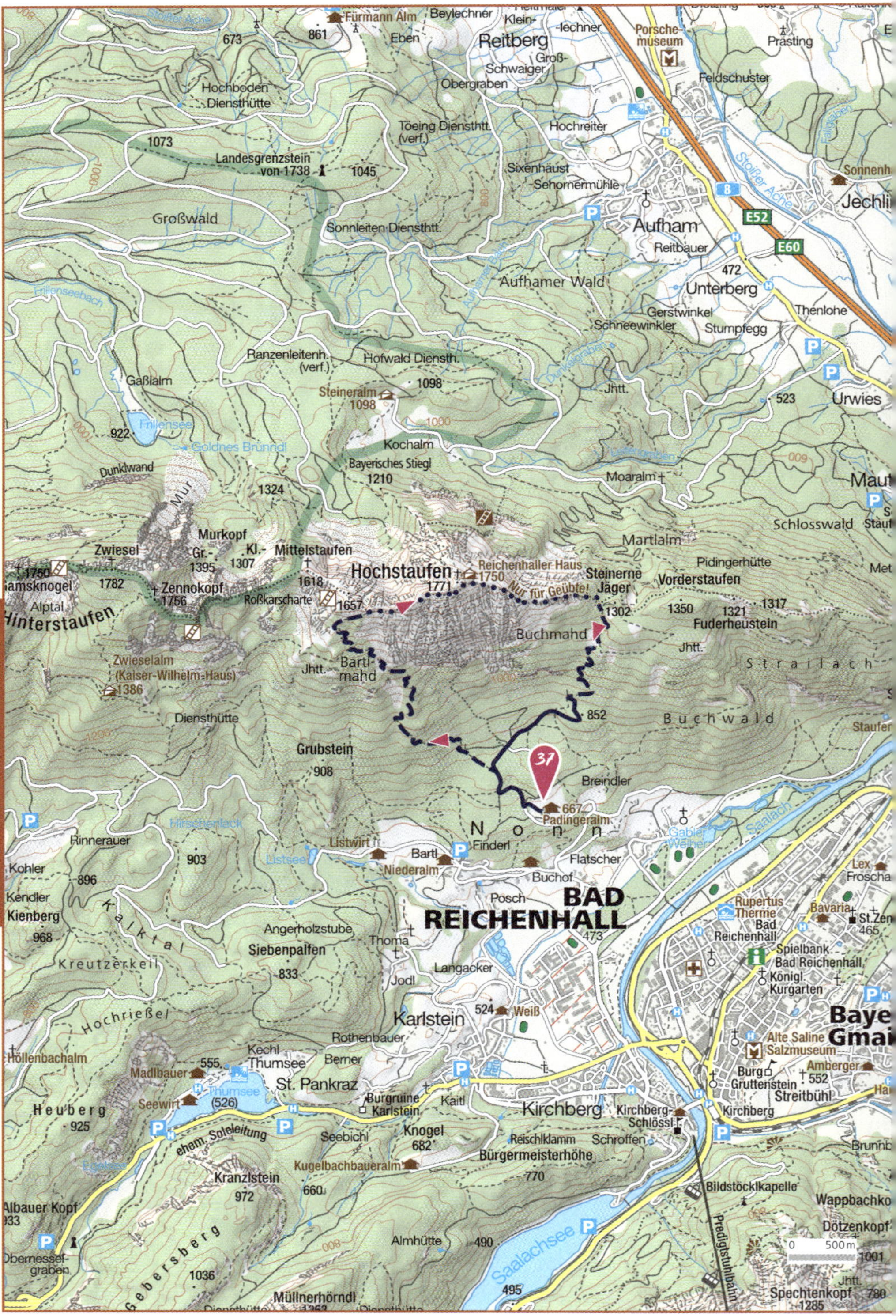

Fürmann Alm
Beylechner
Klein-
-lechner
Reitberg
Groß-
Schwaiger
Porsche-museum
Prasting
673
861
Eben
Obergraben
Feldschuster
Hochboden Diensthütte
Töeing Diensthtt. (verf.)
Hochreiter
1073
Landesgrenzstein von 1738
1045
Sixenhaust
Sehomermühle
Sonnenh
Jechli
Großwald
Sonnleiten Diensthtt.
Aufham
Reitbauer
E52
E60
8
Stoißer Ache
472
Unterberg
Aufhamer Wald
Gerstwinkel
Thenlohe
Schneewinkler
Stumpfegg
Frillenseebach
Ranzenleitenh. (verf.)
Hofwald Diensth.
Gaßlalm
Steineralm 1098
1098
Jhtt.
523
Urwies
Frillensee
922
1000
Goldnes Brünndl
Kochalm
Bayerisches Stiegl 1210
Moaralm
Maut
Dunkwand
1324
Schlosswald
Murkopf
Gr. 1395
Kl. 1307
Mittelstaufen
Martlalm
Pidingerhütte
Zwiesel
1750
Gamsknogel
1782
Zennokopf 1756
1618
Hochstaufen 1771
Reichenhaller Haus 1750
Nur für Geübte!
Steinerne Jäger
Vorderstaufen
1350
1321
1317
Alptal
Hinterstaufen
Roßkarscharte
1657
1302
Fuderheustein
Buchmahd
Zwieselalm (Kaiser-Wilhelm-Haus) 1386
Jhtt.
Bartlmahd
Jhtt.
Straillach
1000
Diensthütte
852
Buchwald
Staufen
Grubstein 908
37
Breindler
667
Padingeralm
Hirscherlack
Nonn
Saalach
Rinnerauer
903
Listwirt
Bartl
Finderl
Gabler Weiher
Kohler
Listsee
Niederalm
Flatscher
Lex
Froscha
896
Buchof
Kendler
Kienberg 968
Kalktal
Posch
BAD REICHENHALL
473
Rupertus Therme
Bad Reichenhall
Bavaria
St. Zeno 465
Angerholzstube
Thoma
Siebenpalfen 833
Spielbank Bad Reichenhall
Kreutzerkeil
Langacker
Königl. Kurgarten
Jodl
Hochrießel
Karlstein
524
Weiß
Baye Gmai
Rothenbauer
Alte Saline Salzmuseum
Höllenbachalm
555
Kechl
Thumsee
Berner
Amberger
Madlbauer
Burg Gruttenstein
552
Streitbühl
St. Pankraz
Thumsee (526)
Seewirt
Burgruine Karlstein
Kaitl
Kirchberg
Kirchberg-Schlössl
Kirchberg
Heuberg 925
ehem. Soleleitung
Seebichl
Knogel 682
Reischlklamm
Schroffen
Brunnb
Bürgermeisterhöhe
770
Kranzlstein 972
Kugelbachbaueralm
660
Bildstöcklkapelle
Albauer Kopf 933
Wappbachko
Gebersberg
Dötzenkopf
Predigtstuhlbahn
Saalachsee
0 500 m
1001
Obernesser-graben
1036
Almhütte
490
495
Jhtt.
Müllnerhörndl
Spechtenkopf 1285
780

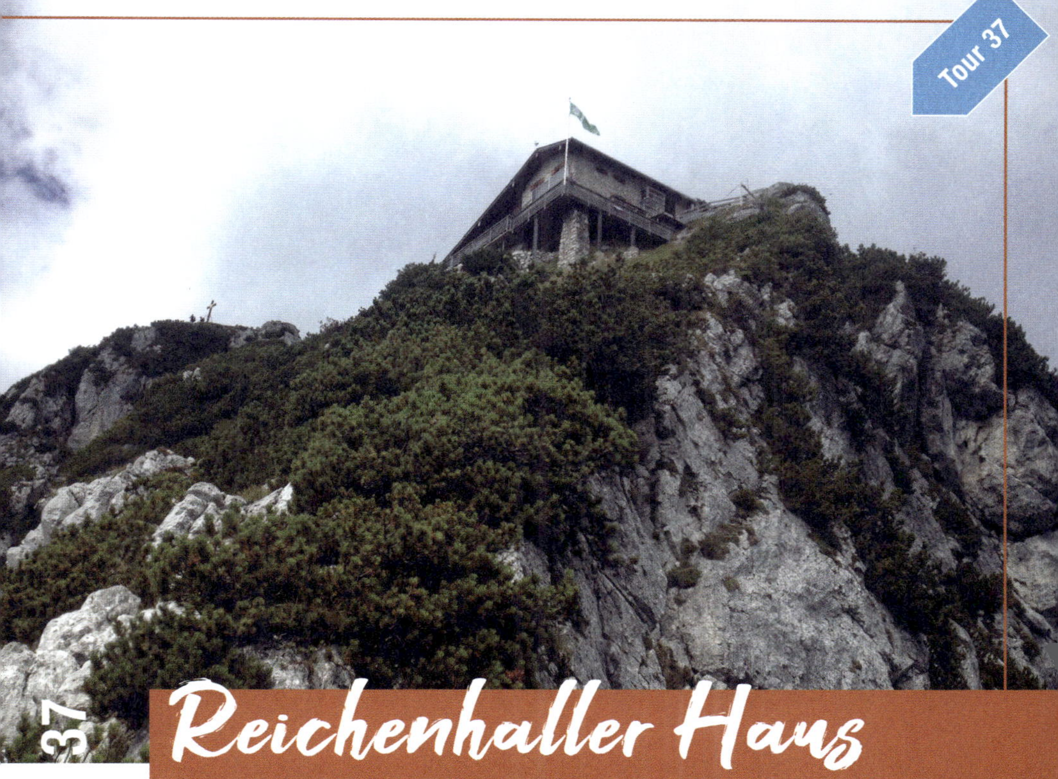

Reichenhaller Haus

Der leichteste Hochstaufen-Anstieg mit anspruchsvoller Rundtour-Alternative

DAUER	5h 30min
LÄNGE	8,2 km
HÖHENMETER	1104 hm
SCHWIERIGKEIT	MITTEL
ÜBERNACHTUNG	nein

Das erwartet dich ...

Eine spannende Bergtour auf einen berühmten Aussichtsgipfel der Voralpen. Kondition für mehr als 1000 Höhenmeter und feste, gut sitzende Wanderschuhe sind erforderlich. Der Weg über die Bartlmahd hat einige steilere, im oberen Bereich auch felsige, aber unschwierig zu begehende Stellen. Der Abstieg über die „Steinernen Jäger" sollte nur von Geübten unternommen werden.

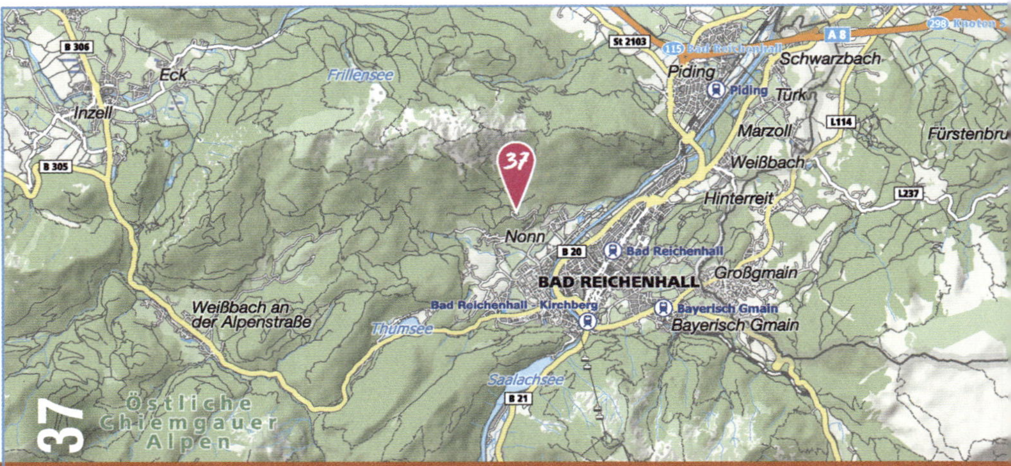

Start & Ziel & Anreise

Ausgangspunkt und Ziel ist der Parkplatz nahe der Padingeralm bei Bad Reichenhall. Die Zufahrt mit dem PKW von Bad Reichenhall erfolgt vom Ortszentrum Richtung Nordwest, vorbei an der Hochstaufenkaserne über die „Straße zum Nonner Oberland". Vom Bahnhof Bad Reichenhall ist die Padingeralm in etwa 45 Minuten zu Fuß erreichbar.

Tourenbeschreibung

Der Hochstaufen-Südanstieg über die Bartlmahd weist mehrere Vorzüge auf. Zum einen ist es der leichteste Weg auf den Reichenhaller Hausberg, er ist relativ früh im Jahr schneefrei und begehbar, und der Startpunkt liegt höher als bei den anderen Ausgangspunkten.

Unterhalb der Padingeralm folgen wir den Wegweisern nach links. Bei der ersten Weggabelung wiederum richten wir uns nach der linken Beschilderung (rechts geht es zum potentiellen Abstiegsweg über die „Steinernen Jäger"). Dem Waldpfad folgend erreichen wir stetig steigend nach ungefähr 2 Stunden die ehemaligen (heute wieder aufgeforsteten) Wiesen und Weideflächen der Bartlmahd.

Bei der Weggabelung halten wir uns rechts (links führt die Markierung zur Zwieselalm) und steigen auf dem felsigeren Steig steiler hoch zum Verbindungsgrat zwischen Hoch- und Mittelstaufen. Der Weg verläuft am Grat entlang nach rechts, auf gut markiertem und leicht begehbarem Pfad, stellenweise unterhalb der sich steil aufrichtenden Gratfelsen. In eher mäßiger Steigung queren wir unterhalb des Gipfels zum Reichenhaller Haus hinüber, zuletzt nochmals über stärker ansteigende Serpentinen. Von dort gelangen wir in wenigen Schritten zum aussichtsreichen Hochstaufengipfel.

Abstieg: Wer sich auf dem Rückweg etwas mehr zutraut und trittsicher ist, der kann – vorausgesetzt auch das Wetter ist entsprechend, denn bei Nässe ist dieser Abstieg deutlich schwieriger! – über die sogenannten „Steinernen Jäger" nach unten absteigen. Der gut markierte Steig endet bei einem schönen Aussichtspunkt rechts. Weiter links absteigend darf man ca. 10 Minuten später nicht die Abzweigung nach rechts (Schild Bad Reichenhall) übersehen, die in steilen Serpentinen durch den Wald hinabführt und uns wieder auf den Anstiegsweg und zur Padingeralm zurückbringt.

Die Padingeralm, ein beliebter Ausgangspunkt für den Hochstaufen

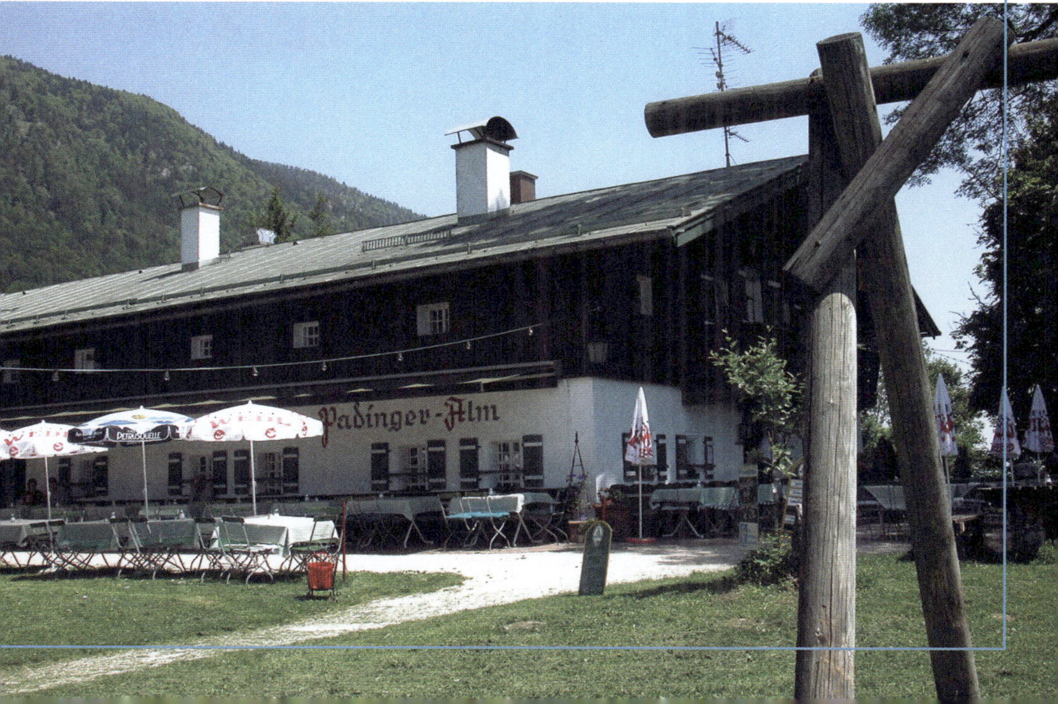

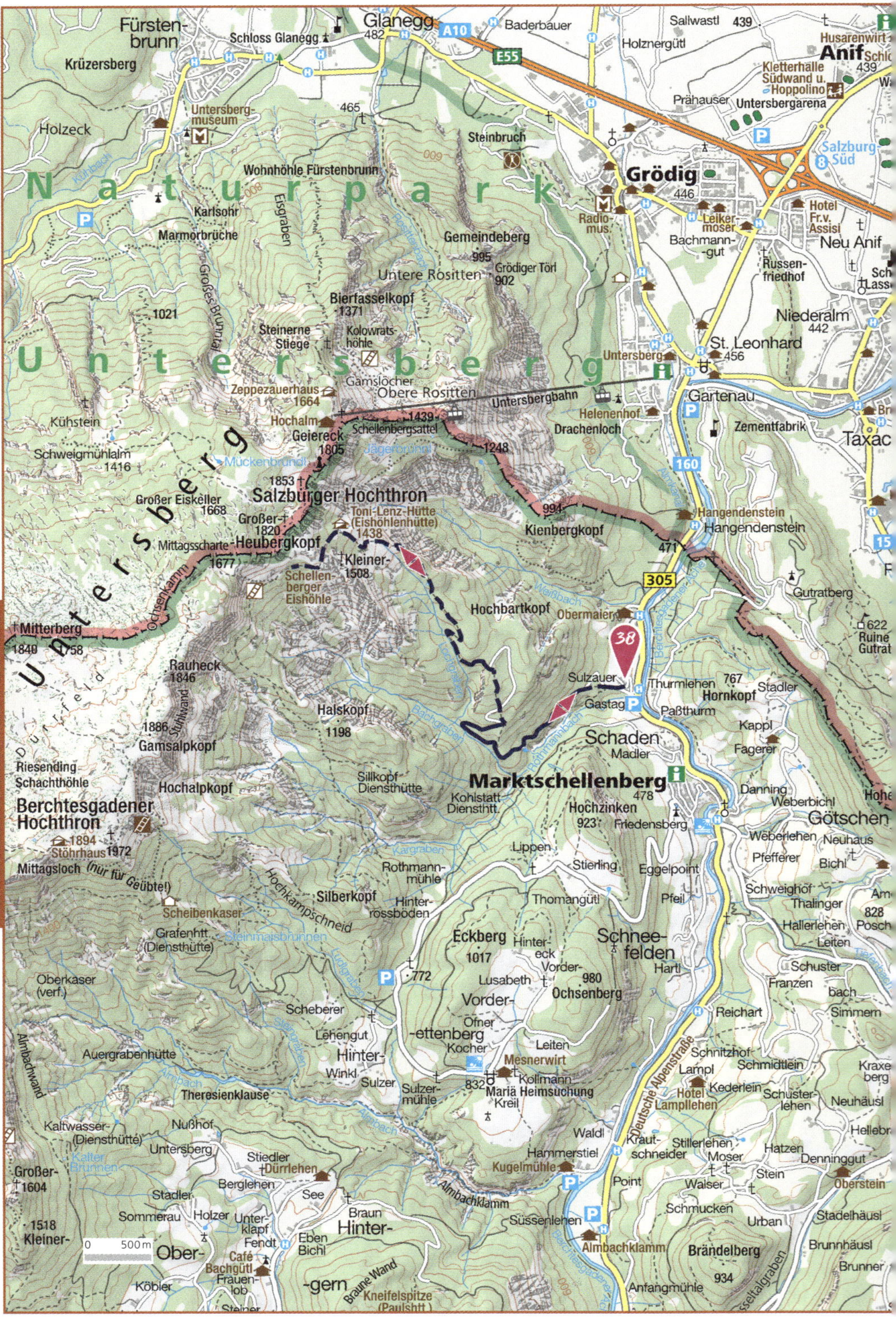

38

Fürsten-
brunn
Schloss Glanegg
Glanegg
482
A10
Baderbauer
Sallwastl
439
Husarenwirt
Anif
439
Krüzersberg
E55
Holznergütl
Kletterhalle
Südwand u.
Hoppolino
Untersberg-
museum
465
Prähauser
Untersbergarena
Holzeck
Steinbruch
Salzburg
8 Süd
Wohnhöhle Fürstenbrunn
009
Grödig
446
Naturpark
Karlsohr
Eisgraben
Radio-
mus.
Leiker-
moser
Hotel
Fr.v.
Assisi
Marmorbrüche
Großes Brunntal
Gemeindeberg
Bachmann-
-gut
Neu Anif
995
Russen-
friedhof
Untere Rositten
Grödiger Törl
902
Bierfasselkopf
1371
1021
Niederalm
442
Steinerne
Stiege
Kolowrats-
höhle
St. Leonhard
456
Untersberg
Untersberg
Gamslöcher
Zeppezauerhaus
1664
Obere Rositten
Untersbergbahn
Helenenhof
Gartenau
Kühstein
Hochalm
1439
Schellenbergsattel
Drachenloch
Zementfabrik
Taxac
Geiereck
1805
1248
Schweigmühlalm
1416
Jägerbrunnl
Muckenbrünnl
160
Untersberg
1853
Salzburger Hochthron
Großer Eiskeller
1668
Toni-Lenz-Hütte
(Eishöhlenhütte)
1438
994
Großer
1820
Kienbergkopf
Hangendenstein
Hangendenstein
Mittagsscharte
Heubergkopf
Kleiner
1508
471
1677
305
Schellen-
berger
Eishöhle
Gutratberg
Ochsenkamm
Hochbartkopf
Obermaier
Mitterberg
1840
1758
622
Ruine
Gutrat
Untersberg
Rauheck
1846
Sulzauer
Thurmlehen
767
Hornkopf
Stadler
Gastag
Paßthurm
Halskopf
1198
Kappl
Fagerer
1886
Gamsalpkopf
Schaden
Madler
Riesending
Schachthöhle
Hochalpkopf
Sillkopf
Diensthütte
Marktschellenberg
478
Danning
Weberbichl
Kohlstatt
Diensthtt.
Berchtesgadener
Hochthron
Hochzinken
923
Friedensberg
Götschen
Weberlehen
Neuhaus
1894
Stöhrhaus
1972
Pfefferer
Bichl
Lippen
Mittagsloch (nur für Geübte!)
Stierling
Eggelpoint
Rothmann-
mühle
Schweighof
Thalinger
Silberkopf
Hinter-
rossböden
Thomangütl
Pfeil
828
Posch
Scheibenkaser
Hallerlehen
Leiten
Grafenhtt.
(Diensthütte)
Steinmaisbrunnen
Hochkampschneid
Eckberg
1017
Hinter-
eck
Schnee-
felden
Hartl
Schuster
Franzen
772
Lusabeth
Vorder-
980
Ochsenberg
bach
Simmern
Oberkaser
(verf.)
Vorder-
Scheberer
Ofner
Reichart
-ettenberg
Lehengut
Leiten
Kocher
Schnitzhof
Schmidtlein
Auergrabenhütte
Hinter-
Mesnerwirt
Lampl
Kraxe-
berg
Winkl
Sulzer
Sulzer-
mühle
832
Kollmann
Kederlein
Almbachwand
Theresienklause
Maria Heimsuchung
Kreil
Hotel
Lampllehen
Schuster-
lehen
Neuhäusl
Deutsche Alpenstraße
Kaltwasser-
(Diensthütte)
Nußhof
Waldl
Hellebr.
Untersberg
Kraut-
schneider
Stillerlehen
Moser
Hatzen
Kalter
Brunnen
Stiedler
Dürrlehen
Hammerstiel
Denninggut
Großer-
1604
Kugelmühle
Oberstein
Stadler
Berglehen
Point
Walser
Stein
See
Almbachklamm
Schmucken
Sommerau
Holzer
Braun
Stadelhäusl
1518
Kleiner-
Unter-
klapf
Hinter-
Süssenlehen
Urban
Fendt
Eben
Bichl
Almbachklamm
Brändelberg
Brunnhäusl
0 500 m
Ober-
Café
Bachgütl
Frauen-
lob
934
Brunner
Braune Wand
Köbler
-gern
Kneifelspitze
(Paulshtt.)
Anfangmühle

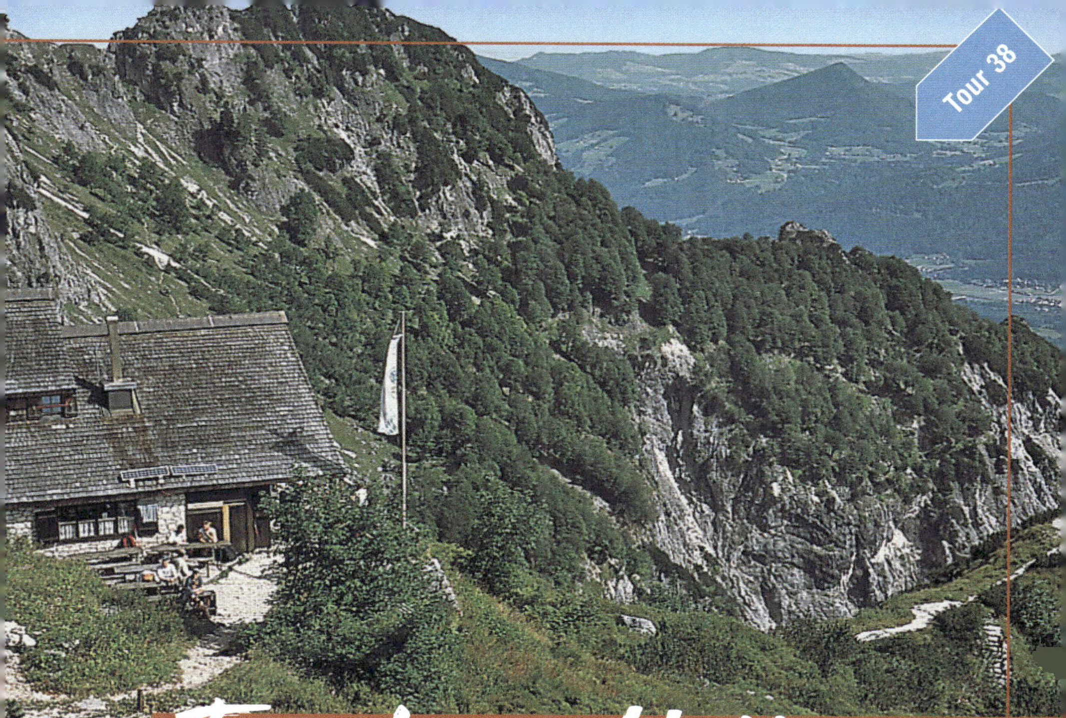

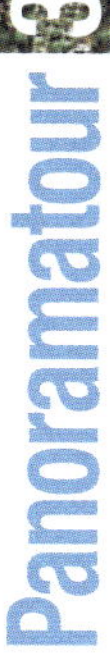

Toni-Lenz-Hütte

Zur größten erschlossenen Eishöhle Deutschlands

DAUER	5h 15min
LÄNGE	11 km
HÖHENMETER	1090 hm
SCHWIERIGKEIT	MITTEL
ÜBERNACHTUNG	ja

Das erwartet dich ...

Eine abwechslungs- und aussichtsreiche Bergwanderung mit tollen Blicken und Aussichten. Es geht auf einem schön angelegten, fast gleichmäßig steilen Steig mit felsigen Passagen voran. Für den Eishöhlenbesuch empfiehlt sich warme Kleidung. Bei Verlängerung der Tour zum Stöhrhaus ist neben solider Kondition auch etwas Trittsicherheit erforderlich.

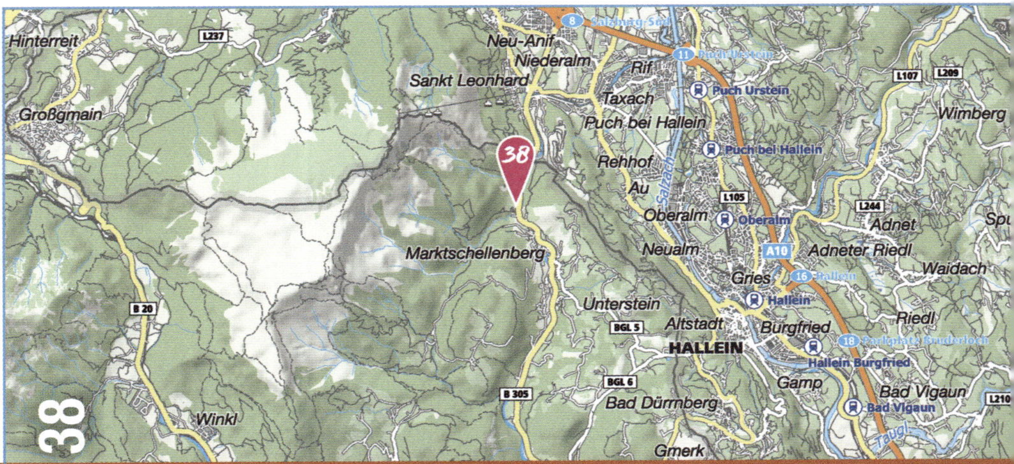

Start & Ziel & Anreise

Ausgangspunkt und Ziel ist der Wanderparkplatz Passthurm, einen Kilometer nördlich der Ortsmitte von Marktschellenberg. Nebenan befindet sich die Bushaltestelle Marktschellenberg Eishöhle. Die Anfahrt mit dem PKW erfolgt über die A8 entweder via Ausfahrt Bad Reichenhall und Berchtesgaden oder via Ausfahrt Salzburg Süd auf der österreichischen Seite. Die Anfahrt mit Öffis erfolgt mit der Buslinie 840 zwischen Berchtesgaden ZOB/Hauptbahnhof und Salzburg Hauptbahnhof.

Tourenbeschreibung

Wir starten in Passthurm auf Asphalt und gelangen dann – gleich ziemlich steil – auf Kies. Wir folgen den Hinweisschildern zur Toni-Lenz-Hütte und dem schattigen Waldpfad, bis man nach etwa anderthalb Stunden wieder freie Sicht gewinnt. Der jetzt sonnige Pfad ist felsiger und steiler, aber auch erheblich aussichtsreicher und führt uns zur 1450 Meter hoch gelegenen Toni-Lenz-Hütte, dem oft stark frequentierten Ausgangspunkt für Besucher der Schellenberger Eishöhle. Höhlenforscher bezeichnen sie als statisch bewetterte Sackhöhle. Sie ist luftdicht nach unten abgeschlossen und hat den Eingang oben. Die kalte Luft sinkt nach unten und bleibt als Kaltluftsee stehen. Mit jedem Schritt abwärts wird es kälter, bis man unten bei 0° C auf einer 30 cm dicken Eisschicht steht. Eindrucksvolle Eishallen und bizarre Eisgebilde sind zu bestaunen.

Es sind etwa 20 Minuten Fußweg zum Sammelplatz bei der Höhle, wo jede volle Stunde bis gegen 17 Uhr eine Führung stattfindet. Auf dem Weg zum Sammelplatz passiert man bei der Verzweigung mit dem Weiterweg zur Mittagscharte links, bei einem kleinen Eisenkreuz, einen wunderschönen Aussichtspunkt.

Wem der Eishöhlenbesuch zu wenig, der Weiterweg über den Salzburger Hochthron zum Geiereck (Talfahrt mit der Untersbergbahn möglich) aber zu weit ist, hat zwei Möglichkeiten. Entweder man verlängert den Tag mit einem kleinen Ausflug über den Thomas-Eder-Steig zur Mittagsscharte. Dort führt ein gut angelegter, mit Drahtseilen und Holztreppen versicherter Steig teilweise am Fels entlang und teilweise im Berg steil nach oben. Es ist immer ausreichend hell, manchmal etwas feucht und (bei Gegenverkehr) eng. Dieser von der Eishöhle aus etwa 45-minütige Abstecher lohnt in jedem Fall.

Man kehrt hier nun entweder über den Anstiegsweg zurück ins Tal oder verlängert die Tour mit einer äußerst lohnenden Hüttenübernachtung auf dem Stöhrhaus. Dieses bietet sich an, weil es sich beim Gipfel des Berchtesgadener Hochthrons befindet und wir hier auf der Mittagsscharte schon ein Stück des Weges dahin zurückgelegt haben. Außerdem besteht der Rest des Weges aus einer aussichtsreichen Gratwanderung mit einfacher Orientierung über die Gipfellinie des Untersbergs. Mit etwa eineinhalb Stunden ist sie auch nicht mehr allzu lang. Alle Infos und Buchungsmöglichkeit finden sich unter www.stoehrhaus.de.

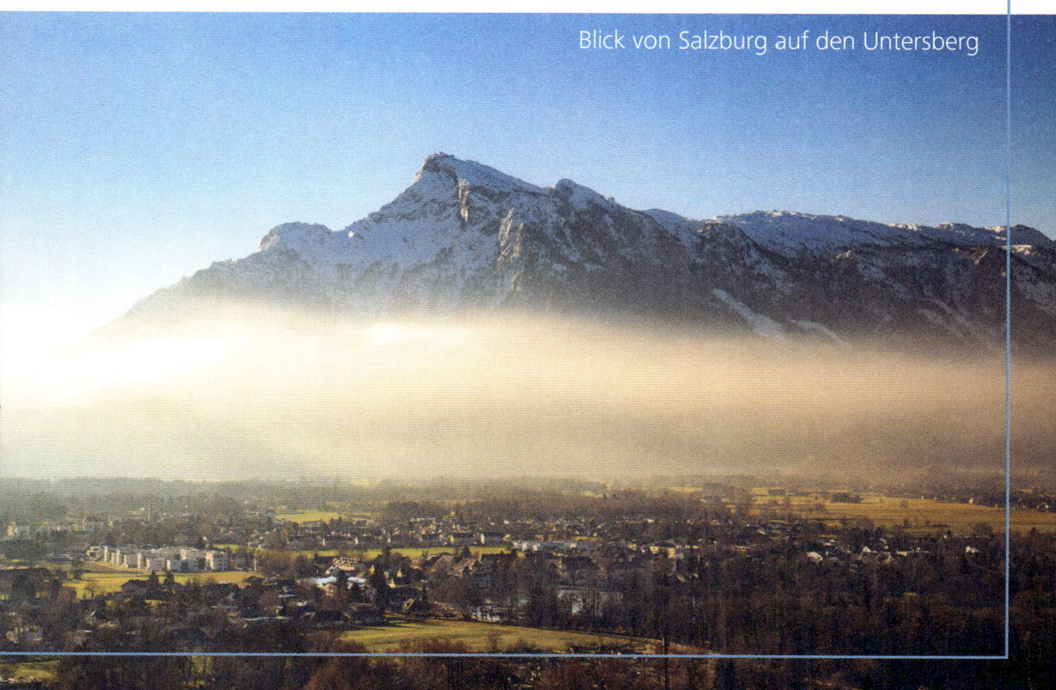
Blick von Salzburg auf den Untersberg

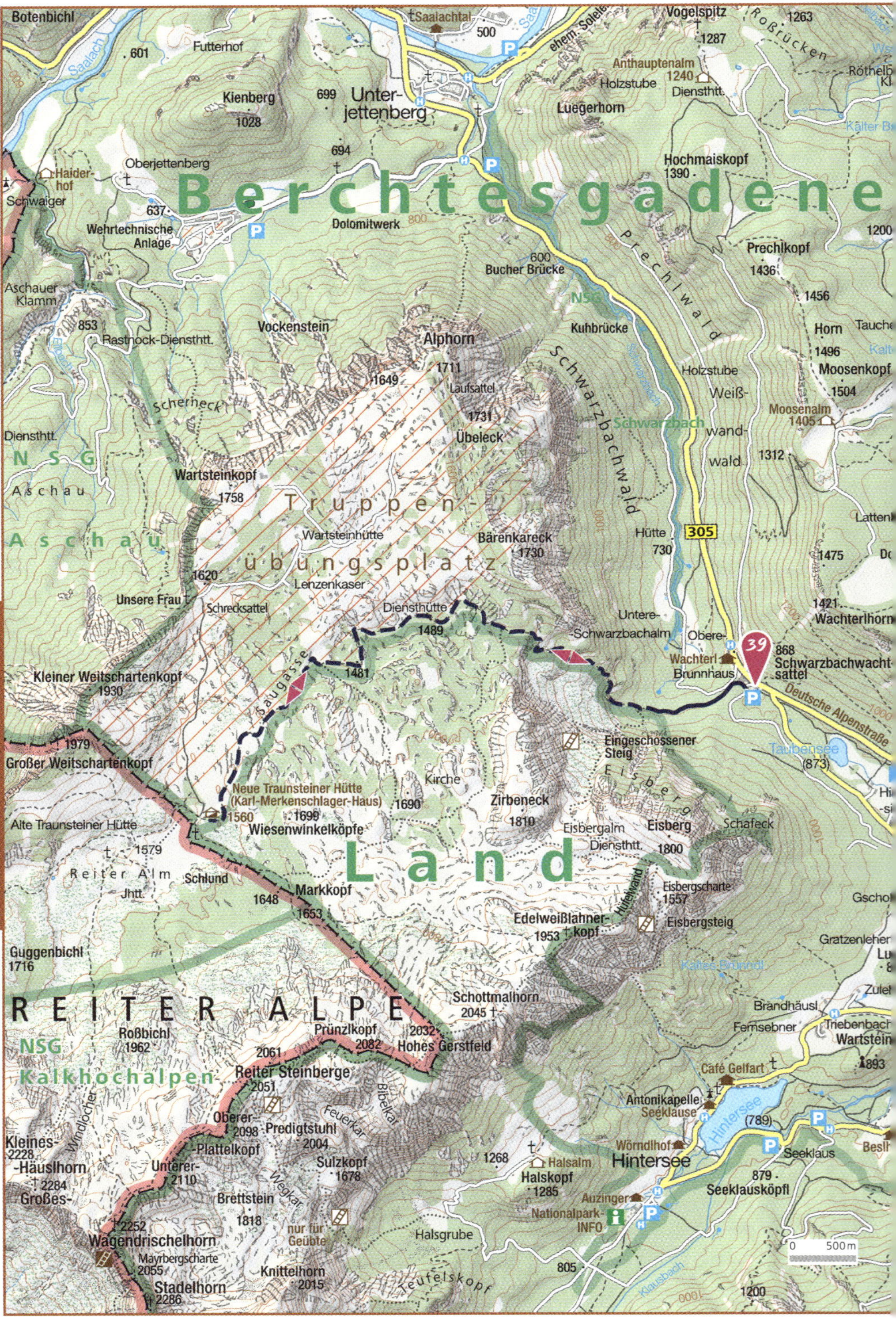

39

Berchtesgadener Land

Botenbichl
Saalach
601
Futterhof
Saalachtal
500
Vogelspitz
1287
1263
Roßbrücken
Unterjettenberg
699
Kienberg
1028
Anthauptenalm 1240
Holzstube
Diensthtt.
Röthelb
Luegerhorn
694
Kalter B
Oberjettenberg
Haiderhof
Schwaiger
637
Hochmaiskopf
1390
Wehrtechnische Anlage
Dolomitwerk
800
1200
600
Bucher Brücke
Prechlwald
Prechlkopf
1436
Aschauer Klamm
NSG
1456
853
Rastnock-Diensthtt.
Vockenstein
Kuhbrücke
Horn
Tauche
Alphorn
1496
1711
Holzstube
Moosenkopf
Scherheck
1649
Laufsattel
Weißwandwald
1504
Schwarzbachwald
Moosenalm
1405
Diensthtt.
1731
Schwarzbach
NSG
Übeleck
1312
Aschau
Wartsteinkopf
1758
Truppenübungsplatz
Latten
Wartsteinhütte
Hütte
305
Bärenkareck
730
1730
1475
Aschau
1620
Lenzenkaser
Unsere Frau
Schrecksattel
Diensthütte
1421
Untere-Schwarzbachalm
Wachterlhorn
1489
Obere-
Wachterl
39
868
Schwarzbachwacht-sattel
Brunnhaus
Kleiner Weitschartenkopf
1930
1481
Saugasse
Deutsche Alpenstraße
1000
Taubensee
(873)
1979
Großer Weitschartenkopf
Eingeschossener Steig
Eisberg
Kirche
Neue Traunsteiner Hütte (Karl-Merkenschlager-Haus)
1560
1699
1690
Zirbeneck
1810
Schafeck
Alte Traunsteiner Hütte
Wiesenwinkelköpfe
Eisbergalm
Eisberg
Diensthtt.
1800
1579
Reiter Alm
Jhtt.
Schlund
Land
Eisbergscharte
1557
1648
Markkopf
Hufeiwand
Gscho
1653
Edelweißlahnerkopf
1953
Eisbergsteig
Guggenbichl
1716
Kaltes Brünndl
Gratzenleher
Schottmalhorn
2045
Zulet
Brandhäusl
REITER ALPE
Roßbichl
1962
Prünzlkopf
2082
2032
Hohes Gerstfeld
Fernsebner
Triebenbach
Wartstein
NSG
Kalkhochalpen
2061
Reiter Steinberge
2051
893
Café Gelfart
Windlöcher
Bibelkar
Antonikapelle
Seeklause
Oberer-
2098
Predigtstuhl
2004
Feuerkar
Hintersee
(789)
Kleines-
2228
Plattelkopf
Wörndlhof
Hintersee
Seeklaus
Besl
Häuslhorn
2284
Großes-
Unterer-
2110
Sulzkopf
1678
1268
Halsalm
Halskopf
1285
879
Seeklausköpfl
Brettstein
Wegkar
Auzinger
1818
2252
nur für Geübte
Nationalpark-INFO
Wagendrischelhorn
Halsgrube
Mayrbergscharte
2055
0 500 m
Knittelhorn
2015
Teufelskopf
805
Stadelhorn
2286
1200
Klausbach
1000

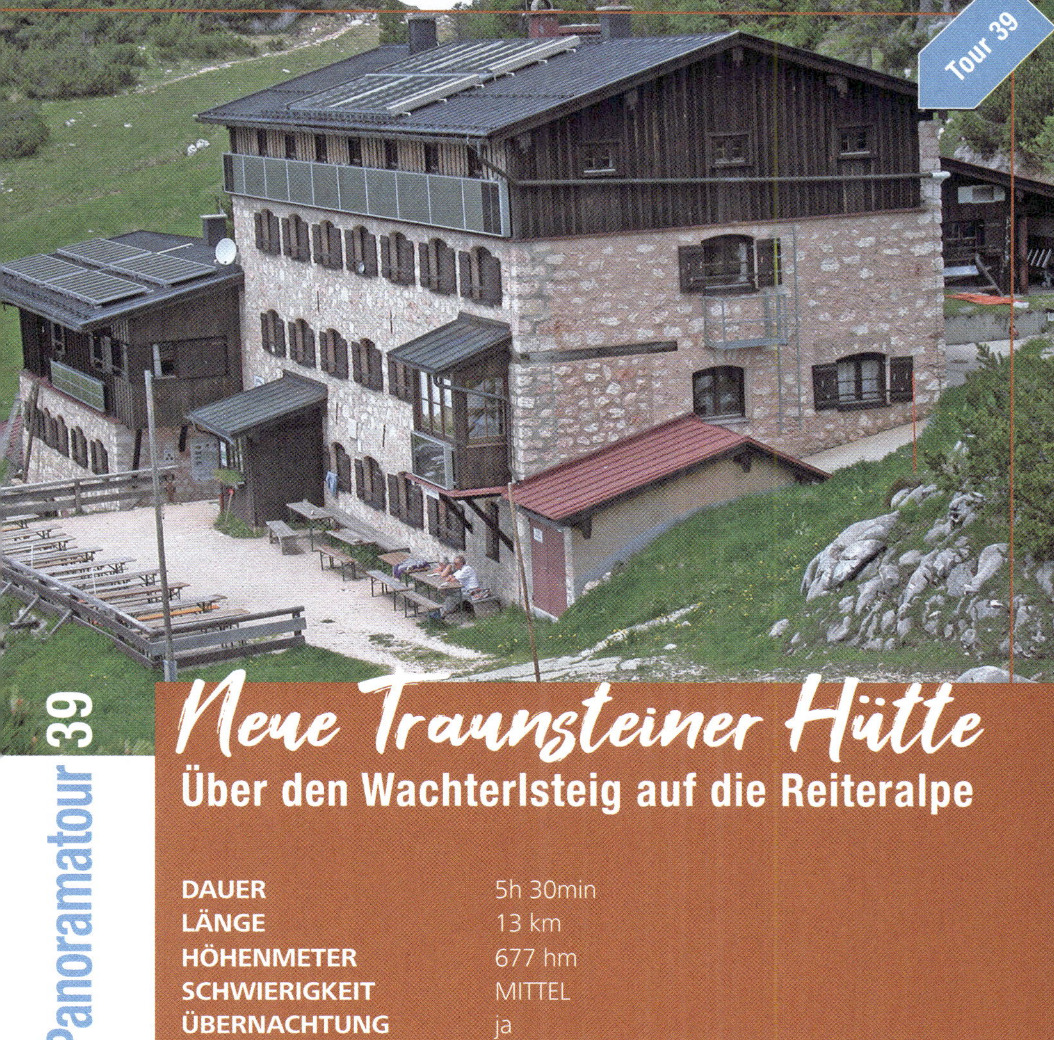

Panoramatour 39

Neue Traunsteiner Hütte

Über den Wachterlsteig auf die Reiteralpe

DAUER	5h 30min
LÄNGE	13 km
HÖHENMETER	677 hm
SCHWIERIGKEIT	MITTEL
ÜBERNACHTUNG	ja

Das erwartet dich ...

Eine klassische Hüttenwanderung mit viel Abwechslung und tollen Eindrücken von der Urlandschaft der Reiteralpe. Gemessen daran sind die Ansprüche der Tour an Kondition und Können moderat. Es geht auf durchgehend markierten Wald- und Bergpfaden voran, stellenweise mit steileren Abschnitten, aber insgesamt gut begehbar.

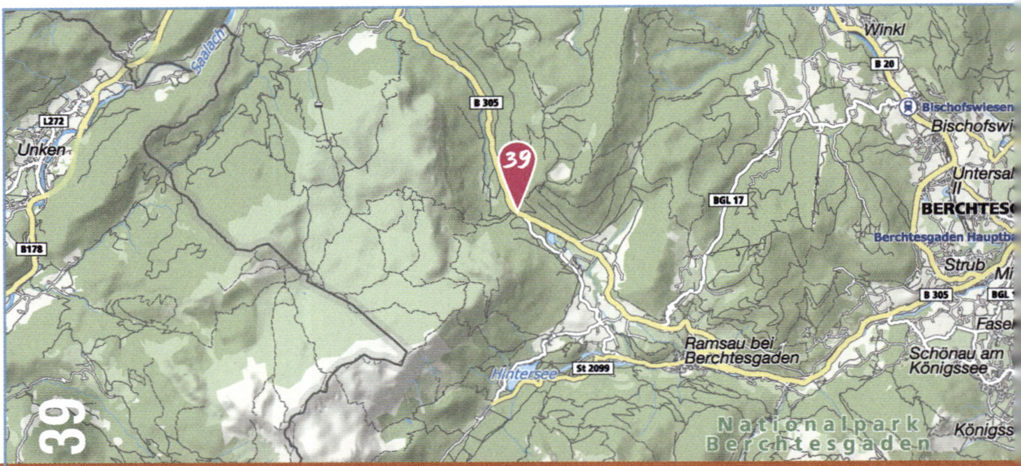

Panoramatour 39

Start & Ziel & Anreise

Ausgangspunkt und Ziel ist der Parkplatz beim Wirtshaus Wachterl in Schneizlreuth/Schwarzbachwacht, an der Straße nach Ramsau. Die Auto-Anfahrt vom Raum München erfolgt über die A8, Ausfahrt Bad Reichenhall und auf der B21 nach Unterjettenberg, von wo aus der Parkplatz über die B305 erreicht wird. Die Anfahrt mit Öffis ist über Berchtesgaden ZOB/Hauptbahnhof mit den Buslinien 846 und 845 (Umstieg in Hintermühle/Ramsau) möglich.

Tourenbeschreibung

Der schnellste und bequemste Zugang zur Neuen Traunsteiner Hütte, dem zentralen Ausgangspunkt für alle längeren und vor allem mehrtägigen Unternehmungen auf der Reiteralpe, verläuft über den schattigen Wachterlsteig und die sich anschließende Saugasse. Besonders bei der Wanderung über die Hochfläche gewinnt man einen nachhaltigen Eindruck von dieser recht urtümlichen Landschaft. Blumenreiche Wiesen, karstige Hochflächen und schöne Zirbenwälder wechseln sich ab; die letzten Überreste ehemaliger Almgebäude und -weiden werden zunehmend von der Natur eingeholt.

Vom Parkplatz beim Wirtshaus Wachterl folgen wir der Beschilderung Wachterlsteig Nr. 470 leicht abwärts, dann eben dahin auf breitem Weg. Dieser verengt sich bald zu einem schmalen Pfad und steigt steil in vielen engen Kehren durch den schattigen Wald an. Wir halten uns auf eine rechts hoch aufragende Felswand zu, der man bei einer Holzleiter auch ziemlich nahe kommt. Durch enge Felsdurchbrüche steigen wir weiter an, mit immer mehr flacheren Passagen dazwischen.

Nach gut anderthalb Stunden erreichen wir einen Sattel (nach rechts weist ein Schild zum Bärenkareck, 40 Min.), passieren eine blumenreiche Wiese und durchqueren in leichtem Auf und Ab die karstige Hochfläche. Ein kurzes Stück wird es dann nochmals steiler, von links mündet der Weg von der Eisbergscharte ein (Schild sowie gelbe Markierung auf einem Stein).

Über die in den Karten so bezeichnete Saugasse folgen wir weiter leicht ansteigend der Beschilderung zur Traunsteiner Hütte und erreichen nach einem weiteren Felsdurchbruch wieder eine Hochfläche. Hier eröffnet sich endlich der Blick auf die vor uns liegenden Gipfel der Reiteralpe. Wenig später gelangen wir zur Verzweigung, wo nach links der Weg zum Edelweißlahner ausgeschildert ist. Kaum 50 Meter entfernt präsentiert sich plötzlich die vorher nicht sichtbare Neue Traunsteiner Hütte. Ein gewaltiger Bau mit großer Aussichtsterrasse.

Der Abstieg verläuft über den Anstiegsweg.

Blick auf die Reiteralpe

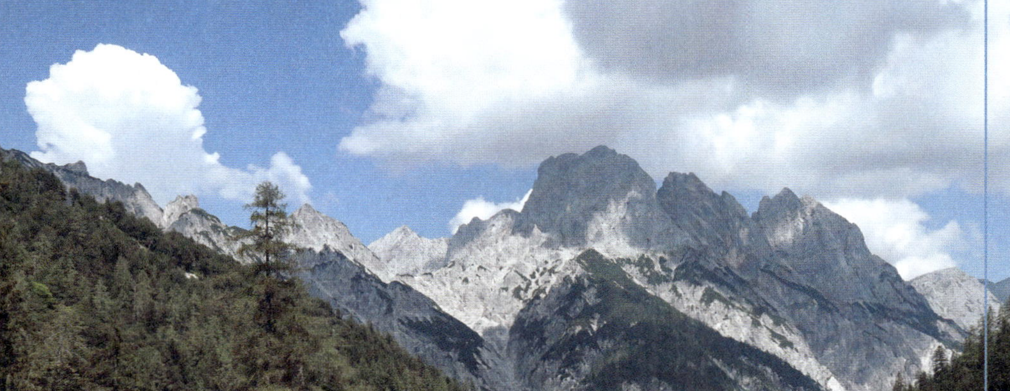

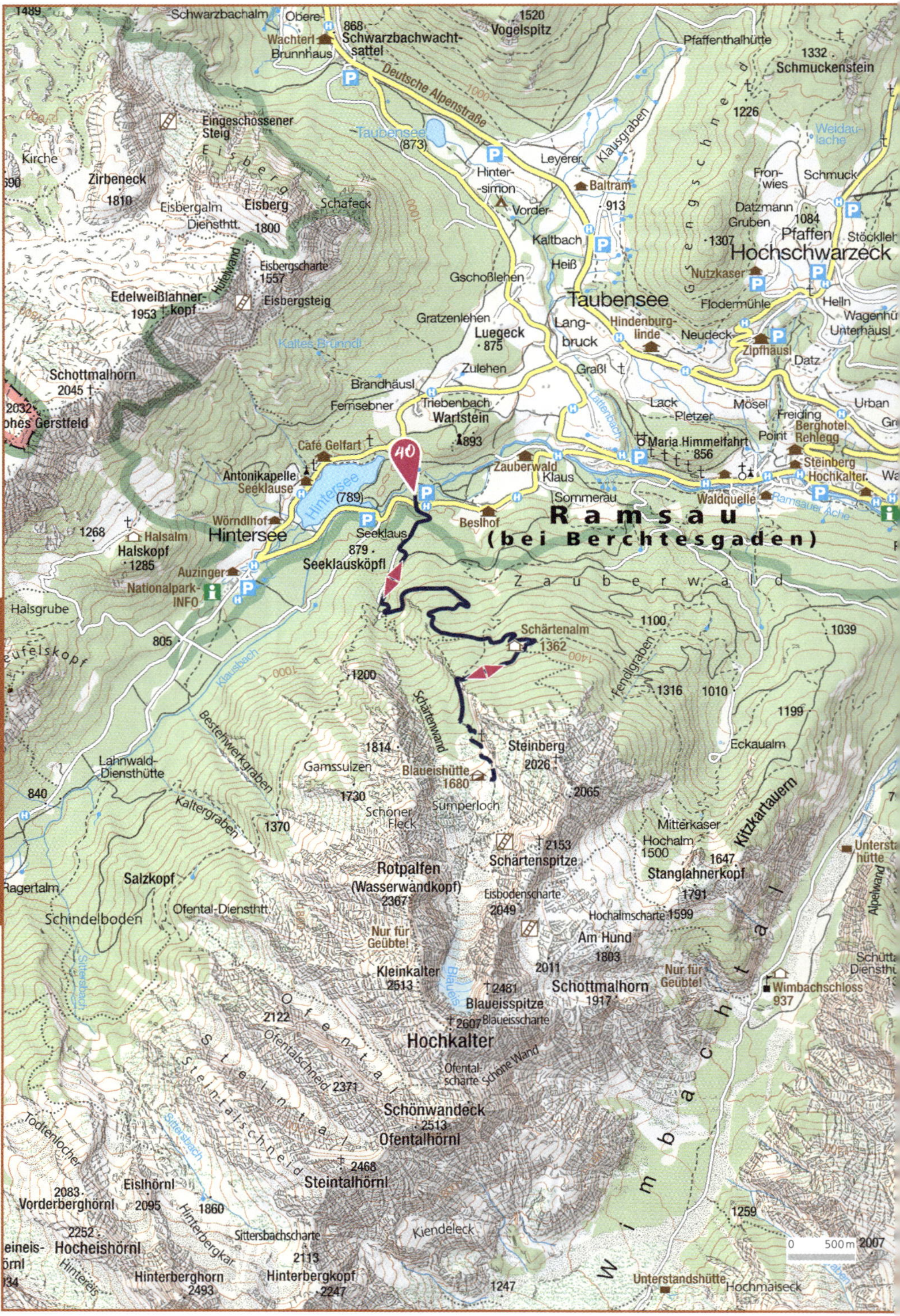

0 500 m

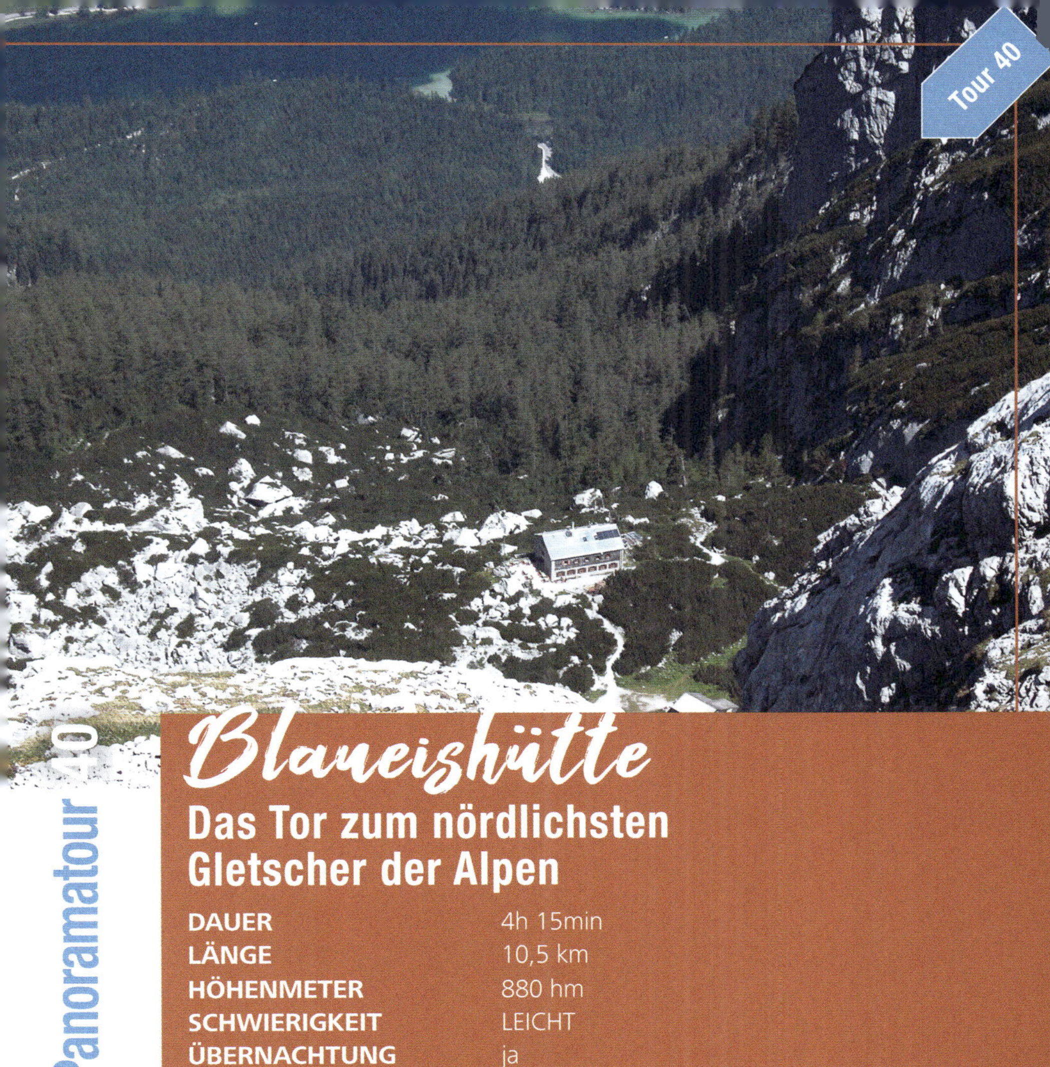

Blaueishütte

Das Tor zum nördlichsten Gletscher der Alpen

DAUER	4h 15min
LÄNGE	10,5 km
HÖHENMETER	880 hm
SCHWIERIGKEIT	LEICHT
ÜBERNACHTUNG	ja

Das erwartet dich ...

Eine spannende und abwechslungsreiche Bergtour zu einer traditionsreichen Bergsteigerhütte. Im unteren Teil überwiegt geschlossener Wald, weiter oben wird es dann immer aussichtsreicher. Anfangs geht es auf breitem Forstweg, dann im oberen Teil auf recht steilem, aber gut begehbarem Bergpfad aufwärts.

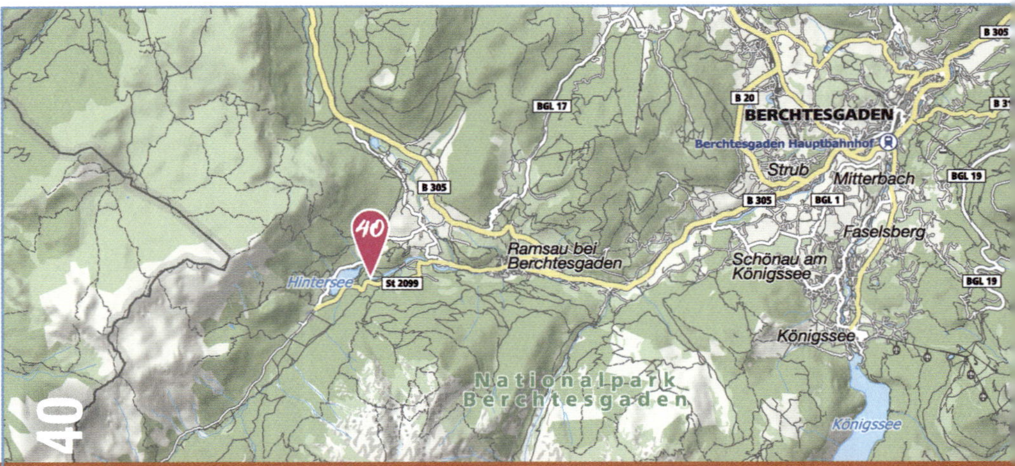

Panoramatour 40

Start & Ziel & Anreise

Start- und Zielpunkt ist der Parkplatz Holzlagerplatz Blaueis an der Staatsstraße bei Ramsau, Hintersee. Die Auto-Anfahrt vom Raum München erfolgt über die A8, Ausfahrt Bad Reichenhall und auf der B21 nach Unterjettenberg, von wo aus der Parkplatz über die B305 und die Alte Reichenhaller Straße erreicht wird. Die Anfahrt mit Öffis ist über Berchtesgaden ZOB/Hauptbahnhof mit der Buslinie 846 Richtung Hintersee, Ramsau b. Berchtesgaden möglich.

Tourenbeschreibung

Der Hochkalterstock ist ein imposantes Bergmassiv, das mit dem eingerahmten Blaueisgletscher eine Rarität auf deutschem Boden aufweist. Die leicht zu erwandernde und sehr gut bewirtschaftete Blaueishütte ist ein idealer Stützpunkt, um sich dieses Schauspiel aus nächster Nähe anzuschauen. Des Weiteren bietet die Blaueishütte vielfältige alpine Möglichkeiten. Wanderer, Kletterer, Eisgeher – alle finden hier etwas.

Vom großen Parkplatz überqueren wir die Straße und marschieren auf breitem Forstweg in ansteigenden Kehren nach oben. Der Weg ist gut markiert und die scharfe Abzweigung auf einen schmaleren Pfad nach links ist nicht zu übersehen. In teilweise recht steilen Kehren steigen wir nun gemächlich immer dem schattigen Weg folgend weiter auf, bis plötzlich nach einer besonders steilen Stelle vor uns die Schärtenalm auftaucht.

Direkt neben dem Weg gelegen lädt sie zu einer gemütlichen Pause ein. Ein kurzes Stück gehen wir fast eben dahin, um über eine stabile Holzbrücke hinüber zur Talstation der Materialseilbahn zu gelangen. Hier zweigt vom breiteren Weg nach links ein schmaler Pfad ab (Schild). In engen Serpentinen führt uns dieser gut angelegte Steig ziemlich steil nach oben. Zuerst queren wir links an die Felsen heran und steigen dann unterhalb von ihnen entlang aufwärts. Im oberen Teil dieser bewaldeten Steilstufe halten wir uns rechts und erblicken erst im letzten Moment bevor wir sie erreichen die stattliche und schön gelegene Blaueishütte.

Von der Hütte bietet sich eine Exkursion zum letzten Rest des Blaueisgletschers an, dessen Zunge mittlerweile weit entfernt ist. Trotz seines harmlosen Aussehens sollte für Wanderer dort, wo sich der Gletscher geröllfrei und steiler zeigt, Schluss sein. Die meist vorhandenen Fußstapfen dürfen nicht dazu verleiten, sich zu weit nach oben zu wagen. Das Blaueis hat immer noch Spalten und schon etliche Opfer gefordert.

Der Abstieg erfolgt auf dem Aufstiegsweg.

Blaueishütte bei Ramsau

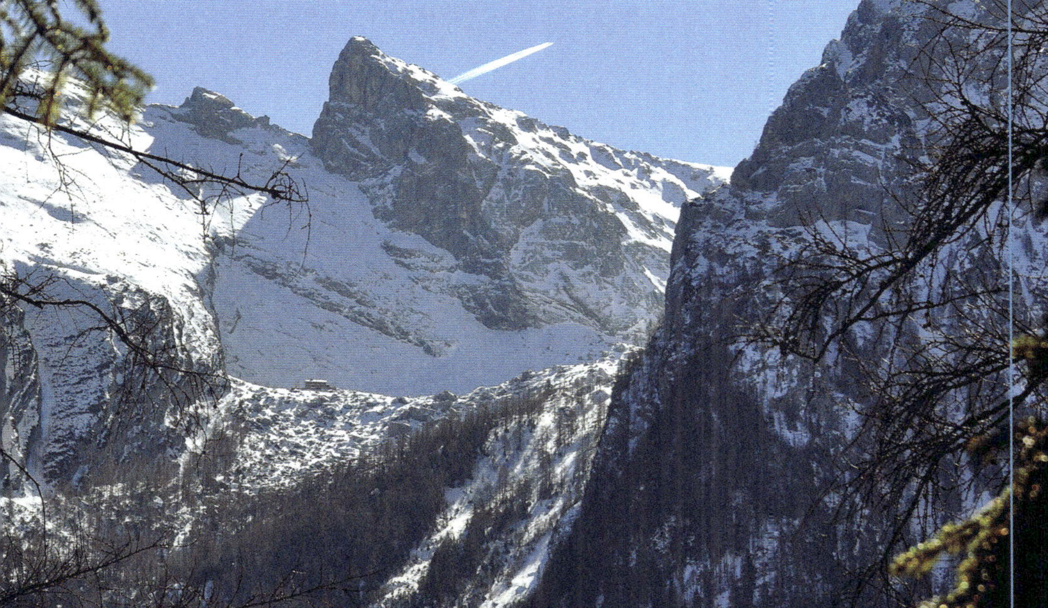

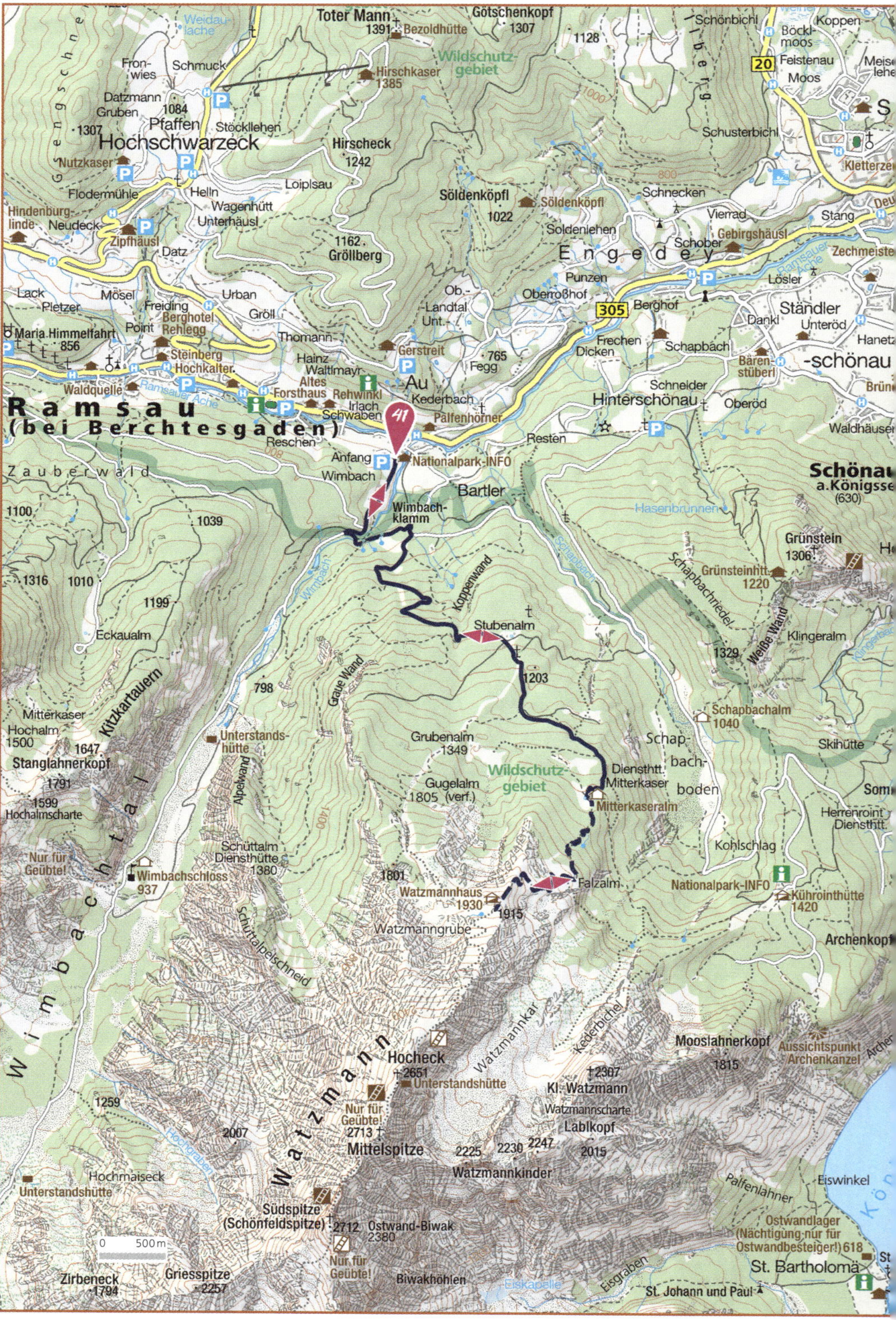

41

Toter Mann 1391 Bezoldhütte
Götschenkopf 1307
Weidau-lache
Fron-wies
Schmuck
Hirschkaser 1385
Wildschutz-gebiet
1128
Schönbichl
Böckl-moos
Koppen
Feistenau
Moos
Datzmann
Gruben
1084
Pfaffen
1307
Hochschwarzeck
Stöcklleben
Hirscheck 1242
Schusterbichl
Kletterzentrum
Nutzkaser
Flodermühle
Helln
Loiplsau
Söldenköpfl 1022
Söldenköpfl
Schnecken
Vierrad
Stang
Hindenburg-linde
Neudeck
Wagenhütt
Unterhäusl
Zipfhäusl
1162 Gröllberg
Soldenlehen
Schober
Gebirgshäusl
Zechmeister
Datz
Engedey
Lack
Pletzer
Mösel
Freiding
Urban
Punzen
Oberroßhof
Ob. Landtal
Unt.
Lösler
Maria Himmelfahrt 856
Point
Berghotel Rehlegg
Gröll
305 Berghof
Dankl
Ständler
Unteröd
Thomann
Gerstreit
765 Fegg
Frechen
Dicken
Schapbach
Hanetz
Steinberg
Hochkalter
Hainz
Waltlmayr
Bären-stüberl
-schönau
Waldquelle
Ramsauer Ache
Altes Forsthaus
Rehwinkl
Au
Kederbach
Schneider
Irlach
Schwaben
Palfenhörner
Hinterschönau
Oberöd
Ramsau (bei Berchtesgaden)
Reschen
Resten
Waldhäuser
Anfang
Nationalpark-INFO
Wimbach
Zauberwald
Bartler
Schönau a. Königssee (630)
1100
Wimbach-klamm
1039
Hasenbrunnen
Grünstein 1306
1316
1010
Koppenwand
Schapbach
Grünsteinhütte 1220
1199
Schapbachriedel
Stubenalm
Eckaualm
Weiße Wand
Klingeralm
1203
1329
798
Graue Wand
Mitterkaser
Kitzkartauern
Hochalm 1500
Schapbachalm 1040
Stanglahnerkopf 1647
Unterstands-hütte
Grubenalm 1349
Schap-bach-boden
Skihütte
Wildschutz-gebiet
Diensthtt. Mitterkaser
1791
Alpelwand
Gugelalm 1805 (verf.)
Mitterkaseralm
1599 Hochalmscharte
Herrenroint Diensthtt.
Schüttalm Diensthütte 1380
Kohlschlag
Wimbachtal
Nur für Geübte!
Wimbachschloss 937
1801
Falzalm
Nationalpark-INFO
Kührointhütte 1420
Watzmannhaus 1930
1915
Archenkopf
Schüttalpelschneid
Watzmanngrube
Watzmannkar
Kederbichl
Mooslahnerkopf 1815
Aussichtspunkt Archenkanzel
Hocheck 2651
Unterstandshütte
2307 Kl. Watzmann
Watzmannscharte
Wimbach
1259
Nur für Geübte! 2713
Lablkopf 2015
Watzmann
2007
Mittelspitze
2225 2230 2247
Watzmannkinder
Hochgraben
Hochmaiseck
Unterstandshütte
Palfenlahner
Eiswinkel
Südspitze (Schönfeldspitze) 2712
Ostwand-Biwak 2380
Ostwandlager (Nächtigung nur für Ostwandbesteiger!) 618
0 500m
Nur für Geübte!
St. Bartholomä
Zirbeneck 1794
Griesspitze 2257
Biwakhöhlen
Eiskapelle
Eisgraben
St. Johann und Paul

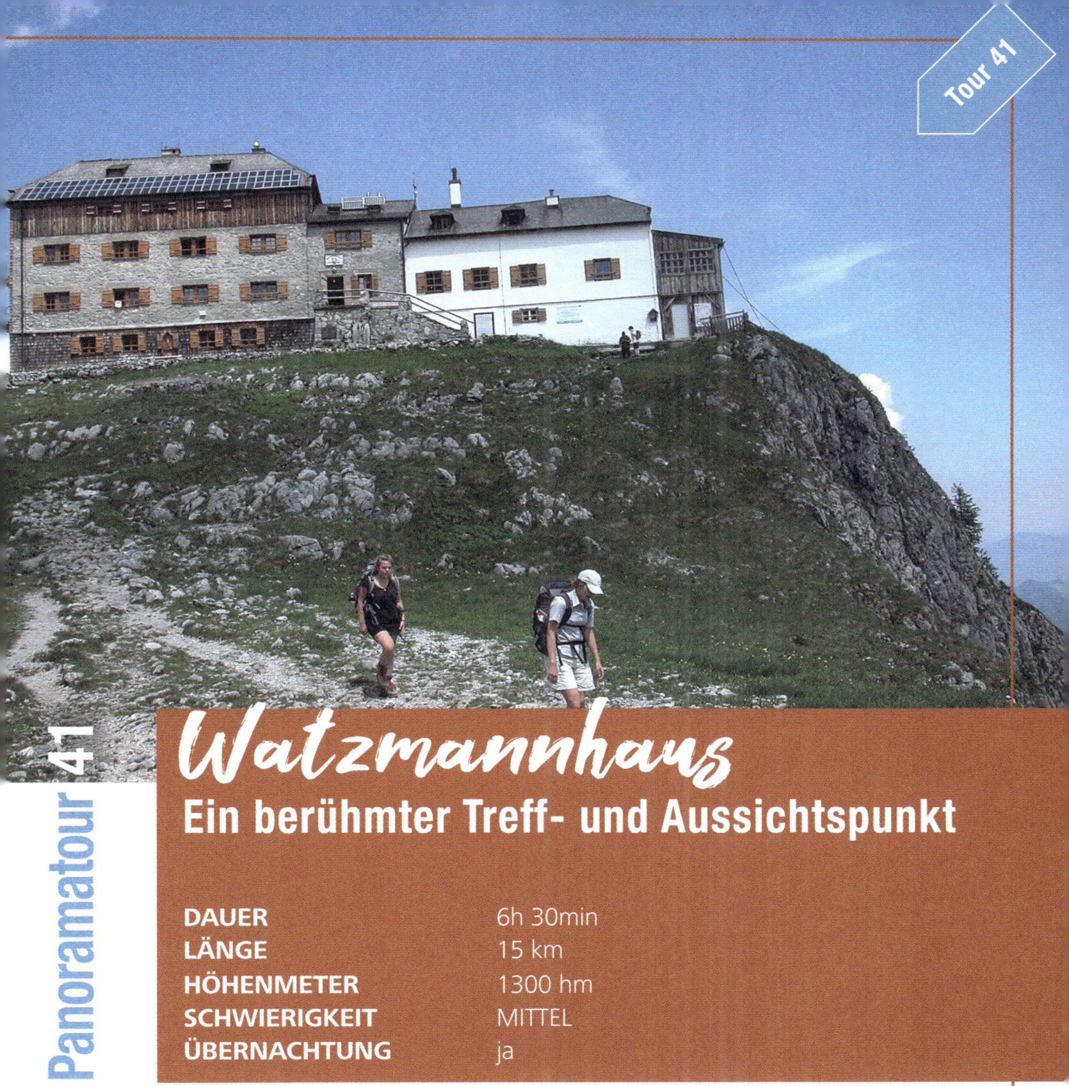

Tour 41

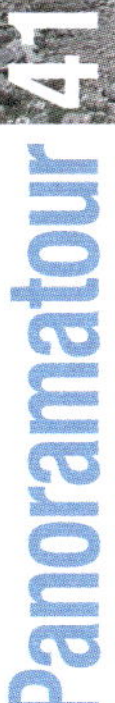

Watzmannhaus

Ein berühmter Treff- und Aussichtspunkt

DAUER	6h 30min
LÄNGE	15 km
HÖHENMETER	1300 hm
SCHWIERIGKEIT	MITTEL
ÜBERNACHTUNG	ja

Das erwartet dich ...

Eine nicht gerade einsame, aber dennoch ungemein lohnende Bergwanderung zu einer grandios gelegenen Hütte. Der Aufstieg ist mit seinen vielen Höhenmetern schweißtreibend, doch es warten keine nennenswerten Hindernisse oder technischen Schwierigkeiten. Hauptsächlich geht es über gut ausgebaute Berg- und Almpfade. Der Alternativ-Abstieg über die Kührointhütte am stellenweise gesicherten Falzsteig verlangt deutlich mehr Trittsicherheit.

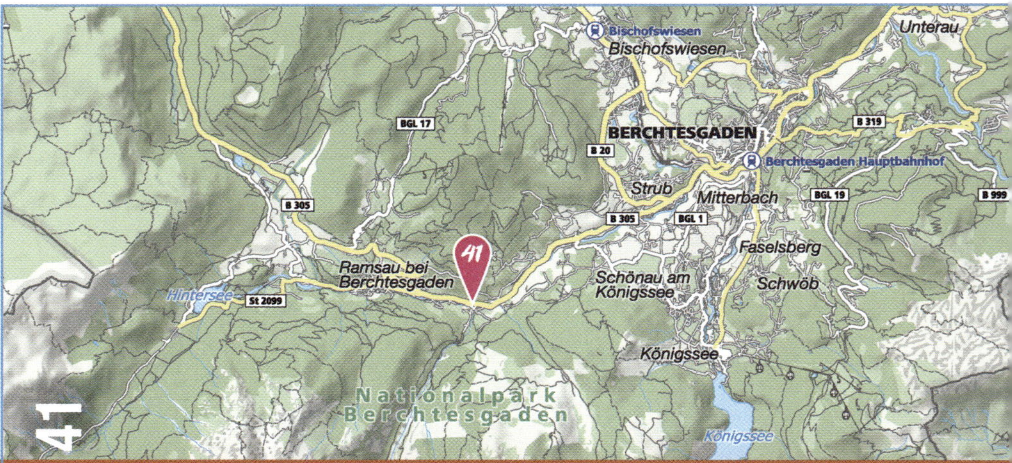

Start & Ziel & Anreise

Ausgangspunkt und Ziel ist der Parkplatz Wimbachbrücke am östlichen Ortsrand von Ramsau. Die Auto-Anfahrt vom Raum München erfolgt über die A8, Ausfahrt Bad Reichenhall und auf der B21 nach Unterjettenberg, von wo aus der Parkplatz über die B305 erreicht wird. Die Anfahrt mit Öffis ist über Berchtesgaden ZOB/Hauptbahnhof mit der Buslinie 846 Richtung Hintersee, Ramsau b. Berchtesgaden möglich.

Tourenbeschreibung

Der Watzmann ist ein Topziel für alle Bergsteiger und das im besten Wortsinne herausragende Wahrzeichen der Berchtesgadener Berge. Auch der normale Wanderer hat seine Chance, diesem Koloss nahe zu kommen, denn das Watzmannhaus am Fuße dieses imposanten Massivs ist ein relativ einfach zu erreichendes Wanderziel.

Deshalb darf man nicht davon ausgehen, dass der Hüttenanstieg zum Watzmannhaus eine einsame Angelegenheit ist. Wer übernachten will, sollte sich anmelden und sich auch rechtzeitig auf den Weg machen.

Nach dem Start an der Wimbachbrücke erleben wir gleich zu Beginn der Wanderung in der Wimbachklamm den ersten Höhepunkt; der (gebührenpflichtige, € 2,-) kleine Umweg lohnt sich auf jeden Fall. Anschließend wandern wir leicht ansteigend in großen Kehren auf dem markierten Weg Nr. 441 zur Stubenalm hinauf. Der Weg führt dann weiter über die Mitterkaseralm und jetzt zunehmend steiler werdend zur Falzalm. Über teilweise freie Hänge schlängelt sich der gut angelegte Steig deutlich steiler zum schon seit längerer Zeit sichtbaren Watzmannhaus hoch. Das auf dem Falzköpfl platzierte Alpenvereinshaus ist ein äußerst aussichtsreicher Logenplatz.

Abstieg: Wer nicht übernachten und auch nicht den gleichen Weg zurückgehen will, hat ab der Falzalm eine attraktive, aber etwas längere und mehr Zeit beanspruchende Alternative: Über den anfangs felsigen und steilen Falzsteig (Nr. 442) – einige Drahtseilsicherungen sind im ersten Teil des Steigs angebracht –, erreichen wir zum Schluss gemütlich querend in gut 1 Stunde die bewirtschaftete Kührointhütte.

Wenige Meter vor den Almgebäuden zweigt ein markierter Pfad links ab, quert zuerst den Fahrweg, der zur Kührointhütte führt, und verläuft dann auf diesem gemächlich abwärtsführend zur Schapbachalm. Dort folgen wir der nun sehr bequemen, teils etwas langweiligen Fahrstraße, halten uns dann aber links (in Richtung Ramsau ausgeschildert) und gelangen so wieder zur Wimbachbrücke und zum Ausgangspunkt zurück.

Das Gebirgsmassiv des Watzmanns

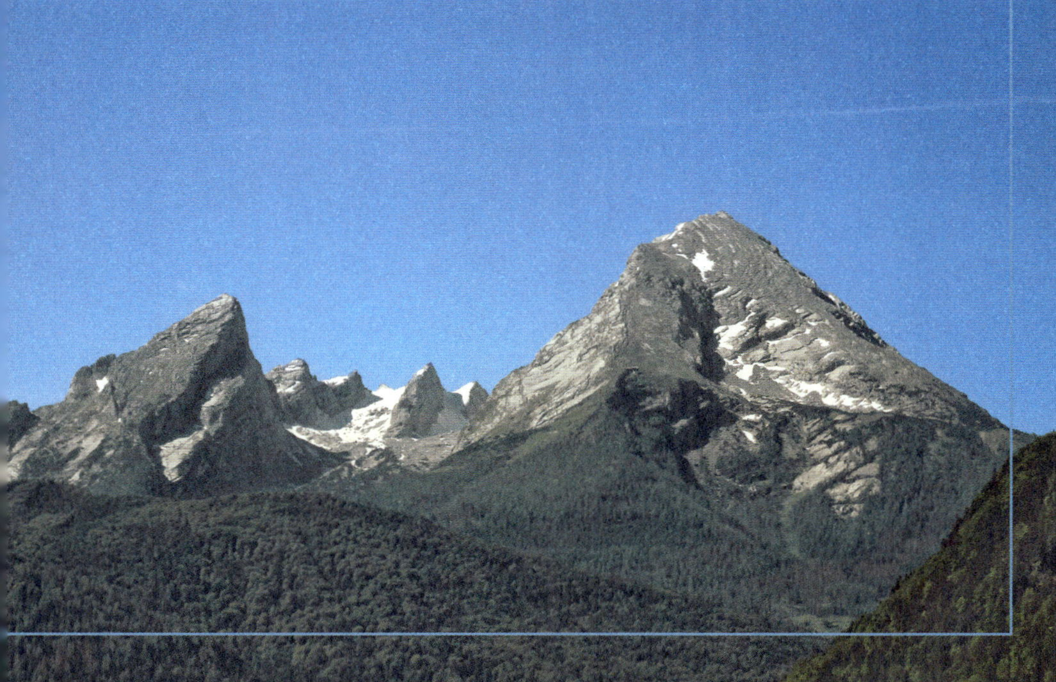

Steinwand 678
Moos
Göbl
Sulzberg
Waldstein
Schwöb
Unterstein
Gröll
Thaler
Wiesen
Mühlleiten
Alpenhof
Schusterstein
20
Königssee
Dörfl
Brandtnerhof
Villa Beust
Malerwinkel
Kreuzelwand
Hochlenzer
Pfenning
Scheberer
Sappen
Fried
Wembach
bichl
Laxer
Graf
Grafhöhe
Windbeutelbaron
Hollgraben
Dichtler
Spinner
Kranvogel
Bern
Berngrub
Fritzen
Holzen
Mühleben
Widlbrand
Maler
Margarethenhof
Vorderbrand
Holz
Glaser
Koppenstein
Kreßgraben
Brandkopf 1156
Hinterbrand
Göllhäusel
Hochbahn
Neuhausen
Kraulkasergraben
Hainzen
Reichl
Dürreck
Jugenddorf Christophorusschule
Brunnhaus
Ligeretalm 1190
Scharitzkehlalm 1046
Kehlsteinstraße
Ob. Kehlalm (verf.)
Kehlsteinhaus (keine Übernachtung)
Salzgraben
Kehlstein 1837
1834
Mannlköpfe
Endstal
Wildschutzgebiet
Hochfeld
Dienstht.
Ofneralm
Ofner Kirche 1457
Holzstube
Eckeralm
Rauchfang
2253
Wilder
Hoher Göll 2522
Pflughörndl 2047
Dürreckberg 1785
Alpeltal
Alpelköpfe 1923
Brettgabel 1805
Umgäng
1185 Halbzeit
Krautkaseralm
Vogelhtt. Dienstht.
Dr.-Beck-Haus 1260
Vogelhüttenalm
Wasserfallalm
Vogelstein 1694
Mitterkaseralm 1534
Jägerkreuz
2340 Hohes Brett
2344 Brettriedel
Großer Archen
Pfaffenkegel
1733 Carl-v.-Stahl-Haus
Torrener Joch 1728
1670 Schneibsteinhaus
Obere Jochalm 1399
Jhtt.
Die Stube
Untere Jochalm
Rabenwand
Hochbahn
604 Ronneralm (verf.)
Strubkopf 1271
Strubalm
1874 Jenner
Jenneralm 1802
Königsbergalm
Königssee
Königsbach
Nasser Palfen
Büchsenkopf
Büchsenalm 1247
Diensthtt. Holzstube
Lohmaishütte
Königsbachalm 1240
Bärenwand
Ruckkar
Königstal-A.
Im Echo
Kesselwand
Kessel
Kesselbach
Wasserpalfen
Sillenköpfe
Branntweinbrennhtt.
Farrenleitenwand
1716
2276 Schneibstein
Königstalwand
Reinersberg
Priesberger Moos
Mooswand
Rothspielscheibe 1940
Priesbergalm 1460
Gotzentalalm 1110
Brenneteck 1960
Windscharte
Windschartenkopf 2211
Unteres Rossfeld
Fahrtgrube
Fagstein 2164
Schlumkopf (Schlungkopf) 2204
2007
1690
Hinter Schlumalm (verf.)
Seeaukopf 1505
Unt. Hirschenlauf
Kammerlwand
Hohe Roßfelder
Roßfeld
Schlumscharte (Schlungscharte)
Graflschlümlalm
1926
Gotzenstein 1613
Seeaualm (verf.)
Mittl. Hirschenlauf
Roßfeldalm (verf.)
Hochseeleinkopf 2109
Aussichtspunkt Feuerpalfen
1741
Warteck
Bärenkopf 1710
1858 Gotzentauern
Tauernwand
Bergwachthtt.
1890
(verf.) Seeleinalm
Hochseeleinscharte 1995
N S G
Gotzenalm 1685
Bärengrube
Rote Wände
Seeleinsee
Mandlhöhe 2049
Klausbergl 1718
1704
1717
Gotzenberg
0 500 m
Rosengrube
Hohes Laafeld
Hochgschirr 1949
Kahlersberg 2350
2006
Kalkhochalp
1930 Mitterlaafeld
HAGENGEBIRGE

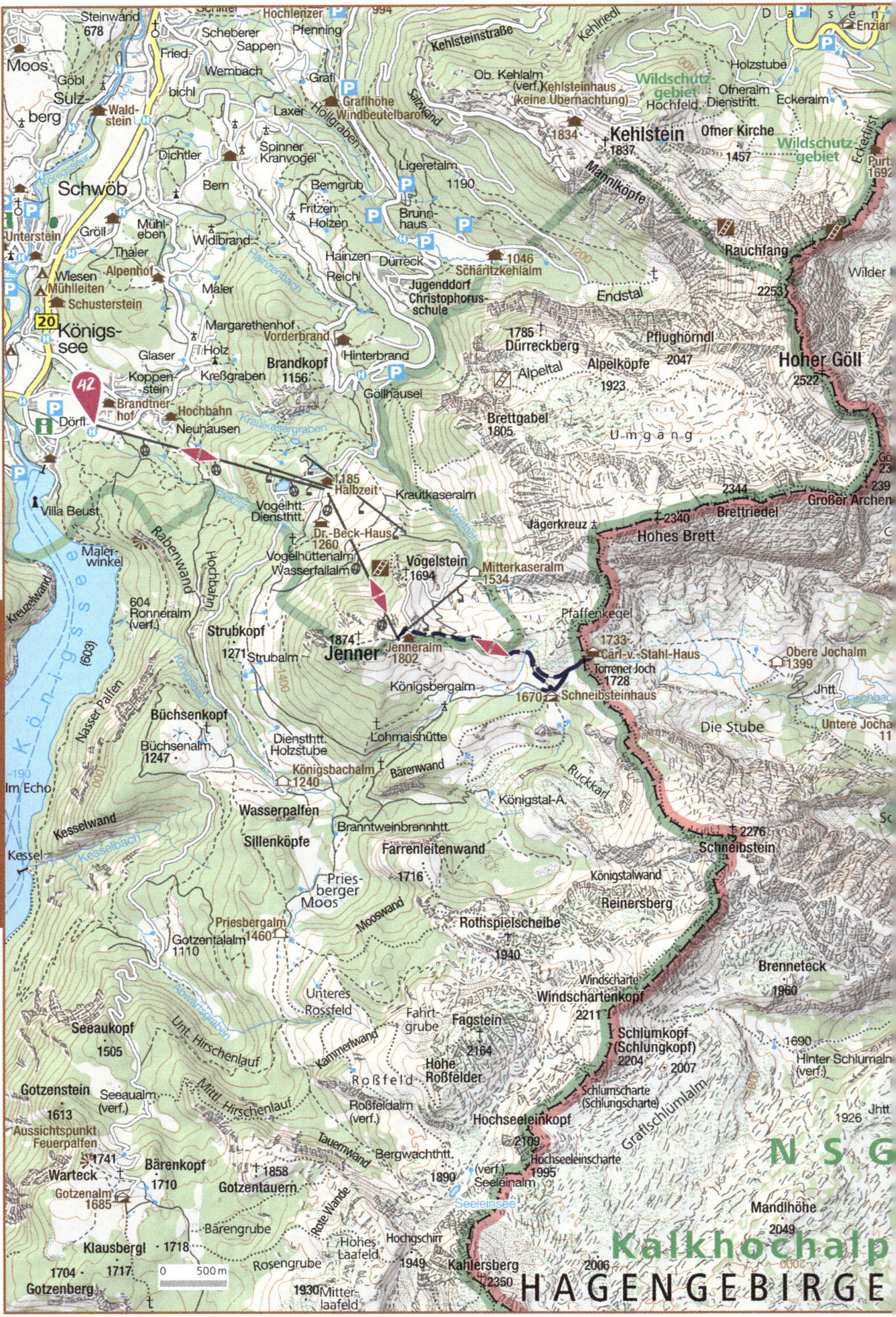

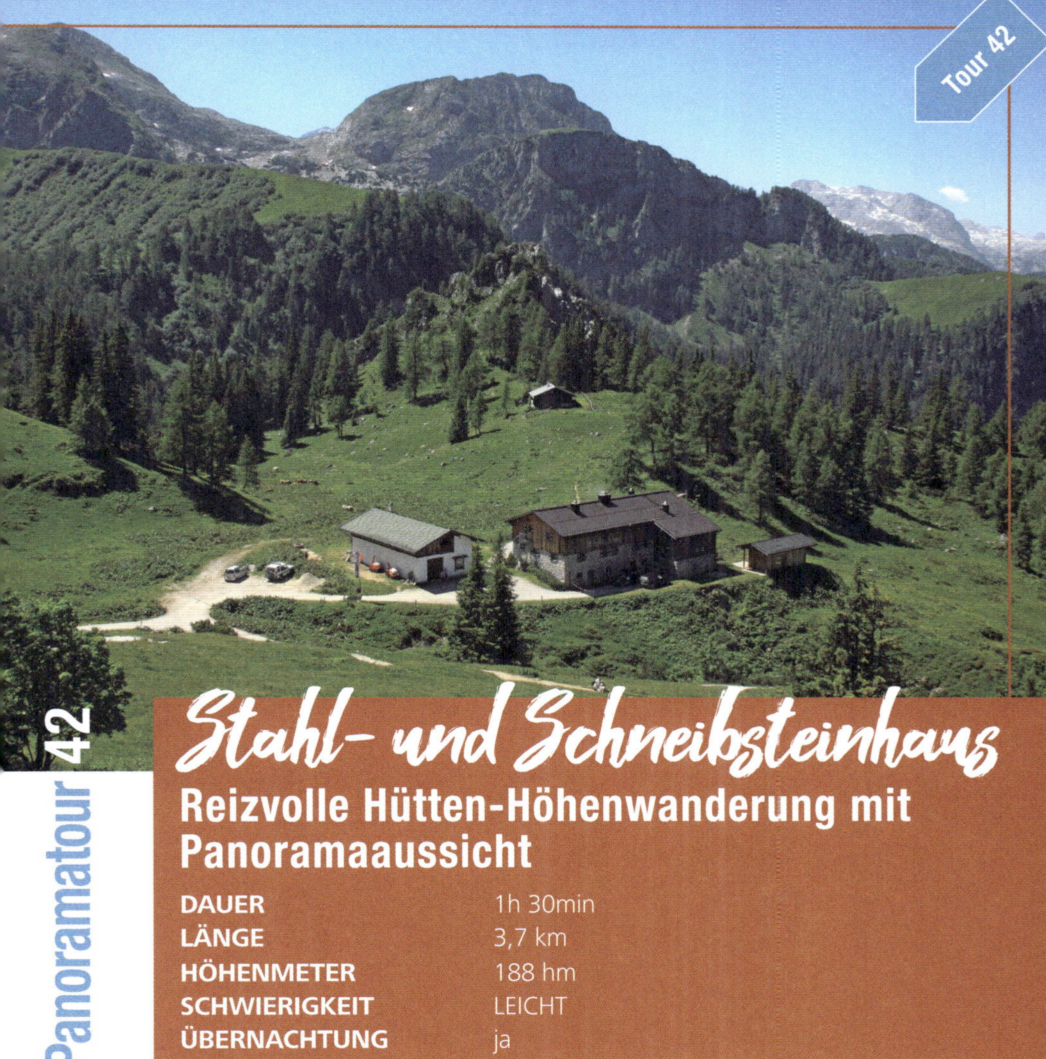

Panoramatour 42

Stahl- und Schneibsteinhaus

Reizvolle Hütten-Höhenwanderung mit Panoramaaussicht

DAUER	1h 30min
LÄNGE	3,7 km
HÖHENMETER	188 hm
SCHWIERIGKEIT	LEICHT
ÜBERNACHTUNG	ja

Das erwartet dich ...

Eine entspannte, familientaugliche Mini-Bergwanderung mit großer Aussicht und kleinem Einsatz. Man schreitet einen sonnigen, südlich exponierten und von Latschen und Wiesen gesäumten Aussichtsbalkon entlang. Diese Höhenwanderung kommt ohne großen Höhenunterschied und ohne technische Schwierigkeiten aus.

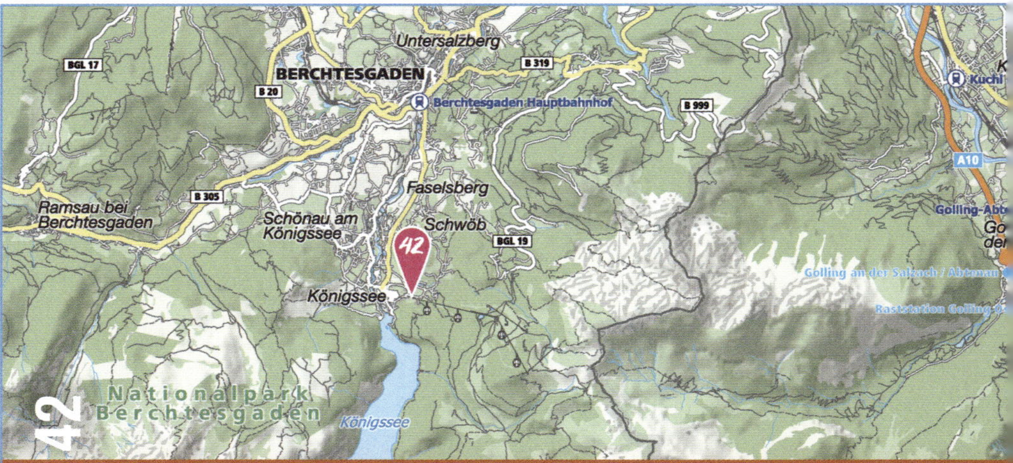

Start & Ziel & Anreise

Ausgangspunkt und Ziel ist die hoch über dem Königssee gelegene Bergstation der Jennerbahn. Der große Parkplatz an der Talstation in Königssee wird mit dem PKW über die A8 von München, Ausfahrt Bad Reichenhall und Weiterfahrt auf der B21 und B20 via Berchtesgaden erreicht. Zwischen Berchtesgaden ZOB/ Hauptbahnhof und der Jennerbahn-Talstation verkehrt die direkte Buslinie 841.

Tourenbeschreibung

Von der Jenner Bergstation sind unser Ziel, das Carl-von-Stahl-Haus, genauso wie der Hüttenweg schon von der Terrasse der Bergstation aus gut einzusehen. (Wer auf dem Rückweg die direkte Abstiegsvariante über die Mitterkaseralm zur Mittelstation wählt, sollte den Kurztrip auf den Jennergipfel vorab unternehmen!)

Von der Jenner Bergstation starten wir auf dem markierten Wanderweg Richtung Osten. Rund 100 Höhenmeter steigen wir auf dem ersten Wegdrittel abwärts zu einer Senke im Gratverlauf (bis etwa zur Verzweigung mit dem Weg, der nach links zur Mitterkaseralm hinunter führt), dann in leichtem Auf und Ab, bis der Weg zum Schluss wieder leicht ansteigt. Anfangs können wir links unten die Mitterkaseralm erkennen, später tauchen dann rechts unten die Königsbergalm und das Schneibsteinhaus auf. Der Ausblick vom Carl-von-Stahl-Haus ist imposant. Seine Lage im Torrener Joch bietet nach Osten einen schönen Blick ins österreichische Bluntautal und nach Westen ins Königsbachtal. Von hier starten auch die Gipfeltouren rechts zum Schneibstein und links zum Hohen Brett.

Auf dem Rückweg nehmen wir nach ein paar Metern die erste markierte Abzweigung links hinab zum nahen und sichtbaren Schneibsteinhaus. Vor dem Haus halten wir uns rechts und steigen auf dem schmalen Pfad am Hang entlang wieder hoch zu unserem Hinweg und zurück zur Bergstation.

Abstiegsvariante: Eine längere und anstrengendere Rückweg-Option vom Schneibsteinhaus führt rund 150 Höhenmeter abwärts zur Königsbergalm, um dann rechts haltend auf einem steilen Gegenanstieg in engen Kehren die knapp 300 Höhenmeter wieder hoch zur Bergstation zu nehmen. Wer diesen steilen Pfad scheut, kann weiter abwärts zur Königsbachalm und von dort in einer Stunde auf dem ebenen und komfortabel ausgebauten Panoramaweg hinüber zur Jenner-Mittelstation wandern.

Das Carl-von-Stahl-Haus

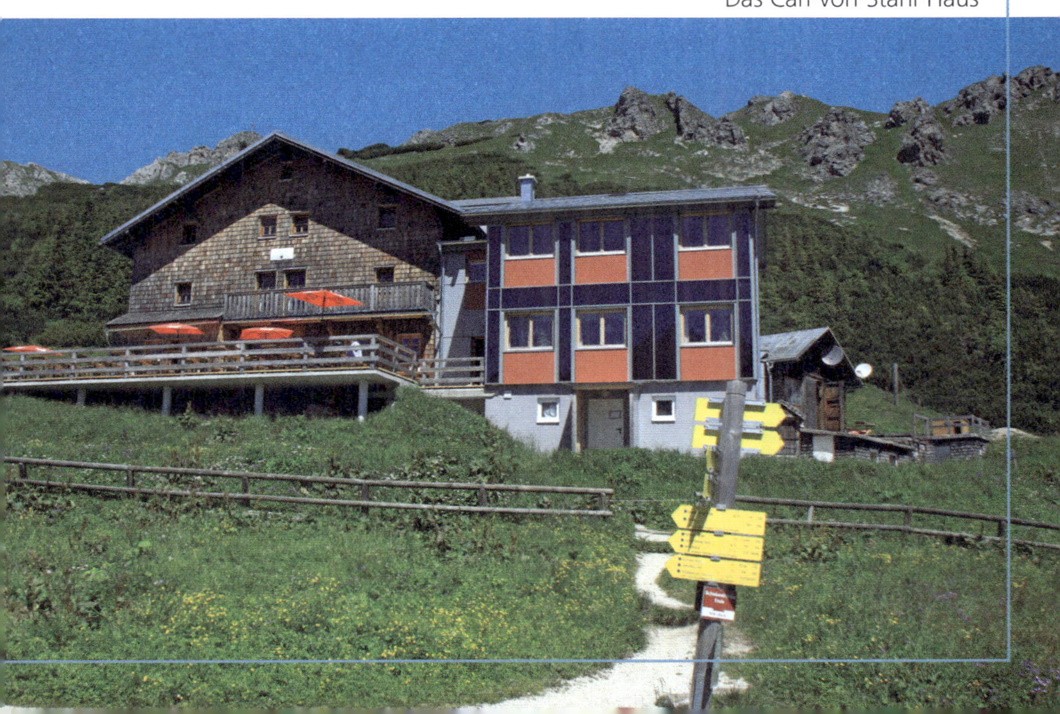

43

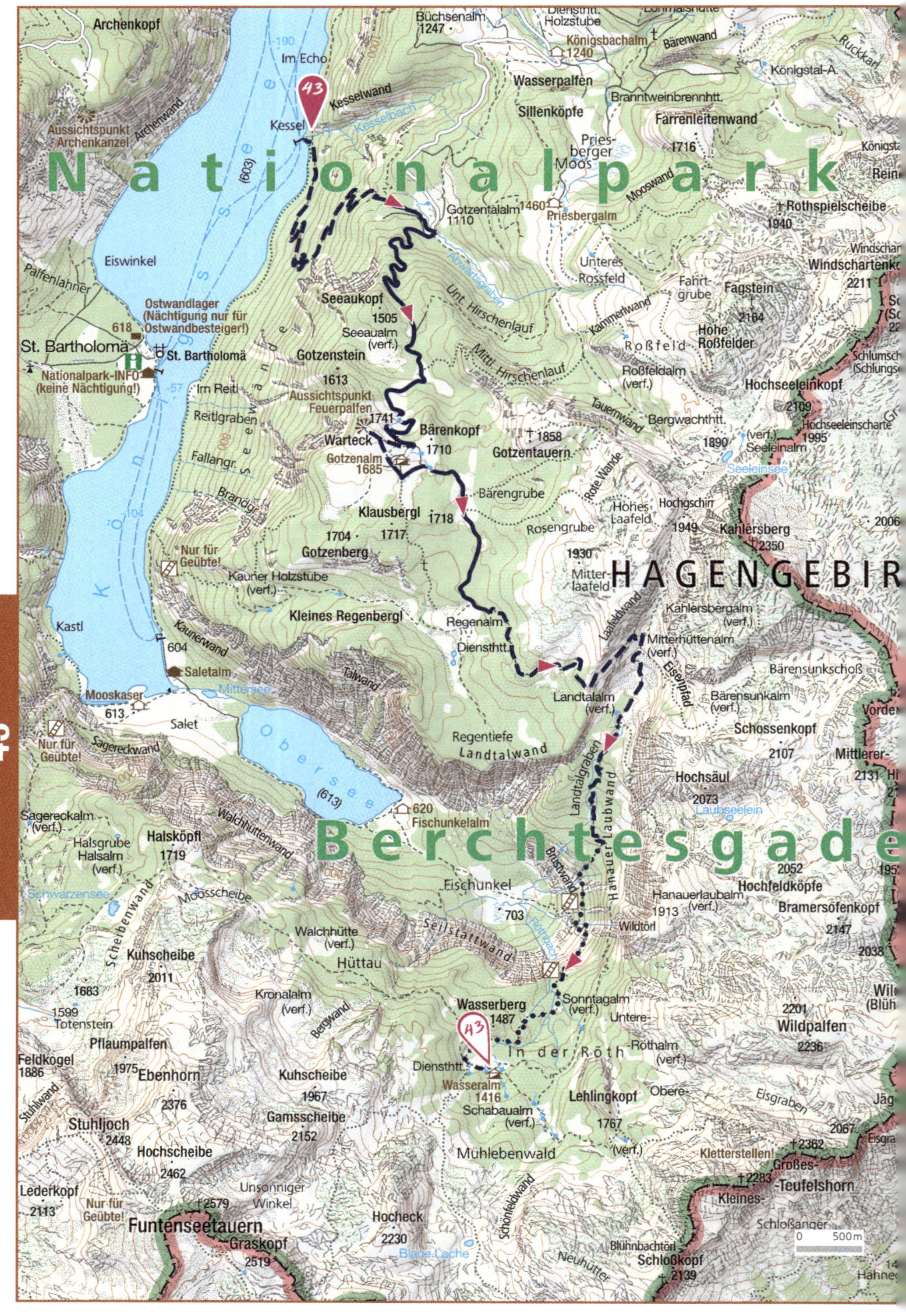

Archenkopf
Büchsenalm
1247
Dienststt.
Holzstube
Königsbachalm
1240
Bärenwand
Ruckkarl
Königstal-A.
Im Echo
43
Kesselwand
Kessel
Kesselbach
Wasserpalfen
Sillenköpfe
Branntweinbrennhtt.
Farrenleitenwand
Aussichtspunkt
Archenkanzel
Archenwand
Nationalpark
Priesberger
Moos
1716
Mooswand
Gotzentalalm
1110
1460
Priesbergalm
Rothspielscheibe
1940
Windschartenk
Eiswinkel
Palfenlahner
Abwärtsgraben
Unteres
Rossfeld
Fahrt-
grube
Fagstein
2164
Hohe
Roßfelder
Roßfeld
Seeaukopf
1505
Seeaualm
(verf.)
Unt. Hirschenlauf
Kammerlwand
Ostwandlager
(Nächtigung nur für
Ostwandbesteiger!)
618
St. Bartholomä
St. Bartholomä
Nationalpark-INFO
(keine Nächtigung!)
Gotzenstein
1613
Mittl. Hirschenlauf
Roßfeldalm
(verf.)
Hochseeleinkopf
2109
Im Reitl
Aussichtspunkt
Feuerpalfen
Reitlgraben
1741
Bärenkopf
Tauernwand
Bergwachthtt.
Hochseeleinscharte
1995
Warteck
Gotzenalm
1685
1710
1858
Gotzentauern
1890
(verf.)
Seeleinalm
Seeleinsee
Fallangr.
Seewand
Bärengrube
Rote Wände
Hohes
Laafeld
Hochschirr
Brandgr.
Klausbergl
1718
Rosengrube
1949
Kahlersberg
2350
2006
1704
1717
Nur für
Geübte!
Gotzenberg
1930
Mitter-
laafeld
HAGENGEBIR
Kauner Holzstube
(verf.)
Königssee
Kleines Regenbergl
Regenalm
Laafeldwand
Kahlersbergalm
(verf.)
Kastl
Kaunerwand
Diensthtt.
Mitterhüttenalm
(verf.)
604
Talwand
Bärensunkschoß
Saletalm
Mittersee
Eisenpfad
Mooskaser
Landtalalm
(verf.)
Bärensunkalm
(verf.)
613
Salet
Schossenkopf
Nur für
Geübte!
Sagereckwand
Obersee
Regentiefe
Landtalwand
2107
Mittlerer-
2131
Hochsäul
2073
Landtalgraben
Hanauerlaubwand
Laubseelein
Sagereckalm
(verf.)
(613)
Walchhüttenwand
620
Fischunkelalm
Halsgrube
Halsalm
(verf.)
Halsköpfl
1719
Berchtesgade
2052
Hochfeldköpfe
Schwarzensee
Moosscheibe
Eischunkel
Hanauerlaubalm
(verf.)
1913
Bramersofenkopf
Scheibenwand
703
Röthbach
Wildtörl
2147
Walchhütte
(verf.)
Seilstattwand
2038
Kuhscheibe
2011
Hüttau
1683
Kronalm
(verf.)
Sonntagalm
(verf.)
Untere-
2201
Wildpalfen
1599
Totenstein
Bergwand
Wasserberg
1487
2236
Pflaumpalfen
43
In der Röth
Röthalm
(verf.)
Feldkogel
1886
1975
Ebenhorn
Diensthtt.
Wasseralm
1416
Kuhscheibe
Lehlingkopf
Obere-
Eisgraben
Schabaualm
(verf.)
1967
2376
Stuhlwand
Stuhljoch
2448
Gamsscheibe
2152
1767
(verf.)
2067
Mühlebenwald
Hochscheibe
2462
Kletterstellen!
2362
Großes-
2283
Teufelshorn
Lederkopf
2113
Unsonniger
Winkel
Kleines-
Nur für
Geübte!
2579
Funtenseetauern
Hocheck
Schönfeldwand
Schloßanger
Graskopf
2519
2230
Blaue Lache
Blühnbachtörl
0
500 m
Schloßkopf
2139
Neuhütter

Gotzenalm & Wasseralm

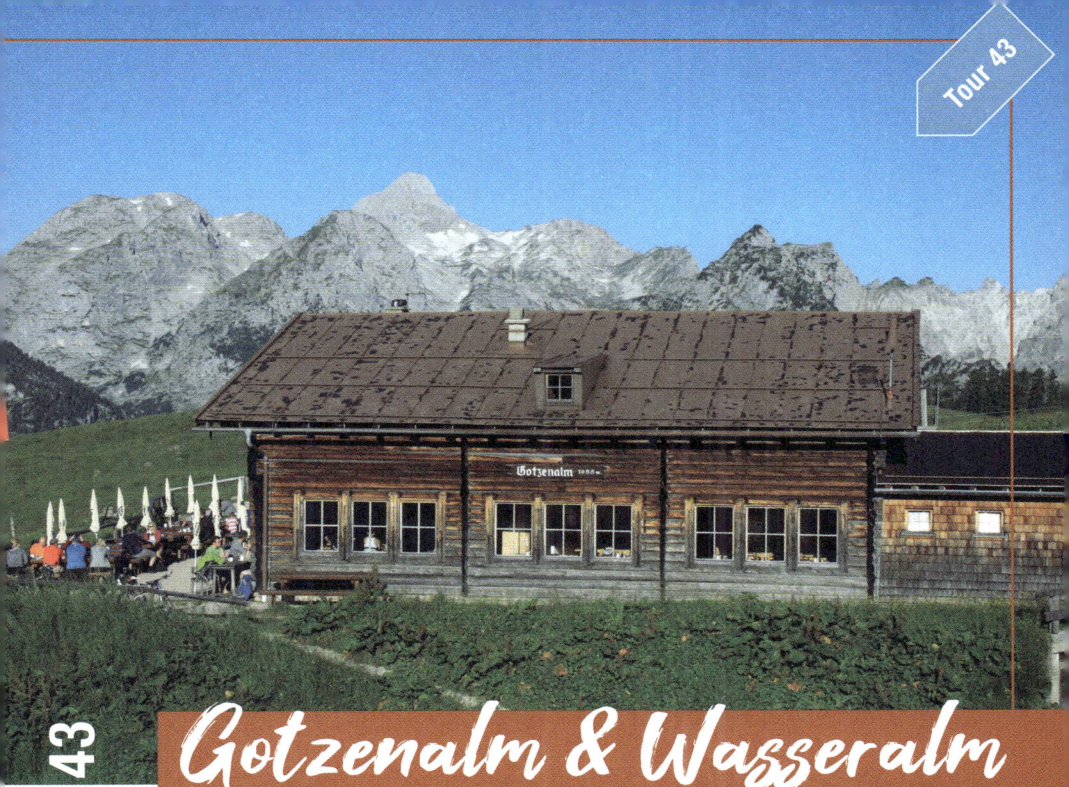

Zum vielbesuchten Aussichtsbalkon über dem Königssee

DAUER	8h
LÄNGE	18 km
HÖHENMETER	1440 hm
SCHWIERIGKEIT	MITTEL
ÜBERNACHTUNG	ja

Das erwartet dich ...

Eine spektakuläre Zweitagestour mit häufig wechselnden Aussichten und Landschaftszenarien. Der Reitsteig verläuft zunächst im Wald mit einigen steilen Kehren, ab der Gotzentalalm folgt ein breiter Forstweg mit teils steileren Serpentinen. Hauptsächlich geht es über gute Alm- und Waldpfade mit steileren und felsigeren Passagen, am Röthsteig mit Drahtseilversicherungen und Holzstufen. Die Tour ist nur bei trockenen Verhältnissen anzuraten.

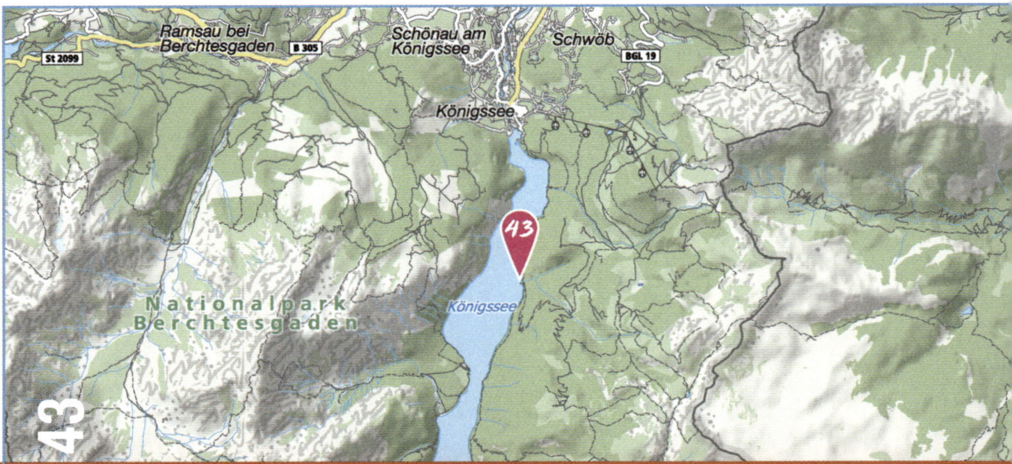

2-Tagestour 43

Start & Ziel & Anreise

Startpunkt ist die von April bis Oktober per Boot bediente Bedarfshaltestelle Kessel am Königssee. Zielpunkt ist die Gotzenalm auf 1685 m. Die Anreise mit dem Auto nach Königssee erfolgt über die A8 von München, Ausfahrt Bad Reichenhall und weiter auf der B21 und B20 via Berchtesgaden. Anreise mit Öffis: Zwischen Berchtesgaden ZOB/Hauptbahnhof und dem Königssee Bootslanleger verkehrt die direkte Buslinie 841.

Tourenbeschreibung

1. Tag

Die Gotzenalm ist ein sehr guter Ausgangspunkt für die unterschiedlichsten Wander- und Bergtouren und deshalb auch ein beliebter Übernachtungsstützpunkt. Rechtzeitige Anmeldung ist in den Sommermonaten anzuraten. Die schnellste und kürzeste Verbindung zur einladenden und aussichtsreichen Gotzenalm ist der Weg von der Bedarfshaltestelle Kessel über den Reitsteig. Ab der Gotzentalalm folgen wir dem breiten, kehrenreichen und teilweise recht steilen Fahrweg. Nach einem flachen Zwischenstück geht es die letzten Kehren dann nochmals steil bergan. Direkt am Rand des Hochplateaus zweigt dann nach rechts ein schmaler Pfad ab, der uns in wenigen Minuten über die Wiesen zum ausgeschilderten Aussichtspunkt „Feuerpalfen" bringt. Zuerst steigen wir leicht an zum Warteckkamm und dann wieder etwas abwärts bis zu den schroff abbrechenden Felsen vor. Von der mit einem Geländer gesicherten Aussichtsplattform genießt man herrliche Tiefblicke hinunter zum Königssee. Kurz zurück auf den Anstiegsweg und nach rechts hinüber zur bereits sichtbaren und in der Regel von Wanderern und Radfahrern vielbesuchten Gotzenalm. Hier, von unserem Tagesziel aus, eröffnen sich herrliche Rundumblicke vom Hohen Göll bis ins Steinere Meer und hinüber nach Westen zu Watzmann und Hochkalter. Gut zu sehen ist vor allem auch das Watzmannhaus.

2. Tag

Am folgenden Tag haben wir zwei Optionen, um zur Wasseralm zu gelangen. Die weniger anstrengende Variante führt vom Landtalgraben über den Weg Nr. 416 über das Wildtörl zur Wasseralm, die schöneren Ausblicke auf den Röthbach-Wasserfall und etwas mehr Kick, verbunden mit etlichen zusätzlichen Höhenmetern, bietet allerdings die sportliche Variante über den Röthsteig. Wir beschreiben im Folgenden die zweite Variante. Von der Gotzenalm folgen wir dem aussichtsreichen Reitweg in südlicher Richtung. Der breite, teils steinige Weg führt in leichtem Auf und Ab über freie Almflächen und schattige Waldstücke zur Verzweigung oberhalb der Regenalm, kurz nachdem wir ein Weidegatter mit Drehkreuz passiert haben. Wir halten uns links in Richtung Wasseralm/Hochgschirr und steigen zum Waldrand hoch. Bei einer freien Lichtung führt der Weg abwärts in eine Senke und wenig später durchqueren wir erneut eine Lichtung, wo der Weg dann wieder links zum Wald hoch ansteigt. Am Ende des Waldes, nach einer großen Linkskehre, beginnt die Traverse an den Felsen entlang in den Landtalgraben hinab.

Nach einer Holzbrücke, deren marode Vorgängerversion noch zu sehen ist, geht es rechtshaltend in steilen, engen und recht schottrigen Kehren zur Verzweigung im Landtalgraben hinab. Hier biegen wir rechts ab und folgen dem abfallenden Pfad in den lichten Wald hinab. Wir passieren die verfallene Landtalalm und tauchen wieder stärker in den Wald ein. Steilere und kehrenreiche Passagen auf einem felsigwurzeligen Pfad wechseln mit eher flachen Streckenabschnitten ab, und mehrmals überqueren wir einen Bach. Mitten im Wald treffen wir auf die Verzweigung, die rechts hinab Richtung Obersee/Fischunkelalm und geradeaus Richtung Wasseralm weist. Wir entscheiden uns für die anstrengendere Variante, die uns zunächst abwärts führt und dann bei der nächsten Wegeverzweigung über den Röthsteig wieder ansteigen lässt. Die Abstiegsetappe ist mit etlichen Stufen versehen, an steileren Abschnitten mit Drahtseil versichert und verläuft oft über enge, ausgesetzte Kehren. Der Hang wird in Richtung Röthbach-Wasserfall gequert, bis wir die Verzweigung erreichen, die rechts hinab zum Obersee und zur Fischunkelalm ausgeschildert ist. Wir gehen geradeaus weiter und steigen über den wieder felsiger werdenden schmalen Pfad hoch, halten uns auf eine Felswand zu und schlängeln uns über eine Felsstufe durch eine Rinne nach oben. Weniger steil wandern wir durch üppigen Wald und gelangen auf eine Hochfläche. Leicht ansteigend erreichen wir dann die Verzweigung rechts zum Halsköpfl und haben Blickkontakt zur links unten in der Senke liegenden Wasseralm, bei der wir nach wenigen Minuten ankommen.

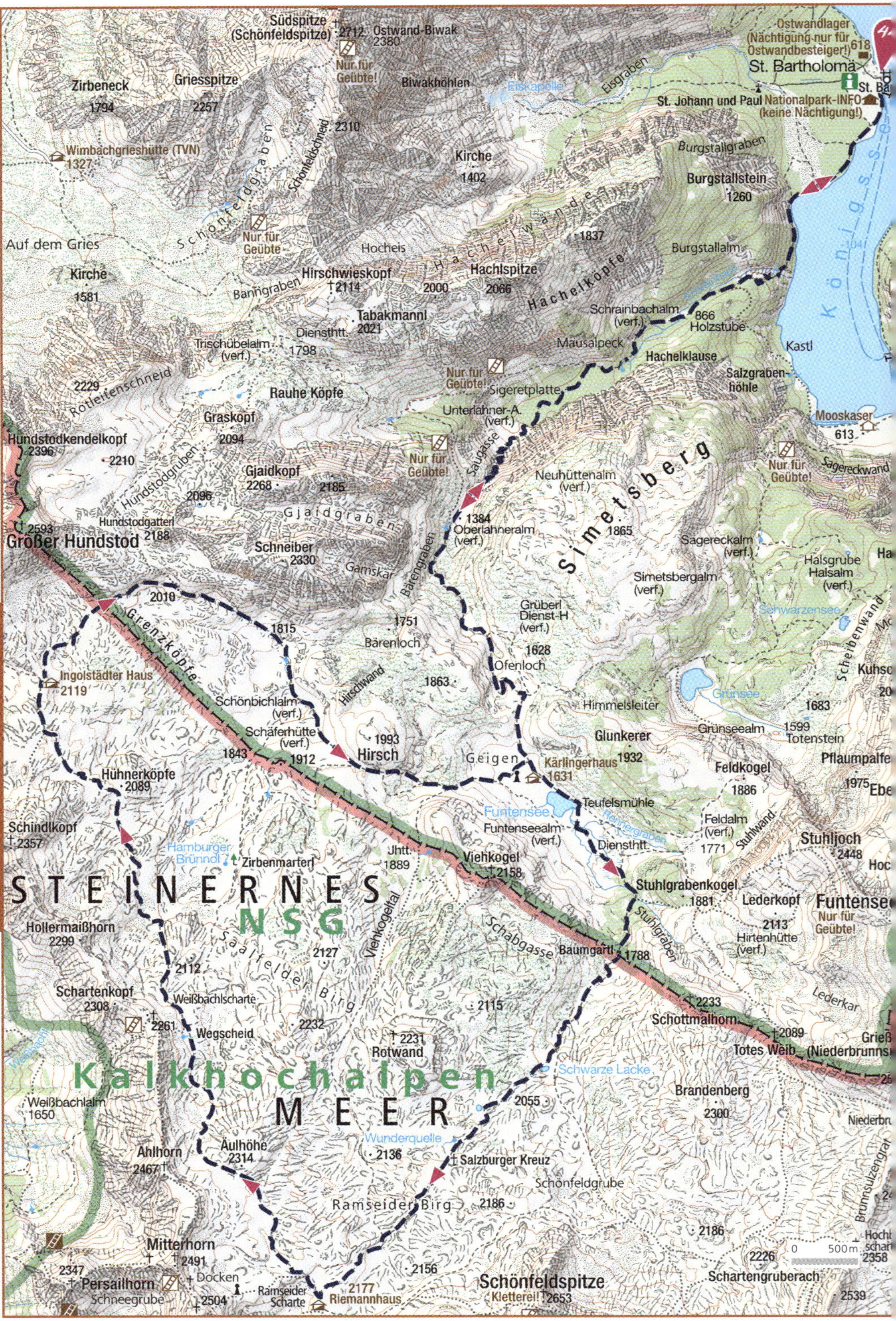

Südspitze
(Schönfeldspitze) 2712
Ostwand-Biwak
2380
Nur für
Geübte!
Ostwandlager
(Nächtigung nur für
Ostwandbesteiger!) 618
St. Bartholomä
St. Ba
Zirbeneck
1794
Griesspitze
2257
Biwakhöhlen
Eiskapelle
Eisgraben
St. Johann und Paul
Nationalpark-INFO
(keine Nächtigung!)
Schönfeldschneid
2310
Wimbachgrieshütte (TVN)
1327
Kirche
1402
Burgstallgraben
Burgstallstein
1260
Schönfeldgraben
Nur für
Geübte!
Hachelwände
1837
Auf dem Gries
Hocheis
Burgstallalm
Königssee
Kirche
1581
Banngraben
Hirschwieskopf
2114
2000
Hachlspitze
2066
Hachelköpfe
Tabakmannl
2021
Diensthtt.
Schrainbachalm
(verf.)
866
Holzstube
Trischübelalm
(verf.)
1798
Mausalpeck
Kastl
Hachelklause
Nur für
Geübte!
Salzgraben-
höhle
2229
Rotleitenschneid
Rauhe Köpfe
Sigeretplatte
Unterlahner-A.
(verf.)
Graskopf
2094
Mooskaser
613
Hundstodkendelkopf
2396
2210
Nur für
Geübte!
Saugasse
Simetsberg
Nur für
Geübte!
Sagereckwand
Gjaidkopf
2268
2185
Hundstodgruben
2096
Neuhüttenalm
(verf.)
Hundstodgatterl
2593
2188
Gjaidgraben
1384
Oberlahneralm
(verf.)
1865
Großer Hundstod
Schneiber
2330
Gamskar
Bärengraben
Sagereckalm
(verf.)
Halsgrube
Halsalm
(verf.)
Ha
Simetsbergalm
(verf.)
2010
Grenzköpfe
1815
1751
Grüberl
Dienst-H.
(verf.)
Schwarzensee
Scheibenwand
Bärenloch
1628
Ofenloch
Kuhsc
Ingolstädter Haus
2119
1863
Hirschwand
Grünsee
20
Schönbichlalm
(verf.)
Himmelsleiter
1683
Schäferhütte
(verf.)
1993
Glunkerer
Grünseealm
1599
Totenstein
1843
1912
Hirsch
Geigen
1932
Pflaumpalfe
Kärlingerhaus
1631
Feldkogel
Hühnerköpfe
2089
1886
1975 Ebe
Teufelsmühle
Funtensee
Funtenseealm
(verf.)
Rennergraben
Feldalm
(verf.)
Stuhlwand
Schindlkopf
2357
Hamburger
Brünndl
Zirbenmarterl
Jhtt.
1889
Diensthtt.
1771
Stuhljoch
2448
Viehkogel
2158
Hoc
STEINERNES
NSG
Stuhlgrabenkogel
1881
Lederkopf
Funtense
Nur für
Geübte!
Hollermaißhorn
2299
Viehkogeltal
Schabgasse
2113
Hirtenhütte
(verf.)
2112
2127
Saalfelder Birg
Baumgartl
1788
Stuhlgraben
Weißbachlscharte
Schartenkopf
2308
2115
2233
Lederkar
2261
Wegscheid
2232
Schottmalhorn
2089
Grieß
Totes Weib
(Niederbrunns
2231
Rotwand
Weißbach
Kalkhochalpen
Schwarze Lacke
Weißbachlalm
1650
Brandenberg
2055
2300
MEER
Niederbru
Wunderquelle
Aulhöhe
2314
2136
Ahlhorn
2467
Salzburger Kreuz
Schönfeldgrube
Brunnsulzengrat
Ramseider Birg
2186
2186
Hoch
schar
2358
Mitterhorn
2491
0
500 m
2226
2347
Persailhorn
Docken
2156
Schönfeldspitze
Schartengruberach
Schneegrube
2504
Ramseider
Scharte
2177
Riemannhaus
Kletterei! 2653
2539

44

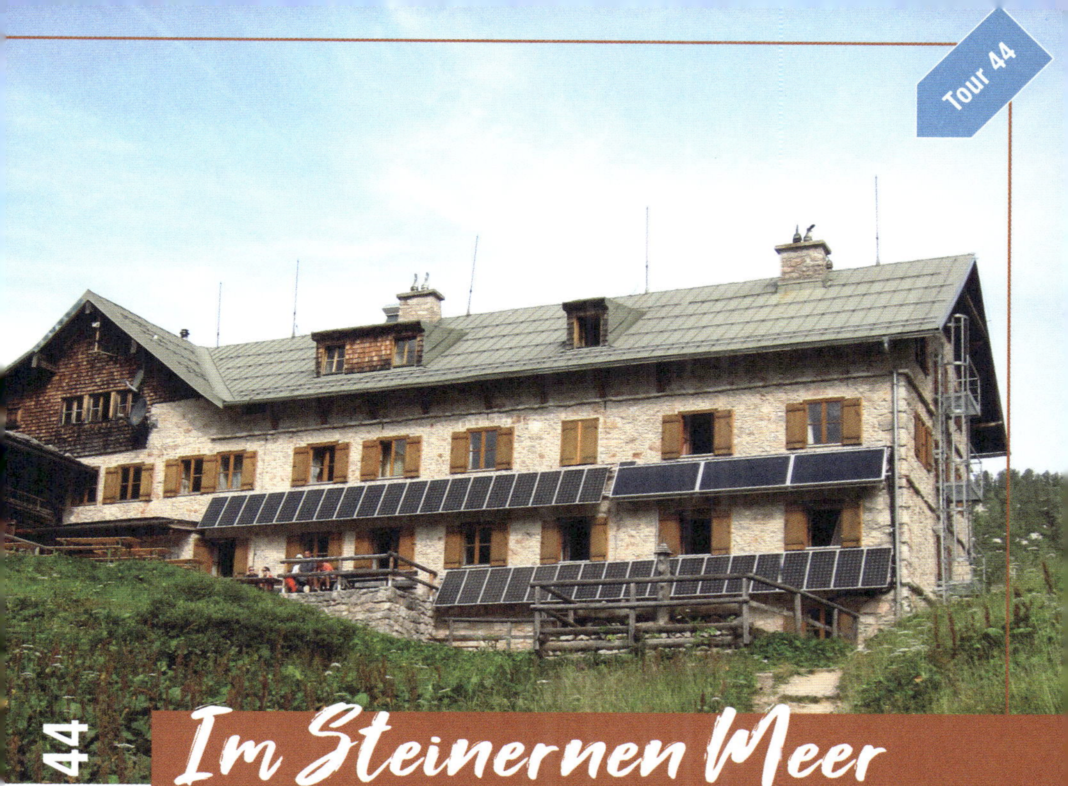

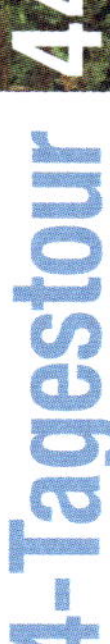

Im Steinernen Meer

Über die „Saugasse“, den Eichstätter Weg und zurück von West nach Ost

DAUER	13h
LÄNGE	29 km
HÖHENMETER	1950 hm
SCHWIERIGKEIT	MITTEL
ÜBERNACHTUNG	ja

Das erwartet dich ...

An Tag 1 geht es auf gut ausgebautem, stellenweise steilem und kehrenreichem Wanderweg hinauf ins Steinerne Meer. Am zweiten Tag warten neben beeindruckender Felswildnis überwiegend problemlose Pfade mit kurzen steileren Passagen durch Latschenfelder. Ähnliches gilt für Tag 3, wobei hier je nach Wetterlage mit Altschneefeldern zu rechnen ist. An Tag 4 geht es weit hinunter durch Fels und Schotter, im letzten Abschnitt zunehmend grüner und steiler.

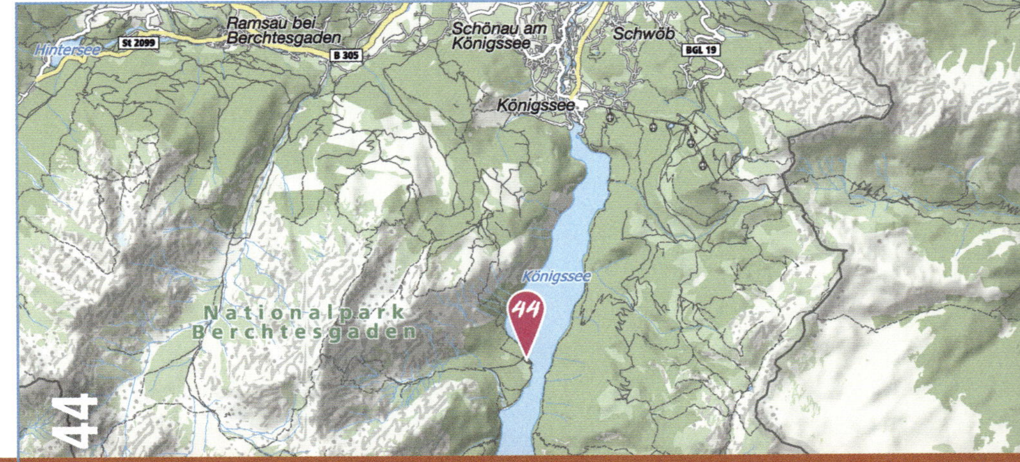

4-Tagestour 44

Start & Ziel & Anreise

Startpunkt ist die von April bis Oktober per Boot bediente Anlegestelle St. Bartholomä am Königssee, Zielpunkt ist das Kärlingerhaus. Die Anreise mit dem Auto nach Königssee erfolgt über die A8 von München, Ausfahrt Bad Reichenhall und weiter auf der B21 und B20 via Berchtesgaden. Anreise mit Öffis: Zwischen Berchtesgaden ZOB/Hauptbahnhof und dem Königssee Bootslanleger verkehrt die direkte Buslinie 841.

Tourenbeschreibung

Das Steinere Meer ist eine gewaltige Hochfläche, die einiges an geologischen Besonderheiten und eine reichhaltige Flora aufzuweisen hat, aber auch Risiken birgt, die der Bergwanderer nicht unterschätzen sollte. Bei schlechteren Wetterverhältnissen ist die Orientierung ein Problem. Die markierten Wege sollten deshalb nicht verlassen werden.

1. Tag

Der Anstieg über die Saugasse ist der leichteste und sicherste Zugang zum Kärlingerhaus, wenn auch nicht ganz ohne Schweißtropfen zu haben. Wir verlassen St. Bartholomä nach Süden, folgen dem markierten Weg über die Schuttreisen des Eisbachs und spazieren am Seeufer entlang zur Wand des Burgstalls hoch. An der Wand entlang und recht steil in Serpentinen aufwärts zur Schrainbachholzstube. Weiter durch Wald hinauf, bei der Weggabelung (erste Abzweigemöglichkeit zum Trischübelpass) linkshaltend und über offenes Weideland nach links, bis man bei verfallenen Almgebäuden an die Felsabstürze des Simetsbergs herankommt. Hier beginnt der schon von Weitem erkennbare sonnige Aufstieg, die sogenannte Saugasse, ein sich in Kehren zwischen den Felsen hochschlängelnder Steig. Nach dieser eher mühsamen Passage, die besonders bei sehr heißem Sommerwetter für die bereits erwähnten Schweißperlen gesorgt hat, kommen wir in der Nähe von ehemaligen Almflächen (bei der Quelle eine nach rechts weisende Tafel) an der zweiten Abzweigung zum Trischübel vorbei.

Der weitere Weg führt nun recht gemächlich hoch zum Funtenseesattel, wo man dann unvermittelt vor sich in einer Senke das Kärlingerhaus und auch den schön gelegenen Funtensee erblickt.

2. Tag

Der Weg vom Kärlingerhaus übers Baumgartl und Salzburger Kreuz (2135 m) zum Riemannhaus ist nicht nur eine schöne, von Norden nach Süden verlaufende Hüttenverbindung, sondern der wohl am meisten frequentierte, leichteste und auch kürzeste Übergang von Berchtesgaden ins österreichische Pinzgau. Hier gewinnt man bei einem ständigen Auf und Ab einen nachhaltigen Eindruck von der karstigen Hochflächenlandschaft des Steinernen Meeres und seiner Besonderheiten: Seen, Teiche, Quellen und jede Menge felsiges Gelände.

Vom Kärlingerhaus geht es zunächst hinab zum Funtensee und auf markiertem Weg an dessen linker Uferseite entlang. Wir passieren die Abzweigung links hoch zum Feldkogel und folgen der Beschilderung nach rechts Richtung Riemannhaus. Zunächst nur leicht ansteigend wandern wir mit schönem Rückblick zum Funtensee auf einem schmalen Pfad durch grüne Wiesen. Der Weg wird dann steiler, die Wiesen gehen in Latschenbewuchs über und wir traversieren nun zunehmend schattiger im Wald nach rechts hinüber – mit einem letzten Blick hinunter zum Kärlingerhaus. Nach Passieren der Wegverzweigung links Richtung Funtenseetauern und Wasseralm folgen nochmals zwei längere, leicht ansteigende Rechtstraversen, die durch eine steile Kehre unterbrochen werden. So gelangen wir zu einem Flachstück und treffen auf diesem sehr schönen, pflanzenreichen Wegstück auf eine Infotafel des Naturparks Berchtesgaden. Am Ende dieser Flachpassage steigt der Pfad nach links an und wir gelangen über gut gestuften Fels auf ein grünes Hochplateau, das Baumgartl. Über eine alte Holzleiter – hier ist sogar ein dünnes Drahtseil angebracht – geht es steil hoch und wir folgen dem felsigen Pfad weiter über Felsstufen nach oben. Vor uns liegt ein Felsgrat, auf den wir uns zuhalten. Wir gelangen nochmals ansteigend auf ein weiteres Plateau, nun deutlich gerölliger und felsiger und vor allem auch sonniger. Am Ende des Plateaus beginnt der kiesige Anstieg zum Grat hinauf. Oben geht es zuerst flach dahin – links unten ist ein verlandeter Teich zu sehen – zu einem schönen Rastplatz. Über

Fortsetzung Tour 44

eine steilere Felsrinne gelangen wir auf das nächste Plateau und wandern leicht abwärts, vorbei an einem kleinen Teich rechts unterhalb des Weges. Es folgt anschließend eine Linkstraverse sowie ein kleiner Abstieg und dann steigen wir an einer Felswand entlang zu einer Drahtseilpassage, die über Felsstufen recht steil nach oben führt. Kurz darauf passieren wir das Salzburger Kreuz, das links oberhalb des Weges auftaucht. Es geht relativ flach dahin, nur vereinzelte Steinstufen bringen uns etwas an Höhe. Zwei vor uns liegende Felsriegel werden noch überwunden, dann liegt das Riemannhaus endlich vor uns.

3. Tag

Hinter dem Riemannhaus leitet uns die Markierung 401 nach links, die ersten Meter leicht bergab. Dann verläuft der felsige Pfad meist recht flach durch das steinige Gelände. Wir folgen einem großen Linksbogen und halten uns bei der Markierung „Peter-Wiechenthaler-Hütte/Weißbachlscharte/Ingolstädter Haus" nach rechts; kurz darauf verlieren wir dann den Blickkontakt mit dem Riemannhaus. Über kleinere Altschneefelder geht es in leichtem Auf und Ab durch die geröllige Felslandschaft. Der gut markierte Weg führt immer mal wieder leicht abwärts in Senken und an kleinen Felsriegeln vorbei. Das schränkt die unmittelbare Sicht auf den weiteren Wegverlauf oft ein, nicht aber auf die eindrucksvolle Bergwelt rundum. Steinmänner und Markierungspfosten geben uns zusätzliche Orientierungshilfe. Wir erreichen ein größeres abfallendes Kar, vor uns baut sich imposant der Große Hundstod auf, links flankiert uns ein lang gestreckter Felszug. Über ein größeres Schneefeld traversieren wir diese Senke, der Pfad schlängelt sich über Geröll durch die Felsen etwas steiler bergab. Am anderen Ende steigen wir über Felsstufen wieder hoch und traversieren dann rechts flach entlang einer Felswand linker Hand. An einer engen, abschüssigen Stelle muss man auch mal die Hände zu Hilfe nehmen. Wenig später stoßen wir auf die Abzweigung zur Weißbachlscharte (30 Min. nach links) und zur Peter-Wiechenthaler-Hütte (2 Std.). Wir setzen den Weg mit Blick auf den Großen Hundstod fort, der uns die Richtung vorgibt. Es geht wieder steiler in eine Senke hinab mit einer richtig felsigen Passage, rechts begleitet uns eine Felswand. Unterhalb dieser traversieren wir dann nach links und steigen in engen Kehren über den Geröllhang ab. Nach der Talsenke führen uns Felsstufen wieder hoch, wir treffen auf Latschenbewuchs, insgesamt wird die Landschaft etwas grüner. Unterhalb eines rechts verlaufenden Latschengürtels wandern wir auf eine Felswand zu, die sich von links herüberzieht. Wir steigen wieder leicht an, erreichen eine Hochfläche und sehen vor uns in der Ferne schon das Ingolstädter Haus. Es geht nach links, nochmals durch eine Senke und erneut hoch über einen kurzfristig wieder die Sicht versperrenden Felsriegel. Vorbei an einem mit Gebetsfähnchen und einem Kreuz geschmückten Felsen erreichen wir wenige Minuten später das mitten in den Felsen thronende Ingolstädter Haus.

4. Tag

Vom Ingolstädter Haus geht es zunächst – oft selbst im Hochsommer noch an Altschneeresten vorbei – leicht bergab zwischen Felsen hindurch. Linker Hand erhebt sich der Große Hundstod. In einem großen Rechtsbogen erreichen wir eine grasige, relativ ebene Fläche. Die Stille wird hier vereinzelt unterbrochen durch das Gebimmel weidender Schafe. Rechts hinüber ist stets das Ingolstädter Haus schön zu sehen. Wir folgen den Markierungen auf einem meist leicht fallenden Weg durch das felsig-schottrige Gelände, nur hin und wieder sind kleine Gegenanstiege zu meistern. Nach einer größeren Geröllhalde halten wir uns auf das Felsmassiv zu, das sich rechts vom Großen Hundstod erstreckt. Wir gehen diesen Geröllkessel ganz aus, bis wir vor der Felswand nach rechts traversieren. Nachdem wir die Wegverzweigung zum Trischübel über das Hundstodgatterl passiert haben, geht es einen Hang in Kehren steiler bergab – hier verlieren wir auch kurzzeitig den Blick zum Ingolstädter Haus. Nach einem kurzen Gegenanstieg senkt sich der Weg nochmals recht steil am Fuß einer Felswand entlang. Der mit Steinen durchsetzte kiesige Pfad ist ziemlich schmal und gerölIig. Es geht dann nochmals bergab in eine weitere Senke, am Fuß der Felswand entlang. Das felsige Terrain wird nun deutlich grüner. Der Pfad schlängelt sich durch Felsen hindurch von Senke zu Senke abwärts, unterbrochen nur durch kurze Anstiege. Wir erreichen schließlich erneut eine ebene grüne Fläche und die Wegverzweigung mit der Peter-Wiechenthaler-Hütte/Weißbachlscharte nach rechts. Auch von hier ist in der Ferne immer noch das Ingolstädter Haus zu erkennen. Vor uns ist ein Teil des Anstiegsweges zum Viehkogel gut zu erkennen. Der Weg fällt wieder leicht ab in eine latschenbewachsene Senke und wir stoßen auf ein Schild, das uns auf die Verlegung des Weges hinweist. Aus Erosionsgründen ist der Weiterweg geradeaus gesperrt und verläuft nun auf einem schmalen felsigen Pfad durch die Latschen rechts hinab. In teilweise steilen Stufen geht es am Fuß des Viehkogels entlang, bis wir die Abzweigung zum Viehkogel danach rechts passieren. Kurz darauf – es geht zunächst wieder leicht bergab – ist auch das Kärlingerhaus schon zu sehen. In gerölligen engen Kehren steigen wir dann steil bergab, überqueren eine grasige Senke und wandern hinüber zum Anstiegsweg vom Königsseee. Nach wenigen Minuten haben wir das Kärlingerhaus erreicht.

Der Abstieg verläuft weiter auf dem Anstiegsweg des ersten Tages, es sei denn, man nimmt oberhalb der Saugasse links die Abzweigung zum Trischübel und dann wieder rechts zur Sigeretplatte. Der Markierung 419 abwärtsfolgend erreicht man wieder den Anstiegsweg. Diese Variante ist aber Trittsicheren vorbehalten, da teilweise steile und ausgesetzte Holzstufen am Fels entlang nach unten führen.

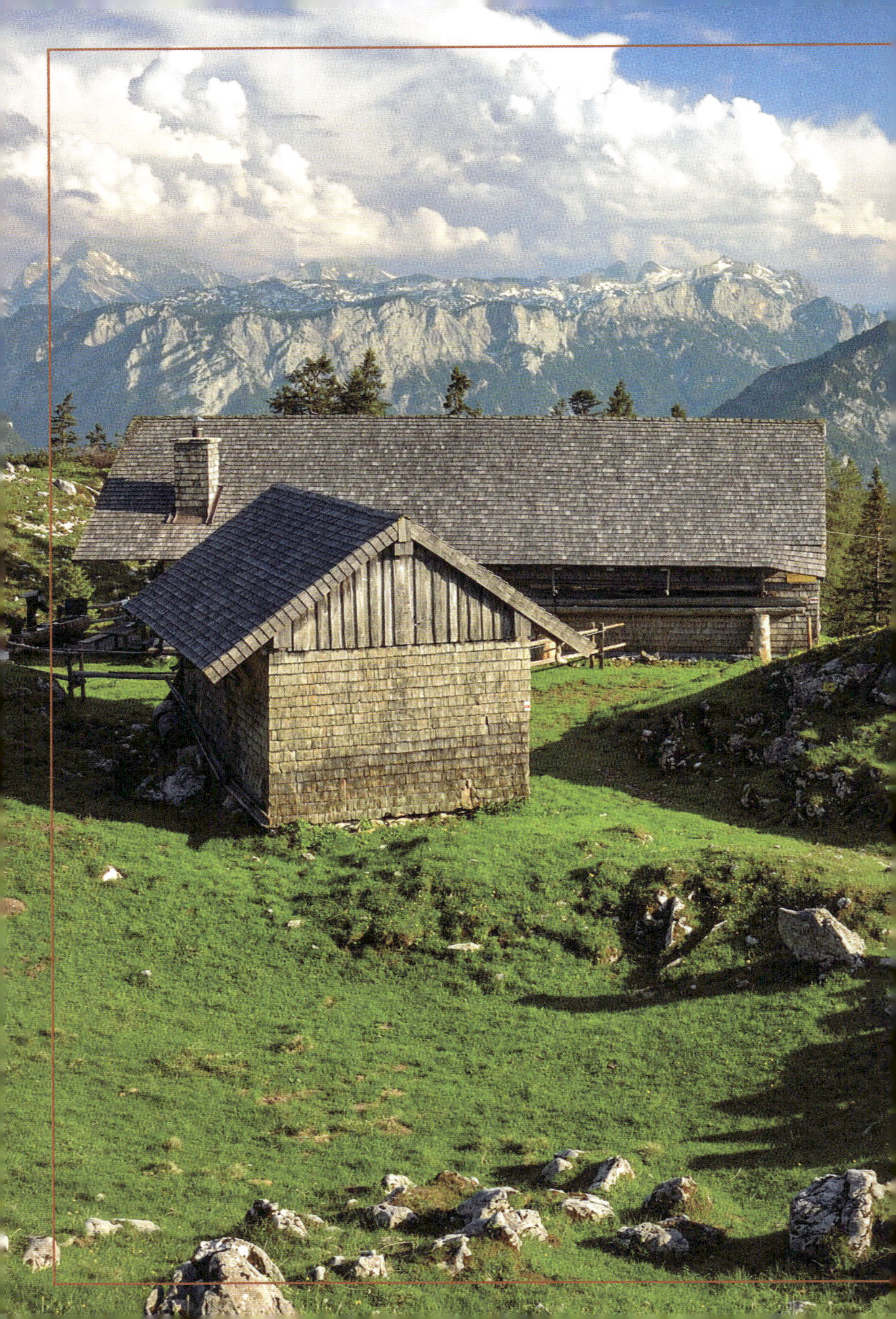

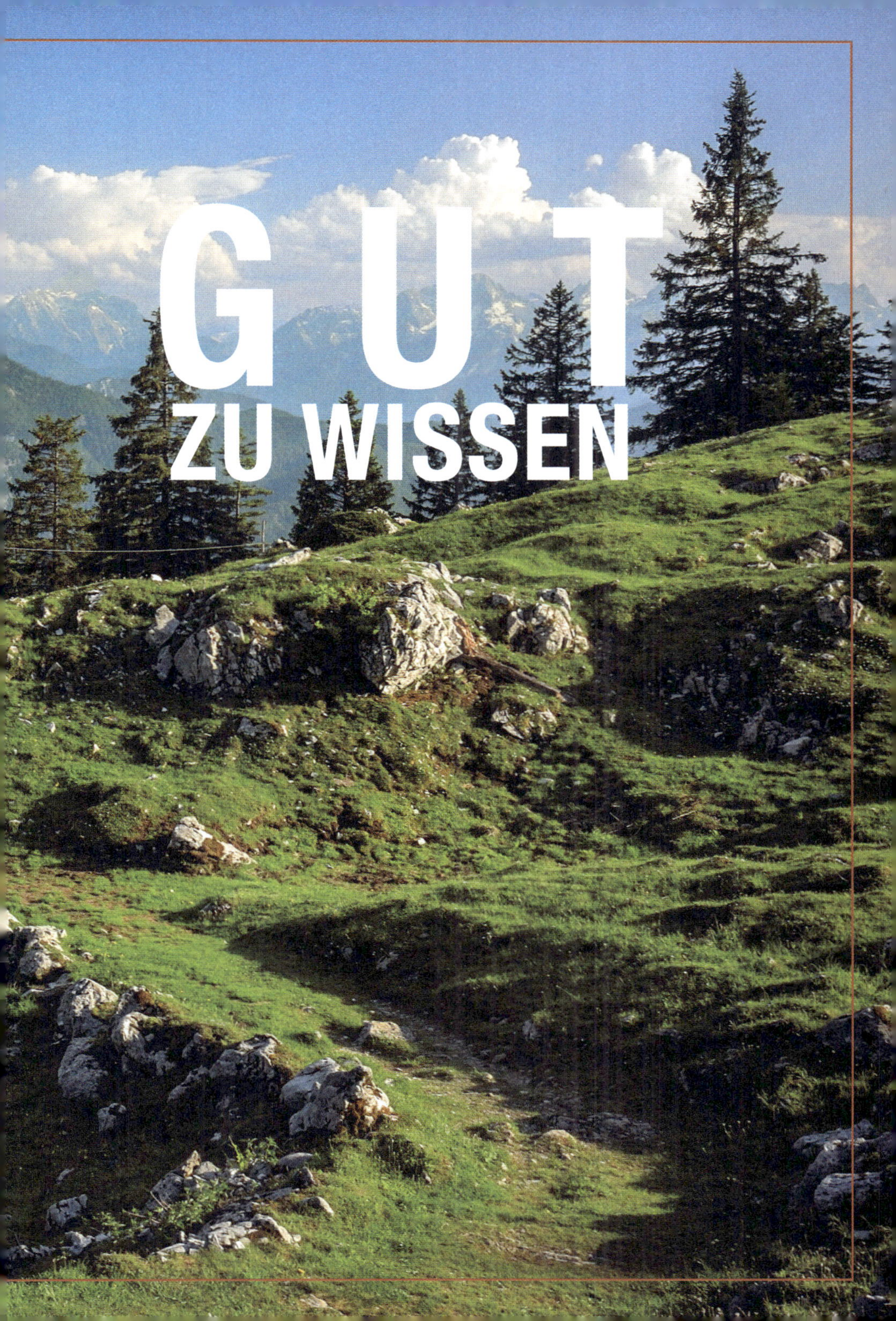
GUT
ZU WISSEN

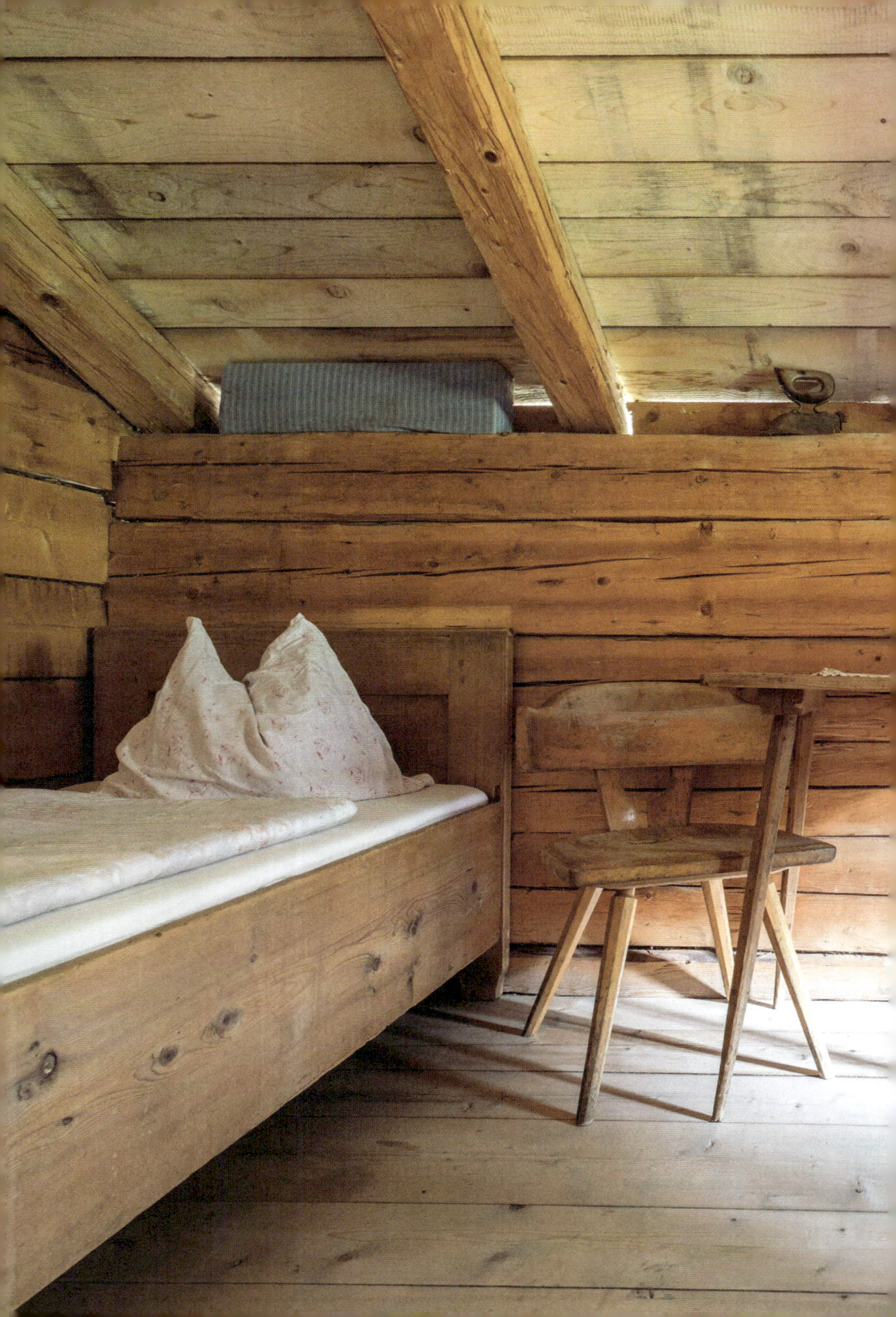

Unsere Hütten-Hacks

Es geht auch einfacher

HACKS

SCHNARCHALARM

Wer kennt es nicht? Du bist gerade eingeschlafen und dann geht das Schnarchkonzert los. Oropax sind das einzige und beste Mittel dagegen und helfen dir, die Nacht gut zu überstehen. Vorsorglich machst du sie gleich beim Zu-Bett-Gehen rein, dann steht deinem erholsamen Schlaf nichts mehr im Wege.

STIRNLAMPE

Die Stirnlampe ist ein wichtiger Begleiter beim Wandern, aber auch auf Hütten wird sie dir das Leben erleichtern: Wo war noch einmal das Klo? Ohne Stirnlampe wirst du den Weg wohl kaum finden, ohne jemanden aufzuwecken. Auch für Leseratten eignet sich das gedimmte Licht: So kannst du im Bett noch lesen, ohne dass sich deine Lager- bzw. Zimmer-Kameraden gestört fühlen.

TROCKENRAUM

Was riecht denn da so gut im Lager? Vermutlich der klassische Bergsteigerduft! Damit sich das ganze in Grenzen hält, dürfen müffelnde Bergschuhe nicht mit ins Schlaflager genommen werden. Extra für Bergschuhe im Sommer bzw. Skischuhe im Winter gibt es den Trockenraum, der in jedem Fall zu nutzen ist. Deine Lager- bzw. Zimmer-Kameraden werden es dir danken.

Endlich was Neues ausprobieren

Lust was Neues auszuprobieren?

WENN JA HABEN WIR EIN PAAR VORSCHLÄGE FÜR DICH.

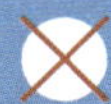

- **WELLNESS IM ALLGÄU:** Was könnte schöner sein, als nach einer langen Wandertour zu wellnessen? Möglich ist das zum Beispiel in der Königlichen Kristall-Therme in Schwangau, umgeben von Bergen.

- **PARAGLIDEN IM CHIEMGAU:** Das Team von Flug-Erlebnis Chiemgau bietet Tandemflüge vom Hausberg Hochries an.

- **SCHELLENBERGER EISHÖHLE:** Am Unterbergmassiv auf 1570 Metern befindet sich die Eishöhle mit einer Eisdicke von bis zu 30 Meter – zweifelsohne ist sie einen Besuch wert!

- **BREITACHKLAMM:** Die Klamm bei Oberstdorf ist die tiefste Felsenschlucht in Mitteleuropa, ein Naturerlebnis sondersgleichen!

- **GEIGENBAUMUSEUM MITTENWALD:** Selbst Mozart spielte mit Geigen aus Mittenwald! Neben den Instrumenten kannst du auch die historische Werkstatt besichtigen – anfassen, schnuppern und lauschen ist im Museum ausdrücklich erlaubt!

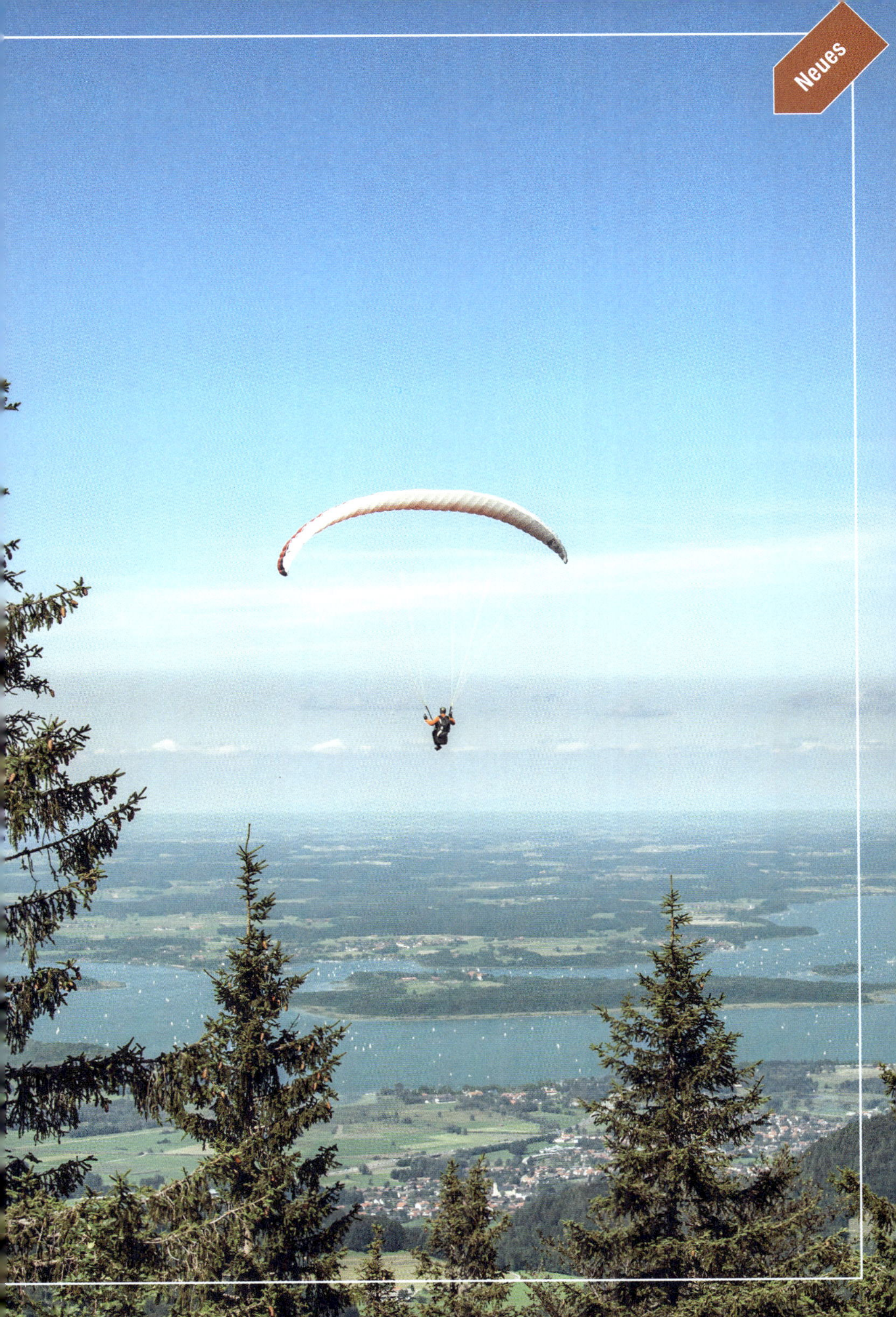
Neues

Von Vorteil
FÜR MENSCH & NATUR

Nachhaltigkeit

BEIM WANDERN

Wandern ist eine recht schonende Sportart für die Natur und unsere Umwelt, wenn wir einige wenige Dinge beachten. Denn das Gleichgewicht ist hier extrem sensibel: Jedes zurückgelassene Papierchen in schönster Umgebung, jede Plastikwasserflasche oder auch noch so tolle Outdoorjacke, dafür voll von chemischen Inhaltsstoffen, fallen ins Gewicht. Folgende fünf Punkte geben euch einen kurzen Überblick, was ihr für euch und die Natur tun könnt. Denn Umweltschutz betrifft uns alle, schließlich haben wir nur eine Erde und mit dieser sollten wir behutsam und respektvoll umgehen.

Und das kannst du machen …

Green-Guide

01 Nachhaltigkeit beginnt schon bei der Anreise: Je mehr Menschen mit dem Auto fahren, desto mehr CO_2-Ausstoß und desto mehr umweltschädlichen Gummiabrieb der Reifen gibt es. Doch viele Ausgangspunkte sind auch gut mit den öffentlichen Verkehrsmitteln zu erreichen. Also einfach mal das Auto stehen lassen. Oder Fahrgemeinschaften bilden.

02 Keine Einwegflaschen: Gerade das Trinken ist auf Wanderungen wichtig. Doch sollte man aus Rücksicht zur Natur und sich selbst zuliebe auf Einwegflaschen aus Plastik verzichten und lieber seine eigene Trinkflasche mitnehmen.

03 Kein Verpackungsmüll: Die Verpflegung für den Hunger zwischendurch ist mindestens genauso wichtig wie das Trinken. Brotdosen bieten sich zum Transport von Proviant an oder einfach alles in ein Bienenwachstuch einwickeln.

04 Wanderausrüstung leihen: Gerade beim Ausprobieren einer Sportart muss nicht gleich alles neu gekauft werden, was dann vielleicht im Keller landet. Manche Ausrüstungsgegenstände können auch erst einmal ausgeliehen werden. Auch ist es nicht notwendig, jedes Jahr ein neues Outfit zu kaufen. Achtet ihr schon beim ersten Kauf auf Qualität, macht sich das bemerkbar, denn qualitativ hochwertigere Produkte begleiten uns oft jahrelang.

05 Weniger ist mehr: Oft findet sich die schönste Natur in unmittelbarer Nähe. So muss es nicht immer die weit entfernte Gebirgskette sein. Auch Ziele, die aufgrund ihrer Bekanntheit an Wochenenden und in den Ferien total überlaufen sind, freuen sich über ein paar Besucher weniger. Weniger bekannte Ziele haben auch ihren Reiz und warten nur darauf, entdeckt zu werden.

Karl-Kapferer-Straße 5, A-6020 Innsbruck

1. Auflage 2022 (22.01)
Verlagsnummer 3514
ISBN 978-3-99121-352-9

Konzept und Bildnachweis

Konzept & Gestaltung: © KOMPASS-Karten GmbH

Text: KOMPASS-Karten AutorInnen (s. Klappe)

Grafische & Kartografische Herstellung:
© KOMPASS-Karten GmbH

Kartengrundlage: © KOMPASS-Karten GmbH unter Verwendung von OpenStreetMap Contributers (www.openstreetmap.org)

Titelbild: Das Watzmannhaus im Nationalpark Berchtesgaden; © Juergen Wallstabe - stock.adobe.com

Cover Rückseite: Der Sonnenuntergang am Grünten im Allgäu; © m_haberstock - stock-adobe.com

Weiterer Bildnachweis:
S.2/3; S.53: © Adrian72 - stock-adobe.com
S.4/5: © m_haberstock - stock-adobe.com
S.8/9; S.10/11: © grafikplusfoto - stock-adobe.com
S.15: © Frank Krautschick - stock-adobe.com
S.16: © Halfpoint - stock.adobe.com
S.18: © naturenow - stock.adobe.com
S.21; S.61; S.97; S.129: © Hans und Christa Ede - stock-adobe.com
S.22; S.27; S.29: © Brigitte Schäfer
S.24/25: © ARochau - stock-adobe.com
S.31: © Ralf Weger - stock-adobe.com
S.33; S.35; S.37; S.43; S.51; S.157; S.159; S.163; S.165; S.169; S.175; S.177; S.181; S.185; S.189; S.191; S.193; S.195; S.197: S.201: Walter Theil
S.41: © Christian Voltz
S.45: © DAV Illertissen
S.47: © Andie_Alpion - stock-adobe.com
S.49: © joetechde - stock-adobe.com
S.57: © Pfronten Tourismus
S.59: © Pfronten Tourismus
S.65; S.214/215: © kraichgaufoto - stock-adobe.com
S.69: © Michael Helmer - stock-adobe.com
S.73: © Sascha - stock-adobe.com
S.75; S.79; S.81; S.83; S.85; S.91: Siegfried Garnweidner
S.77: © fotobeam.de - stock-adobe.com
S.89; S.105: © topics - stock-adobe.com
S.93: © Kay Wiegand - stock-adobe.com
S.101: © Andrea Rosin
S.109: © Frank Krautschick - stock.adobe.com
S.113; S.117: © Christian Schneeweiß
S.119: © HLPhoto - stock-adobe.com
S.121: © Wolfilser - stock-adobe.com
S.125; S.131; S.133; S.137: © Eugen E. Hüsler
S.127: © Michael Rogner - stock-adobe.com
S.139 © Wolfgang Zwanzger - stock-adobe.com

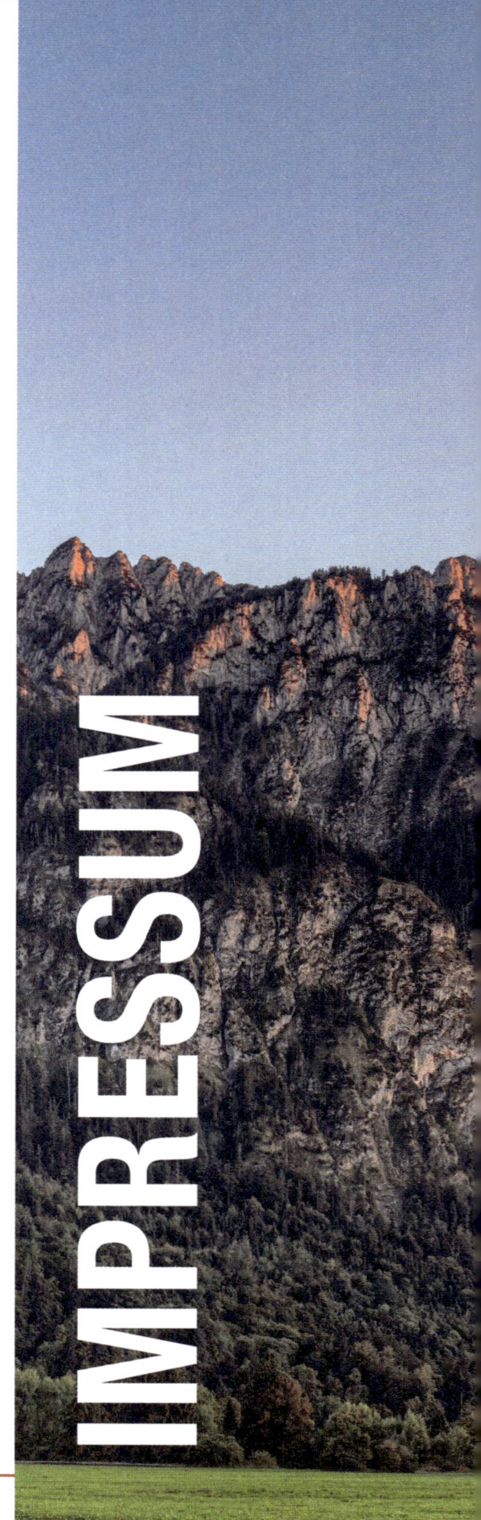

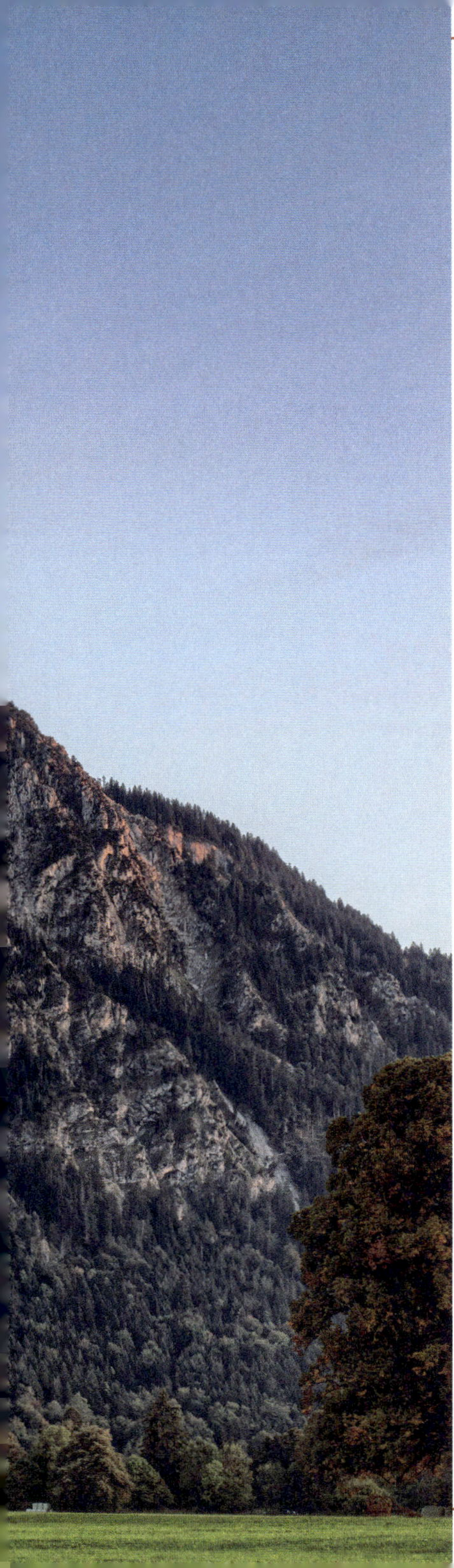

Weiterer Bildnachweis:
S.141: © alpenarts - stock-adobe.com
S.145: © hwtravel - stock-adobe.com
S.147: © Frank Lambert - stock-adobe.com
S.149; S.155: Monika Göbl und Walter Theil
S.153: © Thomas Plettenberg; Großrachlhof
S.161: © Horst - stock-adobe.com
S.167; S.206/207: © Chris Peters - stock-adobe.com
S.173: © floks_mountana - stock-adobe.com
S.179: © hungry_herbivore - stock.adobe.com
S.183: © Hendrik - stock-adobe.com
S.187: © Sissi - stock-adobe.com
S.208: © Udo Weber - stock.adobe.com
S.211; S.212: © mRGB - stock-adobe.com

KOMPASS KARTEN GMBH
Karl-Kapferer-Straße 5, A-6020 Innsbruck
www.kompass.de/service/kontakt

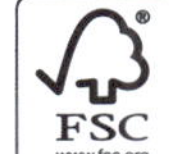

MIX
Papier aus verantwortungsvollen Quellen
FSC® C018236

Deine Orientierung

Hallo!
Ich bin deine Anleitung wie du zu den GPX-Tracks aus deinem neuen Buch kommst. Damit kannst du dir die Route in Wanderapps und Navigationsgeräte laden. Scann den QR-Code oder gehe auf folgende Website:

www.kompass.de/gpx

Für Navigationsgeräte und Apps haben wir auf unserer Webseite alle Touren im GPX-Format zum Download bereitgestellt:
Hier findet man alle weiteren Information. Einfach das richtige Produkt auf der Seite auswählen, die Daten herunterladen und auf das Zielgerät oder in die gewünschte App importieren.

Was ist ein GPX-Track? GPX ist ein Datenformat für Geodaten. Das Wort GPS steht für Global Positioning System (Globales Positionsbestimmungssystem). Mit einem GPX-Track bekommt man die rote Linie, also den Wanderpfad, als geografische Koordinaten.

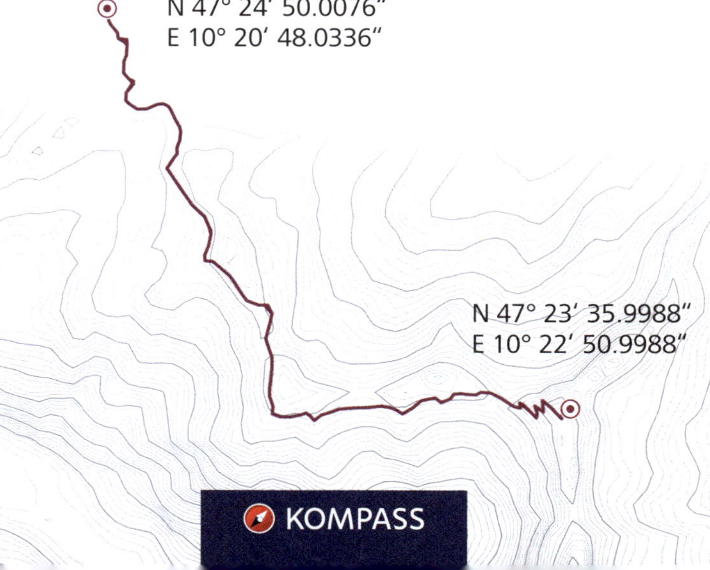